The Beloved Disciple
Beth Moore

예수님이 사랑하시는 제자

2008년 12월 20일 | 제1판 1쇄 발행

지은이 | 베스 모어
옮긴이 | 강선규
펴낸이 | 안병창
펴낸데 | 요단출판사

주 소 | 158-053 서울특별시 양천구 목3동 605-4
기 획 | (02)2643-9155
영 업 | (02)2643-7290~1   Fax (02)2643-1877
등 록 | 1973. 8. 23. 제13-10호

ⓒ 요단출판사 2008

기 획 | 이종덕   **편 집** | 하정희 장용미 김귀옥
디자인 | 지킴이 커뮤니케이션   **제 작** | 박태훈 권아름
영 업 | 김창윤 정준용 김종배 이영은

정 가 17,000원
ISBN 978-89-350-1211-4 03230

이 책의 저작권은 요단출판사가 소유하고 있습니다.
출판사의 사전 승인 없이 책의 내용이나 표지 등을 복제, 인용할 수 없습니다.

요단인터넷서점 www.jordanbook.com

예수님이 사랑하시는 제자

베스 모어 지음 · 강선규 옮김

요단

Copyright © 2003 by Beth Moore
All rights reserved:
Published by Broadman & Holman Publishers
Nashville, Tennessee

Korean Edition Copyright © 2008 by Jordan Press
605-4 Mok-3dong Yangcheon-Gu
Seoul, KOREA

내 사위 컬트에게,

온 세상을 헤매어 우리 큰아이의 인생 파트너를 찾아내야 했다면,
나는 아마 자네를 선택했을 걸세. 하지만 그럴 필요가 없었지.
하나님이 이미 그렇게 하셨으니까.
사랑하는 컬트,
이 책을 쓰면서 나는 자네가 얼마나 사도 요한을 닮았는지 자주 생각하곤 했다네.
자네는 하나님의 감동으로 하나님의 말씀에 이끌리는 진정한 비전의 사람일세.
자네는 깊이 사랑받는 제자의 모습이라네.
자네를 사랑하네.

서 문

    이 책은 역사상 가장 흥미로운 관계, 즉 예수님과 그의 가장 어린 제자와의 관계를 연구하고 그 젊은 제자의 생애를 추적한다. 요한은 분명 성경에서 가장 매력적인 개성을 가진 사람들 중 한 명으로 평가될 수 있을 것이다. 그는 대부분의 사람들이 가장 좋아하는 복음서 한 권을 익명으로 저술했다. 그는 자신을 "그의 사랑하시는 제자"라고만 밝혔다. 그는 예수님이 메시아임을 밝히는 다른 복음서의 언급을 염두에 두고, 마치 "예수님이 하신 일에 대해서는 여러분이 이미 들었습니다. 이제 나는 그분이 정말 누구인지 보여드리겠습니다"라고 말하듯이 글을 썼다. 그리하여 그는 세상을 창조하시고, 세상을 구속하시기 위해 죽으시고, 또한 새롭게 변화시키시기 위해 살아 나신 우주적 그리스도를 보여 준다.

    사도 요한의 인생에는 믿을 수 없을 정도의 용기와 위대함을 보여 주는 순간들이 있다. 그는 열두 제자 가운데 유일하게 십자가 처형 장소에 가까이 머물러 있었으며, 성경의 정점 곧 요한계시록의 계시를 받는 자가 되었다. 요한은 변화산이나 야이로의 딸이 다시 살아났던 기적적인 장소에 예수님과 함께 갔던 최측근 그룹에 속하였다. 그러나 다른 제자들이 주목을 받고 있을 때, 요한은 여러 해 동안 산 정상들 사이의 골짜기를 경험했다. 이 제자를 통해 우리는 예수님과 그 사랑하시는 제자에 대해 상세하고 개인적인 이해를 얻게 된다.

이제 나는 여러분과 더불어 사도 요한과 함께 하는 멋진 여행을 떠나고자 한다. 우리는 함께 산을 오르고 수렁에 빠지기도 할 것이다. 이 과정에서 오랜 세월 기억되고 있는 이, 그리스도의 제자와 개인적으로 일체감을 가질 수 있기를 기도한다. 결국에는 아주 오래 전에 그가 발견했던 것을 당신도 발견하게 되기를 바란다. 그것은 사랑이 야망보다 더 가치 있다는 발견이다. 예수님을 사랑하고 예수님께 사랑을 받는 것은 세상에서 얻을 수 있고 품을 수 있는 그 어떠한 것보다도 중요한 문제이다. 여러분을 사랑하기에 여러분도 이 여정을 사랑하게 되기를 소망한다. 🩶

목차

서문 · 6

제1부
갈릴리에 부는 신선한 바람

1 장　그 후부터는 · 16
2 장　가족의 정체성 · 24
3 장　그들이 어부였기에 · 32
4 장　이전의 결박과 새로운 결박 · 39
5 장　따라하기 힘겨운 행동 · 47

제2부
조망과 통찰

6 장　한적한 곳 · 58
7 장　셋과 하나 · 67
8 장　오른편에 선 제자들 · 74
9 장　그의 품에 의지하여 · 81
10장　동산 언저리에서 · 90

제3부

결정적인 순간들

11장 가까이에 서서 · 100
12장 무덤까지 달음질할 때 · 110
13장 그는 어떻게 되겠습니까? · 118
14장 '만약에', 그리고 '때에' · 127
15장 적은 믿음 · 135

제4부

한계를 넘어

16장 새로운 불 · 148
17장 유린 · 156
18장 교제의 악수 · 165
19장 눈에 띄지 않는 것으로부터 배우는 교훈 · 173
20장 예수께서 사랑하시는 자 · 182

목차

제5부
그의 충만한 데서 받으니

- **21장** 더 풍성한 생명 · 192
- **22장** 더 풍성한 믿음 · 201
- **23장** 더 풍성한 포도주 · 210
- **24장** 세상에 대해 더 풍성한 · 219
- **25장** 그분이 누구신지 더 많이 아는 · 225

제6부
더 풍성한 삶

- **26장** 성령으로 더욱 충만한 · 236
- **27장** 더 많은 열매 · 244
- **28장** 더 많은 계시 · 253
- **29장** 여자들과 나눈 더 많은 대화 · 261
- **30장** 그분의 아버지에 대해 더 많이 · 270

제7부
마음으로 쓴 편지

- 31장 코이노니아 · 282
- 32장 연애 편지 · 290
- 33장 우리를 통해 사랑하기 · 298
- 34장 진리 안에 있는 사랑 · 307
- 35장 몸과 영혼 · 316

제8부
촛대들 사이에서

- 36장 밧모에 유배되어 · 326
- 37장 에베소 교회에게 · 334
- 38장 서머나 교회에게 · 342
- 39장 버가모 교회에게 · 349
- 40장 두아디라 교회에게 · 357

목차

제9부
왕의 눈으로 본 견해

41장 사데 교회에게 · 368
42장 빌라델비아 교회에게 · 376
43장 라오디게아 교회에게 · 385
44장 보좌가 있는 방 · 394
45장 어린 양 · 402

제10부
축복 기도

46장 다른 누구도 부를 수 없는 노래 · 412
47장 하나님의 진노 · 419
48장 혼인 잔치 · 425
49장 마귀의 운명 · 446
50장 새 예루살렘 · 454
51장 그의 얼굴을 보오니 · 462

미주 · 470

제 1 부

갈릴리에 부는 신선한 바람

나는 새로운 시작을 좋아한다. 당신은 어떠한가?

당신과 함께 이 새로운 여정을 시작하게 된 것이 사뭇 영광스럽다. 이제, 하나님이 우리를 이전에 가보지 못했던 곳으로 데려가시고, 우리가 알지 못했던 일을 어떻게 성취하시는지 기대해 보자.

야고보와 요한이 햇살이 반짝이는 갈릴리 바다에 그물을 던졌을 때, 그들은 하나님의 아들이 자신들을 향해 그물을 던지고 계신다는 것을 전혀 알지 못했다. 이내 그들은 자신들이 그분의 부르심에 사로잡히고 그분의 사랑에 옴짝달싹 할 수 없게 되었다는 것을 깨달았다. 우리 또한 예수 그리스도의 제자가 되라는 부르심 앞에서 야고보와 요한을 사로잡았던 것과 동일한 하나님의 사랑이 우리를 사로잡도록 우리의 삶을 내어드리자.

그 후부터는

율법과 선지자는 요한의 때까지요 그 후부터는 하나님 나라의 복음이
전파되어 사람마다 그리로 침입하느니라(눅 16:16).

약간의 차이는 있을 수 있겠지만, 때는 A.D. 28년 무렵이었다. 선택받은 백성은 4세기 동안 하나님으로부터 오는 말씀을 한 마디도 듣지 못했다. 생활은 그럭저럭 괜찮았다. 유대인들은 안정되지 못한 자신들의 상황을 일상성이라는 덮개로 가리고 있었다. 그들은 하나님과 새로운 만남을 갖지 못했기에 그들에게 이미 주어진 것, 곧 율법을 움켜잡게 되었다. 대단히 흥미 있는 일이지 않은가? 히브리 사람들은 말라기부터 마태복음 사이에 하나님이 침묵하신 기간 동안 율법주의의 절정에 이르렀다. 진실로 종교적인 사람들이 하나님과 충분한 관계를 갖지 못할 때 하게 되는 일이 바로 이런 것이다.

그 시절의 아들들은 자기 아버지가 했던 선례를 따라갔다. 딸들은 공식적인 교육을 받을 필요가 없었다. 결국 그들은 그저 나이를 먹고 자기 어머니가 했던 그대로 행했을 것이다. 경건한 사람들은 아침이면 어제나 오늘이나 똑같은 기도를 읊조렸다.

어떻게든 유대인들의 마음에 들어야 했던 헤롯의 호의로 유대 백성은 그들의 성전을 갖게 되었고, 그것은 정말 아름다웠다. 대체로 모든 일이 그들이 바라던 대로 돌아가고 있었다.

히브리인들은 그들이 인생에서 무엇을 기대할 수 있는지 알고 싶었고, 그래서 나름대로 하나의 기대를 형성하여 그것을 철저하게 고수했다. 그들은 자기들이 원하는 방식대로 삶을 정돈하고, 어린 시절 마음의 안정을 얻기 위해 끌어안고 잠들던 담요처럼 그것을 머리 위에 뒤집어쓰고는, 변화를 피해 숨어버렸다. 나는 그 점에 관해 말할 수 있다. 나 역시 몇 번이나 동일한 일을 했기 때문이다.

누군가 현상을 문제 삼는다면, 헌신된 사람들은 그 담요가 항상 바로 거기에 있었다는 듯이 행동한다. 여러 해가 지나서, 베드로후서 3장 4절에 묘사된 것과 같은 태도를 가졌던 사람들이 많았던 것은 분명하다.

"조상들이 잔 후로부터 만물이 처음 창조될 때와 같이 그냥 있다."

그러나 그들은 틀렸다. 창조 때부터 만물은 그냥 그대로 있었던 것이 아니다. 믿을 수 없을 정도로 완벽한 계획이 조심스레 실행되고 있었던 것이다. 항상. 이스라엘 역사의 침묵기 동안에도 하나님은 아무 활동도 하지 않으신 것이 결코 아니었다.

하나님의 입술이 굳게 닫혀 있을 때조차 그분의 손이 얼마나 바삐 움직이셨는지 우리는 상상도 하지 못한다. 하나님이 관심을 가지고 계시는 영역에서 침묵은 절대로 게으름이 아니다. 우주의 하나님이 이 지구라는 행성에서 하고 계시는 일을 전반적으로 이해하고 싶어하는 우리에게 있어서, 그리스도가 가지고 계신 이름들 가운데 요한계시록 22장 13절에서 그리스도 자신의 입으로 말씀하신 것보다 더 의미심장한 것은 거의 없다. 그분은 "알파와 오메가요 처음과 마지막이요 시작과 끝마침이다."

성경의 다중적인 완전성과 일관성에 내가 얼마나 감동을 받았는지는 말로

다 할 수 없을 지경이다. '태초에'라는 단어로 시작된 이 책은, 자기 자신을 바로 그 시작과 끝이라고 선언하신 한 분에 대한 결론을 이끌어 낸다. 이 행성의 생명은 분명한 시작이 있었고, 언젠가 확실한 끝을 맺게 될 것이다. 시작과 끝을 모두 완전하게 계획하신 그분은 그 사이의 시간 동안 그것이 될 대로 되도록, 또는 항상 그랬던 대로 되어가도록 모든 것을 내버려 두지 않으셨다.

하늘의 하나님은 이 지구를 향한 뜻을 가지고 계신다. 그분이 "빛이 있으라"고 말씀하시기도 전에 그분의 나라 일정표에는 처음부터 끝까지 매일매일이 사건들로 가득했다. 사람들은 협력하기를 거부할 수도 있지만, 하나님이 그분의 일정에 따라 계획하신 결정적인 사건들을 실행하시지 못하게 할 수는 없다. 또한 다행히도 하나님이 사태를 변화시키려는 마음을 가지셨을 때 아무리 오랜 전통이라도 그분을 멈추게 할 수는 없다.

그들이 원했고 그것은 항상 그러하다고 단언해 왔던 방식대로 기성 체제가 일을 하려고 하는 바로 그 순간에 뻔뻔스럽게도 어떤 사람은 끌어안고 있던 담요 아래서 불쑥 고개를 내민다. 조만간 그는 흥분해서 그 일을 하겠지만 그럭저럭 하는 동안에 몇 가지 일들을 망쳐놓는다. 매우 신중하신 하나님이 하나님 나라 달력에서 정확한 일정을 유지하고 계신다는 것의 의미를 놓치지 않도록 하라. 누가복음 3장 1-2절은 "디베료 황제가 통치한 지 열다섯 해… 안나스와 가야바가 대제사장으로 있을 때에" 매우 중요한 일이 일어났다고 말한다. 요한이라는 이름의 사람에게 하나님의 말씀이 임하였다.

어쩌다가 요한에게 '침(세)례자'라는 이름이 붙여졌지만, 사실은 '전도자'라는 말이 더 잘 어울린다. 그는 "독사의 자식들아! 누가 너희에게 일러 장차 올 진노를 피하라 하더냐? 그러므로 회개에 합당한 열매를 맺고 속으로 아브라함이 우리 조상이라 말하지 마라. 내가 너희에게 이르노니 하나님이 능히 이 돌들로도 아브라함의 자손이 되게 하시리라. 이미 도끼가 나무 뿌리에 놓였으니 좋은 열매 맺지 아니하는 나무마다 찍혀 불에 던져지리라"(눅 3:7-9)고 선포하였다.

나는, 예수님이 직접 그 입으로 하신 말씀을 인용함으로 이 장을 시작하였다. "율법과 선지자는 요한의 때까지요 그 후부터는 하나님 나라의 복음이 전파되어 사람마다 그리로 침입하느니라"(눅 16:16).

예수님은 요한의 삶이 하나님 나라 달력에서 변화의 기점이 된다고 말씀하셨다. 침묵의 400년이 지나고, 돌연히 하나님의 말씀이 임하였다. 하나님이 죽을 수밖에 없는 피조물에게 그분 자신을 새롭게 계시하시기를 그토록 오래 기다린 끝에 말이다. 천국의 모두가 그것을 듣기 위해 잠잠하지 않았을까 싶다. 물론 지구상에 있는 사람들은 잠잠할 필요가 없었다. 침(세)례 요한은 근엄하게 큰 소리로 말했다. 실제로 마태복음에 따르면, 그가 어찌나 큰 소리로 말했던지 바리새인들과 사두개인들이 소동의 정체가 무엇인지 보기 위해 요단 강 둑의 안전선 가장자리까지 먼 길을 찾아갈 정도였다(마 3:5,7). 그날 침(세)례를 받지 않고 말라 있었던 소수의 머리들 가운데 그들의 머리도 있었다. 그들은 변화에 말려들지 않기 위해서 머리 위로 담요를 뒤집어 썼다.

항상 현실의 흐름을 거슬러 헤엄치던 사람, 침(세)례 요한의 메시지는 요단 강을 거슬러 올라가 벳세다라 불리는 마을의 어부들에게까지 미쳤다. 미끼에 꼬이는 물고기처럼 어부들 가운데 몇 사람이 그의 말을 듣기 위해 길고 힘겨운 여행을 감행했고 그의 말 한마디 한마디에 귀를 기울였다. 실제로, 요한복음 1장 35장은 그들을 침(세)례 요한의 제자들이라고 말한다.

제자들이라는 용어를 이단적이라고 생각하지 마라. 복음주의 기독교에 속한 우리 가운데는 그 이름을 거의 신성하게 생각하는 사람들이 많이 있다. 그러나 그리스도의 열두 제자를 신성하게 만드는 것은 오직 그들이 따르고 있는 그분뿐이라는 사실을 명심하라. 제자는 단순히 어떤 사람의 가르침을 따르는 학생을 이르는 말일뿐이다. 다행히도, 그들은 침(세)례 요한을 통해서 곧장 예수님을 따르게 되었기에 요한은 따를 만한 가치가 있는 사람으로 판명되었다.

종교 지도자들은 침(세)례 요한에게 이렇게 도전했다.

"너는 네게 대하여 무엇이라 하느냐?"

그는 누구인가? 엘리야인가? 그리스도인가? 다른 어떤 선지자인가? 전도자는 이에 대해 분명하게 선포했다.

"나는 선지자 이사야의 말과 같이 주의 길을 곧게 하라고 광야에서 외치는 자의 소리로라. 나는 물로 침(세)례를 베풀거니와 너희 가운데 너희가 알지 못하는 한 사람이 섰으니 곧 내 뒤에 오시는 그이라 나는 그의 신발끈을 풀기도 감당하지 못하겠노라"(요 1:22-23, 26-27).

침(세)례 요한은 자기 자신을 두 가지로 규정하였다.

1) 나는 그리스도가 아니다.
2) 나는 그리스도를 위해 길을 예비하라고 보내심을 받은 사람이다.

종교 지도자들이 물었던 질문은 우리가 함께 이 배를 타고 출발하면서 스스로에게 물어보기 좋은 질문이다. 그러면 당신은 누구인가? 당신은 자기 자신을 무엇이라고 하는가? 말로는 말할 수 없는 것을, 우리는 궁극적으로 행함을 통해 말한다. 우리는 날마다 자기 자신에 대해 어떤 것을 이야기한다. 때로 우리가 자신에 대해서 하는 말은 반드시 정확한 것이 아니고 우리가 믿고 있는 바이다. 이 점에 대해서는 내가 잘 안다. 나는 내 일생의 많은 시간을 내가 어떤 존재이며 어떤 존재가 아닌지에 대해 아주 부정확한 평가를 하면서 살아왔다. 청년 시절에는 "나는 희생자야. 나는 다른 사람들만큼 착하지 않아"라는 감정과 "나는 누구의 희생자도 아니야. 나는 다른 어떤 사람들보다 더 좋은 모습이 될 거야"라는 감정 사이를 현기증이 날 정도로 오락가락했다. 이렇게 간단히 말해놓고 보니 그 모든 일들이 기억나 한숨이 나온다. 거짓된 것을 믿고 살아가는 것은 아주 소모적인 일이었다. 결국 무엇이 나를 그 요동에서 해방되게 해주었을까? 예수 그리스도와의 관계 속에서 나 자신을 보는 법을 배움으로써 나는 비로소 자유를 얻었다.

내가 이미 성공했다거나, 아니면 내가 지금까지 배워온 것이 무엇이든 그것이 하나의 과정이 아니었다고 생각하지 마라. 조금 더 건강해지기는 했지만 나는 여전히 나 자신의 정체성과 씨름하고 있었다. 지금도 이따금 그럴 때가 있다. 사역을 시작한 첫 해에 나는 내 멘토처럼 되고 싶고, 그녀가 했던 그대로 모든 일을 하려고 너무나 열심히 노력했다. 다른 누군가가 되려고 노력하는 것이 얼마나 진 빠지게 하는 일인지 경험해본 적이 있는가?

예수님으로 인하여 침(세)례 요한은 자기가 어떤 존재인지, 어떤 존재가 아닌지를 알았다. 그는 그리스도가 아니었다. 침(세)례 요한을 따르던 자들 가운데 많은 이들은 그를 메시아라고 부르면서 맞이하고 싶어했고, 요한이 그렇게 하도록 허용해 주기를 간절히 원했다. 그러나 그는 그렇게 하지 않았다.

그러면 침(세)례 요한 자신은 스스로를 누구라고 규정했는가?

"나는… '주의 길을 곧게 하라'고 광야에서 외치는 자의 소리로다."

그가 자신에 대해 한 말을 들으면 정말 가슴이 후련해진다. 그는 그리스도의 위대함을 알고 있었고 그분과 비교해 볼 때 자신이 얼마나 무가치한 존재인지를 알고 있었다. 그러나 그는 자신에게 바위 밑을 기어다니는 자벌레와 같은 존재 가치를 부여한 것이 아니었다. 그의 생명은 메시아와의 관련성을 통해서 가치를 가지고 있었다. 침(세)례 요한은, 우리와 함께 할 여행에서 또 다른 요한이 계속해서 우리에게 제시하게 될 하나의 개념을 소개하였다. 많은 다른 것들이 있지만 그 중에서도 우리는 예수 그리스도와의 관계를 통해서 자신을 규정하는 방법을 배우게 될 것이다. 우리가 어떤 존재인지, 어떤 존재가 아닌지를 정확히 평가하고 표현할 수 있게 될 때 비로소 우리는 중요한 성숙의 지점에 도달하게 될 것이다. 우리 자신을 침(세)례 요한과 비교해 볼 때 우리는 이렇게 생각하고 싶어질 수 있다.

"글쎄, 한 가지 사실은 분명해. 누구도 내가 그리스도를 혼동하게 할 수는 없어."

반대로 어떤 사람들은 누군가 영적 성숙의 외양을 가진 사람을 인정하려고 노력하고 그들을 개인적인 구원자로 삼으려 할 것이다. 당신을 일종의 구원자로 삼으려는 사람을 경험해 본 적이 있는가? 우리가 가장 편리하게 선택하는 반응은 모든 책임을 그 가련하고 혼란에 빠진 사람에게 전가시키는 것일 수 있다. 무엇보다도, 어떤 사람이 우리를 실제 모습보다 더 훌륭한 존재로 보는 실수를 범한다면 우리는 그것을 금할 수 있는가?

침(세)례 요한이 보여준 모범은 그런 가능성이 있을 때마다 우리가 그것을 '금할' 수 있고 금해야만 한다는 것을 시사한다. 그가 했던 것처럼, 적절한 재평가를 요구하는 상황이나 관계가 발생했을 때 다음과 같은 사실을 거리낌없이 고백하지 못하는 일이 없기를 원한다.

"당신이 믿고 있는 바와 달라서 유감스럽습니다. 나는 당신의 구원자가 아닙니다. 나는 당신을 구원할 만한 능력이 없습니다."

"나는 우리 온 가족의 반석이 될 수 없습니다. 만일 여러분 모두가 내게 의지해서 안정을 찾고 있다면, 우리는 모두 곧 침몰하게 될 것입니다."

"나는 모든 대답을 가지고 있지 않을 뿐 아니라, 아직까지 질문도 파악하지 못해 애쓰고 있는 중입니다."

그렇게 해서 우리는 모든 사람을 낮추는 것인가? 아니다. 우리는 그들에게 우리를 낮추어 달라고 요구하는 것이다—사람이 만들어낸 위태로운 자리에서 내려놓도록. 하나님이 우리에게 보내신 사람들의 삶 가운데서 우리가 해야 할 역할은 침(세)례 요한의 역할과 다르지 않다. 우리는 그들이 주님의 길을 예비하도록 돕기 위해 그들의 사막에서 목소리가 된다.

나는 왜 하나님이 이 여정에 동행하도록 나를 초대하셨는지 알아보기를 미룰 수 없다. 나는 어떤 선입견도 가지고 있지 않다. 이 연구가 어디로 진행될지도 모르겠다. 당신에게 그런 것과 마찬가지로 내 앞에도 알지 못하는 모험이 놓여 있다. 나는 우리를 기다리고 있는 것이 무엇인지 알지 못하기 때문에 이 연구를 시작하는 데 훨씬 더 흥분을 느낀다.

나는 정말 모험을 좋아한다. 우리의 여정에서 어떤 곳에 멈추게 될지, 어떤 기념품들을 갖게 될지 알고 싶어 조바심이 난다. 그러나 결국, 우리는 정체성에 대해 많은 것을 배우게 될 것이다. 누구의 정체성일까? 그것은 그리스도와 그분의 가장 중요한 열두 제자들이다. 다음 장에서 우리는 그 중 한 사람을 만나게 될 것이다. 다른 사람들은 가장 정밀한 거울을 통해 만날 수 있을 것이다.

이 첫 장의 결론을 맺으면서 우리가 이 여정을 한참 진행한 후에 비교해 볼 수 있도록, 현재 인식하고 있는 정체성의 기준을 정리해 보도록 하자. 철저히 정직하게 하라. 하나님과 당신 사이에서 당신은 자신이 어떤 존재가 아님을 발견하였는가? 또 당신은 자신이 어떤 존재임을 발견하였는가?

당신이 이 여정에 함께 하게 되어서 정말 기쁘다. 하나님의 말씀 안에서 한바탕 즐거운 시간을 보내 보자. 우리는 유대인들의 삶에서 가장 중요한 요소 가운데 하나, 즉 가족을 살펴보는 것으로 시작할 것이다.

가족의 정체성

> 거기서 더 가시다가 다른 두 형제 곧 세베대의 아들 야고보와 그의 형제 요한…을 보시고(마 4:21).

가족, 그보다 더 중요한 것은 오직 하나님뿐일 것이다. 헌신된 유대인들에게 있어서 가족적인 것은 영적인 것과 분리될 수 없었다. 하나님이 아담을 보완하는 자로 하와를 지으셨던 태초로부터 하나님 자신이 이 둘을 하나로 엮으셨다(창 2:21-22)-그것은 그야말로 영적인 행위였다. 창세기 4장 1절에서 하나님은 이들의 결합에 첫 번째 아이를 더하셨다.

가족의 삶은 거의 시작부터 가족의 문제와 동의어가 되었지만, 하나님은 그 개념을 결코 포기하지 않으셨다. 실제로 가족은 역사 전반에 걸쳐 하나님이 그것을 통하여 일하시는 아주 훌륭한 아이디어였으며 강력한 매개체가 되었다. 가족적인 것과 영적인 것의 맞물림은 구약성경에 너무나 강하게 강조되어 있어서, 지면 관계상 그 가운데 몇 개의 본문밖에는 언급할 수 없을 정도다. 출애굽기 12장 25-27절은 "너희는 여호와께서 허락하신 대로 너희에게 주시는 땅에 이를 때에 이 예식을 지킬 것이라. 이 후에 너희의 자녀가 묻기를 이 예식이 무슨 뜻이냐 하거든 너희는 이르기를 이는 여호와의 유월절 제사라. 여호와께서 애굽 사람에게 재앙을 내리실 때에 애굽에 있는 이스라엘 자손의 집을 넘으사 우리의 집을 구원하셨느니라 하라"고 말한다.

여호수아 4장 5-7절은 "요단 가운데로 들어가 너희 하나님 여호와의 궤 앞으로 가서 이스라엘 자손들의 지파 수대로 각기 돌 한 개씩 가져다가 어깨에 메라. 이것이 너희 중에 표징이 되리라 후일에 너희의 자손들이 물어 이르되 이 돌들은 무슨 뜻이냐 하거든 그들에게 이르기를 요단 물이 여호와의 언약궤 앞에서 끊어졌나니 곧 언약궤가 요단을 건널 때에 요단 물이 끊어졌으므로 이 돌들이 이스라엘 자손에게 영원히 기념이 되리라 하라"고 말한다. 히브리 부모들과 자녀들은 이야기를 나누었다. 여호와께서는 "만일 너희 자녀들이 묻는다면(if)"이라고 말씀하지 않으시고, "너희 자녀들이 물을 때에(when)"라고 말씀하셨다. 유대의 아버지들은 어머니들보다 더 깊이 자녀들의 교육에 관여했다. 전형적인 고대 유대인 가정에서는 실제적으로 끊임없이 대화가 이어졌다. 그들의 대화에서 영적인 의미를 제거한다는 것은 거의 그들을 침묵하게 하는 것이나 마찬가지였다.

당신은 아마도 나처럼 이방인의 유산을 가지고 있을 것이다. 완전히 다른 문화에 깊이 젖어 있는 어떤 사람의 생애를 연구할 때면, 우리는 아주 의식적으로 우리 자신의 문화가 아니라 그들의 세계 속에서 그들을 보려고 노력해야 한다. 요한과 같은 역사적 인물을 연구할 때 우리의 세계에 대하여 적용할 것이 무수히 많지만, 먼저 그 사람을 자신의 세계에서 살펴본 이후에야 할 수 있는 일이다. 고대 정통 유대주의는 우리의 문화와 완전히 다른 문화였을 뿐 아니라, 하나님은 그것을 다른 어떤 것과도 비교할 수 없게 만드셨다. 하나님은 그분의 민족이 다른 어떤 것과도 같기를 원치 않으셨다. 신명기 14장 1-2절에서 하나님이 하시는 말씀을 들어보자.

"너희는 너희 하나님 여호와의 자녀이니… 너는 네 하나님 여호와의 성민이

라. 여호와께서 지상 만민 중에서 너를 택하여 자기 기업의 백성으로 삼으셨느니라."

우리가 함께 연구해갈 백성은 유대주의가 최고조에 달했던 시절의 유대인들이다. 이러한 표현이 의미하는 바는, 그들이 비록 로마의 지배 하에 있었음에도 불구하고, 그들은 상당히 자유롭게 자신들의 문화에 따라서 살아갔다는 것이다. 그들은 자기들의 땅에서 안전히 거하며 그들만의 성전을 가지고 있었다. 모든 종교적 분파들이 각기 온전한 기능을 다하고 있었다. 바리새인들, 사두개인들, 율법의 교사들 그리고 극소수의 분파에 이르기까지.

갈릴리 마을 가버나움과 벳세다에서의 삶은 헤롯 성전이 있는 예루살렘에서의 종교적 생활과 수십 광년이나 떨어져 있는 것처럼 보였을 것이 분명하지만, 그러나 한 가지 점에서 히브리인의 삶은 거의 차이가 없었다. YHWH(이는 하나님의 이름으로 유대인들이 절대로 소리를 내어 말할 수 없는 것이었다. 영어에서는 종종 '야훼' 또는 '여호와'로 불려진다.)는 생명이었다. 그분은 만물의 공급자, 유지자, 주권자이신 창조주였다. 그들에게 있어서, 하나님에 대해 아무런 생각이 없다는 것은 정말 아무 생각도 없다는 뜻이었다.

우리의 사도 요한은 시골에서부터 북쪽으로 올라왔다. 혹시 거룩한 도성에 살던 좀더 세련된 유대인이 생각하기를, 갈릴리 바닷가에 정착해 살던 소박한 사람들이 자신을 부러워하리라고 짐작했다면 그건 분명 실수였다. 그렇다고 살아가는 데 있어 불가피한 문제들이 없었던 것도 아니었다. 각 사람은 나름대로의 취향과 관점을 가지고 있었다. 어떤 사람은 태양의 광채를 반짝이는 성전 벽에 부딪혀 춤추며 사라지는 것으로 생각했다. 다른 사람은 그것을 태양이 호수 표면을 거니는 것으로 보았다. 어부가 생각하기에 갈릴리 바다에 지는 빛나는 진홍과 자주 빛깔의 석양보다도 돌로 만든 건물에서 하나님의 영광이 더욱 강력하게 거한다고 확신하기는 힘들었을 것이다. 나는 이 점을 실제적으로 알고 있는데, 어부와 살고 있기 때문이다.

두 쌍의 아들들이 갈릴리 바다의 북쪽 끝에서 서로 멀지 않은 곳에 살며 성장했다. 친숙한 바닷가 자갈밭에서 그들 네 쌍의 발에는 못이 박혔다. 세베대와 요나는 아들들이 자기들 무릎 정도나 올 시절부터 천방지축인 아이들이 물에 빠져 죽지 않게 하는 것뿐 아니라 그들의 만족할 줄 모르는 호기심에 재갈을 물려서 생업에 종사하도록 해야 할 책임이 있었다. 아버지들은 아들들을 돌보는 움직이는 탁아소였다. 어머니들은 그들이 어스름한 저녁이나 밤새도록 고기잡이를 한 후 집에 돌아오는 것을 기다리고 있었을 것이다.

베드로, 안드레, 야고보 그리고 요한, 그들은 계절을 따라 열매를 맺기 위해 길러지고 있는 물가에 심은 나무들이었다(시 1:3). 자기 아들들에게 어떤 일이 일어나게 될지 아버지들이 알았더라면, 그들이 자녀를 다르게 양육했을지 모르겠다. 생각해 보면 의심스러운 일이다. 그들은 오직 하나의 목표, 즉 아들들에게 그들이 알고 있는 것을 전부 가르치겠다는 목표를 가진 단순한 사람들이었다.

우리가 하고자 하는 작업은, 어린 양이 오셔서 그들의 삶을 뒤집어 놓기 이전, 즉 유년기와 소년기에 우리 주인공의 삶이 어떠했는지 조각을 맞추어 보는 것이다. 우리는 마태복음 4장 21절에서 처음으로 신약성경에 등장하는 요한을 만난다. 거기서 우리는 고기잡이 배에 '세베대의 아들 야고보와 그의 형제 요한'이 타고 있었다는 이야기를 읽는다.

학자들은 요한이 야고보의 동생이었다는 가설에 거의 반론이 없다. 앞에 언급한 구절들에서 요한의 이름은 그의 형제 야고보 다음에 적혀 있는데, 성경에서나 다른 고대 동방의 문헌을 보면 출생의 순서에 따라 기록하는 것이 흔한 경우였다. 그들의 세계에서, 야고보(Iakob이나 Jacob이 그리스화된 형태)보다 더 흔한 이름이 있었다면 그것은 요한이었다. 가족은 히브리어를 사용했기 때문에 실제로는 여호하난이라고 불렸다. 발음이 좀더 멋지게 들릴지는 모르겠지만,

그 이름은 더할 수 없이 평범한 이름이었다. 나는 야고보와 요한에 대해 이웃들이 "저 아이들이 뭐가 될지 정말 궁금해 못견디겠어. 내 말 기억해 둬. 저 아이들은 분명 아주 특별한 사람이 될 거야!"라고 여길 만한 소년들이었다고는 생각되지 않는다. 그들의 성장과정을 지켜본 사람들은 세베대의 아들들이 어부가 될 것이라고 생각했다. 그들의 아버지처럼.

야고보가 형이라는 우리의 가설이 옳다면, 그는 가족의 출생 서열에서 몹시 탐나는 지위를 차지하고 있는 것이었다. 그에게는 아버지의 유산을 두 배로 보장해 주는 상속권뿐 아니라 특권과 명예가 주어져 있었다. 장자는 가족의 지도자로서 아무런 노력을 기울이지 않고도 얻게 되는 지위에 대한 어느 정도의 존경을 확보하고 있었다. 그러면 요한은 어떤가? 그는 그저 어린 동생일 뿐이었다.

사람들은 대부분 자신의 존재가 어떤 사람과 맺고 있는 관계에 의해서만 알려질 때의 모호한 감정을 경험해 보았을 것이다. 나는 키이스 모어의 아내이며 아만다와 멜리사의 엄마이고 컬트의 장모인 것을 좋아한다. 그러나 그것은 아마도 내가 나 자신으로서 이해되는 삶을 충분히 살아왔기 때문일 것이다. 나는 어머니가 진짜 내 이름만 빼놓고 우리 대가족의 모든 이름으로 나를 불렀던 정겨운 추억을 가지고 있다. 어머니가 내 이름이 뭔지 헷갈려 하고 계시는 동안 나는 싱긋 웃으며 서 있었다. 그러다 어머니는 마침내 화를 벌컥 내시며 "내가 너를 쳐다보고 있으면 너한테 말하고 있는 거야!"라고 말씀하시곤 했다. 나는 깔깔거리며, "네, 엄마!" 하고는 도망을 쳤다. 그녀는 여전히 내 진짜 이름을 생각해 내려고 애쓰고 있었다.

당신은 어떠한가? 나와 같은 경험이 있는가? 다른 사람과의 관계에 의해서 정체성을 부여받아 본 적이 있는가?

부모 노릇에 있어서 어떤 부분들은 보편적인 성격을 가지고 있다.

틀림없이 세베대도 여호하난을 똑바로 바라보며 가끔씩 무심코 그를 이야콥이라고 불렀을 것이다. 만일 그랬다면, 어린 요한은 그저 그러려니 하고 지나쳐 버리는 유형이었거나, 아니면 "아빠, 난 여호하난이에요!"라고 말했을 것이다. 나는 어떤 인물을 연구할 때 이런 식의 상상을 펼치며 탐구해 가는 것을 좋아한다. 어느 쪽이든 요한은 세베대의 아들이자 야고보의 동생으로 지내는 것에 익숙해졌을 것이 틀림없다. 요한이란 이름은 평범했지만, 그 의미는 비범한 것이었다.

'하나님은 은혜로우시다.'[1]

예수님이 가장 좋아하셨던 바닷가에서 성장한 요한은 그 당시 하나님이 얼마나 은혜로우신지 전혀 알지 못했다. 그러나 곧 어렴풋이나마 그것을 알게 될 터였다.

요한은 평범한 이름을 가진 평범한 소년이었는지도 모른다. 그러나 여러 세대에 걸친 실체적 확신에 근거해 볼 때, 우리는 그가 자기 어머니에게 특별했던 것이 분명하다고 생각해 볼 수 있다. 우리는 이 여정의 후반에서 그녀가 자기 아들에게는 어떤 것도 과하지 않다고 생각했다는 것을 발견하게 될 것이다. 어쨌거나, 세베대의 아내이자 야고보와 요한의 어머니였던 이 여인은 누구였는가? 그녀의 신원 확인을 위해서 잠시 살펴보도록 하자. 마태복음 27장 55-56절과 마가복음 15장 40절을 비교해 보면, 그녀의 이름이 아마도 살로메였음을 알 수 있다. 내가 연구한 대부분의 학자들은 요한의 어머니가 분명 마가복음에 나오는 그 이름의 여인이라고 믿고 있다. 어떤 학자들은 더 나아가, 요한복음 19장 25절에 비추어 볼 때 살로메가 실제로 예수님의 어머니 마리아의 자매였다고 말한다.

"예수의 십자가 곁에는 그 어머니와 이모와 글로바의 아내 마리아와 막달라 마리아가 섰는지라."

우리는 요한이 세 명의 여인을 말한 것인지 네 명의 여인을 말한 것인지 알 방법이 없다. 글로바의 아내 마리아가 예수님의 육신적 이모일 수도 있겠지만, 한 집안에서 두 딸이 마리아라는 이름을 갖는다는 것은 조금 이상해 보인다. 다른 한편, 이와 같은 목록을 비교하여서 살로메가 마리아의 자매였다고 결론을 내리는 것도 위험한 일이다. 비록 두 가족이 서로 알고 지냈을 것이고, 어느 정도 친족 관계가 있었을 것이라는 점은 의심하지 않지만, 나는 다음과 같이 말한 알란 컬페퍼(R. Alan Culpepper)의 견해에 동의한다.

"분명, 요한이 예수님의 사촌이었다면, 이 관계는 사도들에 대한 초기 기독교 전승에서 좀더 확실하게 인정되었을 것이다."[2]

우리가 앞으로 보게 되겠지만, 초대 교회 교부들이 요한에 관해 기록한 상당한 양의 전승들에서 요한이 예수님의 육신적 사촌이었다는 언급은 찾아볼 수 없다. 나는 이 방면에 전문가가 아니지만, 전문가들로부터 얻은 식견에 따라서 그 두 가족이 아마도 친밀한 관계였지만 혈연 관계는 확신할 수 없다는 기초 하에 글을 써 갈 것이다. 그러나 감사하게도, 십자가에서 예수 그리스도와 관계 맺기를 소원했던 모든 사람들이 혈족이 되었다.

나는 하나님이 내게 하라고 요구하신 일을 하기 위해 별다른 희생을 치르지 않았다. 의심의 여지없이 그리스도는 중대한 희생을 치르신 분이시다. 하지만 이따금씩 요구되는 한 번의 희생도 때때로 내게 고민을 가져다 준다. 나는 대단히 인격적인 깊이를 가진 새로운 관계를 개발할 기회가 많지 않다. 나는 사람을 좋아한다. 나는 대합 조개처럼 입을 꼭 다물고 쇼핑몰에 앉아서 내 앞을 지나쳐 가는 사람들을 바라보며 행복할 수 있다. 교외에서 차를 타고 집들을 지날 때면, 나는 항상 그 안에 살고 있는 사람들이 어떤 사람들일지 알고 싶어진다. 나는 사람들이 좋다! 그러나 나의 부르심은 때에 따라 내가 개개인의 독특성을 깊이 있게 연구하고 발견하지 못하도록 밀어낸다.

나는 한 사람의 삶에 일차적인 초점을 맞추는 심층적인 성경 공부가 내가 가장 좋아하는 두 가지 일을 할 수 있도록 하나님이 주신 매우 창조적인 방법이라는 사실을, 마치 갑작스레 폭발하는 계시에 얻어맞은 것처럼 깨닫게 되었다. 글을 쓰기 위해 하나님과만 단 둘이 있어야 하는 이 적막한 사무실에서 나는 이제 막 '새로운' 한 사람을 친숙하게 알아가고 있다. 당신도 그럴 것이다.

3장

그들이 어부였기에

곧 부르시니 그 아버지 세베대를 품꾼들과 함께 배에 버려 두고
예수를 따라가니라(막 1:20).

유월절이 다가오고 있었다(이 시간 틀은 요한복음 1:43; 2:1, 12-13에 나오는 시간에 대한 언급을 비교하여 추론한 것이다. 성경의 이 부분에서 아무런 언급도 없이 시간의 경과가 있었다면 나는 분명 실수를 했을 것이다). 북부 갈릴리의 에레모스 언덕은 이제 곧 붉은 아네모네와 파란색 아이리스로 뒤덮일 것이었다. 마침내 봄이 찾아왔지만, 바다에서 세월을 보낸 일단의 어부들에게는 그리 이른 것이 아니었다.

어디서든지 낮 시간에 화씨 50도에서 65도 정도를 맴도는 겨울 온도가 육지 사람들에겐 그리 추워 보이지 않겠지만, 어부들의 관점은 달랐다. 때때로 샌들을 신은 그들의 발은 얼음장처럼 느껴졌고, 손가락은 너무 추워서 일시적으로 곱아 버리기도 했다. 그들은 겨울 동안 뼈의 한기를 덜기 위해 얼마간 집에서 시간을 보내곤 했다. 몸이 녹을 만해지면 해변에서부터 배를 밀어 다시 바다로 들어가야 했다. 해라도 비춰 준다면 행운이었다.

갈릴리 바다는 성경에서 세 개의 다른 이름으로 불리는 민물 호수다. 긴네렛 바다는 히브리어로 '하프 모양을 한'이라는 말로 이 호수의 일반적인 모양새를 묘사해 준다.[1] 게네사렛 호수는 근처에 있는 비옥한 평원을 가리켜 부른 이름이었다. 그리고 디베랴 바다는 헤롯 안티바스의 수도와 관련이 있었다.

안드레, 베드로, 야고보 그리고 요한이 그물을 던지고 있었던 때는 그 호수 전체가 왕성한 어업으로 활기를 띠고 있었다. 그곳은 그 지역의 곡창 지대였을 뿐 아니라 경치도 기가 막혔다. 그것은 지금도 여전하다. 주변을 둘러싼 언덕들은 마치 거대한 손바닥에 물을 담고 있는 것처럼 호수를 감싸고 있다. 나는 낮게 깔려 있는 겨울 안개 위로 이른 봄의 햇살이 느긋하게 드리워 있는 모습을 눈으로 직접 보았다. 갈릴리 바다를 처음 본 때부터, 예수님이 왜 대도시 예루살렘보다 그 해변 가까이 있는 마을들을 더 좋아하시는 것처럼 보였는지 이해할 수 있었다.

벳세다는 그 호수로 흘러드는 요단 강의 북쪽 끝에 위치해 있다. '벳세다'라는 이름은 '낚시집'을 의미하는데[2], 실제로도 그 이름대로였다. 갈릴리 바다는 18개의 어종을 자랑하며[3], 따라서 어디에서건 고기잡이가 잘 되는 곳이었다. 벳세다 근처 에레모스 언덕 기슭의 온천은 거품을 내며 호수로 흘러들었고, 겨울에 따뜻한 담요를 그리워하는 물고기들을 끌어들였다. '베드로의 물고기'라는 이름이 붙여진 물고기는 열대어인데 종종 호수에 온천이 흘러드는 좀더 따뜻한 곳으로 떼를 지어 이동을 해서 우리의 어부가 다른 많은 경쟁자보다 확고한 우위를 점하게 해주었다.

우리는 안드레와 베드로가 벳세다 출신이라는 사실을 알고 있고, 그들이 모두 동업자였던 것으로 미루어 세베대 또한 아들들을 그 마을에서 키웠으리라고 짐작해도 좋을 것이다. 곧 발견하게 되겠지만, 어떤 시점에서 안드레와 베드로는 베드로가 그의 아내와 장모와 더불어 살았던 가버나움 근처로 이사를 했다

(막 1:21, 29). 이 시점에서 야고보와 요한이 두 마을 중 어디에서 살았을지 확실하지 않지만, 우리는 그들 모두가 계속해서 함께 일했다는 것을 알 수 있다.

분명 세베대는 고기잡이를 업으로 하던 사람이었다. 마가복음 1장 20절을 읽어 보면 야고보와 요한은 '그 아비 세베대를 품꾼들과 함께 배에 버려두고' 떠났다. 세베대가 부유한 사람이었다고 공언할 수는 없지만(마을 사람 가운데 부자는 거의 없었기 때문에), 그가 가난했다고도 할 수 없다. 품꾼들에 대한 언급은 그가 자신의 사업을 소유하고 있었고, 두 명의 건장하고 능력 있는 아들들에 더해서 품꾼들을 부양할 수 있을 정도로 이윤을 남기고 있었다는 것을 말해 준다. 아마도 배 두 척이 모두 그의 소유였을 것이다. 베드로와 안드레는 그 중 하나(눅 5:3에서 '그들의 배'로 여겨진, 개역성경에서는 '시몬의 배')에서 고기를 잡았을 것이고, 다른 배를 탄 야고보와 요한은 조금 떨어진 곳에서 고기를 잡고 있었다.

하나님은 우리가 특별히 주목할 만한 어떤 사건에 대해 여러 개의 기사를 들음으로써 더 많은 것을 배우게 되기 때문에 지혜롭게 사복음서를 구비해 주셨다. 각각의 관점은 개개인의 시각이나 우선 순위에 의해 채색되는 까닭에 한 사람의 저자가 포함시킨 사실들을 다른 저자는 언급하지 않았을 수도 있다. 「예수님 한 분밖에는」(Jesus the One and Only, 씨뿌리는 사람, 2003)을 쓰는 동안, 나는 다른 복음서 저자들보다 거의 항상 누가에게서 좀더 자세한 설명을 기대할 수 있다는 것을 알게 되었고, 그것은 내게 정확한 이해를 주었다. 그는 의사였는데, 세밀한 부분까지 관심을 기울이는 훌륭한 의사였다. 당신은 얼마 안 가서 이 원칙이 들어맞는다는 것을 발견하게 될 것이다.

누가복음 5장에서 누가는 베드로, 안드레, 야고보, 요한의 부르심을 기록했다. 시몬 베드로는 그들이 밤새도록 고기잡이를 했다고 예수님께 말씀드렸다. 이 소수의 어부들은 이따금씩 야간 조로 일을 했던 것이 분명하다. 차가운 물에서 고기를 잡는 것보다 더 나쁜 일은 딱 한 가지밖에 생각할 수 없다. 아무것도 잡지 못하는 것, 바로 이런 일이 최고의 어부들에게 일어났다. 내 남편이 그런 일을 겪게 될 때, 나는 항상 그에게 전형적으로 쾌활한 여자가 던지는 질문을 하곤 한다.

"그래도 어쨌거나 친구들이랑 즐겁게 지냈잖아요?"

내 성격은 당신이 그 과정에서 즐거움을 가졌다면 성공했느냐 실패했느냐는 그리 중요하지 않다는 철학을 드러낸다. 내가 그 질문을 할 때 키이스의 얼굴을 찍은 사진을 가지고 있다면 좋을 텐데, 그러면 당신의 즐거움을 위해 각주에 그것을 첨부했을 것이다.

하나의 인생에 곧바로 치고 들어가서 그것을 뒤집어 엎고, 샅샅이 구석구석 파헤치는 그리스도의 신성하고 신비한 능력을 묵상하지 않고는 더 이상 나아갈 수 없을 것 같다. 그 어부들이 얼마나 많이 함께 준비하고 그물을 던졌을지 생각해 보라. 얼마나 여러 해 동안 그들이 일상을 반복했을지 상상해 보라. 그들은 내 남편처럼 순전히 즐거움을 위해서 고기잡이를 한 것이 아니었다. 고기잡이는 그들의 직업이었다. 나는 그들이 대부분의 남자들처럼 그것을 좋아했으리라는 것을 의심치 않지만, 그것이 한순간이라도 일이 아니었다고는 생각하지 않는다.

베드로는 예수님께 "선생이여, 우리가 밤이 맞도록 수고를 하였으되 얻은 것이 없습니다"라고 대답하였다. 그들은 열심히 일했다. 날이면 날마다. 그런데 어느 날 예수님이 다가오셨고 모든 것이 변했다.

사랑하는 그대들이여, 정말 그분답지 않은가? 예수님이 곧장 다가오셔서 어제의 우리가 그대로 존재하고 있는—오늘도 그러할—현재에서 우리를 사로잡으시고, 우리의 일상을 모험으로 바꾸라고 제안하신다. 당신은 그리스도가 당신을 위해 그 일을 하시도록 허락하였는가? 당신의 삶이 지루하고 일상의 틀에 박혀 있다면, 당신은 그리스도를 믿었을지는 모르지만 아직 그분을 따르기로 결심하지는 않았는지도 모른다. 그리스도는 여러 가지 의미를 가지고 계시지만, 때로 지루한 분이시기도 하다? 어림도 없는 말씀! 그분과 함께 하는 삶은 대단한 모험이다.

당신이 지금 하고 있는 일이 그분의 뜻에 합당하다고 확인해 주신다면 반드시 그 일을 뒤에 남겨두고 떠나야 하는 것은 아니지만, 나는 당신이 그 일의 지루함이나 정해진 관례를 버리는 것이 그분의 뜻이라고 확실히 말할 수 있다. 예수 그리스도가 우리의 삶을 맡으실 때, 인생은 아주 흥미진진한 것이 된다. 당신 인생의 지금 시점에서 당신이 어디에 있는지 생각해 보라. 우리의 '영적'이거나 종교적인 습관마저도 틀에 박힌 관례가 되어버릴 수 있다는 것을 명심하라. 또한 우리가 대단한 모험이라고 부르는 삶을 사는 것이 도전이 없다거나 심지어는 고통의 시간이 없다는 의미가 아니며, 당신의 삶 가운데서 그리스도의 놀라운 역사하심을 '볼 수' 있고 또 그 일부가 될 수 있다는 의미임을 명심하도록 하라.

시몬이 예수님을 '선생님'이라고 불렀던 것에 주목해 보자. 우리는 이 어부들이 예수님을 익히 알고 있었다고 가정할 수 있다. 요한의 복음은 이들이 전에 만난 적이 있다는 것을 이야기함으로써 이 점을 분명히 해준다. 침(세)례 요한이 두 제자와 함께 있었다(요 1:35). 40절은 그 중 한 명이 안드레라는 것을 밝히고 있다. 일반적으로 요한은 자신의 글에서 자기 자신에 대해 밝히지 않았다. 많은 학자들은 그 다른 한 명이 제자 요한이었을 것이라고 믿는다. 요한복음 1절 42절은 안드레가 베드로를 데려와서 예수님을 만나게 했다고 말하고 있기 때문에 우리는 그가 이보다 먼저 그리스도를 만났다는 것을 알 수 있다.

"예수께서 보시고 가라사대…"라는 말씀은 내 등골을 서늘하게 한다. 스트롱스 컨코던스(Strong's Concordance)에 따르면, '보시고'라는 헬라어는 '관찰하다, 즉 뚫어지게 보다, 또는 (절대적으로) 분명하게 분별하다'라는 뜻이다.[4] 나는 그리스도가 베드로를 관통하는 구멍이라도 뚫을 수 있을 정도의 시선으로 그를 똑바로 바라보시며 "네가 요한의 아들 시몬이니 장차 게바라 하리라(게바는 번역하면 베드로)"고 말씀하셨다고 생각한다.

우리가 알기에 베드로와 그 다른 어부는 요한복음 1장에 기록된 만남 이전에 예수님의 부르심을 받은 적이 없었다. 확실히 누가복음 5장의 시점에서 베드로, 안드레, 야고보와 요한은 적어도 침(세)례 요한의 충성스런 사역을 통해 얻어진 명성으로 인해 그리스도를 알고 있었고, 또한 적어도 그들 가운데 몇 명은 그분을 이전에 만나서 알고 있었다. 예수님이 그들의 배로 다가오셨을 때, 하나님은 그들이 모든 것을 버려 두고 어디든지 그리스도를 따라갈 수 있도록—비록 그 기간은 짧았을지라도—그들을 준비시키시고 미리 가르쳐 놓으신 상태였다.

야고보와 요한이 그물을 준비하고 있었던 것과 마찬가지로, 그들 스스로 준비되어 있었다고 주장하고 싶다. 마가복음 1장 19절에 나오는 '준비하는' (preparing, 개역성경에서는 '그물을 깁는데'로 번역되어 있음)이라는 단어는 '수선하는' 이라는 의미일 수 있다. 갈라디아서 6장 1절에서 타락한 형제를 바로 잡는다는 데 사용한 단어가 바로 이것이다. 우리를 '준비시키시고' 또한 '수선하시고' '회복하시는' 분이 동일한 하나님이시라는 것이 얼마나 감사한지 모른다. 인생의 현 시점에서 당신이 가장 필요로 하는 것은 무엇이라고 생각하는가? 새로운 하나님의 일을 위해 준비되는 것인가? 찢김으로부터 고침을 받는 것인가? 아니면 '타락' 으로부터 회복되는 것인가?

여호수아 3장 5절은 놀라운 도전을 포함하고 있다.

"너희는 자신을 성결하게 하라. 여호와께서 내일 너희 가운데에 기이한 일들을 행하시리라."

하나님은 언제 어떤 사람 속에서도 기적을 행하실 수 있다. 그러나 그것은 당신과 내가 하나님의 기이한 일들을 위해 기꺼이 준비될 때 일어난다. 그 일 가운데는 틀림없이 우리가 가장 필요로 하는 것도 포함될 것이다—새로운 일이든, 고치는 일이든 아니면 전면적으로 회복하는 일이든.

우리가 요한을 알아가고 그의 눈을 통해 사건들을 보게 될 때, 하나님이 또한 우리를 준비시키시리라 믿는다. 하나님이 우리를 성별하시고, 무언가 놀라운 일을 위해 기초를 놓으시도록 하자. 이 연구의 후반부에 이르렀을 즈음 하나님이 우리를 놀라게 하시고 경이롭게 하시기를 기도한다. 바로 이 순간에는, 예수님이 당신의 눈을 똑바로 바라보시고 당신이 누구이며, 당신을 어떤 사람으로 만들고 싶어하시는지 말씀하시도록 하라.

우리는 요한이 어떤 놀라운 행로를 따라 예수님을 좇았는지 살펴보게 될 것이다. 당신도 기꺼이 그분을 따르고자 하는가? 그것은 당신과 내가 우리를 부르시는 그 한 분을 발견하고 우리가 원래 의도되었던 대로의 존재가 될 수 있는 유일한 방법이다. 자, 이제 대단한 모험이 당신을 기다리고 있다.

이전의 결박과 새로운 결박

그 후에 예수께서 그 어머니와 형제들과 제자들과 함께 가버나움으로 내려가셨으나 거기에 여러 날 계시지는 아니하시니라(요 2:12).

예수님은 해변에서 네 명의 어부들에게 걸어오셨다. 그리스도가 그들에게 자기를 따르라고 부르실 때 그분의 표현과 행동이 어떠하였으리라고 생각하는가? 두 번째 배로 다가가서 야고보와 요한을 부르시는 예수님을 보고 베드로와 안드레가 어떤 느낌을 가졌으리라고 생각하는가? 그들이 사업을 공유한 동업자들이었음을 기억하라. 그리스도와 동행한 베드로와 안드레를 본 것이 야고보와 요한의 반응에 어떤 영향을 미쳤으리라고 생각하는가?

마가복음 1장 20절은 "곧 부르시니 그 아비 세베대를 품꾼들과 함께 배에 버려두고 예수를 따라가니라"고 말한다. 세배대는 어떤 반응을 보였으리라고 생각하는가? 모든 가능성들을 점검해 볼 때, 세베대도 아마 예수님을 어느 정도 알고 있었을 것이다. 동시에, 그는 자기 아들들에 관해 나름의 계획을 가진 강한 유대인 아버지였다. 무슨 생각이 드는가?

하나님이 야고보와 요한 아버지의 이름을 성경에 포함시키기로 결정하신 것

갈릴리에 부는 신선한 바람 | 39

은 참으로 다행스러운 일이다. 그는 그저 어떤 남자가 아니었다. 그는 그저 어떤 아버지가 아니었다. 그는 세베대였다. 그는 이름을 가지고 있었고, 감정을 가지고 있었고, 계획을 가지고 있었다. 그는 아마도 초산을 하는 젊은 아내 살로메가 고통으로 울부짖는 소리를 들을 수 있을 정도로 가까운 곳에서 아들의 출산을 지켜보았을 것이다. 그는 아마 자기가 첫 번째 아들을 얻었다는 소리를 들으며 눈물지었을지도 모른다. 그리고 또 다른 아들을 얻었다. 그가 그 은혜를 인하여 하나님을 찬양했을 것은 너무나 분명하다. 딸들도 사랑을 받았지만, 어쨌거나 모든 남자들은 가계를 이어갈 아들을 필요로 했다.

멋진 두 아들, 그것이 세베대가 가진 것이었다. 그는 그들의 이름을 손수 지었다. 그들은 일할 수 있을 만큼 나이를 먹을 때까지 그의 그늘에서 뛰어 놀았다. 십대 소년들에 대해서 내가 알고 있는 게 옳다면, 그들은 일을 하고 있으리라 기대되는 때조차도 여전히 아버지의 등 뒤에서 많이 놀았을 것이다. 그들로 인해 화가 치밀어 오르는 바로 그 순간에 아버지는 그들의 얼굴을 들여다보고 자기 자신을 보았을 것이다.

그리스도가 야고보와 요한을 부르셨던 그때, 그들은 그보다 더한 기쁨이나 더한 지지를 느껴본 적이 없었을 것 같다. 인생은 묘한 것이다. 당신이 부모로서 수고한 열매를 수확해 보려고 하는 그 순간에 젊고 무성한 나무는 다른 어떤 곳으로 옮겨 심어진다.

키이스와 내가 바로 이런 인생의 계절을 보내고 있다. 우리 딸들은 그 어느 때보다도 쾌활하고, 그 어느 때보다 돌보기가 쉽고, 그 어느 때보다 더 친구가 되어주고 많은 대화를 나누고 있다. 대학 생활을 보내고 있는 그들은 여름이면 우리와 즐거운 시간을 갖는데, 우리는 내심 그들을 학교로 돌려보내고 싶었던 적이 한 번도 없었다. 그들은 이제 거의 문제를 일으키지 않는다. 세베대도 청년이 된 아들들에 대해서 같은 느낌을 갖지 않았을까 싶다.

세베대가 부모로서 보답을 받는 수확의 때에 야고보와 요한이 배에서 뛰어 내렸다. 그가 보답으로 받은 것이라고는 이것저것 들러붙은 지저분한 그물뿐이었다. 사업은 어떻게 될 것인가? 세베대와 아들들에게는 어떤 일이 일어날 것인가? 세베대가 어떤 느낌을 가졌든지 간에, 나는 하나님이 그에 대해 대단한 동정심을 품으셨다는-상당히 믿을 만한-느낌이 든다. 무엇보다도 그분은 자신을 향한 하나님의 뜻을 이루기 위해 요한이 아버지에게서 떨어져 나와야 했을 때 세베대가 느끼는 감정을 알고 계셨다.

그들의 갑작스런 떠남이 하나의 과정에 불과하고 그것을 돌이킬 것이라고 세베대가 생각할 만한 가능성은 충분하다. 그러나 다행히도, 그들은 결코 그렇게 하지 않았다. 일단 예수 그리스도께서 진정으로 우리에게 다가오시도록 허용하고 나면, 우리는 결코 그분으로부터 돌이킬 수 없다. 예수님은 "나를 따라오너라 내가 너희로 사람을 낚는 어부가 되게 하리라"고 말씀하셨다.

예수님은 그분의 말씀을 듣는 사람들이 이해할 수 있는 말과 이미지를 사용하셔서 말씀하셨다는 사실이 나는 참 좋다. 그분이 "내가 너희로 사람을 낚는 어부가 되게 하리라"고 말씀하셨을 때, 그분은 확실히 안드레, 베드로, 야고보와 요한이 이해할 수 있는 용어들을 사용하신 것이었다. 그분은 빌립이나 나다나엘, 또는 마태에게 이와 동일한 용어를 사용하지 않으셨지만, 나는 그 문장의 어떤 한 부분이 예수 그리스도가 부르시는 사람들 모두에게 적용되는 것이라고 확신한다.

"나를 따라오너라, 내가 너희로 …이 되게 하리라."

하나님이 이 사람들을 사용하셔서 '종교'의 지형을 영구히 변화시키신 지 몇 십 년이 지난 후에도 그들은 여전히 스스로를 자랑할 수 없었다. 그리스도가 그들을 그렇게 영향력 있는 사람들로 만드셨던 것이다.

이러한 생각들이 나에게 어떤 의미를 갖는지 말로 표현할 수 없다. 나는 그렇게 깨어지고 소진한 혼란스러운 사람이었다. 정서적으로 너무나 건강하지 못했다. 너무나 불안정하고 두려움에 가득 차 있었다. 그리스도가 나를 부르셨을 때 정말 딱하게도 그분이 사용하실 만한 것이 거의 없었다고 말하는 것은 겸손의 말이 아니다. 나는 무참히 파괴되어 있었고, 내가 인정하고 싶은 것보다 더 오랫동안 그렇게 지내고 있었다. 아직도 가야 할 길이 멀지만 이제는 이렇게 말할 수 있다.

나는 그리스도를 좇았고, 내가 현재 괜찮은 어떤 모습이거나 가치 있는 무언가를 가지고 있다면 그것은 전적으로 그분으로부터 온 것이다. 당신 역시 나와 비슷한 간증을 가지고 있는가? 어쩌면 당신은 여전히 내가 말한 깨어지고 소진한 상태에 머물러 있을지도 모르겠다. 만일 그렇다면, 당신이 그분을 따를 때 그분이 하실 수 있는 것을 믿음으로 받아들일 수 있는가? 그러면 그리스도는 한 남자 한 여자를 어떻게 빚으시는가? 여러 가지 방법을 찾을 수 있겠지만, 그분이 새로운 추종자들을 그분이 원하시는 사람으로 세워가기 시작하시는 가장 직접적인 방법은 그들과 더불어 밀도 있는 시간을 보내고 그들에게 자신이 일하시는 모습을 보여 주시는 것이다.

복음서 전체를 정확한 연대기적 순서에 의해 관통해 보는 것은 내게 너무 힘에 부치는 일이다. 다른 성경 주석가들에게도 이것이 상당히 어려운 일이라는 것을 알고 약간의 안도감을 느낀다. 우리가 분명히 알고 있는 것은 그리스도와 그분을 따르는, 아직은 완성되지 않은 소수의 추종자들이 그렇게 결합하고 얼마 지나지 않아서 함께 가나의 혼인 잔치에 참석했다는 것이다. 사실 요한복음 2장 1절은 사흘되던 날에 갈릴리 가나에서 혼인 잔치가 있었다고 말하지만, 그것이 어떤 의미인지는 정확히 이해할 수 없다. 요한이 예수님을 따르기 시작한 지 사흘째 되는 날이라는 소리로 들리기도 한다. 우리가 요한복음의 독특성을 연구할 때에 그 혼인 잔치를 좀더 완전히 탐구할 수 있겠지만, 지금은 우선 이 잔치 바로 다음에 나오는 구절을 보여 주고자 한다. 요한복음 2장 12절은 "그 후에 예수께서 그 어머니와 형제들과 제자들과 함께 가버나움으로 내려가셨으나 거기에 여러 날 계시지는 아니하시니라"고 말한다.

그리스도의 가족과 그분의 제자들은 적어도 짧은 기간 동안 평화롭고 조화로운 시간을 즐겼던 것이 분명하다. 나는 이 연구를 시작하기 전까지는 이런 생각을 전혀 하지 않았다. 어느 정도 시간이 흐를 때까지 그리스도 가족 내부의 분열은 아직 일어나지 않았다(요 7:3-5). 결국 나중에 우리는 부활의 능력이 가져온 화해를 보게 될 것이다. 어쨌거나 지금은 가족들과 새로운 제자들에게 둘러싸여 있는 그리스도의 모습을 상상해 보라.

나는 우리가 어떤 사람과 며칠 동안이고 함께 지내 보지 않고는 그 사람을 정말로 알 수 없다고 확신한다. 얼마 전 아만다와 나는 어떤 회의에 참석을 했다가 휴스턴에 심각한 홍수가 나서 오도 가도 못하고 테네시에 발이 묶인 적이 있었다. 공항이 폐쇄되었다는 것을 알았을 때, 나는 흥분해서 내 친한 친구이자 예배 인도자인 트라비스에게 전화를 걸어 내쉬빌로 돌아가는 그의 밴에 두 자리를 낼 수 있는지 물어보았다. 전혀 준비가 없었음에도 불구하고, 그 네 명의 가족들은 우리를 이틀 밤 동안이나 그들과 함께 있게 해주었다. 우리는 이미 아주 가까운 친구 사이였지만, 이제 정말 죽을 때까지 연합한 관계가 되었다. 사역을 함께 하는 가족의 일부와 자연적인 가족의 일부가 함께 교제하는 소중함은 값으로 따질 수 없는 것이었다.

제자들은 아직 그 자리에 익숙하지 않았다. 그들은 아마도 내가 우리 예배 인도자의 가족과 함께 즐겼던 그 며칠만큼 예수님의 가족들과 함께 지내는 것이 편안하지 않았을지도 모르겠다. 게다가 그들은 그리스도가 자기 가족들과 관계하시는 것을 지켜 보았고, 내 생각에 그것은 비판적이 될 수도 있는 기회였다. 곧 그들은 그분이 온갖 기적을 행하시는 것을 목도하게 될 것이었다. 그들은 이미 물을 포도주로 변화시키시는 것을 목격하였지만, 그들이 곧 보게 될 장면들은 거의 숨을 멈추게 할 정도로 놀라운 일일 것이었다. 당신도 알다시피 사람을 변화시키는 것은 물을 변화시키는 것보다 훨씬 더 어렵다.

그들이 예수라는 이름의 이 남자, 이 목수의 아들을 지켜보면서 그리고 그분과 같이 교제를 나누고 그분의 일을 목격하면서, 당신은 그들이 무엇을 보았다고 생각하는가? 일관성? 다재 다능함? 식을 줄 모르는 열정? 아니면 때로는 사자와 같은 어린 양? 온갖 관심의 중심? 혹은 그분을 둘러싼 모든 사람들을 학생으로 삼는 선생님? 우리는 그들이 절대적인 진정성을 보았다는 것을 알고 있다. 하지만 당신은 그들이 본 것을 어떻게 묘사했을 것이라고 생각하는가? 그러한 문제들에 대해 생각해 보는 것을 시간 낭비라고 여기지 마라. 이러한 만남의 실체를 가능한 생생하게 파악하고 제자들이 그리스도 안에서 목격했던 것들을 자세히 상상해 보면 볼수록 더 좋은 일이다! 우리가 연구하고 있는 것은 종교적인 소설이나 단순한 기독교 전승이 아니다. 그리스도가 사람들의 삶에 다가가셔서 그들을 변화시키셨다. 당신과 내가 원하는 것이 바로 그것이다. 우리는 이사야 53장 2절에서 그들이 매력을 느낄 만한 아무 아름다움이나 위엄이 그분께 없었고, 그들이 그분을 흠모할 만한 어떤 외양도 가지고 있지 않으셨지만, 그분에게는 성인들이 이미 안정된 생활을 떠나서 죽기까지 그 예수님을 따르도록 하는 어떤 것이 있었다는 사실을 읽게 된다. 당신은 그것이 무엇이었다고 생각하는가?

예수님의 사역의 이 시점에서 그리스도에 관한 몇 개의 성경 구절들을 살펴보도록 하자. 다음에 제시한 각각의 구절들이 예수님이 어떤 방법으로 사람들을 끌어당겼을 것이라고 설명하고 있는지 주의해서 보라.

- 예수는 지혜와 키가 자라가며 하나님과 사람에게 더욱 사랑스러워 가시더라(눅 2:52).
- 예수께서 성령의 능력으로 갈릴리에 돌아가시니 그 소문이 사방에 퍼졌고 친히 그 여러

회당에서 가르치시매 뭇 사람에게 칭송을 받으시더라(눅 4:14-15).
- 그들이 그 가르치심에 놀라니 이는 그 말씀이 권위가 있음이러라(눅 4:32).
- 한 나병환자가 예수께 와서 꿇어 엎드려 간구하여 이르되 원하시면 저를 깨끗하게 하실 수 있나이다 예수께서 …내가 원하노니 깨끗함을 받으라 하시니 곧 나병이 그 사람에게서 떠나가고 깨끗하여진지라"(막 1:40-42).

당신도 보이는가? 그리스도는 실제적인 가치를 가진 모든 것이었다. 그분은 여전히 그러하시다. 사람들은 그분이 하나님이라는 것을 알기 전에도 그분이 독특하다는 것을 알고 있었다. 그분은 하나님이시다. 그분은 사람들의 머리를 계속 어지럽게 하셨을 것이다. 그분은 편향된 특성을 가진 어떤 하나의 성격 유형으로 규정할 수 없는 분이다. 정말 진귀한 분이다. 그분은 참으로 신성의 모든 충만이 육체로 거하신 분이다(골 2:9).

예수님은 사랑과 능력을 가지고 계셨다. 권위와 긍휼의 마음을 가지고 계셨다. 그분은 완전한 사람이었다. 그분은 상인의 탁자를 뒤집어 엎으실 정도로 강한 손을 가지고 계셨지만 또한 나병환자의 썩어 가는 육신을 만지셔서 온전하게 하실 만큼 부드러운 손을 가지고 계셨다. 그분의 독특성을 올바르게 인식하는 사람들은 그것에 끌렸다. 그것에 위협을 느끼는 사람들은 그분으로부터 도망가거나 그분을 망치고 싶어했다.

이 장을 마무리하면서, 성령이 일깨우신다고 느끼는 질문 하나를 던지고자 한다. 혹시 당신은 예수님, 당신이 모든 것을 포기하고 그분을 따르기를 원하시는 그분의 열망 때문에 두려움을 느끼고 있는가? 너무 성급하게 답하지 마라. 그 질문을 묵상하면서 성령이 무엇을 드러내시는지 보도록 하라. 당신은 어떤 것에 두려움을 느끼는가? 그분이 포기하도록 요구하신다면 그러고 싶은 마음이 없는 것은 무엇 때문인가? 생각해 보라.

당신이 모든 두려움과 장애물과 응답되지 않은 질문들을 던져버리고 그분을 따르고자 한다면, 나는 당신이 그분의 영광을 보게 되리라는 것을 약속할 수 있다.

따라하기 힘겨운 행동

우리가 다른 가까운 마을들로 가자
거기서도 전도하리니 내가 이를 위하여 왔노라(막 1:38).

제자들은 거의 처음부터 그리스도가 놀라운 기적들을 행하시는 것을 보았다. 비록 나중에 가나의 혼인 잔치에 대해 더 깊이 다루기 위해 아껴두고 있기는 하지만, 우리는 그곳이 그리스도가 처음 기적을 행하신 곳이라는 것과 요한의 언급에 의하면 그 혼인 잔치가 열린 날이 '사흘되던 날'(요 2:1)이라는 것을 알고 있다. 연속해서 다음에 일어난 일은 예수님이 어머니, 형제들, 제자들과 함께 가버나움으로 여행을 하신 것이었다(요 2:12). 우리가 다음에 연구하게 될 사건들은 아마도 가버나움에 머물렀던 동안에 일어났던 것이고, 따라서 그것들을 다음 순서대로 상상해 보라.

예수님은 이제 막 안드레, 베드로, 야고보와 요한을 부르셨다. 마가는 우리에게 그들이 가버나움으로 갔다고 말해 준다(막 1:21). 이 네 명의 어부들이 안식일에 모인 군중들에 섞여서 공회당에 있는 모습을 그려 보라. 나는 그리스도의 새 제자들이 예수님이 설교하시는 동안 예수님만 바라보지는 않았을 것 같다.

갈릴리에 부는 신선한 바람 | 47

그들은 예수님의 말씀을 듣고 있는 다른 사람들의 반응이 어떠한지도 살폈을 것이다. 베드로와 안드레가 당시 가버나움에서 살았다는 것에 유념하라(29절). 이 정도 규모의 마을에는 통상 하나의 유대인 공회당이 있었고, 따라서 그들은 매주 똑같은 사람들과 예배를 드렸다. 그들은 개인적으로 서로를 알고 있었다. 친척인 사람들도 있었고, 다른 사람들과도 이웃이거나 사업상의 관계를 맺고 있기도 했다. 예수님이 설교하실 때 이 친숙한 사람들의 얼굴을 바라보는 제자들의 반응을 상상해 보라.

이 흥미진진한 예배에 대해 이야기해 보자! 설사 '놀라운' 메시지가 충분히 자극적이지 않았다고 하더라도, 그 회당에 있던 악한 영에 사로잡힌 한 남자가 그때 막 소리를 질렀다.

"나사렛 예수여 우리가 당신과 무슨 상관이 있나이까?"

사람들은 마치 테니스 경기를 관전하는 관객들처럼 머리를 돌려 그 사람을 바라보았다. 순간 군중들은 이전에 이 남자가 악령에 사로잡혀 있다는 것을 알고 있었는지, 혹은 그들이 수년 동안 그 문제의 성격을 감지하지 못하고 있었는지 궁금하다. 그들이 알고 있었다면 그가 회당에 들어오는 것을 허락했을 것 같지 않다. 따라서 나는 그 사람이 어느 정도 그것을 감추고 있지 않았나 생각된다. 맹세코 사탄은 선하게 가장하기를 좋아한다. 하지만 그리스도의 권위가 그 자리에서 뿜어져 나왔을 때 악령은 숨을 곳을 잃었다.

예수님은 어떤 사람에게서도 귀신을 끄집어낼 수 있는 방법을 가지고 계시지 않은가? 단순히 예수님이 그곳에 존재하신 것만으로 그 남자는-아니면 귀신이라고 해야 하나?-이렇게 소리치게 되었다.

"나사렛 예수여 우리가 당신과 무슨 상관이 있나이까? 우리를 멸하러 왔나이까? 나는 당신이 누구인 줄 아노니 하나님의 거룩한 자니이다"(막 1:24)

예수님은 귀신더러 그 사람에게서 나오라고 명령하셨다. 그리스도가 또한

 48 | 예수님이 사랑하시는 제자

덧붙이신 말씀이 있는데, 악한 영더러 조용히 하라고 명령하신 것이다.

이 사건을 증거하는 요한의 모습을 그려 보라. 많은 학자들은 그가 제자들 가운데 가장 나이가 어렸을 것이라고 생각한다. 이러한 추론을 하게 되는 한 가지 강력한 근거는, 예수님이 십자가에 달리시기 직전 유월절에 그가 앉았던 자리와 눈에 띄는 역할 때문이다. 나중에 이 사건을 살펴보겠지만 지금은, 유월절 식사에서 보통 가장 나이가 어린 사람이 아버지나 아버지와 같은 역할을 하는 인물과 가장 가까운 곳에 앉아서 전통에 관한 질문을 던질 수 있도록 하였다는 사실을 염두에 두자. 전혀 엉뚱한 방향으로 나갈 수도 있기 때문에 이 추론에 근거해서 어떤 교리를 수립하는 것은 자제해야 하겠지만, 그러나 개인적으로는 요한이 가장 나이 어린 제자였다는 것을 충분히 확신하고 이 생각을 적용할 것이다. 그렇다면 예수님이 이 귀신들을 만나시는-그리고 내어쫓으시는-동안 특히 요한의 얼굴이 어떠했을지 상상할 수 있는가?

나는 아마도 그가 복잡한 감정들을 경험했을 것이라고 생각한다. 청년들은 상당히 경쟁을 좋아하니까 비록 단 한 사람의 선수만 경기에 참여했을 뿐이라 해도, 그는 분명 자신이 속한 새로운 팀이 '승리' 하는 것을 즐겁게 관전했을 것이다. 나는 그 만남이 요한을 반쯤 죽도록 놀라게 했을 것이라고 생각한다. 그의 두려움을 상쇄시켜 주었을 한 가지는, 그가 새로운 멘토에게 표현할 수 없을 정도로 깊은 인상을 받았다는 것이었다. 그런 사람은 그만이 아니었다. 마가복음 1장 21절은 군중들이 예수님의 가르침에 놀랐다(amazed)고 말하고 있고, 27절에는 예수님이 귀신들에게 권위를 행사하시는 것을 보고 그들이 심히 놀랐다(so amazed)고 말함으로써 그 표현을 강조하고 있다.

우리는 쇼를 좋아한다. 하나님의 불꽃놀이에 대한 우리 인간들의 선호를 그리스도가 얼마나 인내하고 계시는지를 생각할 때, 나는 그 어느 때보다도 놀라움을 느낀다. 그리스도는 우리를 속속들이 알고 계신다. 그분은 어떻게 하면 우리의 관심을 끌 수 있는지 알고 계신다. 그러나 그분은 우리가 성장해서, 그분의 능력이 행사되는 것보다 그분의 임재와 영광을 먼저 구하기를 원하신다. 요한과 다른 제자들은 많은 기적을 보게 될 것이지만, 예수님은 그 이상의 어떤 것을 추구하셨다. 그분은 이 그룹을 성숙시키려고 애쓰셨다.

이 어부들이 예수님과 함께 가버나움에 도착했을 즈음에는 그들을 따라온 것이 있었을 것 같다. 바로 그들이 그물을 들고 있는 세베대를 떠났다는 소문. 나는 그저 그런 평판을 얻고 있던 이 젊은이들이, 그 지역 사회에 속한 사람들이 그들의 새 지도자에 대해 보였던 엄청난 반응을 한껏 즐겼을 것임을 조금도 의심치 않는다. 그 시대에 가장 강력하고 유명한 인물과 교제하는 것보다 더 신나는 일이 있겠는가? 그러나 그날이 다 지나가려면 아직 멀었다. 베드로의 장모가 병이 들었고 의사가 오고 있는 중이었다.

시간의 흐름에 따라 배치할 수 있는 일차적인 사건들로 예수님의 탄생과 침(세)례, 십자가의 처형 그리고 부활과 같은 사건들을 생각해 보라. 그리고 나서 이차적인 사건들로 예수님의 생애 가운데 일어난 소소한 일들을 생각해 보라. 사복음서에 나오는 이차적인 사건들을 확실한 연대기적 순서에 따라 배치할 수 없는 경우가 종종 있을 것이다. 복음서 저자들은 각기 어떤 특별한 이유를 가지고 사건들과 이야기를 선택했다. 마태는 예수님이 유대인의 메시아라는 것을 보여 주기 위해 글을 썼다. 마가는 로마인들에게 예수님이 하셨던 일을 말하기 위해 글을 썼다. 누가가 글을 쓴 이유는 예수님이 모든 민족들의 구세주가 되기 위해 오셨다는 것을 보여 주기 위한 것이었고, 요한은 예수님이 하신 사역의 의미를 보여 주고자 했다. 성령은 그들이 메시지를 전달하기 위해 글을 쓰도록 인도하신 것이지, 사건의 순서를 말하기 위해 인도하신 것이 아니었다.

마가복음과 누가복음에서는 시간 배열이 동일하고 마태복음이나 요한복음에서 이를 반박할 만한 요소가 발견되지 않는다는 것에 근거해 볼 때, 제자들이 목격했던 첫 번째 병자의 치유는 시몬 베드로의 집에서 일어났다고 가정해 볼 수 있다. 하지만 그 치유 사건에 대해 이야기하기 전에 복음서에 나타난 사건들의 순서에 대해 잠깐 생각해 보기로 하자. 베드로의 가정에서 치유가 일어났을 때 제자들의 마음과 생각에 초기의 전환점이 찾아왔음이 분명하다. 내게도 그러했던 것을 알고 있다. 교회 예배에서 그분의 역사하심을 보는 것과 자기 가족의 삶 가운데서 그분의 치유하심을 목격하는 것은 별개의 문제다. 예수님이 단지 교회를 사랑하시는 것이 아님을 완전히 이해하게 되는 때가 바로 그때이다. 예수님은 사람을 사랑하신다.

마가복음 1장 21절과 29절을 비교해 볼 때, 우리는 그때가 안식일이었음을 알 수 있다. 예수님은 회당에서 귀신들린 사람을 구원하셨다. 그리고 회당에서 나와 곧 야고보와 요한과 함께 시몬과 안드레의 집에 들어가셨다(29절). 그리스도는 한 주간의 특별한 날에 치유를 행하시기로 선택하심으로써 다른 경우보다 더욱 바리새인들의 분노를 불러일으켰다. 그분은 어떤 요점을 강조하시는 것처럼 보인다. 나중에 우리는 여러 가지 면에서 이것이 치유를 행하기에 최적의 날이었음을 보게 될 것이다.

나는 이 연구를 하기 전까지 그분의 첫 번째 치유가 안식일에 있었다는 것을 의식하지도 못했다. 분명 그리스도는 그날의 목적을 그 시대의 대다수 사람들과는 아주 다르게 보고 계셨다. 시몬 베드로의 장모는 가장 적절한 때에 치유를 받아 침상에서 일어나 함께 교제를 나눌 수 있었다. 해가 지자마자 온 마을 사람들이 그녀의 집에 모여들었다. 그들은 병자와 귀신 들린 자들을 치료해 달라고 데려왔다.

당신은 이 본문에 기록된 사람들처럼 즉각적인 육체적 치유를 경험한 어떤 사람을 본 적이 있는가? 나는 하나님이 육체적으로 치유해 주신 사람들을 수없이 많이 알고 있지만, 내 눈앞에서 즉각적인 치유가 일어나는 것을 지켜볼 기회는 많지 않았다. 제자들에게는 이 광경이 어떻게 보였을지 상상할 수 있겠는가? 가장 최근에 지독하게 고통스러워하는 사람을 만났던 때를 생각해 보라. 그들의 고통에 대해서 당신은 어떤 감정을 느꼈는가?

우리 주변에 있는 고통당하는 사람들을 직면하고 싶어하는 사람은 거의 없다. 왜냐하면 우리가 너무 무력하게 느껴지기 때문이다. 고통당하고 있는 사람을 보는 고통과 그들이 치유되는 것을 보는 희열의 극명한 대조를 상상해 보라. 예를 들면, 개인적인 안락을 추구하는 자신의 욕망에 대해서 날마다 죽고, 상상할 수 없는 고통 가운데 있는 콜카타의 사람들을 직면하였던 테레사 수녀에게 그러한 경험은 어떤 것이었을까? 그때에 많은 사람들이 치유되는 것을 보았다면…. 나는 그 감정의 폭을 추측할 수조차 없다. 그리스도의 제자 가운데 한 사람이 된 모습을 그려 보라. 요한은 당신과 똑같은 한 사람의 인간이었다. 이러한 광경이 그에게 어떤 영향을 미쳤을 것 같은가?

요한은 살아오면서 수백 번의 안식일을 지켜보았다. 그날 아침 그가 한껏 고양된 상태로 깨어났다고 상상해 보라.

"도대체 내가 무슨 일을 한 거지? 우리 부모님이 지금쯤 무슨 생각을 하고 계실지 모르겠네."

그는 분명 흥분하고 불안정한 상태였을 것이다. 그리고 그의 영혼은 무언가 새로운 일이 다가오고 있다는 사실로 꽉 차 있었을 것이다. 아마도 그가 하나님의 공급하심에 대해 감사하는 아침 기도를 암송할 때, 그의 마음에는 예레미야애가 3장 22-23절이 소용돌이치며 지나갔을 것이다.

"여호와의 자비와 긍휼이 무궁하시므로 우리가 진멸되지 아니함이니이다. 이것들이 아침마다 새로우니 주의 성실하심이 크도소이다."

살아오는 내내 그랬던 것처럼 그는 예배를 드리기 위해 회당에 갈 채비를 했다. 하지만 이번에는 예상치 못했던 일이 일어났다. 두루마리가 펼쳐지고 그날의 예배를 위한 성경이 낭송되었다. 그러고 나서 예수님이 랍비의 역할을 맡으시고 앉으시더니 머리카락이 곤두설 정도의 설교를 하셨다.

바로 그때 귀신 들린 한 남자가 소리치기 시작했고, 요한은 예수님의 단호한 모습을 아마도 처음으로 보았을 것이다. 예수님은 놀라운 권위를 보이시며 귀신을 내어 쫓으셨는데, 그러자 그 남자는 격렬하게 경련을 일으켰다. 요한은 자신이 살아 있는 한 그 귀신들의 비명 소리를 잊을 수 없을 것이라고 생각했다. 그와 다른 제자들은 함께 시몬 베드로의 집으로 걸어가며 내내 그들이 본 것에 대해 속삭였다. 시몬 베드로의 장모는 열병을 앓고 있었는데, 예수님이 그녀의 손을 잡아 일으키시자 즉시 열병이 떠났고 그녀는 그들을 수종들기 시작했다. 가족들은 염려스러운 얼굴로 강권했다.

"무리하지 마세요! 좀 앉아서 회복할 시간을 가지시죠."

"아휴, 모르는 소리 말아요. 나는 멀쩡해요. 기운이 없는 것도 아니라니까요. 그냥 여러분을 섬기게 내버려두세요."

그때 문에서 무슨 소리가 들려오기 시작했다. 웅얼거림, 비명, 울음소리, 신음, 희망에 찬 소리, 소망? 그렇다, 소망. 소망은 이렇게 속삭였다.

"그분이 그녀의 병을 낫게 하셨다면 내 병도 낫게 하실 거야."

그분은 그렇게 하셨다. 요한이 그날 아침 깨어났을 때, 그는 그 특별한 하루 동안 얼마나 많은 자비가 베풀어질 것인지 상상할 수도 없었을 것이다. 나는 그 젊은 제자의 머리에 어떤 생각들이 스치고 지나갔을지 상상할 뿐이다. 그는 아마도 그 밤을 거의 뒤척이며 이런저런 생각에 빠졌을 것이다. 어쩌면 그와 야고보는 침상에 누워 지쳐서 잠에 떨어질 때까지 이야기를 나누었을 것이다.

토요일에 일어났던 모든 일들과 그들이 보았던 것들을 상상해 볼 때 내가 만일 요한이었다면, 내가 했을 생각은 '저 사람이 할 수 없는 일이 있을까?' 이다. 그는 예수님이 그의 가르침을 통해 실제로 만장을 떠들썩하게 하시는 것을 보았다. 그는 그분이 귀신을 대면하시고 쫓아내시는 것을 보았다. 그는 그분이 시몬의 장모를 고치셨을 뿐 아니라 즉시로 그녀의 기운을 회복시키시는 것을 보았다. 그리고 나서 온갖 종류의 고통들이 그들의 눈앞에서 극복되었다.

나는 그 문 앞에서 일어난 광경에 대한 매튜 헨리의 주석을 좋아한다.

"얼마나 능력 있는 의사인가. 아무리 많은 사람들이라도 그분은 자신을 찾아온 모두를 치유하셨다. 그리스도는 한 가지 특정 질병만을 치료하신 것이 아니었다. 그분은 다양한 질병으로 아픈 사람들을 치료하셨다. 왜냐하면 그분의 말씀은 만병통치약, 즉 모든 고통에 대한 해결책이었기 때문이다."[1]

그분의 말씀은 만병통치약이었다. 분명 그렇다. 나는 아직까지 하나님이 고통을 덜어주기 위한 해결책을 갖지 않으신 어떤 질병을 겪어본 적이 없다. 좀더 구체적으로 말하자면, 나는 아직까지 하나님이 맨 먼저 지적하시고, 진단하시고, 치유하시지 않는 영혼의 질병을 경험해 본 적이 없다. 그분의 말씀은 우리가 생각하는 것보다 훨씬 더 영광스럽고, 강력하고, 온전히 적용 가능한 것이다. 당신이 이 책을 읽으려고 선택한 이유가 치유를 원하기 때문은 아닐 것 같다. 그랬다면 분명 다른 제목의 책들을 선정했을 것이다. 그러나 내 자신의 경험과 성경에 나오는 여러 본문에 근거해 볼 때, 당신은 분명 새롭게 발견되는 진단을 받게 될 것이고, 만일 당신이 협력한다면 새로운 치유를 경험하게 될 것이다. 나 역시 그럴 것이다. 기대가 된다. 그것이 바로 하나님 말씀의 속성이다.

시편 107편 20절이 말하는 대로, "그가 그의 말씀을 보내어 그들을 고치시고 위험한 지경에서 건지" 셨다. 하나님은 얼마나 자주 그분의 말씀을 보내셔서 내가 그 진단을 직시할 수 있을 정도로 건강하게 치유하셨는지… 나는 당신이 이 멋진 것들을 한껏 즐기게 되기를 원한다. 하나님이 우리에게 그분의 말씀을 공급하시고 우리가 그분으로부터 딱딱한 '알약'을 받아 삼킬 수 있을 지점까지 이끌어 가실 때마다 치유는 이미 시작된 것이다. 일단 그분이 우리를 대면하시면 우리는 우리가 가야 할 길이 너무나 멀다는 것 때문에 눌릴 필요가 전혀 없다. 용기를 내라. 그분은 만병통치약이시다.

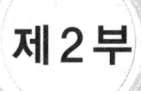

제 2 부

조망과 통찰

그리스도와 함께 나란히 서서 걸어가는 것을 상상할 수 있겠는가?

그분이 어떤 사이즈의 샌들을 신고 계신지 알 수 있을까? 그분의 억양이나 어떤 형태의 연설을 가장 즐기시는지 알 수 있을까? 다음 열 개의 장에서 우리는 요한이 예수님과 동행했던 장면들을 복음서를 통해 살펴보게 될 것이다.

나는 당신이 스스로를 '넘버 13'으로 생각하기를 바란다. 우리가 공부하게 될 모든 상황들에 초대받은 열세 번째 제자로 생각해 보라는 말이다. 요한을 너무 영적으로 생각하지 않도록 하라. 그는 우리와 똑같은 살과 피를 가진 사람이었다. 하지만 그가 목격했던 것은 자연적인 영역을 훨씬 뛰어넘는 것이었다. 이 젊은 제자의 바로 옆에 서서 그에게 지울 수 없는 흔적을 남겼던 장면들을 바라보도록 하자. 우리 역시 깊은 인상을 받게 될 것이다.

한적한 곳

> 새벽 아직도 밝기 전에 예수께서 일어나 나가 한적한 곳으로 가사 거기서 기도하시더니 시몬과 및 그와 함께 있는 자들이 예수의 뒤를 따라가(막 1:35-36).

미련하고, 보잘것없고, 감상적인 당신이 그것을 어떻게 부르고 싶어하든 간에 나는 그렇게 고백한다. 하나님이 내게 무엇을 쓰도록 인도하실지 전혀 알 수 없었을 때 이 본문을 바라보면서 나는 목에서 무언가 울컥 올라오는 것을 느꼈다. 이 본문에서 당신과 나는 예수님의 초기 제자들 몇 명과 함께 사건의 현장으로 걸어가 기도하고 계시는 그분을 발견하게 될 것이다. 철저히 혼자서. 어쩌면 우리가 포착할 수 없는 눈에 보이지 않는 동반자와 함께 계셨는지도 모르겠다. 나는 성경에서 홀로 계시는 그리스도를 발견하는 것을 좋아한다. 계속해서 그분을 배워가며 공적인 예수님에 대한 생각들을 점점 더 발전시켜 가고 있지만, 나는 여전히 사적인 예수님의 신비에 깊이 마음이 끌린다.

　나는 항상 어떤 사람의 신비로운 부분에 약간의 매력을 느끼는 것 같다. 남편 키이스는 그를 친밀하게 아는 사람이 거의 없는 남자다. 어떻게든 그를 안다는 것은 내게 특별한 느낌을 갖게 한다. 나는 또한 그리스도의 신비로운 면에 말할 수 없을 정도로 마음이 끌린다. 내가 그분에 대해서 알고 있는 것은, 내가 알지 못하는 것 그리고 지금은 알 수도 없는 것에 대해서 알고 싶은, 채워지지 않는 욕구를 갖게 만든다.

우리 모두는 천국에 대해서 어떤 개념을 가지고 있지만, 우리가 가진 이미지는 그 실체를 조금도 변화시킬 수 없다. 그럼에도 불구하고 나는 천국이 무수히 많은 성도와 천군 천사가 장엄한 합동 예배를 드리는 장소일 뿐 아니라, 예수 그리스도와 조용하게 개인적으로 만나는 장소이기를 간절히 바라고 있다. 나는 그리스도 안에 있는 모든 형제자매들과 함께 지내면서, 모세와 바울과 사도 요한과 더불어 식탁에 둘러앉을 그때를 기다릴 수가 없다. 하지만, 이기적으로 보일지는 몰라도 정직하게 고백해야겠다. 나는 예수님을 원한다. 그분과만 단 둘이 있고 싶다. 천 년마다 단 몇 분씩이라도 그분과 단 둘이서만 있고 싶다! 이 지구상에서 내가 가장 좋아하는 시간은 비밀스러운 곳에서 그분과 함께 하는 시간이다. 내게는 그곳이 천국이다.

우리가 공부하게 될 제자들이 그랬던 것처럼, 나는 어떤 현장 속으로 걸어 들어가 거기서 뜻밖에 그분을 발견하게 되기를 원한다. 하지만 그들이 그랬던 것과는 달리, 나는 다시 그분을 곧장 대중들 속으로 끌어들이고 싶지 않다. 잠시 동안이라도 그분을 나 혼자 차지하고 싶다. 나는 그분이 몸을 돌려 나를 바라보시고 그분의 손을 내게 뻗으시는 모습을 그려보는 것을 좋아한다. 나는 그분이 부드럽게 나를 당겨 그분 곁에 앉히시고, 그 순간에 그분의 관심을 사로잡고 있는 것을 내가 함께 나눌 수 있도록 허용해 주신다는 생각을 하는 게 참 좋다. 수정같이 맑은 바다에 비친 산 그림자일지도 모르겠다. 아니면 어린 아이가 부드러운 털을 가진 어린 사자와 꽃이 만발한 초원에서 뛰놀고 있는 광경일지도 모른다(사 11:6).

상상력이 지나친 것 같은가? 그럴지도 모르지만, 천국은 대부분의 성도들이 생각하는 것보다 훨씬 더 창조적인 모습일 것이라고 믿는다. 이 세상을 이토록 장엄하고 다양하고 시험적으로 창조하신 하나님이 영원한 집을 단막극처럼 만드시지는 않으셨을 게 분명하다. 그럴 것이라고는 도저히 생각할 수 없다. 또한 나는 우리가 항상 거대한 규모의 집단적 회합 가운데 있을 것이라는 의견도 받아들일 수 없다. 그러면 천국에 있는 수없이 많은 구원받은 사람과 어떻게 개인적인 만남이 이루어질 수 있겠는가? 내가 생각하는 방법은 그것이 바로 우리가 영원을 소유하는 한 가지 이유라는 것이다. 우리 각자가 예수님을 온전히 독차지할 수 있을 만큼 풍족한 시간이 있다. 오, 나는 우리에게 정말 놀라운 일들이 많이 기다리고 있다고 생각한다.

나처럼 당신도 마가복음 1장 35절을 암송하고 있을지 모르겠다.

"새벽 아직도 밝기 전에 예수께서 일어나 나가 한적한 곳으로 가사 거기서 기도하시더니."

마가는 그날이 어떤 아침이었는지 말해 주지 않는다. 따라서 독단적으로 가정할 수는 없지만 아마도 베드로의 집에서 치유를 행하신 다음 날 아침이 아니었을까? 그런 다음 날이라면, 내가 예수님이었다면 나는 잠을 자고 있었을 것이다. 그러나 예수님은 아니었다. 다른 사람들이 임시로 마련한 침상에 누워서 전날까지 본 것들에 대해 두런두런거리고 있는 동안, 예수님은 아직 어두운 가운데 일어나셔서 기도하기 위해 홀로 한적한 곳을 찾아가셨다.

예수님이 그 어떤 곳에서도 편안함을 느끼지 못하셨다고 생각해본 적이 있는가? 아마 예수님이 "인자는 머리 둘 곳이 없도다"라고 말씀하셨던 한 가지 이유가 바로 그것이었을 것이다. 그분은 수없이 여러 장소에서 주무셨지만 그 어느 곳도 그분의 진짜 집이 아니었다. 그분은 참석해야 할 주일 아침 예배가 있으셨기에 안식일 다음 날 아침 그 집을 빠져 나오셨다. 내가 처음 다녔던 교회에는 오르간 연주자 바로 위에 짙은 색 나무 게시판이 걸려 있었는데, 거기에는 "오

늘의 출석자:2"이라고 쓰여 있곤 했었다.

요한계시록 22장 16절에서 그리스도는 "나는 다윗의 뿌리요 자손이니 곧 광명한 새벽 별이라"고 말씀하셨다. 새벽 별은 해가 떠오르기 이전에 동쪽 하늘에서 밝게 빛나는 금성이다. 나는 새벽에 여러 번 그 새벽 별을 보았다. 아침 기도 시간을 갖기 위해 일어날 때면 바깥은 아직 밤처럼 어둡다. 나는 내가 하나님과 더불어 그 귀한 시간을 갖는 동안에 태양이 떠오를 것이라는 생각을 하면 마음이 포근해지고 참 좋다. 나는 종종 베란다로 나가서 하늘을 바라보며 다른 별들보다 유난히 반짝이는 별 하나를 지켜본다. 갈릴리 해변에서 그리 멀지 않은 곳에서 맞이했던 아침, 그 밝은 새벽 별은 아직도 어두운 가운데 떠올라 영광의 등불로 황량함을 비추었다. 오직 하나님만이 보고 계셨다. 우리 하나님 아버지는 오늘 우리에게 물으신다.

"애야, 나만을 보기 위해서 일어나겠니?"

마가는 예수님이 한적한 곳으로 가셨다고 말한다. '한적한'(eremos)이라는 원래 헬라어 단어는 지역적으로 고립되고, 인적이 드물고, 버려지고, 사람들의 왕래가 없으며 황폐한 장소에 고립된 상태에 있는 것을 뜻한다.[1] 가버나움 바로 외곽 지역에는 많은 지역 주민이 수세기에 걸쳐 에뤠모스(한적한) 언덕이라고 불렸던 한 장소가 있다. 그 지역에는 울퉁불퉁한 붉은 화강암 바위들과 나무 하나 자라지 않은 풍화 작용을 겪은 벼랑들이 있다.

마태복음 6장 6절에서 그리스도는 이렇게 가르치신다.

"너는 기도할 때에 네 골방에 들어가 문을 닫고 은밀한 중에 계신 네 아버지께 기도하라."

그분은 자신의 집을 갖지 않으셨지만, 그러나 말씀으로 세상을 존재하게 하셨던 그분이 기도하실 때 온 에뤠모스 언덕은 그분이 원하신다면 그분의 골방이 될 수 있었다. 당신도 예수님처럼 기도하기에 좋은 장소를 가지고 있기를 바란다.

예수님은 한 가지 이유, 곧 아버지와 단둘이 함께 있기 위해서 에뤠모스 언덕으로 가셨다. 정말 그분이 어떻게 기도하셨는지 알 수 있다면 얼마나 좋을까! 그분은 무슨 말씀을 하셨을까! 얼마나 오랫동안 말씀하셨을까! 그분은 아버지의 응답을 들으실 수 있었을까… 귀로 아니면 마음으로…? 그리스도가 이 땅에서 드린 기도는 다른 어떤 사람의 기도와도 다른 독특한 것이었다. 그분은 인간의 육체에 둘러싸인 다른 사람들이 이해할 수 없는 자유와 친밀함을 가지고 계셨다. 나중에 제자들이 그분께 "주여, 우리에게 기도를 가르쳐 주옵소서"(눅 11:1)라고 간청했던 데는 그런 이유가 있었음이 분명하다.

히브리 남자들은 그들이 말을 할 수 있을 때부터 기도하는 법을 배웠다. 그들은 감사 기도와 간구의 기도를 암송했고 하루 종일 그것을 외웠다. 그들은 가르침을 받은 대로 기도하는 법을 알고 있었지만, 그리스도가 몇 시간씩 아버지의 임재에 사로잡혀 계시는 것을 보았을 때 이렇게 말했던 것이라는 생각이 든다.

"저희에게도 그렇게 기도하는 법을 가르쳐 주옵소서."

나사로의 무덤에서 예수님은 "아버지여 내 말을 들으신 것을 감사하나이다. 항상 내 말을 들으시는 줄 내가 알았나이다"(요 11:41-42)라고 기도하셨다. 그리스도가 기도에 그토록 깊이 들어가셔서 몇 시간씩 기도하실 수 있었던 한 가지 놀라운 이유는 그분이 그런 확신을 가지고 계셨기 때문이었다.

잠시 동안 신학적인 것만이 아니라 현실을 이야기하면서 이 점에 대해 몇 가지 생각해 보도록 하자. 우리가 다음의 두 가지 중대한 요인을 확신한다면 우리의 기도가 얼마나 달라지겠는가?

1) 우리의 아버지는 전능하신 창조주요 우주를 지탱하시는 분이라는 것
2) 그분이 항상 우리의 기도를 들으신다는 것

진실이 알려진다면—우리가 하는 말이 천정에서 튕겨져 나오는 것은 아닌지 의심스러워하기 때문에 우리의 마음이 방황을 하고 때로 기도하면서 약간 지루해 하고 있음을 발견하지 않는가? 그리스도가 그분의 임재를 분명하게 나타내신다면 우리의 기도가 얼마나 달라지겠는가? 만일 우리 각 사람이 앉아 있는 바로 맞은 편 의자에 그분이 앉으셔서 몸을 기울여 우리가 하는 말에 집중하고 계신다면 우리는 다르게 기도하지 않겠는가?

비록 그분이 우리 눈에 보이지 않지만, 본질적으로 그분이 하시는 일이 바로 그것임을 깨달을 수만 있어도 좋으련만…! 그분은 하나님 아버지 오른편에서 우리를 위해 중재하신다. 우리가 기도할 때에, 그분은 우리와 아주 가까이 계시며 천국의 모서리에 기대어 우리의 말을 듣기 위해 몸을 기울이고 계신다고 할 수 있다. 그분의 성령을 통한 하나님의 임재는 우리가 기도할 때 문자 그대로 우리를 둘러싸고 계신다. 그분의 눈은 우리 얼굴을 뚫어지게 바라보신다. 우리가 하는 말 한마디 한마디를 들으신다. 우리가 하는 모든 표현들을 들으신다. 우리가 하는 말 한마디 한마디를 귀기울여 듣고 계시는 하늘 아버지를 바라보면서, 때로 우리가 기도하면서 지루해 하는 것을 천사들이 얼마나 이상하게 여길지 상상할 수 있겠는가?

나는 당신에게 자신만의 '골방'에서 기도를 훈련하라는 개인적인 기도 과제를 내주고 싶다. 다음 주 기도할 때마다 요한복음 11장 42절에 나오는 그리스도의 말씀으로 기도를 시작하라.

"항상 내 말을 들으시는 줄을 내가 알았나이다."

하나님의 임재를 연습하라! 그분이 실제로 들으시는 것처럼 기도하라. 정말로 그러하시기 때문이다!

마가복음 1장 35-37절에서, 제자들은 그리스도와 동행하는 삶이 너무나 미성숙해서 그 현장의 특별함을 알지 못했다. 대신에 그들은 불쑥, "모든 사람이 주를 찾나이다"라고 말했다. 여기서 우리는 현재 그들의 마음 상태를 읽을 수 있다. 예수님이 사적으로 하셨던 일은 잊어 달라! 그들은 인기 있는 예수님과 함께 대중 앞에 드러나기를 원했다. 우리가 그들에게 너무 가혹하게 이야기할 수 없는것은 그들은 미성숙한 기독교의 전형적인 한 부분을 보여 주고 있기 때문이다. 우리도 영적인 미성숙함으로 그와 똑같이 행한다. 우선 우리는 사적인 예배보다는 공동의 예배에 훨씬 더 흥분한다.

정직하게 말하면 우리가 일대일로 대화할 만큼 그분을 충분히 잘 알고 있지 않기 때문이다. 우리는 그리스도께 마음이 사로잡힌 사람들의 무리 가운데 함께 있는 흥분을 좋아하고, 또 항상 그럴 것이다. 하지만 우리가 성숙해 가고 예수님이 우리에게 더욱 더 위대한 인격적 실체가 되심에 따라 다른 어떤 것보다 한적한 곳에서 그분과 함께 있는 시간을 귀하게 여길 것이다.

마가복음 1장 36절은 시몬과 그의 동료들이 예수님을 찾으러 갔다고 말한다. 지금까지 마가복음에서 우리가 만났던 동료들은 안드레, 베드로, 야고보, 요한 뿐이었다. 따라서 그들 중에 요한이 함께 있었을 것이라고 거의 확신할 수 있다. 아직까지 그들이 제자라고 불려지지 않았다는 점에 주목하라. 그들이 지금까지 학습자나 학생으로서의 자격이라도 갖추었는지 모르겠다. 함께 있던 자들이 누구였던지 간에, 원어의 용어는 그들이 거의 범죄 수사를 하는 것처럼 예수님을 추적하였다고 말한다. '찾다'로 번역되어 있는 헬라어 '카타이오코'(katadioko)는 흔히 적대적인 의미로 사용된다.[2] 그들이 예수님께 대하여 적대적이었다는 의미가 아니라, 모든 사람들이 있는 곳에 그분이 계시지 않았다는 것을 매우 염려하고 아마도 약간은 그분에게 화가 났다는 뜻이다. 우리는 그들이 기도하고 계신 예수님을 발견했을 때 한 순간이라도 존경이나 경외감으로 주저했다는 암시를 본문에서 찾아볼 수 없다. 그들은 그 현장 속에 무작정 끼어들어서 "모든 사람이 주를 찾나이다"라고 말했다.

나는 예수님을 좇아가 함께 있던 자들이 아마도 베드로, 야고보, 요한이었을 것이라고 추측한다. 그분의 사역 후반에 그리스도는 여러 번 친밀한 장소에서 그분을 지켜보도록 이들 세 사람을 선택하셨다. 예수님이 이들을 선발하도록 만든 어떤 원인이 있었다. 나는 그것이 그들의 영적 성숙함이 아니었다는 것을 성경이 증명해 줄 것이라고 믿는다. 그리스도가 이들 세 사람을 몇 번이나 친밀한 장소로 이끌어 가신 데는 두 가지 중요한 동인이 있었다고 생각한다.

1) 그들이 때때로 '이해' 하지 못했다는 사실.
2) 일단 그들이 '이해' 했다는 것을 예수님이 아셨을 때 그들은 실제로 이해했다는 사실.

달리 말하면 그리스도는 이렇게 생각하시지 않았을까 싶다.
'그러니까 너희들은 경계 유형이 아니지? 좋아, 내가 너희를 일반적인 경계 너머로 데려가 주지. 하지만 너희가 거기 있는 동안 배운 것에 대해서는 너희들이 책임을 지도록 할 것이야.'

생각해볼 만한 일이다.

내 친구의 어린 아들은 선생님이 교실에서 선생님 책상 바로 앞에 자기를 앉혀 주었다고 자신이 선생님 마음에 든 학생이라고 생각했다. 그는 수년 동안 선생님이 그의 자제력 문제에 관심을 가지고 있다는 사실을 깨닫지 못했다. 왜 선생님은 그에게 그토록 많은 에너지를 소모하는 대신 그냥 교장 선생님에게 보내버리지 않았을까? 선생님은 그 아이가 배울 수 있는 여지를 가지고 있다는 것을 알았고 그래서 그것을 찾아내기로 결심하였던 것이다. 그리고 그렇게 했다.

우리는 베드로와 야고보와 요한이 그들의 책상을 교실 앞으로 옮기는 것을 보게 될 것이다. 어린아이들과 마찬가지로, 때때로 그들은 자신들이 선생님의 마음에 들었기 때문에 자기들의 자리를 옮겨 주었다고 생각하고 싶어했다.

셋과 하나

엿새 후에 예수께서 베드로와 야고보와 요한을 데리시고
따로 높은 산에 올라가셨더니 그들 앞에서 변형되사(막 9:2).

우리의 목적을 다시 한 번 상기시키고자 한다. 당신은 내가 성경 이곳 저곳을 오락가락하는 바람에 당황했을지도 모르겠다. 나는 제자들이 그리스도와 함께 걸었던 걸음걸음을 우리가 샅샅이 경험할 수 있기를 원하지만, 이 여행의 목적은 요한의 삶과 편지들로부터 풍성한 것을 이끌어 내는 것이다. 그는 그리스도를 따르도록 처음에 선택된 사람들 가운데 하나였기 때문에 우리는 그가 그리스도를 만났던 첫 번째 단계들을 다소 천천히 살펴보았다. 당분간은 장면에서 장면을 뛰어다니면서 좀더 극적으로 속도를 조절해 보려고 한다. 공관복음에 초점을 맞출 때, 우리의 목적은 요한의 이름이 언급되거나 그가 함께 있었던 것으로 알려진 배경에 집중하는 것이다.

예수님은 많은 추종자를 가지고 계셨지만 그들 중에서 자신과 가장 가까이 지내도록 열두 명을 선택하셨다. 다음 장에서는 예수님과 그분의 제자들이 함께 목격했던 마지막 유월절이 아주 가까웠을 때 일어났던 사건들을 중심으로 살펴보게 될 것이다. 열두 명이 예수님과 함께 보낸 매 순간들이 의미심장한 것이었지만, 이제 우리는 몇 가지 공통된 분모를 가지고 있으며 분명 요한에게 깊은 영향을 미쳤던 두 장면들을 살펴보고자 한다. 그의 관점에서 각 사건들을 바라보도록 최선의 노력을 기울여 보라. 요한은 아마도 사도들 가운데서 가장 어린 사람이었으며 한 사람에게는 동생이었다는 사실을 명심하라. 그를 살과 피를 가진 사람으로 생각하고, 각각의 경험이 그에게 어떤 영향을 미쳤을지 상상해 보라.

우리는 마가복음 5장 35-43절에서 장면1을 발견한다. 야이로라는 이름의 회당장이 예수님께 자기 딸을 치료해 달라고 부탁했고, 그들은 그의 집으로 가는 중이었다. 사람들이 와서 그들을 보고 야이로에게 그의 딸이 이미 죽었으므로 선생을 더 이상 괴롭히지 말라고 말했다. 예수님은 야이로에게 "두려워 말고 믿기만 하라"(36절)고 말씀하셨다. 나는 예수님이 그 다음에 하셨던 일에 관심이 끌린다.

"베드로와 야고보와 야고보의 형제 요한 외에 아무도 따라옴을 허락하지 아니하시고"(37절)

이 줄어든 숫자의 사람들이 야이로의 집을 향해 나아갔다. 이미 문상객들이 모여 있었다. 실제로, 예수님이 소녀가 죽지 않았다고 말했을 때 그들은 웃었다. 그분은 무리를 집 밖으로 내보내셨다. 그리고 세 명의 제자들과 소녀의 부모님을 데리고 방으로 들어가셨다. 거기서 예수님은 소녀를 단 몇 마디 명령의 말씀으로 죽음 가운데서 일으키셨다.

다른 사람들은 초대받지 못한 장소로 예수님을 따르도록 허락받았을 때 이 세 남자들의 마음에 어떤 생각들이 스쳐 지나갔을지 너무나 궁금하다. 여자인 내 마음에 어떤 생각이 들었을지는 알 수 있을 것 같다. 여자들은 아주 관계적인 경향이 있어서 나라면 남겨진 사람들에 대해 염려하지 않고 그 특권을 즐기는 것이 거의 불가능했을 것이다. 그렇기 때문에 나는 내가 돌아왔을 때 그들이 나에 대해 몹시 화가 나 있지는 않을까 염려했을 것이다. 또한 며칠 동안 그들이 약간 이상하게 행동한다고 생각했을 것이다. 실제로, 내가 거의 죽도록 속을 태우리라는 것을 아시기 때문에 예수님은 나를 오라고 하지 않으셨을지도 모르겠다. 가장 단순한 문제들에 연연하는 것 때문에 내가 놓쳐버린 것들이 얼마나 많은지 말로 할 수 없을 정도다.

세 사람이 특별한 날에 실컷 보았던 그 일을 놓쳐버리기는 정말 싫다. 돌처럼 차갑게 식어버린 시체를 일으키는 것은 진정 비범한 일이다. 이 세 사람이 아무리 많은 기적을 보았고 심지어 직접 수행했다고 하더라도 이 사건은 보통 일이 아니었다.

나는 죽음을 맞이하는 사람을 곁에서 지켜본 적이 몇 번 있었는데, 그때마다 몸이 얼마나 빨리 식어버리는지에 너무나 놀라곤 했다. 영적인 의미에서 영혼은 몸을 따뜻하게 유지해 주는 것이다. 육체적인 죽음은 영혼(한 사람의 비물질적인 부분, 영과 혼을 의미하는)이 몸을 떠날 때 일어난다. 그 분리의 순간에 생명의 따뜻함도 떠나는 것이다. 우리는 영적인 생명이 영혼 안에 있으며 영혼은 계속해서 살 것이라는 것을 새롭게 깨달음으로 평안을 얻을 수 있다. 우리는 죽음의 최종적 성격에 대해 이야기하지만, 그러나 성도들에게 있어서 그것은 상대적으로 아무것도 아닌 결말일 뿐이다.

야이로에게 선생님을 더 이상 '괴롭게 하지' 말라고 말렸던 사람들의 말을 예수님이 듣지 않으셨다는 것이 참 기쁘다. 그들이 그렇게 한 이유는 소녀가 죽었기 때문이었다. 사랑하는 사람의 죽음은 예수님을 '괴롭게 하기'를 멈추어야 할 시간이 아니다. 물론 그분이 우리가 사랑하는 사람을 죽음에서 일으키시지 않을 때가 많겠지만, 그분은 우리가 그 상실을 극복할 수 있도록 다른 수없이 많은 일을 하실 수 있다. 가장 필요한 것은 위로이지만 우리는 다른 것을 가지고 있다.

나는 종종 문제를 남기거나 풀리지 않는 질문을 남긴 어떤 죽음 때문에 좌절하고 있는 사람들과 대화를 한다. 실례가 될지 모르겠지만 죽은 사람은 우리가 화해해야 할 필요가 있는 사람에게 사랑을 받은 사람이 아니라 그들을 용서하지 못했거나 용서받지 못한 사람이다. 그 결과로 종종 절망이 따라온다. 우울증이 생기는 경우도 있다. 때때로 우리는 어떤 상황 속에서 평화를 얻기 위해서는 모든 당사자들이 생생하게 살아 있어야 한다고 확신한다. 말할 나위 없이 다른 사람들과 화평을 이루기에 가장 좋은 시간은 모든 사람들이 여전히 숨 쉬고 있는 동안이다. 그러나 그것이 너무 늦었다면, 선생님을 괴롭게 하라! 그분은 우리의 한계나 합리적인 상황에 제한되지 않으신다. 어떤 죽음이 당신에게 끝나지 않은 문제를 남겨놓았는가? 예수님과 더불어 그 문제를 마무리하라.

이제 나와 함께 마가복음 9장 2-10절에 나오는 장면2로 여행하자. 예수님은 그 동일한 세 제자들을 변화산으로 데리고 가셨다. 거기서 그들은 예수님의 옷이 그들 앞에서 하얗게 빛을 발하는 것을 보았다. 그들은 하늘에서 들려오는 음성을 들었고, 예수님과 함께 이야기하고 있는 모세와 엘리야를 보았다.

우리가 공부하고 있는 이 두 장면들 사이에 상당한 시간이 경과했다. 이 두 날들 사이에, 오천 명을 먹이신 사건이나 예수님이 물 위로 걸으신 사건과 같은 중요한 일들이 일어났다. 우리가 두 사건에 우선순위를 두고 연구하는 것은 오직 이 세 제자들만 연루되어 있는 일이기 때문이다. 그리스도는 어떤 일도 우연히 하지 않으신다. 그분이 이들을 지명하여 목격하게 하신 데는 분명 어떤 이유들이 있었다.

마가복음 5장 37절에, 이 세 사람은 "베드로와 야고보와 야고보의 형제 요한"이라고 열거되어 있다. 이 장면에서 요한은 이제 더 이상 언제나 형의 뒤를 졸졸 따라다니는 동생으로 불려지지 않았다. 이 시점에서 우리는 성경에서 그의 정체성이 분명하게 부상하고 있는 것을 보게 된다. 또한 예수님은 그저 뒤를 따라오는 베드로와 야고보와 요한을 내버려두신 것이 아니라는 점에 주목하라. 그분은 그들을 데리고 가셨다.

하나님의 뜻은 항상 하나님의 의도를 드러낸다. 예수님께서 이 세 사람이 경험하고 접하는 일에 어떤 의도를 가지고 계셨던 것과 마찬가지로 그리스도는 우리를 향한 의도를 가지고 계신다. 그분은 절대로 단지 권위를 행사하기 위해서 우리를 휘두르시거나 어떤 일을 하도록 정하시지 않는다. 그분의 뜻은 항상 어떤 목적을 가지고 있다. 때때로 우리는 우리 자신의 길을 가지만, 하나님은 여전히 우리에게 자비로우시고 거기서 어떤 것을 보여 주신다. 또 어떤 때에는 우리가 그분께 어떤 특정한 곳에 가게 해달라고 간청하면 그분이 동의하신다. 다른 경우에는 우리가 가려고 생각해 본 적도 없는 곳으로 하나님이 우리를 데려가시기도 한다. 그곳은 우리가 알지도 못하는 방법으로 그분이 우리에게 자신을 계시하시는 곳이다.

세 개의 공관복음 모두 변화산의 사건을 기록하고 있다. 마태복음은 세 제자들이 땅에 엎드려 두려워 떨었다고 자세히 기록한다. 나는 하나님의 사람들이 감정적으로 격해졌기 때문이 아니라 하나님에 대한 완전한 경외감에 사로잡혀 땅에 엎드러질 만한 기회들을 많이 놓치고 있다고 확신한다. 우리는 우리가 지금 논의하고 있는 분에 대해서 오리무중 헤매고 있다. 예수님이 세 제자들 앞에서 자신의 모습을 변화시키신 이유들 가운데 하나는 이렇게 말씀하시는 것이었다고 믿는다.

"나는 너희들과 같지 않다. 이것은 내가 누구인지에 대해서 한 번 흘끗 본 것에 지나지 않는단다."

예수님은 그분이 행하셨던 것과 동일한 기적들을 행할 수 있을 정도로 그들을 구비시키시고 초자연적 능력을 부여하셨다는 것을 기억하라. 조만간 그들이 그분과 대등한 존재가 될지도 모른다는 생각을 하지 못했던 이유는 과연 무엇이었을까? 하나님이 그 생각을 막으셨다! 예수님은 초인이 아니시다. 그분은 하나님이시다. 모든 피조물에 대한 왕권을 쥐고 계신 하나님의 사랑하시고 거룩한 아들이시다. 시편 50편 21절에서 하나님은 "네가 나를 너와 같은 줄로 생각하였도다"라고 말씀하신다. 그분이 우리가 한 번도 가보지 않은 곳으로 우리를 데려가시는 한 가지 중요한 이유는 그분이 다른 누구와도 같지 않은 분임을 보여 주시는 것이다. 하나님이 그분에 대한 당신의 인식을 변화시키기 위해서 당신을 개인적으로 데려가시는 곳은 어디인가?

그 밤 그 산 위에 영광이 내려왔다. 구름이 그들을 덮고 전능하신 자의 음성이 들려왔을 때 그들은 너무 놀라 땅에 엎드러졌다. 그렇게 하는 것이 마땅하다.

마가복음은 적어도 두 가지 추가적인 사실을 말해 준다. 우선 그리스도의 옷이 세상의 누구도 그렇게 희게 할 수 없을 정도로 하얗게 빛났다고 말한다. 우리의 제한적인 생각으로는 그저 자연에서 보는 하얀색, 막 내리고 있는 눈과 같은 것만을 생각할 수 있을 뿐이다. 하나님의 하얀색은 흰 눈보다 훨씬 더한 것이다.

시편 51편 7절에서 다윗은 하나님께 자신을 눈보다 더 희게 씻어 달라고 간구했다. 우리의 존재와 우리가 가진 것 가운데 눈보다 더 흰 것이 있다면 그것은 오직 그리스도로부터 온 것이다. 나는 이제까지 살아오면서 많은 사람에게 죄를 지었다. 나는 하나님이 내 마음에 두신 사람들에게 용서를 구하였다. 여러 번 용서를 받았지만, 누구도 나를 깨끗하게 할 수 없었다. 그 빛나는 영광이 세상 누구보다도 더 하얀 예수님을 제외하고는 아무도 그렇게 할 수 없었다.

마가는 또한 베드로가 무슨 말을 해야 할지 몰랐기 때문에 그곳에 초막 셋을 짓자는 어리석은 제안을 했다고 말해 준다. 그는 두렵기도 했다. 무슨 말을 해야 할지 모를 때 아주 이상한 말을 하게 되는 경우가 얼마나 많은가? 아, 하나님이 우리 혀에 뇌를 넣어두셨더라면…! 하지만 그분은 자신의 지혜를 따라 입보다 두 배나 되는 귀를 갖게 하셨는데, 우리는 그 핵심을 놓치고 있는 것처럼 보인다. 하나님은 하늘에서 이렇게 응답하신다.

"이는 내 사랑하는 아들이니 너희는 저의 말을 들으라."

내 식으로 번역하자면 이렇다.

"입 다물어라!"

누가가 중요하게 포함시키고 있는 내용은 모세와 엘리야가 그리스도의 죽음에 대해 논의하고 있었다는 사실이다. 좀더 문자적으로 번역하자면 '이주'(exodus)가 될 것이다. 그 사실은 나를 오싹하게 만든다. 만일 먼저 죽은 사람들 가운데 특별한 죽음에 대해서 무언가를 알고 있는 사람이 있다면, 그것은 모세와 엘리야였다. 한 사람은 하나님과 단둘이 있는 중에 죽었고 그분에 의해 장사되었다. 다른 한 사람은 회오리 바람 가운데 불전차를 타고 들림을 받았다. 예수님의 죽음은 훨씬 더 과격했고 그 영향력은 완전히 혁명적이었다. 그들은 논의할 거리가 많았다.

우리는 요한이 목격한 두 장면에 대해 공부해 왔다. 둘 다 의미심장한 기적과 관련이 있었다. 둘 다 죽은 자에 대한 그리스도의 능력과 관련이 있었다. 그리스도가 야이로의 딸을 죽음에서 일으키셨다. 모세도 엘리야도 아직까지 그들의 몸을 입고 세상에 돌아오지는 않았지만, 그들은 생생하게 살아 있다.

마가복음 9장 9-10절은 예수님이 세 명의 제자들에게 자신이 죽은 자 가운데서 다시 살아나실 때까지 아무것도 말하지 말라고 명령하셨다고 전한다. 세 사람은 예수님이 하신 말씀이 무슨 뜻일까를 논의하며 산에서 내려왔다.

사랑하는 그대들이여, 예수님은 산 자의, 그리고 죽은 자의 주님이시다.

오른편에 선 제자들

주의 영광 중에서 우리를 하나는 주의 우편에 하나는 좌편에
앉게 하여 주옵소서(막 10:37).

  우리는 바로 앞 장에서 요한과 그의 형제와 친구 베드로가 다른 사람들은 상상할 수조차 없는 광경들을 목격한 것에 대해 살펴보았다. 그리스도가 그들을 자신의 측근 그룹으로 만드셨다. 그들은 죽은 자를 일으키시는 것과 오랫동안 죽은 것으로 알고 있었던 사람과 대화하시는 것을 통해 그분의 영광이 계시되는 것을 보았다. 당신이 죽어 있는 사람이었다면 그러한 광경에 영향을 받지 않았을 것이라고 말하는 사람이 있을지도 모른다. 그러나 분명 두 경우 모두 죽은 자는 지대한 영향을 받았다! 변하지 않은 사람은 아무도 없었다. 그러나 제자들은 어떻게 변하고 있었는가? 그것이 문제다.

  그 세 사람이 자기들이 받았던 비공개 초대를 어떻게 생각하고 있었는지 살펴보기 전에, 먼저 여기서 발견되는 진리들을 분명히 우리 자신에게 적용할 준비를 하도록 하자. 바울은 에베소서를 열두 사도에게 쓴 것이 아니었다. 그것은 예수님을 믿는 우리 모두를 위해 쓴 것이다. 에베소서 1장 3절은 "그리스도 안에서 하늘에 속한 모든 신령한 복을 우리에게 주신다"고 말한다. 뒤에서 바울은 아버지께서 "지혜와 계시의 영을 너희에게 주사 하나님을 알게"(엡 1:17) 해달라고 기도했다고 말한다.

성경은 그리스도를 믿는 우리가 택하심을 받고(엡 1:4), 부르심을 받은(엡 1:18) 자들이라고 분명하게 가르친다. 그분은 우리의 삶이 하나님 나라에 영향을 미치게 되도록 우리를 이 세상에 남겨 두셨다. 우리의 과업을 완수할 수 있도록 구비시키시는 그분의 일차적인 방법은 그분 자신을 우리에게 계시하시는 것이다. 당신이 그리스도를 섬기기 원한다면 바쁘게 지내기만 해서는 안 된다. 그분을 친밀하게 알아가라. 그러면 당신의 부르심과 정면으로 충돌하게 될 것이다! 하나님은 우리에게 지혜와 계시의 영을 주셔서 우리가 그분이 계시하신 것을 어찌해야 할지 알게 되기를 원하신다.

우리는 여러 종류의 사역을 위해서 택하심을 받고 부름 받았음을 알고 있다. 하나님은 우리가 하나님의 선택이라고 부르는 그 어려운 꾸러미로 이러한 개념들을 묶으셨다. 성경적으로 똑똑한 친구들이 주장할 수 있는 것보다는 좀더 단순화한 위험이 있지만, 나는 하나님께 나오는 자는 누구나 하나님이 부르실 것이라는 개인적인 믿음을 가지고 있다. 그분은 마음을 보신다. 하나님은 내게 너무나 자비하셔서 그분을 찾는 자들에게 하나님이 은혜를 베푸시지 않을지도 모른다는 것은 상상할 수도 없다. 나는 하나님이 그분을 선택할 마음을 가진 사람들을 아시고 그들을 선택하셨다고 믿는다.

이런 주장이 지속적으로 야기하는 질문들에 대해 대답하기란 매우 어려운 일이다. 바울도 할 수 없었던 일이다. 로마서 11장 33-34절을 확인해 보라. 나는 이 문제를 내가 절대 도달할 수 없을 정도로 똑똑한 사람들에게 맡겨두려고 한다. 에이든 토저는 그의 고전 「하나님을 추구함」(*The Pursuit of God*, 생명의 말씀사)에서 이렇게 썼다.

하나님은 우리에게 선택과 예정과 하나님의 주권에 관한 신비를 이해하라는 책임을 지우지 않으실 것이다. 이 진리를 대하는 가장 안전하고 가장 좋은 방법은 우리의 눈을 들어 하나님을 바라보고 깊은 경외감을 가지고 이렇게 말하는 것이다. "오 주님, 당신은 아십니다." 그러한 것들은 깊고 신비로운 하나님의 전지하심에 속한 것이다. 그러한 문제를 꼬치꼬치 파고들면 우리를 신학자로 만들어 줄지는 모르지만, 결코 그것이 우리를 성도로 만들어 주지는 않을 것이다.[1]

하나님은 우리에게 자신을 계시해 주기 위해서 우리를 선택하신다. 그분은 그 계시가 세상을 변화시키기 위해 자신이 하고 계시는 일에 대해 성령의 권능을 받은 표현들을 불러일으키게 하신다. 하나님의 계시(그분의 말씀, 자연, 상황)에 대한 우리의 반응은 우리의 성숙도를 드러내 주는 지표다. 가장 성숙한 신자들조차도 악마와 그들 자신의 자아에 유혹을 받아 계시의 선택을 받은 것에 대해 우쭐댈 수 있다. 바울은 고린도후서 12장 7절에서 이 점을 아주 잘 말했다.

"여러 계시를 받은 것이 지극히 크므로 너무 자만하지 않게 하시려고 내 육체에 가시 곧 사탄의 사자를 주셨으니 이는 나를 쳐서 너무 자만하지 않게 하려 하심이라."

베드로와 야고보와 요한 역시 누군가 가시로 찔러서 한껏 부푼 그들의 자아를 터뜨려야 할 필요가 있었다. 우리는 그들도 선택과 계시의 문제에 대해 고민하고 있었다는 것을 보게 될 것이다. 당신은 혹시 하나님이 구름 가운데서 말씀하시기 전까지는 세 사람이 땅에 엎드러지지 않았다는 것(마 17:5-6)을 앞 장에서 알아챘는가? 당신은 그리스도가 영광으로 빛나시고 모세와 엘리야가 그 장면에 갑자기 등장했음에도 불구하고 여전히 땅에 발을 디디고 서서 말할 수 있겠는가? 아니, 그들 세 사람은 아주 명료하게 사고하고 있지는 않았다. 때로 우리는 우리 머리가 너무나 흥분해 있을 때 생각이 멈춰 버린다.

마태복음 17장을 읽어 보면, 하나님의 음성은 거의 "너희들 셋은 전혀 이해하지 못하고 있구나. 그렇지? 너희는 지금 보고 있는 것을 '볼 수' 없어. 그러니까 입다물고 듣기만 해라!"고 말씀하시면서 개입하러 오신 것처럼 보인다. 그들이 성숙하여서 그 계시를 정확히 이해하지 못한 사실은 우리가 살펴볼 다음 본문을 보면서 너무나 명백하다. 변화산 사건을 기록하고 있는 바로 그 장에, 누가는 세 가지 장면을 기록한다. 제자들은 각기 선택과 계시를 잘못 이해했다.

누가복음 9장 49-50절을 보면, 요한은 주님께 "주여 어떤 사람이 주의 이름으로 귀신을 내쫓는 것을 우리가 보고 우리와 함께 따르지 아니하므로 금하였나이다"라고 말하였다. 예수님은 그들에게 그런 사람들을 금하는 것을 허락지 않으셨다.

"금하지 말라. 너희를 반대하지 않는 자는 너희를 위하는 자니라."

누가복음 9장 51-55절을 보면, 야고보와 요한은 그들을 환영하지 않았던 사마리아인의 한 촌에 불이 내려 그들을 멸하게 하도록 허락해 달라고 구하였다. 누가는 예수님이 그들을 돌아보시고 꾸짖으셨다고 간단히 적고 있다.

나는 지금 고개를 절레절레 흔들며 여기 앉아 있다. 그들에 대해서만이 아니다. 나 자신에 대해서, 우리 전부에 대해서 그런 것이다. 때때로 나는 우리가 이와 같은 태도를 취할 때 왜 하나님이 우리를 포기하지 않으시는지 참 의아스럽다. 우리가 진멸되지 않고 있는 것은 순전히 그분의 자비하심 때문이다(렘 3:22-23). 나는 하나님이 근시안이기도 하시고 원시안이기도 하신 것이 아주 감사하다. 그분은 우리의 현재 모습 그대로를 보시며, 또한 우리가 앞으로 어떻게 될지를 보신다. 후자만이 전자를 살아 있게 해준다고 나는 확신한다.

아마도 요한의 나이는 아무런 도움이 되지 않았던 것 같다. 그에게 겸손을 깨우칠 만한 인생의 시간이 흐르지 않았던가 보다. 바짝 약이 오른 사람들에게 쫓기며 외진 광야에서 보낸 40년의 세월은 독점적인 권리를 누렸던 모세를 겸손하게 하기에 충분했다. 민수기 11장 24-30절에 기록된 너무나 멋진 사건에서 모세는 이와 비슷한 상황을 맞이하였다. 그는 이스라엘의 장로들을 회막에 불러 모았다. 하나님의 성령이 그들에게 임하자 그들은 예언을 하였다. 그런데 장로 중에 두 사람이 그 모임에 참석하지 않았다. 그들 두 사람은 진에서 예언을 하기 시작했다. 어떤 일이 일어나고 있는지 들었을 때 여호수아는 우리가 앞서 보았던 사건에서 요한이 했던 것과 거의 똑같은 질문을 했다. 그는 그 두 사람을 금해야 하지 않느냐고 물었다. 모세는 "네가 나를 두고 시기하느냐? 여호와께서 그의 영을 그의 모든 백성에게 주사 다 선지자가 되게 하시기를 원하노라"(민 11:29)라고 말했다.

나는 내 자료실에서 내 친구 하나가 던진 질문을 잊을 수가 없다.

"이 모든 책에 네 이름이 써 있는 것을 보면 어떤 느낌이 들어?"

나는 난감해서 잔뜩 인상을 쓰고 말했다.

"내게 말하고 있는 모든 것들이 하나하나 이어지는 거룩한 매질이야!"

나는 슬프게도 많은 것들을 하나님의 회초리를 통해서 배웠다. 그러나 사정은 변하기 시작했다. '하나님 아버지, 그렇지 않나요?'

누가복음 9장에 기록된 삼진 아웃이 있고 나서도 예수님이 엄지손가락을 뒤로 꺾으시며 '아웃!'이라고 말씀하시지 않는 것을 보면 그리스도의 참아 주시는 사랑과 인내가 분명하게 드러난다. 특히 그분이 다음에 일어날 일을 아셨다고 보면 더욱 그러하다. 마가는 야고보와 요한이 예수님께 와서 "선생님이여 무엇이든지 우리의 구하는 바를 우리에게 하여 주시기를 원하옵나이다"(막 10:35)라고 말했다고 전한다. 그들은 영적 유아기의 모습을 썩 잘 보여 주고 있지 않은가? 그러나 여기에는 고통스러운 부분이 있다. 우리는 이런 식의 접근을 한 야고보와 요한을 혹독하게 비판하고 싶어서 아주 많은 말을 할 수 있겠지만 현실을 직시해 보자. 우리 모두는 성숙의 자리에 이르기 위해 영적인 유아기와 청소년기를 거쳐야만 한다. 보통 우리는 그런 단계들을 뛰어넘지 않는다. 우리는 성장한다. 우리가 성장하기를 거부할 때 위험이 있는 것이다. 이 단계에 머물러 있겠다고 하는 것은 마치 어른이 두 살난 어린아이처럼 행동하는 것이다.

잠시 동안 야고보와 요한은 자아 도취라는 위험한 상태 속으로 점점 더 깊이 빠져 들어갈 뿐이었다.(분명 그것은 위험한 상태다.) 이 장면에서 야고보와 요한은 단 세 문장을 이야기했다.

"선생님이여, 무엇이든지 우리의 구하는 바를 우리에게 하여 주시기를 원하옵나이다"(35절). "주의 영광 중에서 우리를 하나는 주의 우편에 하나는 좌편에 앉게 하여 주옵소서"(37절). 마지막 말은 잠시 후에 살펴볼 것이다. 우선 이 문장들을 묵상해 보고 그 뒤에 깔려 있는 감정과 태도를 파악하려고 노력해 보라. 말을 하면서 점점 더 담대해지고 있다는 것이 느껴지는가?

그들은 주어진 기회를 놓치지 않기 위해 힘을 기울였다. 그리스도가 그들에게 한 사람은 우편에 한 사람은 좌편에 앉게 하실까 생각 중이라고 말씀하셨다면, 어느 곳에 누가 앉을지를 가지고 그들이 시끄럽게 떠들며 이야기했을 것 같지 않는가? 맙소사! 그들이 했던 유명한 마지막 말은 나를 거의 포복절도하게 만든다. 그리스도께서 "내가 마시는 잔을 너희가 마실 수 있으며 나의 받는 침(세)례를 너희가 받을 수 있느냐?"고 물으셨을 때, 그들은 주저하지 않고 대답했다.

"할 수 있나이다."

그들은 그리스도가 무슨 말씀을 하고 계시는지 몰랐기 때문에 자기들이 무슨 말을 하는지도 전혀 몰랐다. 이제 곧 알게 될 것이다. 먼 미래에 언젠가 그들은 그 잔을 마시며 그분의 고통의 침(세)례를 알게 되겠지만, 현재 상태에서 그들에게는 잔이 아니라 젖병이 필요했다.

우리도 그들과 동일한 문제를 안고 있는 경우가 종종 있다. 우리는 그리스도의 인간적인 형상에 따라 그분을 과소평가하는 오류를 범한다.

"그분이 조금만 몸을 움츠리시고 우리가 까치발을 한다면, 우리는 거의 나란히 할 수 있을 거야. 하나는 그분의 왼편에, 하나는 오른편에."

천만의 말씀이다. 말씀이 육신이 되어 우리 가운데 거하실 때에, 그 인간의 육신에는 '신성의 모든 충만'(골 2:9)이 거하였다.

현재의 우리가 하나님의 거룩한 아들 예수 그리스도에 의해서 택함을 받고 부르심을 받는다는 개념을 실제로 '이해'한다면, 에스겔처럼 하나님의 성령이 우리를 똑바로 일으켜 세우실 것(겔 2:1)이라고 나는 확신한다. 그렇다. 우리는 택하심을 받았다. 그렇다. 우리는 부르심을 받았다. 우리의 인간성이 겸손을 덧입게 될 때 우리가 그 개념을 완전히 파악하고 있음을 알게 될 것이다.

"선생님, 우리가 원하는 것은 무엇이든 해주시기를 원합니다."

혹은,

"당신이 원하시는 것은 무엇이든 행하도록 우리를 가르쳐 주십시오."

9장

❦ 그의 품에 의지하여 ❦

예수의 제자 중 하나 곧 그의 사랑하시는 자가
예수의 품에 의지하여 누웠는지라(요 13:23).

신인(God-man)으로서 그리스도 생애 마지막 주간은 제자들이 선호하는 바로 그런 형태, 즉 승리의 입성으로 마음껏 과시하며 출발하였다. 예수님이 죽은 지 나흘된 사람을 일으키신 이후로 적지 않은 흥분이 그들을 둘러싸고 있었다. 대제사장이 그리스도가 마음대로 행하시도록 '내버려' 두면 둘수록, 그들의 계획은 더욱 복잡해졌다. 요한복음 12장 10-11절은 그들이 나사로까지 죽일 계획을 세웠다고 말하는데, 왜냐하면 죽은 자 가운데서 다시 살아난 그의 존재로 인해 많은 유대인이 예수님께 나와서 그분을 믿게 되었기 때문이다.

대축제 주간이 이르렀고, 많은 유대인이 예루살렘에 몰려들어서 나귀가 자기 울음소리를 들을 수 없을 지경이었다. 분명 제자들도 유월절을 지키기 위해 그들의 가족과 함께 여러 차례 거룩한 도성으로 순례를 했을 것이다. 그러나 올해는 축제의 주인으로 세상에 오신 그분과 함께 참여하였다. 성급하고 야심에 찬 그들의 발걸음은 먼지를 뒤집어쓰고 마침내 이제 막 대도시로 입성하려는 듯이 보였다. 그들은 이제 곧 중요한 존재가 될 것이다. 그렇지 않더라도 적어도 그것은 그들이 생각했던 그런 것이었다.

내가 가장 최근에 암송한 구절은 야고보서 3장에 있는 말씀이었다. 나는 야고보의 말씀을 계속해서 생각하고 있다.

"너희 중에 지혜와 총명이 있는 자가 누구냐 그는 선행으로 말미암아 지혜의 온유함으로 그 행함을 보일지니라"(약 3:13).

겸손의 지혜에 대해서 한 가지 배우게 된 사실은, 어느 날 당신이 의기양양하게 말 등에 탔다고 해도 다음 날 거름더미에서 구르지 않으려면 너무 거만하게 굴지 않는 것이 현명하다는 것이다. 너무 노골적으로 말한 것이 아니기를 바라지만 때때로 웹스터 사전에 나오는 어떤 단어로도 내가 시골에서 자라면서 경험했던 것만큼 그것을 적절하게 표현해 줄 수 없다.

상황적으로 제자들은 재난이 다가오고 있다는 것을 전혀 눈치채지 못했다. 아마도 지혜는 그들이 듣고 있었던 것과는 다른 방식으로 그들에게 경고했을지도 모른다. 그리스도는 그분을 기다리고 있는 것이 무엇인지 여러 번 그들에게 말씀하셨다. 그러나 우리가 그런 것처럼 그들은 그분의 설교에서 자기들이 좋아하는 부분을 오려내어 마음의 파일에 붙이고 그 나머지는 지워버렸다.

예수님이 예루살렘 성으로 오고 계시다는 소문이 급속히 전해졌다. 그러자 일단의 무리들이 그분을 만나기 위해 모여들었다. 그들은 종려나무 가지를 흔들며 소리쳤다.

"호산나! 찬송하리로다. 주의 이름으로 오시는 이 곧 이스라엘의 왕이시여!" (요 12:13)

제자들은 이 주간이 예수님과 함께 경험했던 그 어떤 때와도 다른 시간이 될 것이라는 암시를 받았을 것이다. 예루살렘으로 향해 가는 행렬의 중앙에서 예수님은 그 도시를 잠시 바라보시더니 크게 우셨다. 누가복음 19장 41절은 단순히 예수님이 그것을 보고 우셨다고 말하고 있지만, 헬라어는 신약성경에서 슬픔을 표현하는 가장 강한 의미의 단어를 사용하고 있다. 거기서의 단어 선정은 그분의 슬픔이 깊었을 뿐만 아니라 그것이 예시적인 것이었음을 보여 준다.

누가는 예수님의 말씀을 기록하는데, 그것은 그런 감정을 설명해 준다. 예수님은 이렇게 말씀하셨다.

"너도 오늘 평화에 관한 일을 알았더라면 좋을 뻔하였거니와 지금 네 눈에 숨겨졌도다. 날이 이를지라. 네 원수들이 토둔을 쌓고 너를 둘러 사면으로 가두고 또 너와 및 그 가운데 있는 네 자식들을 땅에 메어치며 돌 하나도 돌 위에 남기지 아니하리니 이는 네가 보살핌 받는 날을 알지 못함을 인함이니라"(눅 19:42-44).

베드로와 야고보와 요한이 가까이 서서 서로를 바라보고 있는 모습을 상상해 보라. 어쩌면 그들은 어깨를 으쓱거렸을지도 모른다. 하지만 그분이 냉정을 되찾으셨다고 생각했을 때 그분은 성전으로 들어가셔서 상인들을 쫓아내기 시작하셨다.

분명 그리스도의 수난 주간은 그 마지막만큼이나 격렬하게 출발하였다. 오직 예수님만이 자신의 모든 것을 요구하는 의무를 수행하기 위해 침착한 상태를 유지할 수 있으셨다. 누가복음 19장 47절은 승리의 입성이 있었던 주일과 유월절 만찬이 있던 날 사이에 예수님은 날마다 성전에서 가르치셨다고 말한다.

모든 사람들이 그분의 말씀에 매달렸다. 이제 곧 그들은 "그를 십자가에 못 박아라!"고 외칠 것이고, 그분은 그들의 말에 좌우될 것이었다. 제자들과는 달리 예수님은 어떤 일이 일어날지 알고 계셨고 지혜에서 나오는 겸손의 화신이 되셨다. 제자들은 이기적인 야망으로 가득 찬 배낭을 메고 성으로 들어왔기 때문에, 그들은 필시 야고보서 3장 16절이 야망을 가진 자가 경험하게 된다고 말하는 그런 혼란을 느꼈을 것이다.

"시기와 다툼이 있는 곳에는 요란과 모든 악한 일이 있음이니라"라는 말씀처럼 '그것이 우리 전부' 일 때, 인생은 아주 혼란스러워질 수 있다.

누가복음 19장 47절과 누가복음 21장 38절 사이에서 예수님이 월요일, 화요일, 수요일에 성전에서 행하셨던 모범적인 가르침을 발견하게 될 것이다. 그 뒤에 나오는 누가복음 22장 1-6절에서 유다는 사탄에게 사로잡히고 연이어 성전의 대제사장 및 관원들과 더불어 거래를 한다. 그리고 나서 누가복음 22장 7절에 따르면 유월절 어린 양이 희생되어야만 하는 무교절이 이르렀다. 예수님은 베드로와 요한을 보내어 유월절 음식을 예비하게 하셨다.

그리스도의 지명은 결코 우연한 것이 아니다. 그분은 단지 그것이 이루어지리라고 생각하시는 것만으로 원하시는 것은 무엇이든 성취할 수 있는 분이다. 그분이 어떤 특별한 일을 수행하도록 남자와 여자를 지명하시는 것은 종종 그 종이나 수탁자가 경험하게 되는 것이 그 일의 성취만큼이나 중요하다는 것을 뜻한다. 때로는 그것이 더 중요하기도 하다. 하나님은 그분이 원하는 것은 무엇이나 할 수 있다. 그분은 보이지 않는 일을 가시적인 영역으로 현실화하시기 위해 주권적으로 사람들을 선택하신다. 완전한 말씀이신 예수님조차 육신이 되셨다.

나는 베드로와 요한이 단지 유월절을 준비하는 일을 위해서만 선택을 받은 것이 아니라 그들을 위해 그 일이 선택되었다고 믿는다. 나는 「예수님 한 분밖에는」에서 이 장면을 묵상하면서 베드로와 요한이 그들의 서신에서 반복해서 그리스도를 어린 양으로 묘사한 것이 절대 우연의 일치가 아니라고 믿는다고 언급했다. 그들은 유월절 어린 양의 개념을 신약의 어떤 다른 저자와도 다르게 이해하였던 것처럼 보인다. 나는 그 이유가 상당 부분 그들이 예수님과 보냈던 마지막 유월절을 준비하던 일을 회상하면서 갖게 된 생각이라고 믿는다.

침(세)례 요한이 베드로와 요한에게 미친 초기의 영향에 대해 더 깊이 인식하게 됨에 따라 하나님은 우리가 현재 하고 있는 연구에 통찰을 더해 주셨다.

우리는 그들이 침(세)례 요한에 의해서 직접적으로 제자가 되었거나 그들의 형제를 통해서 간접적인 영향을 받았다는 것을 알고 있다. 요한복음 1장 29절은 이 제자들이 침(세)례 요한의 말씀을 통해서 예수님을 처음 만났다고 말한다.

"보라, 세상 죄를 지고 가는 하나님의 어린양이로다!"

예수님은 그 이름이 의미하는 바를 베드로와 요한에게 정확히 가르쳐 알게 하시기까지 가만 계시지 않을 터였다. 그 두 사람은 구 도시의 시장으로 달려가서 1파운드에 1달러 50센트씩을 지불하고 잘 손질해서 랩으로 포장해 놓은 양고기를 집어온 것이 아니었다. 그들은 살아 있는 양을 골라서 그 사랑스러운 녀석을 도살하였다. 아마도 그들은 칼질을 하기 위해서 그 놈을 꼼짝 못하게 붙잡고 있었을 것이다. 우리 대부분은 유월절 준비와 관련된 일들 전부를 상상할 수 없지만, 그러나 그 중 어떤 것도 무익한 일은 아니었다는 점은 확신할 수 있다.

그것이 바로 내가 그리스도에 관해서 좋아하는 사실들 가운데 하나다. 그분은 쓸데없는 경영에 열중하지 않으신다. 그분이 우리에게 어떤 과업을 맡기시거나 어려운 시절을 지나게 하신다면, 다만 우리가 그분이 그 일을 끝마치시도록 하기만 한다면 모든 경험은 우리의 교육과 완성에 의미를 갖는 것들이다.

얼마전 나는 그것을 볼 때마다 멈추어서 묵상하고 하나님께 중대한 일들에 대해 여쭤보게 만드는 한 구절을 발견하였다. 시편 25편 14절은 "여호와의 친밀하심이 그를 경외하는 자들에게 있음이여"라고 말한다. 나는 하나님의 친밀함이 내 안에 거할 수 있기를 간절히 원한다. 당신은 그렇지 않은가? 흠정역 성경(KJV)은 이것을 이렇게 번역한다.

"여호와의 비밀이 그를 두려워하는 자와 함께 있다."

나는 하나님이 내게 그분의 비밀을 말씀해 주시기 원한다! 나는 그분이 선택된 소수에게만 그것을 말씀하시기 때문이 아니라, 그분을 알고자 하고 그것을 발견할 수 있을 만큼 충분히 오랫동안 그분과 함께 머무는 사람이 많지 않기 때문에 그 감춰진 보물이 비밀인 것이라고 믿는다.

베드로와 요한은 그날에 유월절을 준비하고, 시간이 흐르면서 점점 더 분명해지는 비밀들을 알게 되었을 것이다. 전도서 3장 11절은 하나님이 모든 것을 때를 따라 아름답게 지으셨다고 말한다. 우리가 알고자 하는 마음만 있다면, 하나님은 모든 어려움이나 모든 과제를 기회로 사용하셔서 우리에게 더 깊은 정보를 알려 주실 것이다. 그러나 그러한 가르침은 그 아름다움이 온전히 드러나기 전까지 끝나지 않을 것이다. 다만 아름다움이 막 드러나려고 할 때 우리가 그것을 견딜 수 있을 만한 관심을 기울이지 않을까 두렵다.

예수님이 어린 양이 되신 유월절의 심오한 의미를 베드로와 요한이 완전히 이해하게 되기까지는 분명 여러 해가 지나고 여러 번의 유월절이 지났을 것이다. 요한은 결코 그것을 부정할 수 없었다. 나이가 들어 떨리는 손으로 쓴 요한계시록에서 우리는 어린 양에 대한 언급을 스무 번 이상이나 발견한다. 그와 짝했던 베드로는 다음과 같이 썼다.

> 너희가 알거니와 너희 조상이 물려준 헛된 행실에서 대속함을 받은 것은 은이나 금같이 없어 질 것으로 된 것이 아니요 오직 흠 없고 점 없는 어린 양 같은 그리스도의 보배로운 피로 된 것이니라(벧전 1:18-19).

그 표현을 다시 한 번 살펴보자. '너희 조상이 물려준 헛된 행실(the empty way of life)에서' 유대 전통에 대해 생각할 때 나는 그것이 하찮은 것이 아니라고 생각한다. 우리 미국인들의 문화는 너무나 잡동사니여서 우리 대부분은 덜 혼합된 다른 문화가 가진 풍성한 전통이 결여되어 있다. 유대 조상들에 의해서 그들의 자손들에게로 전수되었던 것보다 더 풍성한 생활 방식과 전통을 즐길 수 있는 사람들이 어디 있겠는가? 그러나 베드로는 그것이 허망한 것이라고 말한다. 왜? 일단 그가 예수 그리스도 안에 있는 풍성함을 보게 되자 그분 없이는 그들이 하찮은 존재임을 알았기 때문이다. 참된 유월절 어린 양을 알게 되자 구약의 유월절은 예수님 안에 있는 풍성함을 갖지 못한 무의미한 것이었다. 그리스도가 모든 것이 되셨고, 이전의 모든 것은 그분이 빠진 하찮은 것이었다.

시간을 드려 모든 것을 아름답게 만드시는 하나님의 인내에 감사드린다. 그들이 그날 밤에 경험한 유월절의 의미를 완전히 파악하지 못했다는 것을 어떻게 확신할 수 있는가? 누가복음 22장 24절은 "그들 사이에 그 중 누가 크냐 하는 다툼이 난지라"고 말한다.

흐흠. 주전자와 수건이 필요한 시간인 것 같다. 하지만 우선 제자들의 발을 씻은 사건을 잠깐 유보해 두고, 먼저 요한복음의 독특성을 생각해 보기로 한다. 나는 제자들이 이 다툼을 했던 것에 대해 얼마나 많은 순간 부끄러움을 느끼며 돌아보았을지 궁금하다. 나는 그것이 어떤 것인지 말할 수 있다. 너무나 말도 안 되는 이야기를 해서 온 얼굴을 찌푸리지 않고는 그 일에 대해 생각조차 할 수 없는 그런 순간들이 내게도 있다. 당신도 그러한가? 천국에서는 그러한 일들에 대해서 선의의 장난을 치게 될 것이라는 느낌이 든다. 그때에는 그 일이 재미있었으면 좋겠다.

제자들 중에 누가 가장 큰가에 대한 논쟁을 잠재운 한 순간의 이야기로 이 장을 마무리하기로 하자. 예수님은 그들 중에 한 사람이 그분을 배반할 것이라고 말씀하셨다. 바로 그 순간에 요한복음은 중요하고 재미있는 정보 하나를 덧붙인다.

"그의 사랑하시는 자"가 요한이라고 가정하면, 식탁에서 요한은 "예수의 품에 의지하여"(요 13:25) 앉아 있었다.

요한이 그 자리에 앉게 된 주된 이유 중에 하나는 많은 학자들이 생각하기에 그가 가장 어린 제자였기 때문이다. 전통적인 유대 유월절에서는 가장 어린아이가 식탁에서 아버지나 아버지 역할을 하는 사람과 가장 가까운 자리에 앉아서 애굽에서부터 구원받은 이야기를 하도록 자극하는 질문을 던질 수 있도록 했다. 그 방은 베드로가 식탁에서 예수님 맞은편에 앉아 있었다고 하더라도 그가 직접 예수님께 질문을 할 수 있을 정도로 작았다. 그러나 그가 요한에게 질문을 하도록 부추겼다는 사실은 요한이 그 저녁에 공식적으로 청원하는 자의 역할을 맡고 있었을 것이라는 점을 보여 준다. 나는 또한 그들 중에 가장 어린 자는 최소한의 의례만을 알고 있었을 것이고, 적절한 규범에 따르기만 한 것이 아니라 그가 느끼는 대로 행동했을 것이라고 상상해 본다. 그리하여 그는 예수님께 기대어 누웠다. 이것에 관해서 교리적인 것은 전혀 없다. 그것은 율법이 아니었다. 유명한 유월절 규례집에도 그런 내용은 없다. 요한은 예수님께 말하기 위해 그분께 기대어 누워야 했던 것이 아니었다. 그리스도는 그의 말을 잘 들으실 수 있었다. 요한은 그가 원했기 때문에 그분께 기대었다. 그분을 사랑했기 때문이었다. 그분은… 의지할 만한 분이었고 다가갈 만한 분이었다. 지극히 사랑할 만한 분이었다.

내 두 딸은 모두 아주 상냥한 아이들이지만 맏이가 좀더 예의바르다. 막내는 설사 자기 이마에 문신을 새긴다고 하더라도 '의례' 라는 단어를 모를 것이다. 나는 그 아이가 나와 함께 있으면 어떻게든 내게 닿아 있다는 말을 종종 하곤 했다. 우리 어머니의 말씀을 빌리면, 내 몸에 찰싹 들러붙어 있다. 여기 저기서 수집한 단서들에 근거해서 나는 요한이 예수님과 그런 방식으로 함께 있었다고 생각한다. 아마도 그는 이 가족의 응석받이였을 것이다. 그리고 예수님께 대한 그의 애정은 의례와 같은 시시한 것에 의해 방해받지 않았다. 나는 그의 그런 점을 사랑한다.

이 여정을 통해 내가 하려고 하는 일차적인 과제 가운데 하나는 예수님과 요한 사이에 풍성한 시내처럼 흘러내리는 깊은 애정을 탐구하는 것이다. 솔직하게 털어놓겠다. 나는 그 둘이 가지고 있었던 것을 원한다. 나는 하나님과 다윗이 가지고 있었던 것을 원한다. 나는 그리스도와 바울이 가지고 있었던 것을 원한다. 나는 하나님의 모든 충만하심의 기준을 채울 수 있을 정도의 지식(엡 3:19)을 능가하는 이 사랑을 알기 원한다. 다른 모든 것은 지루하고 동기부여가 되지 않은 것으로 조상들에게서 물려받은 헛된 행실일 뿐이다. 내게 오직 예수님을 달라.

10 장

동산 언저리에서

베드로와 세베대의 두 아들을 데리고 가실새 고민하고 슬퍼하사
(마 26:37).

베드로와 요한이 유월절을 준비하였을 때, 그들은 도미노처럼 연이어 다가올 사건들을 결코 상상할 수 없었을 것이다. 그들은 열세 명의 식탁을 준비했다. 그들은 그들의 대적 앞에서 식탁을 준비하고 있다는 것을 전혀 알지 못했다. 그 시점에서 그들은 그들 가운데 대적이 앉아 있다는 것을 알지 못했다.

유다에 대한 갑작스러운 폭로처럼 우리를 속속들이 놀라게 하고 뒤흔드는 일은 거의 없다. 아마도 우리가 그것을 알지 못했다는 것을 믿을 수 없기 때문이다. 우리 가운데 한 사람이 유다일 수 있지 않을까 두렵기 때문일 것이다. 우리 모두가 그럴 수 있지 않은가? 우리는 모두 자기 중심적이고 자만심이 강하며 야망에 차 있지 않은가? 그는 우리와 전혀 다른 사람으로 보였는가? 나머지 우리처럼 그도 역시 "분명 나는 아니야"라고 말하지 않았는가? 우리가 너무나 유사하기에 두려움을 느낀다! 또 당연히 그래야 한다. 그러나 우리를 구분해 주는 한 가지 사실이 있다. 유다는 그의 영혼을 사탄에게 팔았다.

요한복음은 공관복음 중 어느 것에도 포함되지 않은 사실을 말해 준다. 예수님은 식탁에 앉은 한 사람이 그분을 배반할 것이라고 그들에게 말씀하셨다. 베드로가 요한을 부추겨서 그 배신자가 누구인지 여쭤보았다. 예수님은 "내가 떡 한 조각을 적셔다 주는 자가 그니라"(요 13:26)고 대답하셨다. 그리고 빵 한 조각을 유다에게 주셨다.

요한복음 13장 28절은 식사를 함께 했던 어느 한 사람도 그 말씀을 이해하지 못했다고 말한다. 수년의 세월이 흐르고 마음속으로 수없이 그 장면을 되풀이해 본 다음에야, 사도 요한은 바로 그들의 눈앞에 있던 그 식탁에서 사탄이 유다 속으로 들어갔다는 것을 알았다. 어떻게 그것을 알았을까? 그리스도는 요한복음 14장 26절에서 성령은 또한 기억하게 하시는 거룩한 자라고 가르치셨다. 그분은 과거에 있었던 일 가운데 숨어 있는 진리까지도 드러내시고, 당시 우리가 이해할 수 없었지만 그분이 가르치셨던 것을 기억나게 하실 수 있다. 예수님은 종종 우리가 나중에야 비로소 완전히 이해하게 될 것을 아시면서 어떤 교훈을 가르치신다.

유다에게 지옥에서 온 어떤 늙은 귀신이 거하였던 것이 아님을 이해하도록 하라. 사탄은 편재하지 않는다. 그는 오직 한 번에 한 장소에만 있을 수 있으며 그때에 그는 유다 속에 있었다. 공중의 권세 잡은 왕자는 불화살처럼 날아가 열두 제자 중 마침 알맞은 한 사람에게 꽂혔다. 우리는 예수님을 따를 수 있다. 그것도 가깝게. 하지만 여전히 그분께 속하지는 않을 수 있다. 우리는 그들이 하는 말을 할 수 있다. 잘 섞일 수도 있고 아주 진지하게 보일 수도 있다.

요한 자신의 회고 비디오 테이프를 통해서 나는 그가 유다의 눈에서 마귀를 보았다고 믿는다. 나는 그가 포도주에 적신 빵에 손을 뻗을 때 그의 손에서 사탄을 보았다고 생각한다. 생각해 보라. 정말 짧은 순간에 두 개의 손이 같은 빵 조각을 잡았다. 한 손에는 은이 묻어 있었다(턱없이 부족했지만). 다른 한 손은 얇은 육신의 장갑을 끼고 있는 하나님의 손이었다. 요한은 유다가 나갈 때에 그의 발에서 마귀를 보았다. 왜냐하면 우리가 진정으로 예수님과 함께 있다면, 우리는 그리스도를 떠날 수 없기 때문이다(요일 2:19).

한 세기의 3분의 2가 지난 후에 요한은 "그들이 우리에게서 나갔으나 우리에게 속하지 아니하였나니 만일 우리에게 속하였더라면 우리와 함께 거하였으려니와 그들이 나간 것은 다 우리에게 속하지 아니함을 나타내려 함이니라"(요일 2:19)고 썼다. 우리는 그 식탁에서 우리에게 최선이자 최악의 인생 교훈을 배운다. 그는 그 식탁에서 그 교훈을 배웠다. 그는 모든 것을 너무 잘 배웠다.

그리스도를 배반한 바로 그 손으로 나중에 노끈에 매듭을 맺고 그것을 자신의 목에 걸었다. 바로 그 발이 경련을 일으키더니 생명 없이 축 늘어져 매달렸다. 나는 아마도 유다가 그리스도를 배신하게 했던 바로 그 마귀가 이제는 그를 배반하였기 때문에 유다가 자신의 목숨을 끊었다고 본다. 마귀는 유다가 그리스도를 이용하고 그분을 떠난 것과 마찬가지로 유다를 이용하고 그를 버렸다. 유다는 지옥의 전사들이 갖는 위엄마저도 가지고 있지 않았다. 그는 더러운 누더기처럼 폐기되었다. 정말 그랬다. 그것이 사탄의 방법이다. 그는 누구에게도 친구가 되지 않는다. 그런 척할 뿐이다. 그가 배신자 유다다. 마귀가 당신을 배신한 적은 없는지 궁금하다. 그가 당신을 설득해서 어떤 일을 하게 하고 당신을 이용하고는 어쩔줄 몰라하는 당신을 그냥 내버려 둔 적은 없는가?

그리스도가 유다를 대면하시고 그가 무리 가운데서 떠나간 직후, 그리스도와 제자들은 새 언약의 의식을 행하고 노래를 부르며 감람산으로 올라갔다(마 26:30). 다시 말하지만 그들이 성만찬의 떡과 포도주가 가르쳐 주는 것에 대해 이해할 수 없었던 부분에 관해서 기억하게 하시는 성령이 나중에 그들에게 설명해 주실 터였다.

감람산은 고성으로부터 동쪽에 있는 성전을 바라볼 수 있는 바로 맞은편에 자리잡고 있었다. 그 전경은 너무나 훌륭해서 수십 년후 로마 사령관 티투스는 그 산 북쪽 산등성이에 사령부를 두고 그 도시를 멸망시킬 계획을 성공적으로 수립하였으며 그곳의 이름을 스코푸스산, 또는 망루 언덕이라고 불렀다. 고대에는 틀림없이 그 산 전체가 빽빽한 산림으로 덮여 있었을 것이다. 그 이름이 알려 주는 바와 같이, 그것은 밀집한 올리브 나무들로 덮여 있었다. 바벨론의 포로기를 보내고 초막절이 회복되었을 때, 느헤미야의 명령 아래 백성이 초막을 짓기 위해 감람나무 가지와 들감람나무 가지와 화석류나무 가지와 종려나무 가지를 모았던 곳이 바로 이 산이었다(느 8:15).[1]

누가복음 22장 39절에 따르면 예수님은 자주 감람산에 오르셨던 것이 분명하다. 위태로운 발걸음으로 그분 곁을 따랐던 제자들과는 달리, 예수님은 그 언덕을 오르시며 과거와 미래에 그 사건이 갖는 중대한 의미를 알고 계셨다. 그분이 여러 차례 그곳에 오르셨던 것은 자명한 사실이다. 그 전 주일에도 그분은 사랑하시는 도성을 바라보며 망루 언덕에 서서 자신의 눈물로 그 산에 침(세)례를 베푸셨다.

"너도 오늘 평화에 관한 일을 알았더라면…!"

이제까지 지내온 유월절의 밤 중 가장 의미심장한 이날, 그분은 땅에 떨어지는 핏방울 같은 땀으로 이 감람산에 침(세)례를 베푸실 터였다.

마태복음 26장 36-46절은 예수님이 겟세마네라고 불리우는 동산에서 벌이셨던 최종적인 씨름에 대해 우리에게 친숙한 이야기를 들려준다. 예수님이 그곳에서 고뇌로 몸부림치시는 동안, 베드로와 야고보와 요한은 다시 한 번 다른 제자들로부터 불려나와 있었다. 성경이 기록하고 있는 바에 의하면, 겟세마네는 다른 제자들이 보지 못했던 장면을 이들 세 사람만 목격하였던 세 번째 사건이다. 나는 이미 세 차례를 모두 언급하였다. 세 제자들은 그들이 겟세마네에서 보았던 것과 같은 예수님의 모습을 결코 본 적이 없었다고 안심하고 확신해도 좋을 것 같다.

나는 전에도 여러 번 이 장면을 연구하였지만, 한 번도 제자들의 관점에서 살펴보지 않았다. 당신이 그 세 사람 가운데 하나였다고 상상해 보라. 예수님이 지난 3년 동안 제자들에게 어떤 분이셨는지 생각해 보라. 그분은 그들에게 보장이며 힘이셨던 것이 분명하다. 성인 남자가 실제로 아무런 수입도 없이 3년 동안이나 누군가를 따르는 일은 없다. 그 지도자에게 완전히 사로잡히지 않은 한. 나는 예수님이 그들 인생의 전부였다고 믿는다. 그들의 과거는 그분 안에서 이해되었다. 그들의 현재는 통째로 그분께 몰입되었다. 미래에 대한 그들의 모든 소망은 그분이 스스로 약속한 것을 얼마나 신실하게 행하시느냐에 달려있었다. 그런데 그분이… 그들이 꿈에도 예상하지 못했던 모습을 보이셨다.

"내 마음이 매우 고민하여 죽게 되었으니 너희는 여기 머물러 나와 함께 깨어 있으라"(마 26:38).

잠깐만! 이분이 그들의 반석이다. 강한 요새이다. 그런데….

"무슨 문제가 있으신 거지? 왜 저렇게 땅에 엎드려 계신 걸까? 왜 저렇게 고통스러워하며 몸부림치시는 거야? 저런, 머리카락이 땀에 흠뻑 젖으셨잖아? 여긴 굉장히 추운데! 그런데 왜 저렇게 핏방울처럼 땅에 땀을 흘리시는 걸까? 계속해서 자신에게서 잔을 거두어 달라고 기도하고 계시네? 무슨 잔을 말씀하시는 거지? '아바'를 외치며 울고 계시잖아?(막 14:36) 무슨 일로 저렇게 혼란스러워 하시는 거야? 우리 중에 누가 그분을 배반했기 때문인 건가? 왜 계속 저러시는 거야? 누군가 저렇게 우는 걸 보는 건 정말 싫어. 도저히 이해할 수가 없어. 왜 그만두시지 않냐구"

당신이 바위라고 생각했던 어떤 사람이 말할 수 없는 고뇌에 빠져서 어떤 위로도 소용없이 슬픔에 파묻혀 있는 것을 본 적이 있는가? 그런 경우에 어떤 느낌을 받았는지 생각해 보라. 예수님께 전적으로 의존하고 있던 이 제자들은 그러한 감정을 몇 배나 더 깊게 느꼈을지 생각해 보라.

나는 제자들이 그들의 강한 요새가 무릎을 꿇고 땅에 얼굴을 대고 엎드린 모습을 지켜보면서 수많은 감정을 경험했으리라고 믿는다. 누가복음 22장 45절은 세 제자들이 자신들의 슬픔에 지쳐서 마침내 잠이 들어버렸다고 말한다.

제자들은 예수님이 변화산에 계실 때나 죽은 자를 일으키셨을 때와 마찬가지로 그 순간에도 하나님이시라는 것을 깨닫지 못했을지 모른다. 그들의 반석과 그들의 강한 요새는 무너져 내리고 있는 것이 아니었다. 그분은 무릎을 꿇고 계셨다. 그것은 힘을 필요로 하는 일이다. 육신이 되신 말씀이 산에 무릎을 꿇으셨을 때 그 산이 어떻게 둘로 갈라지지 않고 버틸 수 있었는지, 나는 항상 그 점이 놀랍다. 피조물들이 얼마나 신음하였을지…!

그 동산에서 하나님의 아들은 남몰래 자신만의 십자가를 지셨다. 이제 곧 그분은 공적으로 그 십자가를 지게 되실 것이었다. 그러나 그분이 고뇌로 멍든 무릎을 일으키셨을 때, 흙먼지 묻은 그분의 얼굴에는 결연한 의지가 떠올랐다. 하나님의 마음을 이해하는 데 있어서 중요한 문제라고 생각되는 마지막 한 가지 요점을 당신이 보았으면 좋겠다. 그리스도가 세상에 오셨을 때 그분은 자신이 해야만 하는 일이 무엇인지 알고 계셨다. 기억하는가? 그분은 세상의 초기부터 죽임을 당한 어린 양이시다. 그분은 처음부터 죽은 것이나 다름없었다. 예수님은 오직 한 가지 목적, 곧 아버지의 뜻을 행하기 위해 사셨다. 그러나 그분은 여전히 감정을 가지고 계셨다.

예수님은 조금도 다르지 않은 아버지 하나님의 형상이시고, 또한 감정을 가지고 계신다. 하나님은 거룩하시다. 하나님은 의로우시다. 우리의 구원은 십자가를 필요로 한다. 우리가 내린 어리석은 결정들은 벌을 받지 않을 수 없다. 잃어버린 자들이 믿기를 거절할 때 부득이 심판하지 않을 수 없다. 그러나 하나님은 여전히 감정을 가지고 계신다. 사랑하는 그대들이여, 하나님은 여전히 감정을 가지고 계신다.

그리고 우리 또한 그럴 것이다. 때때로 어떤 문제에 대해 순종하는 것이 우리가 살아오면서 했던 일들 가운데 가장 어려운 일인 경우가 있을 것이다. 우리가 감정을 갖는 것은 잘못이 아니다. 불순종하는 것이 잘못일 뿐이다. 하나님과 충분히 대화를 나누는 것으로 문제를 해결하라. 그 잔을 옮겨 달라고 간구하라. 그러나 그분의 뜻을 행하기로 결심하라. 그것이 무엇이든지 그것은 영광에 관한 문제이다. 예수님이 세 사람을 가까이 데려가서 보게 하신 이유가 바로 그것이었다. 그들이 고통 가운데 있을 때 잠들지 말고 기도하도록 가르치시기 위해서. 이번에는 잠이 들었다. 그들은 그렇게 하지 않을 힘이 없었다. 그러나 그들이 각기 자신만의 겟세마네에서 일어나 자신의 십자가를 지게 될 때가 올 것이었다.

제 3 부

결정적인 순간들

지금까지의 이야기들을 잘 이해하고 있는가?

가장 어린 그 제자를 이해하는 일은 정말 어떤 사춘기 소년을 이해하는 것과 같다. 그는 실제 우리로 하여금 숨을 헐떡이게 만든다. 적어도 지루할 새는 없을 것 같다. 하나님의 말씀은 살았고, 또 하나님은 그리스도의 생애 가운데 가장 친숙한 이야기를 통해서 우리 안에 신선한 열정을 불러일으키고 싶어하신다.

이 연구의 후반부에서는 우리에게 훨씬 덜 친숙한 많은 진리들을 다루게 될 것이다. 그러나 우리는 오직 십자가를 지나야만 거기에 도달할 수 있다. 이번 연구를 하기 전까지, 나는 제자들 중 한 사람의 어깨 위에 놓여진 십자가와 영광스러운 부활을 둘러싼 사건들을 한 번도 주목해 보지 않았다. 그것은 내게 깊은 영향을 미쳤다. 당신 또한 완전히 새로운 관점을 얻을 수 있기를 바란다. 친숙함으로 인해 생기는 어떤 틀에 매이지 않고 매 장면들마다 깊이 몰입할 수 있게 해달라고 하나님께 간구하라.

가까이에 서서

예수께서 자기의 어머니와 사랑하시는 제자가 곁에 서 있는 것을 보시고 자기 어머니께 말씀하시되 여자여 보소서 아들이니이다 하시고 또 그 제자에게 이르시되 보라 네 어머니라 하신대(요 19:26-27).

그런 경험을 하게 되리라고는 상상할 수도 없었고, '우리가 어쩌다 이렇게 됐지?' 라는 생각을 하게 만드는 상황에 처해 본 적이 있는가? 키이스의 예쁜 여동생이 23살에 동맥류로 인해 죽었을 때 집중치료실의 보호자 대기실에 그의 가족들과 함께 앉아 있으면서 내가 그런 느낌을 가졌던 기억이 난다. 불과 며칠 전 우리 모두는 함께 모여서 옆구리가 터지도록 즐겁게 웃어댔었다. 그날 아침에도 키이스와 아만다(당시에는 아장아장 걷는 어린아이였다)와 나는 교회에 갔고 점심으로 피자를 나눠 먹었다. 갑자기 일련의 일들이 정신을 차릴 수 없게 일어났고, 우리 삶은 통째로 변해 버렸다. 어떤 브로드웨이 연극도 실제 삶의 드라마가 가지고 있는 생생하고 기막힌 감정들을 모두 포착해 낼 수는 없을 것이다. 그럴 때면 우리는 이렇게 외치고 싶어진다.

"아니야! 이건 실제로 일어난 일이 아니야! 이럴 수는 없는 거라고!"

달력을 거꾸로 돌려서 평온했던 지난 시간으로 돌아갈 수만 있다면 얼마나 좋을까, 정말 간절히 소망하게 되는 그런 날들이 있다.

우리는 그런 경험들을 통해서, 요한이 요한복음 19장 17-27절에 묘사하고 있는 현장에서 느꼈을 감정을 어느 정도 이해할 수 있게 되는 것 같다. 예수님이 십자가에 달리셨다. 빌라도가 예수님의 머리 위에 패를 써서 붙였다. 군사들은 그분의 옷을 가지고 내기를 했다.

요한의 머리가 얼마나 어지러웠을지 상상할 수 있는가? 누군가 자신을 악몽에서 깨워 주기를 그는 얼마나 간절히 원했을까? 그때에 예수님과 요한과 마리아 사이에 정말 감동적이고 애정어린 관계가 이루어졌다. 예수님은 요한을 지목하셔서 마리아를 돌보라고 하셨다. 그러나 이때를 정말 따뜻하고 솜털같이 부드러운 순간이라고 규정할 수는 없다. 요한이 목격한 사건은 끔찍한 것이었다. 그 소름끼치는 공포를 배경으로 생각해 볼 때라야 우리는 비로소 그 애정의 깊이를 제대로 인식할 수 있다. 우리 가운데 많은 사람이 이미 여러 차례 그리스도의 십자가를 연구해 보았겠지만, 정확히 사도 요한의 발이 먼지를 일으키며 서 있는 지점에서 이 사건을 이해하도록 해보자.

이제 요한이 그 장면 속으로 들어간 바로 그 시점으로 사건을 되돌려 보자. 우리는 요한이 예수님의 체포 현장을 목격한 증인이라는 것을 확실히 알고 있다. 앞 장에서 우리는, 요한과 야고보와 베드로는 그리스도가 겟세마네 동산에서 고뇌하시는 모습을 가장 가까운 곳에서 목격하였다는 사실을 공부했다. 그들이 보았던 사실은 슬픔이 되었고 그 후 그들은 잠들었다. 그들은 그들의 지도자가 말씀하시는 목소리를 듣고 잠에서 깨어났다.

"이제는 자고 쉬라. 보라 때가 가까이 왔으니 인자가 죄인의 손에 팔리느니라. 일어나라. 함께 가자! 보라 나를 파는 자가 가까이 왔느니라"(마 26:45-46).

잠을 자던 당신은 깜짝 놀라 깨어났을 것이다. 나처럼 당신도 아마 깨어서 경계하고 있어야 할 때에 잠에 빠져들었을 것이다. 정신이 멍할 정도의 피곤함을 떨쳐 버리려고 애쓰면서 깨어 있지 못했던 것에 죄책감을 느끼고 있는 요한을 상상해 보라. 그러고 나서 산등성이를 두리번거리다가 등불과 횃불과 무기를 들고 언덕을 올라오는 일단의 군사들을 발견한 그의 애띤 얼굴을 머릿속에 그려 보라.

그리스도의 생애 마지막 몇 시간 가운데서 나를 가장 놀라게 하는 순간 중 하나는 군사들이 나사렛 예수를 찾을 때에 그분이 "그가 나다"라고 대답하시고, 그러자 군중들이 뒤로 물러나 땅에 엎드러지는 순간이다. 그분의 대답을 문자 그대로 정확하게 번역해 보면, 헬라어 원문에는 '그'라는 말이 나오지 않는다. 나는 그 순간에 그들이 무릎을 꿇지 않을 수 없었다고 믿는다. 하나님이 친히 말씀하신 그 이름을 하나님의 아들이 선포하셨기 때문이었는데, 그 이름은 그들이 여러 세대를 지나면서도 똑똑히 기억해 온 것이었다.

"나다!(나는 스스로 있는 자니라)"(출 3:14)

요한 자신이 그 장면을 기록했다. 요한이 그것을 외워서 알고 있었다고 장담해도 좋을 것이다. 요한은 또한 하나의 검이 대제사장 종의 귀를 쳐서 잘라버리는 장면을 목격했는데, 복음서 저자들 가운데 유일하게 그 검을 휘두른 사람이 베드로임을 밝히고 있다.

우리는 요한복음 18장 15절에서 또 다른 중요한 사실 하나를 듣게 된다.

"시몬 베드로와 또 다른 제자 한 사람이 예수를 따르니 이 제자는 대제사장과 아는 사람이라. 예수와 함께 대제사장의 집 뜰에 들어가고."

많은 학자가 여기서 '또 다른 제자'는 요한을 의미한다고 믿고 있다. 우리가 했던 명백해 보이는 가정이 정확하다면 제자들 가운데 몇 명이 멀찌감치 따라오고 있었던 반면, 최후의 몇 시간이 전개되는 동안 요한은 열두 명 가운데 가장 가까운 곳에서 목격한 사람이었음이 분명하다. 그가 빌라도 앞에서의 재판을 보았든 보지 못했든지 간에 재판 내용을 들을 수 있을 정도로 가까이 서 있었던 것 같다.

잠깐 요한복음 19장 16절에 주목해 보라.

"이에(마침내) 예수를 십자가에 못 박도록 그들에게 넘겨 주니라."

마침내? 벌어지고 있는 일을 바라보던 요한이 정신을 차릴 수 없을 정도로 일들이 급속하게 진행된 것이 아니었나? 불과 며칠 전에 그들이 그리스도와 더불어 감람산을 내려올 때 군중들은 종려나무 가지를 흔들며 예수님이 메시아라고 외쳤던 것이 아니었나? 이 말은 마치 안정된 테니스 경기에서 공이 양쪽 코트를 오락가락 하듯이 예수님을 이리 보내고 저리 보내던 그들이 마침내 빌라도를 통해 그리스도를 넘겨주었다는 뜻임이 분명하다. 그렇지만 나는 '마침내' 라는 부가적인 말을 끼워 넣어 보고 싶다. 다음의 성경 본문들을 읽고, 각 구절들 끝에 있는 '마침내' 라는 단어를 묵상해 보라.

내가 너로 여자와 원수가 되게 하고

네 후손도 여자의 후손과 원수가 되게 하리니

여자의 후손은 네 머리를 상하게 할 것이요

너는 그의 발꿈치를 상하게 할 것이니라(창 3:15). **마침내.**

내가 너로 큰 민족을 이루고

네게 복을 주어

네 이름을 창대하게 하리니

…

땅의 모든 족속이

너로 말미암아 복을 얻을 것이라(창 12:2-3). **마침내.**

가라 너는 내려가서 아론과 함께 올라오고 제사장들과 백성에게는 경계를 넘어 나 여호와에게로 올라오지 못하게 하라 내가 그들을 칠까 하노라(출 19:24). **마침내.**

솔로몬 왕과 그 앞에 모인 모든 이스라엘 회중이 궤 앞에서 양과 소로 제사를 드렸으니 그 수가 많아 기록할 수도 없고 셀 수도 없었더라(대하 5:6). **마침내.**

유월절 양을 잡을 무교절날이 이른지라(눅 22:7). **마침내.**

마침내 성소에서 지성소를 거쳐 유대인 남녀들이 모여 있던 안뜰로, 그리고 마침내 이방인들의 마당까지, 바로 당신과 내 집 문 앞까지 공공 도로가 포장되려 하고 있었다. 마침내 불타고 있는 성전 제단에서 의의 요구를 만족시키기 위해 드려질 온전하고 흠 없는 어린 양이 희생될 것이었다. 마침내 신자와 하나님 사이를 단번에 화해시킬 어떤 일이 일어날 것이었다. 수천 년 동안 인간의 어리석은 역사가 흐른 후 육신의 옷을 입은 누군가가 그것을 바로잡았다. 마침내! 하나님께 영광을!

과거를 돌아보고 기록된 말씀을 보면서 우리는 수천 년 전에 존재하는 특권을 누렸던 제자들보다 훨씬 더 많은 것을 알게 된다. 요한복음 19장 16절에 나타난 바로 그 순간에, '마침내'라는 말은 단순히 빌라도가 길고 고뇌에 찬 밤을 보내고 마침내 최종적인 결정을 내렸다는 것을 의미했다. 그러나 그것은 우리에게 더할 나위 없이 좋은 소식을 의미한다. 우리는 요한이 얼마나 멀리 떨어져 있어야 했는지 알지 못한다. 그러나 당신은 병사들을 통해서 전해진 그 판결을 상상할 수 있는가?

"예수가 십자가에 못 박힐 것이다!"

판결이 내려졌다. 십자가의 처형!

104 | 예수님이 사랑하시는 제자

물론 이 판결은 불법이었다. 그러나 그것은 분명 치명적인 것이었다. 그들 모두가 십자가의 처형이 무엇을 의미하는지 너무도 잘 알고 있었다. 그것은 그 지역에 살고 있는 사람이라면 누구라도 상상하기 싫어하는 최악의 악몽이었다. 요한은 그 소식을 잠잠히 받아들일 수 없었을 것이다. 불에 달군 칼에 가슴을 에인 듯했을 그의 마음을 상상해 보라. 판결을 들었을 때 그의 마음에는 어떤 생각들이 스쳐갔을지 상상해 보라.

그들은 예수님을 거의 죽을 지경까지 매질한 후, 거친 나무에 그의 손과 발을 묶고 망치와 세 개의 긴 못으로 고정시켰다. 예수님을 망치질하는 모습을 요한이 보았든지 아니든지, 그의 심장이 쿵쾅거리는 소리는 하늘에서도 들릴 지경이었을 것이다. 생각이 있는 사람이라면 누구라도 필사적으로 도망쳤을 그 순간에 모든 제자들 가운데 가장 어린 제자가 그곳에 머물렀다.

십자가로 다가가라. 바로 그것이 요한의 복음이 말하고 있는 바이다. 그 젊은 이의 머리 위에 그의 세계가 교수형에 처해졌다. 그의 영웅이 달렸다. 그의 사모하는 이, 그의 미래, 그의 지도자, 그의 목숨 같은 사랑… 3년 전 그는 배와 그물을 가지고 아버지의 인정을 얻기 위해 노력하면서 자신의 본분을 다하고 있었다. 그가 예수님을 초대한 것이 아니었다. 예수님이 그를 초대하셨다. 그리고 이제 그가 여기 서 있다. 이사야의 놀라운 예언은 예수님의 원수들이 그분을 죽음으로 몰아넣었을 때, 그분의 얼굴이 다른 어떤 사람보다 상하였고 그분의 모양이 인생보다 더 상하였다고 말한다(사 52:14).

"예수께서 자기의 어머니와 사랑하시는 제자가 곁에 서 있는 것을 보시고 자기 어머니께 말씀하시되 여자여 보소서 아들이니이다!"(요 19:26).

이 말을 가볍게 넘기지 마라. 잘 들어 보라. 예수님의 수난극들이 보여 주는 방식대로가 아니라 진정으로 그 의미가 무엇인지 들어 보라. 말을 하시기 위해 가까스로 기운을 내고 가쁜 숨을 몰아 쉬며 쏟아 놓으신 그 음성을 들어 보라.

예수님이 십자가 상에서 하신 말씀은, 십자가에 매달려 말을 하는 것은 죽기보다 힘겨운 일이었다는 사실을 생각해 보면 한 마디 한 마디가 중대한 의미를 갖는다. 지속적인 통증은 다른 어떤 것보다도 질투가 많다. 그것은 자기가 사로잡고 있는 사람을 다른 무엇과도 공유하려 하지 않는다. 사람이 극심한 고통 중에 있으면 다른 생각을 하는 것이 거의 불가능하게 되는데, 예수님은 그렇지 않으셨다. 아마도 그분의 마음의 고통이 몸이 찢기는 고통을 능가했기 때문이 아니었나 싶다. 그분 어머니의 얼굴에 떠오른 표정, 공포, 그리고 고통.

예수님은 곁에 서 있는 젊은이의 얼굴을 똑바로 바라보셨다. 순수한 사랑의 마음으로 그의 가슴에 이 얼굴을 묻었던 것이 채 24시간도 지나지 않았다. 우리 집 멜리사처럼 요한은 그 가족의 막내였다. 그도 그것을 알고 있었다. 그는 이 특권을 마음껏 누렸던 것이 분명하다. 누군가 십자가에서 도망쳐도 좋을 변명거리를 가지고 있었다면 그건 아마도 요한이었을 것이다. 그러나 그는 그렇게 하지 않았다.

예수님은 그분이 사랑하시는 제자가 가까이 서 있는 것을 보셨다. 그분의 마음에서 형언할 수 없는 사랑과 연민의 감정이 북받쳐 올랐을 것이다.

"또 그 제자에게 이르시되 보라 네 어머니라 하신대 그때부터 그 제자가 자기 집에 모시니라"(요 19:27).

십자가가 이야기하고 있는 것이 있다면 그것은 화해다.

"그는 우리의 화평이신지라 둘로 하나를 만드사 원수된 것 곧 중간에 막힌 담을 자기 육체로 허시고"(엡 2:14).

그리스도의 형제들이 보인 불신앙은 그들과 그분의 제자들 사이에 적대감의 담을 쌓았다. 그리스도께서 사랑하는 어머니와 제자를 바라보셨을 때, 그분은 절대적으로 화해할 필요가 있는 자신의 두 세계를 보셨으며 그 둘 사이에서 찢겨진 한 여인을 보셨다. 마리아에 대한 시므온의 예언은 예수님의 목전에서 성취되었다.

"또 칼이 네 마음을 찌르듯 하리니…"(눅 2:35).

비록 그 칼이 마음을 갈라놓고 있을 때에라도 예수님은 그 마음을 도로 하나로 꿰매고 싶으셨다. 이제 곧 그분의 가족들과 제자들이 하나로 연합하게 되겠지만, 그러나 그 수확의 첫 열매는 그리스도의 십자가 아래에서 맺혀졌다.

"그때부터 그 제자가 자기 집에 모시니라."

너무도 잘 어울리지 않는가! 우리는 바로 십자가 아래서 사도 요한과 나머지 다른 사람들을 구별짓는 특성을 발견하게 된다. 나는 사도 베드로의 열렬한 팬이고 요한에 대해서보다 베드로에 대해 훨씬 더 많은 이야기를 할 수 있다. 그러나 후에 성령이 우레의 아들에게 위탁하신 영감된 말씀은 아주 깊은 독특성을 보여 준다. 하나님이 친히 "오직 내 종 갈렙은 그 마음(spirit)이 그들과 달라서 나를 온전히 좇았은즉"이라고 평가하셨던 구약의 한 인물이 생각난다. 하나님은 지금 다른 성령을 말씀하고 있는 것이 아니다. 구속함을 받은 우리는 모두 동일한 성령을 받았다. 하나님은 인간 갈렙 자신의 영이 놀라운 점을 가지고 있었고 그것이 그를 독특한 존재로 만들어 주었다고 말씀하시는 것이다. 나는 요한도 이와 비슷한 것을 가지고 있었다고 믿는다. 이들은 우리 모두와 마찬가지로 육체의 요구에 빠져 잘못을 범하기 쉬운 사람들이었지만, 그러나 그들이 성령에 취해 있을 때 거의 비할 데 없는 무언가를 그들 속에 가지고 있었다. 그들은 정말 달랐다.

이제 우리는 기념해야 할 한 순간에 이르렀는데, 우리 남은 여정의 상당 부분이 이에 따라 결정될 것이다. 나는 우리가 지금까지 요한을 다른 이들과 구별하고 하나님이 그러한 복음의 씨, 그러한 서신들의 씨, 그러한 계시의 씨를 심으실 만한 기름진 땅이 되게 해주셨던 점을 발견해 왔다고 확신한다. 요한은 예수님이 변화산 상에 계실 때에든지 아니면 겟세마네의 깊은 고통 가운데 계실 때에

든지 그의 지도자 곁에 가까이 머물렀다. 요한은 마지막 만찬 때에 그분에게 다정히 기대었을 뿐 아니라 심판정에도 따라갔다. 요한은 예수님이 십자가에 달리셨을 때에도 그분께 매달려 떨어지지 않았고 그분이 죽음을 맞으셨을 때에도 그분으로부터 떨어지지 않았다.

요한은 인간의 이성으로 생각해 볼 때 그의 신실한 지도자의 사명이 실패로 끝나버린 그 순간에 가까이 있었다. 그는 각 시대에 대한 계획이 완벽하게 진행되고 있다는 것을 이해할 수 없었을 것이다. 그러나 그는 머물렀다. 그분의 얼굴이 태양처럼 빛나셨던 것을 보았던 그가(마 17:2) 그분의 얼굴이 피투성이가 되고 사람들이 그 얼굴에 침을 뱉는 것을 지켜보기를 마다하지 않았다. 그는 그리스도의 생애 가장 빛나는 시간들에도, 가장 어두운 시간들에도 가까이 머물러 있었다. 그 젊은 제자는 최후의 순간에 예수님이 어떤 모습이셨는지 알았다. 다른 사람들이 눈을 감아버렸을 그 순간에도 눈을 떠서 그분을 지켜보았다.

우리는 우리가 보고 싶지 않은 것을 어떻게 바라볼 수 있는가? 우리는 어떤 사람이 격렬한 고통 가운데 있을 때, 그리고 그가 정말 기운이 넘쳐날 때 어떤 모습인지 두 경우 모두를 알지 못하고서 그 사람을 잘 알고 있다고 주장할 수 없다. 예수님을 진실되게 바라보고자 하는 눈을 가진 사람이라면 때때로 자기가 본 것 때문에 혼란스러워지고 충격을 받을 것이다. 우리가 그분의 지고의 영광을 알고 거기서 자세한 지식을 얻고자 한다면, 우리는 분명 이해할 수 없는 그분의 어떤 면을 보게 될 것이며 때로는 마음이 혼란스러워지기도 할 것이다.

그러면 이제 질문을 해보자. 인간적으로 생각해서 그분이 약하고 패배한 듯이 보일 때 우리는 예수님으로부터 떨어져 나올 것인가? 지금 내가 무슨 말을 하고 있는지 알겠는가? 예수님이 하시는 일에 대해 우리가 설명할 수 없을 때 우리는 어떻게 하는가? 그분이 비극을 막아내지 않으실 때 우리는 그분 가까이 머물러 있을 것인가?

세상이 보여 주는 증거에 비추어 볼 때, 인간적인 이성에 따르면 그분은 비열한 분이거나 아니면 연약한 분이라는 결론에 이르게 된다. 우리의 인간적인 이성으로 보아 그분이 악에 패배하셨을 때에도 우리는 그분께 매달려 떠나지 않을 것인가? 그분 안에서 악함이 보이는 것 같은 경우에는 어떠한가? 인간적인 논리가 도망치라고 말할 때에도 믿음으로 굳게 설 것인가?

바로 그것이 우리를 다르게 만들어 줄 것이다.

12장

무덤까지 달음질할 때

베드로와 그 다른 제자가 나가서 무덤으로 갈새 둘이 같이 달음질하더니
그 다른 제자가 베드로보다 더 빨리 달려가서 먼저 무덤에 이르러(요 20:3-4).

이미 모든 일이 이루어진 줄을 아신 예수님은 성경에 기록된 것을 성취하시기 위해 "내가 목마르다"고 말씀하셨다. 그리고 나서 "신 포도주를 받으신 후에 이르시되 다 이루었다 하시고 머리를 숙이니 영혼이 떠나가"셨다(요 19:28, 30).

때때로 어떤 극단적인 상황들이 우리가 딛고 선 지반을 흔들어 놓는다. 우리는 마치 갑자기 깊은 협곡이 나타나 우리를 삼켜버릴 것 같은 기분을 느낀다. 감정이 거칠게 요동하고, 몸이 두 조각으로 찢겨질 것 같은 생각이 든다. 예수님을 사랑했던 마리아와 요한 같은 사람들은 누구보다 분명히 예수님의 최종적인 죽음을 보면서 그런 양분된 감정을 느꼈을 것이다. 요한이 겪은 이전 3년 동안의 여러 사건들과 마리아가 지난 33년 동안 경험한 사건들을 생각하면서, 다시 한 번 이 말의 울림을 들어 보라.

"다 이루었다."

그들이 어떤 느낌이 들었을지 상상해 보라. 어떤 사람이 극단적인 고통에 몸부림치는 것을 지켜보면서, 그를 정말 사랑하는 사람들이라면 그 고통이 끝났을 때 안도감을 느끼게 된다. 심지어 그것이 죽음으로 인해 끝나게 되었을지라도 말이다. 그리고 나면 자기 파괴적이고 양심의 가책을 받는 우리의 본성에 맞게 안도감은 죄책감에 자리를 내어 준다. 설상가상으로 죽음이 갖는 최종적 성격은 절망감을 가져온다. 왜 그런가? 인류는 다음과 같은 선언에 뼛속 깊이 젖어 있기 때문이다. 생명이 있는 곳에 소망이 있다.

그러나 하나님의 이상한 섭리 안에서는 그렇지 않다. 바로 그날, 죽음이 있는 곳에 소망이 있었다. 누가 그것을 간파할 수 있었겠는가? 또한 이상스럽게도, 그리스도안에 있는 우리에게 있어 지금도 우리의 가장 큰 소망은 죽음 이후에 놓여 있다. 우리는 깊은 슬픔의 골짜기를 들여다보며 깎아지른 듯한 감정의 경계에 서서 한 발짝만 움직이면 곧 죽음이라는 것을 확실히 알고 있다. 그러나 연약하기 그지없는 자아를 신실하신 창조주께 의탁하는 우리에게 있어서는 그렇지 않은데, 이것은 내가 설명할 수도 없고 묘사할 수도 없는 방식으로 이루어지는 일이다. 예수님 안에서는 어떤 종류의 죽음이 찾아올지라도, 우리가 그것을 십자가 앞으로 가져가서 거기 머물며 그 슬픔으로 고통스러워 할 때, 우리는 부활을 경험할 것이다.

우리는 이렇게 말한다.

"하지만 그러는 동안 우리의 어떤 부분은 이미 죽었는 걸요."

실제로 그렇다. 무덤에서 들려오는 그리스도의 말씀을 들어 보라.

"내가 진실로 진실로 너희에게 이르노니 한 알의 밀이 땅에 떨어져 죽지 아니하면 한 알 그대로 있고 죽으면 많은 열매를 맺느니라"(요 12:24).

그리스도의 이름을 지닌 자녀로서 당신의 어떤 부분이 죽는다면 그것은 때가 되어 많은 열매를 맺게 될 것이다. 과연 그러했는가? 우리는 마른 땅에서 연한 싹이 돋아나는 것을 볼 만큼 살아오며 온전히 그 일에 협력해 왔는가? 사랑하는 그대들이여, 포기하지 마라!

우리는 죽음으로 인한 슬픔의 단계들에 대해 너무 많은 이야기를 듣는다. 충격, 분노, 때로는 절망, 마침내, 수용…. 운이 좋다면 말이다. 우리는 죽음을 수용하는 것이 그 슬픔의 마지막 단계라고 믿게 된다. 그러나 우리가 그리스도 안에 있다면 하나님이 부활의 생명을 가져다 주시고 땅에 떨어진 한 알의 밀알에서 많은 열매를 맺으시도록 하기까지 아직 마지막 단계는 이르지 않은 것이다. 그렇다. 우리는 수용해야만 하는데 단지 죽음을 수용하는 것만이 아니라 부활의 생명을 수용해야 한다. 그것을 경험하기까지 결코 멈추지 마라. 비록 더디더라도 그렇게 될 것이다!

요한은 그의 복음서 20장에서 그 주 첫날 새벽에 일어났던 사건에 대해 기록하고 있다. 다시 말하지만 이 장면에서 베드로와 함께 있었던 제자가 요한 자신이었다고 추정하는 것은 거의 확실하다. 막달라 마리아가 첫 번째로 무덤에 찾아갔다. 그곳이 비어 있다는 것을 발견하고 그녀는 그 사실을 다른 사람들에게 이야기하러 갔다.

마리아가 베드로와 요한을 찾은 곳이 어디였는지는 전혀 알 수 없지만, 그들은 함께 있었다. 으레 그랬을 것이다. 그들은 절친한 친구였지 않은가? 분명 그들은 일생 동안 서로를 알고 지내왔다. 우리는 종종 그들 두 사람이 야고보가 빠진 상태로 함께 있는 것을 보게 되는데, 베드로가 요한의 형보다는 요한과 더 비슷한 연배가 아니었을까 하는 생각이 들기도 한다. 그들은 목소리가 변하기 시작하는 사춘기 시절에도 줄곧 서로를 알고 있었고 아마도 이미 세베대의 어업을 함께 하며 같이 일하고 있었을 것이다. 그들 중 하나가 먼저 청년기의 대표적 특징인 수염이 자라나기 시작했다. 그리고 그들은 분명 여자 문제에 대해 서로를 놀리곤 했을 것이다.

우리는 요한이 결혼을 했는지 안 했는지 모르지만, 틀림없이 그 친구의 결혼 잔치에 참여해 진심으로 축하해 주었을 것이다. 그들은 같은 날에 그물을 버리고 떠나 나사렛 출신의 매력적인 한 남자를 따라나섰다. 그리고 지난 3년 동안 함께 대 모험을 경험하며 살아왔다. 그들은 사람들이 믿을 수도 없는 일을 목격했다. 이제 그들의 대담무쌍한 지도자는 유혈이 낭자하도록 두드려 맞고 죄인들의 십자가에 못 박혔다. 예수님은 죽었다. 게다가 그의 주검까지 사라졌다.

"그들이 주님을 무덤에서 가져갔는데 우리는 어디 계신지 모르겠고…."

무슨 생각을 해볼 겨를도 없이 그들의 발이 먼저 움직이기 시작했다. 그들은 달렸다. 더 열심히, 더 빨리. 가슴이 쿵쾅거렸다. 아드레날린이 분출해 나왔다. 두려움이 밀려들었다. 불안한 마음이 몰려왔다.

"어디 계신 거야?"

울음이 터져 나왔다.

"도대체 무슨 일이 있으신 거지? 그분은 대체 누구신 거야?"

너무나 많은 질문, 너무나 많은 의문, 순간적으로 떠오르는 희망. 그러나 결국은 아무 희망도 없었다. 그렇지 않았겠는가?

그들은 몇 년 동안 나란히 걸어왔다. 이제 그들은 나란히 달리고 있다. 요한이 그리고 있는 이 그림에서 내가 읽어내고 있는 부분이 저자가 의도한 바는 아니라는 것을 알지만, 그러나 감정적으로 잔뜩 고조된 이 순간 의도하지 않게 자신이 베드로보다 더 빨리 달렸다고 말하는 요한이라는 사람에 대해 나는 미소를 머금게 된다. 그들은 항상 경쟁하고 있었던 것이 아닐까? 그런데 베드로보다 빨리 달려갔던 바로 그 젊은이는 무덤에 들어가지 못하고 슬그머니 꽁무니를 뺐던 것 같다. 이 두 가지 예를 보면 분명 그가 더 어리다는 것이 드러나는 것 같다. 요한복음 20장 8절은 "그때에야 무덤에 먼저 갔던 그 다른 제자도 들어가 보고 믿더라"고 말한다. 베드로가 이렇게 말하는 장면을 상상할 수 있지 않은가?

"요한, 들어와 봐! 괜찮다니까. 마리아 말이 옳았어. 여긴 아무도 없어. 근데 이것 좀 봐!"

세마포 자락이 거기 놓여 있었고, 예수님의 머리를 감쌌던 수건도 따로 접힌 채로 놓여있었다.

세상에 누가 이 수건을 접어놓았을까?(7절) 예수님이 무덤에 놓인 이 옷들을 벗고 살아나신 것이라고 생각한다면, 무덤을 지키고 그 소식을 전하라는 하나님의 명을 받은 천사들 중 하나가 그것을 집어들어 개어놓지 않았을까 싶다.

나중에 베드로는 인간들에게 제공된 위대한 구원에 대해 천사들이 간절히 알고 싶어한다고 썼다(벧전 1:10-12). 천사들만큼이나 영광스러운 존재인 나는, 그들이 그토록 근본적인 구원의 위대함과 은혜를 이해할 수 있다고 생각하지 않는다. 천사들은 우리가 거절하고 죽인 바로 그분을 찬양하도록 지음 받은 존재들이었다.

분명 천사들은 하나님 아버지가 자기들에게 그 미친 짓을 중지시키라고 명하시지 않았다는 사실에 몸서리쳤을 것이다. 천사장 미가엘과 마귀가 모세의 시체에 대해 다투고 변론하였다 할지라도(유 1:9), 예수님의 시체를 놓고 대립이 있는 것을 상상이나 할 수 있는가? 그들에게는 이 계획 전체가 터무니없는 것으로 여겨졌을 것이 분명하다. 그들 가운데 둘은 하나님이 사랑하시는 자의 시체를 지키라는 임무를 받았다. 하나는 그분의 머리맡에서, 하나는 그분의 발치에서, 완전한 침묵으로, 조금의 움직임도 없이. 긴 겨울밤을 견디는 울먹임. 아침이면 기쁨이 올 수 있을 것인가?

이제 하나님 아버지는 충분히 오랫동안 기다리셨다. 그분은 태양이 떠오르게 하지도 않으셨다. 그분이 그날을 창조하셨다. 그분은 그것이 아침이라고 말씀하셨다. 무엇보다 어두움도 그분께는 빛이다(시 139:12). 갑자기 전능하신 주 하나님이 그분의 능하신 팔을 드셨고 우리가 이해할 수 없는 힘을 발하셨다. 나는 예수님의 죽은 몸이 서서히 더워졌다고 생각하지 않는다. 그게 아니었다. 뜨겁고 붉은 피가 순식간에 그분의 혈관을 타고 흐르고, 갑자기 벌떡 일어나시는 바람에 수의가 몸에 붙어 있을 수 없을 정도였을 것이라고 나는 확신한다. 부활의 옷을 입으신 예수 그리스도, 세상의 구세주는 무덤을 막은 돌이 미처 옮겨지기도 전에 무덤 밖으로 걸어나오셨다.

마태복음 28장 2절에 따르면, 그 다음에 지진이 일어났다.

"큰 지진이 나며 주의 천사가 하늘로써 내려와 돌을 굴려내고 그 위에 앉았는데…."

사람들은 종종 나를 드라마의 여왕이라고 부른다. 감히 내가 당신에게 전능하신 하나님, 드라마의 왕을 소개하는 영광을 누려도 되겠는가? 그분과 비교하면, 나는 정말 고목나무에 붙은 매미에 불과하다. 그렇다, 그분은 드라마를 상영하고 계시고, 사람들이 기립 박수를 치고 있는 동안 나 혼자 자리에 앉아 있고 싶지는 않다.

요한복음 20장으로 돌아가 보면, 그 사이에 마리아는 베드로와 요한에게 소식을 알리고 다시 무덤으로 돌아왔다. 그녀는 부활하신 주님을 대면하여 보기까지 한참을 기다렸다. 하나님이 성자 예수님으로 하여금 여인들에게 그런 존귀함을 주시도록 하셨던 것에 너무 감사한다. 특히 과거에 그렇게 좌절하고 혼란을 겪었던 나와 같은 사람에게 말이다. 마리아는 가장 복된 소식, 즉 예수님이 살아나셨다는 소식을 전하도록 그리스도가 보내신 첫 번째 사람이었다. 무덤을 막았던 돌과 같은 사람이 되지 않기를 원한다. 그 복된 소식이 새롭게 부딪쳐 올 때마다 움직이는 존재가 되기를 기원한다.

이제 요한복음 20장 19-20절에 기록된 장면을 그려보자. 마리아는 그리스도가 지시하신 대로 그 소식을 전했다. 제자들이 마리아가 전하는 말을 이해하기 위해 애써야 했던 그 새벽 시간, 시계는 똑딱이며 느리게 지나갔다. 이 시간의 틀 어디쯤에선가 예수님은 베드로에게 나타나셨는데 내 생각에 그것은 아주 사적인 만남이었고, 의도적으로 우리에게는 어떤 설명도 주어지지 않았다(고전 15:5). 요한이 이미 부활하신 주님께 눈길을 돌렸다고 믿을 만한 근거는 없다.

제자들은 "유대인들을 두려워하여"(요 20:19) 한 곳에 모여 있었다. 그 상황을 상상해 보라. 두려움에 찬 사람들을 감싸고 있는 중압감을 느껴 보라. 문에는 빗장을 걸고, 이제 얼마 안 있어 귀신을 내쫓고 병자를 치료하는 능력을 발휘할 사람들이 그 안에 갇혀 있는 모습을 그려 보라. 그들은 위신을 벗어 던졌는가? 그들의 능력을 벗어 버렸는가? 아니, 설마 그럴리가…. 무력함은 항시 대적이 두려움을 통해 가져오는 메시지이다.

그들이 쳐 놓은 장벽을 통과해서 예수님이 갑자기 그들 가운데 나타나셨다. 나는 그곳에 있었다. 당신 역시 그곳에 있었다고 장담한다. 자녀를 불쌍히 여기는 아버지와 같이, 예수님도 우리를 불쌍히 여기신다(시 103:13). 그분은 그들의 제한된 생각이 무엇을 필요로 하는지를 아시고 자신의 손과 옆구리를 보여 주셨다. 우리는 얼마나 끊임없이 사람들에게 인생의 좌절을 치유하고 그들의 상처를 지워버리기를 기대하는지 알고 있는가? 나는 그리스도가 여전히 그분의 상처를 가지고 계신다는 사실을 알고 위로를 받는다. 진정한 의미에서 그것은 그분을 둘러싸고 있는 바로 그 친구들, 그분이 친구라고 부르실 나머지 우리 모두의 고통으로부터 입으신 상처였다.

그들의 얼굴에 떠오른 표정들을 그려 보라. 그 영광스럽고 충격적인 생명으로 인하여 중압감이 걷히는 것을 느껴 보라. 이제 당신의 상상 속에 있는 그 현장을 둘러보고 그 가운데서 우리의 친구 요한을 찾아 보라. 잠시만, 아니 일순간이라도 예수님의 눈길이 오직 그에게만 멈추는 것을 보라.

나는 젊은 요한의 눈썹이 이마까지 치켜 올라가고 눈이 왕방울만큼 커지는 모습을 상상한다. 아마도 그리스도의 사랑이 그를 버터처럼 녹여버리기까지 그는 잠시 동안 바짝 얼어붙어 버렸을 것 같다. 그러고 나서 그는 느닷없이 환하게 웃기 시작했는데 그것이 바로 예수님이 원하신 것이 아니었을까 싶다. 요한처럼 젊은 사람이라면 다른 사람들과 동일한 생각을 하더라도 아마 생각만 하고 있는 것이 아니라 말을 했을 것 같다.

"만세! 우리가 이겼다!"

실제로 그들은 승리했다. 그들은 그리스도를 다시 얻었다.

그는 어떻게 되겠습니까?

이에 베드로가 그를 보고 예수께 여짜오되 주님 이 사람은 어떻게 되겠사옵나이까 (요 21:21).

나는 부활하신 예수님의 이미지 가운데 요한복음 20장 17절에 나오는 모습을 가장 좋아한다. 예수님은 막달라 마리아에게 자신과 그녀가 모두 하나님이 하라고 하신 일을 할 수 있도록 자신을 만지지 말고 떨어져 있으라고 말씀하시지 않을 수 없었다. 예수님을 알아본 그 순간, 그녀는 분명 죽을 힘을 다해 그분을 부여잡고 이렇게 말했을 것이다.

"이제 당신을 찾았군요. 절대로 놓치지 않을 거예요!"

비록 당신과 나는 예수님을 대면하여 본 적이 없지만, 우리도 전혀 다르지 않다. 우리는 때로 위기의 순간에 그리스도의 새로운 계시를 받고는, 나머지 일생 동안 거기서 움직이려 하지 않는다. 그리스도가 우리에게 이렇게 말씀하시는 것 같다.

"그래, 이 계시는 너에게 주는 선물이다. 하지만 여기에 고착되지 않도록 조심하거라. 내게서 '눈으로 본 것'에 매이지 마라. 이런 순간들이 너의 미래를 위한 연료가 되게 하거라. 내가 네게 하라고 한 일에서 눈으로 본 것을 따르지 말고 믿음으로 걸어가렴. 해야 할 일이 있단다! 이제 내가 너를 찾았으니 항상 너와 함께 있을 것을 확신하고 안심하거라. 내가 절대 너를 놓치지 않을 것이란다."

나는 그들이 일단 부활하신 주님을 본 이상, 제자들 역시 막달라 마리아와 마찬가지로 주님께 꼭 달라붙어 있으려 했다고 의심치 않는다. 하지만 그들도 그럴 수 없었다. 사도행전 1장 3절은 그리스도가 죽음에서 부활하신 이후 40일 동안 자신을 계시하셨다고 말한다.

이리 와 보라. 디베랴 바다라고도 불려지는 갈릴리 바닷가에 앉아서 예수님이 제자들과 더불어 다시 감람산으로 가시기에 앞서 그들에게 임무를 주시는 마지막 만남들 가운데 하나를 지켜보자. 우리의 눈은 요한복음 21장에 기록된 사건들을 보게 될 것이다. 비록 제자도에 초점을 맞춘 스포트라이트는 베드로에게 쏟아지고 있지만, 우리는 그 사건에서 요한이 맡은 역할에 초점을 맞추고 살펴볼 것이다.

요한복음 21장 2절은 시몬 베드로, 도마, 나다나엘, 야고보, 요한 그리고 다른 두 명의 제자들이 모두 고기잡이 배에 모여 있었다고 말한다. 내 남편이라면 평균적인 배에 일곱 명의 남자가 타는 것은, 하다못해 다섯 명이라도 너무 많다고 말할 것이다. 하지만 베드로와 다른 제자들은 수년 동안 그들의 생계를 이어 왔던 상선으로 다시 돌아왔던 것이 분명하다. 그는 다음과 같은 철학을 보여 주고 있는 것 같다.

'무엇을 해야 할지 모를 경우에는 익숙한 일을 해라.'

제자들이 그들 가운데 예수님을 모시고 기쁨에 넘쳤던 것은 분명하지만, 그분은 의도적으로 그 시간을 통해 그들의 정체감에 도전을 가하셨다고 나는 믿는다. 예수님이 돌아오셔서 매 순간 그들 주변에 머물지 않으셨다는 점에 주목하라. 그분은 이 만남 이전에 두 차례 제자들에게 나타나셨다(요 21:14).

예수님이 부활 이후 잠시 세상에 머물러 계시는 동안 그들에게만 묶여 있지 않으셨다는 사실은 틀림없이 그들을 혼란스럽게 했을 것이다. 나는 그들이 무덤 이편에서 그리스도의 계획에 맞추는 방법을 알고 있었다고 생각하지 않는다. 분명 그들은 이런 생각을 했을 것이다.

"무덤에서 걸어나올 정도의 능력을 가진 사람이 우리 같은 사람들에게 무슨 필요한 것이 있겠어?"

그들은 이 40일 동안 그리스도의 일차적인 목적이 사람들로 하여금 그분이 하나님이심을 알게 하는 것이라는 사실을 이해하지 못했다. 예수님은 사도들에게만 보이시는 것 이상의 일정 계획을 가지고 계셨다. 고린도전서 15장 5-7절은 예수님이 500명이 넘는 제자들에게 나타나셨다고 알려 준다.

시편 46편 10절은 우리가 하나님의 활동 계획의 어느 부분에 적합한 존재인지 모를 때 어떻게 해야 하는지 말해 준다. 그 시편은 "너희는 가만히 있어 내가 하나님 됨을 알지어다"라고 말한다.

그렇다. 가만히 있으며 우리 스스로 그것을 알자. 과거로 되돌아가지 마라. 성급히 미래로 건너뛰지도 마라. 오직 지켜보며 알라. 적당한 때가 되면 깨달음이 올 것이다. 그 동안에 가만히 존재하는 것은 행하는 것보다 훨씬 더 어려운 일이다. 다행히도 예수님은 그들을 어디에서 찾아내야 할지 알고 계셨고, 자신의 존재를 통해 그들의 섣부른 행동을 방해하셨다. 요한은 이 시점에서 그리스도가 무엇을 위해 오셨는지 다른 누구보다도 더 잘 파악했던 것처럼 보인다. 요한은 이 장면에서 단 세 마디 말을 한다.

"주시라."

당신과 내가 알아야 할 것은 주님이 어떤 분이시고 어떤 분이 아니신지를 깨닫는 것이다. 요한이 예수님이심을 알리는 그 순간, 베드로는 배에서 뛰어내려 온 힘을 다해 그분께 헤엄쳐 갔다. 이 연구에서 우리의 일차적인 관심이 요한에게 있기는 하지만, 베드로가 보여준 정말 훌륭한 순간들 중 하나에 초점을 맞추어 살펴보지 않은 채 이 순간을 지나칠 수는 없다. 기독교에서 우리는 흔히 비슷한 믿음의 행동을 하는 사람들에게 둘러싸여 있다. 우리는 무언의 규범을 가지고 있다. 받아들일 만하다고 생각하는 영적인 행동들이 있다. 또한 어떤 것이 받아들일 만하지 않은지에 동의하고 있다. 어떤 것은 이상한 일이다. 어떤 행동들은 글쎄… 좀 극단적인 행동이다. 그런데 나머지 사람들이 어떻게 생각할지 상관하지 않기로 결심하고 누군가 배에서 뛰어내린다. 그 사람과 예수님 사이에는 아무것도 개입되지 않는다. 놀라워라! 내가 요한을 좋아하는 만큼이나 나는 이 장면에서 베드로처럼 되고 싶다!

 실제로 나와 내 단짝 교회 친구가 '영적인 것'에 속하는 것이 어디까지인지에 대한 무언의 규범을 깨뜨리기 시작했을 때를 생생하게 기억한다. 몇 년 전까지 나와 가장 가까웠던 사람들이 다른 사람들보다 훨씬 더 못마땅해하면서 내가 극단적으로 행동하고 있다고 책망했다. 그래서 어떻게 되었을 것 같은가? 나는 억만금을 준대도 다시 배로 기어올라가지는 않을 것이다. 가장 안락하고 만족스러운 배에서 뛰어내려 예수님께로 가기 위해 설사 자신을 우스갯거리로 만드는 한이 있더라도 그분을 찾기로 결심한 적이 있는가? 그런 경험이 없다면, 그렇게 할 준비가 되어 있는가? 당신을 머뭇거리게 하는 것은 무엇인가?

 한 가지 경고를 하고자 한다. 그리스도와의 친밀함은 항상 따뜻하고 부드럽게 느껴지는 것이 아니다. 베드로에게 물어 보라. 그 물은 차가웠다! 이 사건은 우리로 치면 5월 하순에 일어난 일이었을 것이다. 그 시기의 갈릴리는 낮 동안에는 아주 따뜻하지만 밤이 되면 온도가 급작스레 떨어진다. 고기잡이를 했던 시간은 아침 식사 전이었다는 것도 기억하라(요 21:12). 나머지 제자들이 배를 타고 따라왔던 것은 이상할 게 없다! 나는 예수님이 주님께로 가기 위해 내린 베드로의 충동적인 결정을 귀하게 여기셨다고 믿는다. 나는 또한 이 행동이 베드로의 회복에 중요한 역할을 했다고 확신한다. 그가 물 위를 걷게 해달라고 간구하지 않았다는 것에 주목하라. 이번에 그는 예수님께 가기 위해 얼음물 속에서 헤엄치기를 마다하지 않았다.

나는 베드로가 홀로 예수님을 추구했던 이 일이, 이후의 구속적 사건에서 그를 특별히 선발해 쓰시도록 하는 배경이 되었다고 확신한다. 그가 배에서 뛰어내린 일은 이 시점에서 베드로가 다른 사람들보다 더욱 진실하게 그리스도를 사랑한다는 것을 보여 주었을 것이다. 요한복음 21장 15-23절은 베드로의 부인 이후에 예수님이 베드로에게 다시 사명을 주시는 유명한 장면을 기록하고 있다. 나는 이것이 무언가 다시 시작하는 것에 대해 설명해 주는 까닭에 이 장면을 좋아한다. 19절에서 그리스도는 베드로에게 "나를 따르라"고 말씀하신다.

3년 전 베드로는 동일한 말씀을 들었고, 장하게도 그는 그분을 따랐다. 그러나 그는 자신의 힘과 자신의 일정에 따라 그 일을 했었다. 그 결과 그는 모닥불 곁에서 "여자여, 내가 저를 알지 못하노라"고 말하게 되었고, 베드로는 아마도 다시는 불로 몸을 덥히지 못했을 것이다.

야망은 베드로가 가야만 하는 곳으로 예수님을 따라가도록 동기를 부여해 줄 수 없었다. 요한복음 21장에서 예수님은 목적을 달성하기에 충분한 한 가지 동기를 되풀이하여 말씀하셨다. 예수님은 세 번이나 "네가 나를 사랑하느냐?"(요 21:17)고 물으셨다.

그것이 얼마나 중대한 의미를 갖는지 알겠는가? 다른 어떤 동기도 오래 지속될 수 없다! 한동안은 다른 동기에 기초해서 양을 먹이거나 무리를 돌볼 수 있을 것이다. 그러나 오직 한 가지만이 주 예수 그리스도를 죽기까지 따르지 않을 수 없게 해준다. 사랑! 사도 바울보다 영적으로 더 고집스러운 사람은 없었다. 그리고 그는 비할 데 없는 고통과 박해에도 불구하고 개의치 않고 계속 그 길을 갔다. 고린도후서 5장 14절에서 그는 "그리스도의 사랑이 우리를 강권하시는도다"라고 썼다. 야고보서 1장 12절은 주님이 "자기를 사랑하는 자들에게" 생명의 면류관을 약속하셨다고 말한다.

알다시피 우리의 부르심은 다양하지만, 우리가 십자가에 못 박힌 생명의 능력 가운데 예수 그리스도를 따르고자 한다면 우리를 그렇게 하지 않을 수 없게 하는 힘은 동일하다. 오직 사랑만이 죽음까지 이르게 한다. 사랑하는 자여, 인생은 힘겹다. 저항은 거세다. 우리 인생에서 모든 훈련과 결심과 확신을 무너뜨리는 상황이 반드시 발생할 것이다. 다른 모든 것이 잿더미가 되어버리는 때에도 사랑은 계속해서 타오른다. 이후의 삶을 위해 기도하는 것보다 더욱 이 한 가지를 위해 기도하라. 확신컨대 사랑은 모든 것이다.

그렇게 믿는 사람은 내가 처음이 아니다. 나는 단지, 자기 나름대로의 방법에서 실패하고 결국 믿음의 생활을 통틀어 최고의 우선순위와 동기를 부여하는 힘을 가진 것은 사랑이라는 사실을 발견하게 된 신자들의 긴 행렬을 따르고 있을 뿐이다. 우리 이전의 세대들이 깨달았듯이, 요한이라는 이름의 젊은 제자는 사랑에 대한 예수님의 말씀에 마음이 끌려서 예수님과 베드로가 다른 사람들로 벗어나 걸으시며 나누는 대화를 듣지 않을 수 없었다. 나는 요한복음 21장 15-23절에 기록된 대화가 여덟 명이 함께 있던 자리에서 시작되었던 것이라고 생각한다. 아마도 질문하고 대답하는 과정에서 예수님은 아주 자연스럽게 일어서셔서 몸을 털고는 이 적은 무리의 사람들로부터 벗어나 몇 발짝을 옮겨놓으셨을 것이다. 반복되는 질문을 나름대로 해석하고 의기소침해진 베드로는 아마 벌떡 일어나 그분을 따랐을 것이다.

NASB 성경에서는 예수님이 세 차례나 그의 사랑을 물으신 까닭에 베드로가 상처를 받았다고 말한다.

"주여 모든 것을 아시오매 내가 주를 사랑하는 줄을 주께서 아시나이다."

잘 보라. 그는 여전히 자신의 열심에 깊이 빠져 있다. 그러자 예수님은 그분께 대한 베드로의 사랑이 어째서 그렇게 중요한 것인지 이유를 미리 말씀해 주셨다. 베드로는 자신의 생명을 드려 하나님을 영화롭게 하라는 부르심을 받을 것이다. 오직 사랑만이 기꺼이 그가 그렇게 하게 할 것이다.

그러고 나서 마치 "자, 이제 이 모든 것을 잘 알았으면"이라고 말씀하시는 것처럼 그리스도는 다시 "나를 따르라"고 부르신다. 일순간이라도 그것을 가볍게 보지 마라. 이 부르심의 대가는 엄청난 것이었다. 왜 베드로가 갑자기 몸을 돌려 뒤따라오고 있는 요한을 보았는지 우리는 그 이유를 알지 못한다. 어쩌면 요한이 땅에 떨어진 나뭇가지를 밟았는지도 모르겠다. 어쩌면 그리스도가 가장 절친한 친구의 미래에 대해 예언하시는 말씀을 듣고서 요한이 신음 소리를 냈는지도 모른다.

나는 요한이 이기적인 궁금증을 채우기 위해 그들의 뒤를 밟았다고 생각지 않는다. 나는 그가 부활하신 그들의 선생님이 이 정서적 교감을 통해서 가르치시고 있는 거대한 구상을 감지했다고 생각한다. 그는 살금살금 다가가 엿들은 것이 아니었다. 나는 그가 마치 자석처럼 그 대화에 끌려들었다고 생각한다. 아마도 거기에 있었던 다른 제자들과는 달리, 요한은 그의 사랑하시는 구세주가 말씀하고 계신 것의 심오한 의미를 이해했음을 성경이 증명해 줄 것이라고 믿는다.

"너희는 내 부르심을 받은 자들이다. 너희 앞에는 험난한 미래가 펼쳐질 것이다. 그러나 하나님이 받으실 영광은 헤아릴 수 없을 정도이다. 사랑은 이 정도의 값을 지불하게 해주는 유일한 동기이다."

베드로는 요한을 보자 이렇게 물었다.

"주여 이 사람은 어떻게 되겠삽나이까?"

이런 때마다 나는 온전히 영감을 받아 만들어진 비디오테이프 원본으로 된 성경을 가지고 있었으면 하고 바란다. 말하는 사람의 얼굴에 나타난 표정을 보고 그 음성을 들을 수 있다면 훨씬 더 정확하게 그 상황을 해석할 수 있을 것이다. 우리는 그러한 도움을 받을 수 없기 때문에, 내가 가지고 있는 주석들에서도 베드로의 이런 말들이 아주 다양하게 해석된다. 나는 이 순간에 다른 두 개의 주석을 들여다보고 있는데, 베드로가 이 질문을 했던 의도에 대해 각기 다른 해석을 하고 있다. 좋은 수가 있다. 전혀 엉뚱하게 나가지 않고 추측해 볼 수 있는 방법이다. 당신은 베드로의 목소리가 어떠했을 것이라고 생각하는가? 내가 가진 주석 중에 하나가 가정하고 있는 것처럼 그의 질문이 요한에 대한 깊은 관심에서 나온 것이라고 생각하는가, 아니면 다른 주석이 제안하고 있는 것처럼 질투나 그밖의 부정적인 감정에서 나온 것이라고 생각하는가?

어떻게 해석하든지 간에, 우리 모두는 마찬가지로 그 질문이 이따금씩 우리를 괴롭게 한다는 사실을 인정할 수 있다. 우리가 질문을 하는 이유가 무엇이든지 간에 말이다. 당신이 어떤 다른 사람과 나란히 하나님을 섬겨왔는데, 하나님이 당신에게는 아주 어려운 상황에서 고통을 당하라고 요구하시고 그 사람에게는 상대적으로 쉬운 상황에서 활약하도록 하신 것처럼 보일지도 모른다. 어쩌면 너무나 열심히 일하고 너무나 부지런히 섬기지만, 항상 어려움이 따라다니는 어떤 사람 때문에 가슴이 미어지고 있는지도 모르겠다. 하나님이 당신의 자녀 중 어느 하나에게 너무나 많은 축복을 내리시고 은사를 주신 것처럼 보일 때, 다른 자녀를 바라보면서 이렇게 묻고 있는 것일 수도 있다.

"주님, 그러면 저 아이는 어떻게 되겠습니까?"

당신과 내가 어떤 경험을 하였든, 나는 요한복음 21장 22절에 나오는 예수님의 명령으로부터 우리가 유익을 얻을 수 있다는 것을 안다.

"내가 올 때까지 그를 머물게 하고자 할지라도 네게 무슨 상관이냐? 너는 나를 따르라!"

하나님이 다른 누군가의 삶에서 하고 계신 일에 대해 궁금할 때, 예수님의 이 반응이 내게 말씀하시는 것만큼 강하게 당신에게도 말씀하시는가?

사랑하는 그대들이여, 예수님은 거듭거듭 우리에게 말씀하신다.

"너는 나를 믿어도 된단다!"

이 사건에서 예수님은 오늘날의 제자들을 향해 이렇게 말씀하고 계신다.

"너는 네 문제에 대해 나를 믿어도 된단다. 그리고 그들의 문제에 대해서도 나를 신뢰해도 돼. 나는 너희 모두에게 동일한 하나님이다. 하지만 너희들에 대해 각기 다른 계획을 가지고 있지. 네가 잘 따라온다면 그것을 놓치는 일은 없을 것이다. 내 생업이 목수였다는 것을 기억해라. 맞춤 제작은 내 전공이란다. 하나님의 영광이 내 목적이지! 이제 네 물통에 사랑을 가득 채우고 나를 따라오너라."

14장

'만약에', 그리고 '때에'

오직 성령이 너희에게 임하시면 너희가 권능을 받고(행 1:8).

이 장에서는 무슨 심오한 작업을 전개하려 하지 말자. 단지 그런 작업에 착수하는 정도에 그칠 것이다. 앞으로 나가기 전에 다음 사실들을 이해하도록 노력하라. 그들은 그분을 보았다. 그분을 만졌다. 제자들은 부활하신 만군의 주님을 대면하여 보았고 못 자국난 손을 잡아보았다. 우리는 비록 믿음으로 행하지만 그것이 견고한 사실의 반석 위에 기초한 것임을 인식하고 있는가? 우리는 관람객으로 서서 때로는 아주 험난한 제자들의 경험을 지켜볼 것이다. 그리고 성경이 말하고 있는 그대로 지금까지 일들이 일어났다.

비교할 데 없는 진리의 말씀이 증거하는 바는, 믿을 수 없어 보이는 것을 확실히 믿을 수 있게 해준다. 사도행전 1장 1-12절에서 시작하자. 아마도 당신은 이 구절에서 묘사하고 있는 상황에 아주 친숙할 것이다. 그러나 때로 너무 친숙하기 때문에 무엇보다 가장 소중한 보물을 놓치는 수가 있다. 다시 한 번 그 구절들을 되감아서 느린 움직임으로 다시 돌려보자.

누가는 누가복음과 짝을 이루는 책인 사도행전을 그리스도가 지상에 머물렀던 기간의 마지막에서부터 시작한다. 누가는 예수님이 "확실한 많은 증거로 친히 살아계심을 나타내사 사십 일 동안 저희에게 보이시며 하나님 나라의 일을 말씀"(3절)하셨다고 이야기한다. 이제 그 마지막 날, 그리스도와 그분의 제자들이 감람산에 모였다(12절).

예수님은 마지막 말씀을 하셨다.

"오직 성령이 너희에게 임하시면 너희가 권능을 받고 예루살렘과 온 유대와 사마리아와 땅 끝까지 이르러 내 증인이 되리라"(8절).

그리스도의 원래 제자들이 그랬던 것처럼, 우리도 능력을 주시겠다는 예수님의 약속을 선뜻 적용할 수 있다고 확신한다. 성령은 능력이 아닌 다른 방법으로 오시지 않는다. 그분의 전능하심은 그분의 본질에 속한 것이다. 그리스도의 영은 연약하거나 깨어지기 쉬운 존재로 우리에게 오실 수 없다. 그분은 능력으로 오신다.

이 장의 결론을 내리기에 앞서, 성령이 우리에게 쏟아 주시기 위해 풍성히 구비하신 것을 받게 되는 것은 언제인지, 그 효과가 나타나는 때는 언제인지를 살펴볼 것이다. 사실, 그것이 핵심이다. 바울은 우리가 이 보배를 질그릇에 가졌다고 말했다(고후 4:7). 여기서 바울이 말하고 있는 '보배'는 성령이다. 각 신자에게 행하시는 성령의 다양한 사역들은 별개 문제로 하고, 이 구절에 따르면 하나님이 이 보배를 우리에게 주시는 목적은 "능력의 심히 큰 것이 하나님께 있고 우리에게 있지 아니함을 알게 하려 함"이다.

사랑하는 그대여, 하나님은 당신의 전 존재 가운데 머물기를 원하신다. 모르겠는가? 우리가 처한 상황이나 도전들이 종종 우리 자신의 능력을 벗어나는 것은 바로 이런 이유 때문이다. 인생이 지극히 다루기 쉬운 것이라면 우리는 스스로의 힘에 의지해서 살아갈 것이고, 누구도 우리 안에 계시는 하나님의 살아있는 증거를 보지 못할 것이다. 우리는 구세주를 간절히 필요로 하는, 상처받은 세상에 증인이 되어야 하는 분명한 목적을 위해 이곳에 남겨졌다.

당신은 예수 그리스도께 속하였는가? 그렇다면 성령이 당신 안에 거하고 계시며(롬 8:9), 그분은 당신에게서 그분의 능력을 한 치도 빼앗지 않으신다. 그분은 당신 안에서 자신을 드러내 보이시려고 오셨다. 그분이 그렇게 하실 때, 당신의 전 삶은 제자들과 마찬가지로 살아 있는 증거가 될 것이다. 우리가 맡은 과업은 각기 다르겠지만 당신과 나는 그리스도가 첫 번째 제자들에게 약속하셨던 바로 그 동일한 성령을 소유하고 있다. 우리가 가지고 있는 것이 무엇인지 알기만 한다면 우리의 삶은 확실히 달라질 것이다.

그리스도가 그들에게 성령의 오실 능력에 대해 확실한 보증을 해주신 다음 그분은 "저희 보는 데서 올리워 가시니 구름이 저를 가리워 보이지 않게"(행 1:9) 하였다고 한다. 당신이 그날 감람산에 있었던 열한 명 가운데 하나라고 상상해 보라. 11절을 보면 그들은 모두 서 있었던 것 같은데, 예수님의 입에서 나오는 말씀이 하나라도 땅에 떨어지지 않도록 그들이 모두 예수님과 눈을 맞추고 있는 모습을 상상해 보라. 예수님은 그들에게 성령의 능력을 약속하셨다. 그리고 나서 아무런 예고도 없이, 예수님이 조금 더 키가 커지신 것처럼 제자들은 자신들이 약간 위쪽을 바라보고 있다는 것을 깨달았다. 그분이 그들 위로 머리 하나 가량 올라가셨을 때, 비로소 그들 중 누군가가 밑을 내려다보고는 그분의 발이 땅에 붙어있지 않다는 것을 알았을 것이다. 누가복음 24장 50절은 그리스도가 땅에서 들리우실 때에 그들을 축복하셨다고 말한다. 그들이 무슨 생각을 하고 어떤 느낌을 가졌을지 상상할 수 있는가?

아마 지금쯤이면 당신은 마음의 캔버스에 사도 요한에 대한 대강의 그림을 그려놓았을 것이다. 그와 다른 제자들이 입을 멍하니 벌리고 눈이 휘둥그레져 있는 모습을 그려 보라. 만일 우리 할머니가 제자들 가운데 하나였다면(굉장히 우스운 생각이지만), 아마 거기 서서 이렇게 말씀하셨을 것이다.

"저거 정말 압권 아니냐?"

나는 그들이 아람어로 이와 비슷한 말을 했을 것 같다.

그들이 초자연적인 광경에 눈을 비비고 있을 바로 그때, 하나님은 그분의 사랑하시는 아들 위로 영광스러운 쉐키나(하나님의 현현)의 구름을 덮으시고 예수님을 집으로 끌어올려 가셨다. 마침내 임한 이 영광스러운 순간을 위해 하나님 아버지가 세상의 시계를 지켜보고 계셨다는 것을 알지 못하는가? 예수님은 탕자가 아니셨지만, 그래도 그분은 분명 외지를 여행하고 온 아들이었다. 하나님 아버지가 그의 종들에게 이렇게 말씀하시는 것이 들리는 것 같다.

"서둘러라! 가장 좋은 옷을 가져다가 그에게 입혀라. 손가락에 반지를 끼우고 발에 신을 신겨라. 살진 소를 잡아라. 잔치를 베풀고 축하하자. 내 아들이 죽었다가 다시 살아왔구나!"(눅 15:22-24).

이때 천사들이 끼어들지 않았다면, 아마 뻣뻣하게 굳어서 죽어 있는 열한 명의 시체가 오늘날까지도 감람산에 남아 있을 것이다. 천사가 말했다.

"갈릴리 사람들아 어찌하여 서서 하늘을 쳐다보느냐 너희 가운데서 하늘로 올려지신 이 예수는 하늘로 가심을 본 그대로 오시리라"(행 1:11).

그리스도의 다시 오심에 대한 이 말씀은 아주 최근에 예수님과 베드로가 나누었던 대화, 어쩌다가 요한이 엿들었던 그 대화를 기억나게 하지 않았을까 싶다. 당신은 예수님이 베드로에게 요한에 대해서 "내가 올 때까지 그를 머물게 하고자 할지라도 네게 무슨 상관이냐 너는 나를 따르라"(요 21:22)고 하셨던 말씀을 기억할 것이다. 그리스도가 하신 말씀을 듣고 베드로와 요한은 세베대의 작은 아들이 예수님이 다시 오시는 것을 볼 때까지 살아 있는 것은 아닐까 생각했을 것이다. 베드로와 요한이 그리스도가 하신 말씀의 '만약'에'와 '때'를 일시적으로 오해했든 아니든 간에, 다른 많은 사람은 그것을 잘못 생각했다(요한복음은 몇 년 뒤에 쓰여졌는데, 그때는 뒤를 돌아보면서 이와 같은 말들을 훨씬 더 분명하게 할 수 있었다). 성경에서 '만약에' 보다 더 중요한 단어는 거의 없다. 그것을 주의해서 살펴보고 그것을 '때' 로 생각하지 않도록 조심하라. 하나님의 말씀은 무조건적인 약속들로 가득하다. 그러나 다른 많은 성경적 사실의 언급들은 '만약에' 라는 조건을 달고 있다. 바로 이 장에서 우리는 사도행전 1장 8절에서 그리스도가 주신 우선적 약속에 관해 논의해 왔다. 그것은 '때' 에 관한 진술이다.

"성령이 너희에게 임하시면(임하실 때)"

그리스도 안에 있는 우리는 우리 앞에 놓인 도전들에서 승리할 수 있는 능력을 가지고 있는지 아닌지(if) 계속 궁금해할지 모르지만, 하나님은 그보다 우리가 그분을 믿게 되는 때(when)가 언제인지 궁금해하신다.

성경은 제자들이 예루살렘으로 돌아갔던 길이 '안식일에 가기 알맞은 길' 이었다고 말하는데, 그것은 대략 4분의 3마일쯤 되는 거리였을 것이다. 나는 그 짧은 길을 수차례 걸어 보았는데, 그 길은 성문에서부터 성전이 있는 산으로 다시 오르막길이 시작될 때까지 곧장 내리막길로 되어 있다. 그 길에서는 경사 때문에 빨리 걷는 것이 거의 불가능하다. 하지만 어쨌거나 나는 그들의 발보다 그들의 입이 더 바삐 움직이고 있는 장면을 상상한다(아마도 당신은 내 입이 빠르게 움직이고 있는 것을 상상할 것이다).

제자들은 그들이 머물고 있던 집 다락으로 올라갔다(행 1:13). 헬라어 문장 구조에서 정관사와 강조 어법을 사용한 것을 보면 그 장소는 제자들에게 잘 알려져 있고 아주 의미 있는 곳이었음을 알 수 있다.[1] 다음날 이제 11명이 된 제자들은 몇 명의 여자들과 마리아, 예수님의 형제들과 더불어 기도를 드렸다. 사도행전 1장 15절은 120명쯤 되는 첫 번째 신약의 셀 그룹을 향하여 베드로가 연설하는 장면을 보여 준다.

당신은 이 정도 규모의 교회에 참석해서 하나님이 이렇게 적은 무리의 사람들을 데리고 무엇을 하실 수 있을지 실망감을 느낄 수도 있다. 하지만 성령이 그곳에 임하실 때, 그 무리가 얼마나 적은가는 전혀 문제되지 않는다. 일이 일어나기 시작하는 것이다! 성령은 열매를 얻기 위해 오신다. 성령이 기도 모임에 개입하실 때 어떤 일이 일어날 수 있는지 알아보도록 하자. 이제 우리는 제자들의 '때'를 살펴보려고 한다.

이제 나는 당신이 내가 가장 좋아하는 여정 가운데 함께 하기를 원한다. 레위기 23장의 치유에 관해 살펴 보라. 구약에 있는 이 놀라운 장은 하나님이 이스라엘에게 지정하신 연례 축제에 대해 기록하고 있다. 나는 그것들 하나하나가 궁극적으로 그리스도 예수 안에서 성취된다고 확신한다. 나는 이 본문의 맥락에서 세 가지 점을 강조할 것이다.

유대인의 축제에서 가장 중요한 것은 유월절이었고 지금도 그러하다(레 23:4-8). 그래서 나는 고린도전서 5장 7절의 마지막 몇 말씀을 참 좋아한다.

"우리의 유월절 양 곧 그리스도께서 희생되셨느니라."

우리는 역사적으로 희생당한 모든 유월절 양의 완성이 예수님이라는 전후 관계를 쉽게 파악할 수 있다.

유월절 바로 다음의 축제는 첫 수확일(Firstfruits)이었는데, 그날에는 첫 수확한 곡식의 단을 여호와께 열납되도록 그 앞에서 흔들었다(레 23:11). 이것은 유월절 안식일 바로 다음 날이었고, 그러니까 분명 주일이었을 것이다. 고린도전서 15장 20-23절은 예수님의 부활이 그 첫 열매라고 명확하게 말한다.

"이제 그리스도께서 죽은 자 가운데서 다시 살아나사 잠자는 자들의 첫 열매가 되셨도다"(20절).

유월절 이후 50일 동안은 축제의 주간, 그러니까 나중에 오순절이라고 불리는 기간이었다. 이때에는 7주간에 걸쳐 추수를 축하했다. 첫 수확일에 여호와 앞에서 곡식 한 단을 흔드는 것을 시작으로 7주와 그 이튿날까지 전체 추수를 기념하였다.

"먼저는 첫 열매인 그리스도요 다음에는 그가 강림하실 때에 그리스도에게 속한 자요"(고전 15:23).

축제의 주간은 여호와께 새 곡식의 소제를 드리는 기간이었다(레 23:16). 달리 말하면 그것은 거두어들인 수확물을 축하하는 것이었다.

이제 오순절에 일어난 일의 의미를 이해하겠는가? 50일 전 그리스도, 곧 유월절 어린 양이 십자가에 못 박히셨다. 첫 수확일, 바로 그 주일 아침, 그분의 생명은 죽은 자의 첫 열매로써 하나님 앞에 열납되기 위해 흔들림을 당했다. 50일이 지나고 오순절, 그리스도가 약속하신 대로 성령이 임하였다. 그분은 자랑스레 보여 주시기 위해 오셨다. 그날 그분은 모든 것 위에 뛰어난 능력을 소박한 질그릇에 계시하셨다. 하지만 성령은 단지 보여 주시기 위해서 오신 것이 아니었다. 그분은 보여 주시고 열매를 맺기 위해 오신다.

"주께서 구원받는 사람을 날마다 더하게 하시니라"(행 2:47).

우리 주 예수 그리스도의 삶과 죽음과 부활을 통해 거두어들인 첫 수확을 당신에게 소개한다. 그것은 오순절이다! 나는 지금도 여전히 계속되는 오순절 추수 가운데 우리가 살고 있다고 믿는다. 그리스도는 곡식이 가장 잘 익어서 하나님의 영광을 위해 거두어들일 수 있게 되기를 기다리신다. 그분은 누구도 멸망하지 않고 모든 사람이 회개에 이르기를 원하신다(벧후 3:9). 그분은 모든 사람을 원하신다. 하지만 누구도 강제하지 않으신다. 그렇다고 영원히 기다리시지는 않을 것이다.

언젠가 마지막 나팔절(레 23:23-24; 살전 4:16)이 이를 것이고, 우리는 공중에서 예수님을 만나게 될 것이다. 그리고 언젠가, 최종적으로 책들이 펼쳐졌다가 닫힐 것이며 최후의 심판이 임할 것이다(계 20:11-15). 속죄일은 지나갈 것이다(레 23:26-27; 롬 3:23-25). 유월절 양의 피를 바른 사람들은 영원토록 주님과 함께 거하는 성막이 될 것이며 우리는 영원히 주님과 함께 거하게 될 것이다 (살전 4:17).

"아버지는 종들에게 이르되 제일 좋은 옷을 내어다가 입히고 손에 가락지를 끼우고 발에 신을 신기라 그리고 살진 송아지를 끌어다가 잡으라 우리가 먹고 즐기자 이 내 아들은 죽었다가 다시 살아났으며… 그들이 즐거워하더라"(눅 15:22-24).

나는 다음 여행에 조금 일찍 출발하고 싶어진다. 가서 찬양 곡을 틀어놓고 춤을 출 예정이고 무용화를 신을까 한다!

15장

적은 믿음

> 베드로가 이르되 은과 금은 내게 없거니와 내게 있는 이것을 네게 주노니 나사렛 예수 그리스도의 이름으로 일어나 걸으라(행 3:6).

성경이 나를 파견한다. 성경이 있는 것이 바로 그 때문이다. 우리는 몇 분 뒤에 솔로몬의 성전에서 베드로와 요한을 만나기로 약속을 했다. 하지만 나는 먼저 달려가서 시편 50편 14절이 말하고 있는 바를 해야만 한다.

"감사로 하나님께 제사를 드리며 지존하신 이에게 네 서원을 갚으며."

만일 내가 멈추어서 하나님께 감사를 드리지 않는다면 돌들이 소리쳐 외칠 것이다. 하나님이 그분의 말씀이라는 보물을 주신 것에 대해 표현할 수 없는 감사가 넘쳐흐른다. 그분은 나를 치료하시고, 자유케 하시고, 감동시키고, 인도하시기 위해 그분의 뜻대로 자신의 말씀을 사용하신다. 나는 성경을 너무나 사랑하는데, 이따금 내 영혼의 깊은 우물에서 새로운 샘이 솟아나게 하는 말씀을 읽고 나면 부드럽고 겸손하게 그 말씀에 입맞추지 않을 수 없다.

말씀은 이 세상 영역에서 손으로 만질 수 있는 실체를 가지고 있는 유일하게 참된 하나님의 본질이다. 내가 한 권의 책을 경배하는 것은 아니다. 나는 인간의 언어라는 형태를 가진 그 페이지들마다 생명을 불어넣으셔서 나와 같이 죽을 수 밖에 없는 피조물이 여호와 하나님의 음성을 들을 수 있게 하시는 그 한 분 하나님을 예배하는 것이다. 그런 생각을 하면 눈물이 난다. 내가 쓴 성경 연구서들을 읽고 감동을 받은 어떤 자매가 내가 그것을 쓴 것에 대해 감사를 표하는 경우가 종종 있다. 그녀에게 내가 하고 싶은 말이 무엇인지 분명하게 이야기하려니까 울컥 목이 메인다.

"사랑하는 자매님, 고맙습니다. 이 연구들에 대한 자매님의 소망하는 마음은 한 때 깨어지고 스스로를 파괴했던 이 여인이 치유와 채움의 과정을 계속 유지하도록 하시기 위해 하나님이 사용하시는 도구라는 사실을 아시는지요? 말씀 가운데 있는 생명은 수렁에 빠진 생명으로부터 나를 건지시고, 들꽃 만발한 초원에서 내 영혼이 춤추게 하고 산호초 사이로 헤엄치게 합니다! 나는 내 사무실에서 꼼짝하지 않고도, 지구 저 반대편에 있는 이국적인 장소로 여행을 떠나 고대 문명의 시대로 돌아갑니다. 나를 이렇게 초대해 준 하나님과 그리스도의 몸을 이루는 이 작은 한 조각에 대한 감사가 넘칩니다."

앞장의 결론 부분에서 우리는 3,000명의 영혼이 경험한 오순절을 축하하였다. 120명의 강한 셀 그룹을 포함해서 그 빛나는 수확물과 비교해 볼 때, 솔로몬의 성전은 차라리 초라한 것이었다. 본격적으로 이 장의 연구에 들어가기 전에, 먼저 사도행전 2장 42-47절에 묘사된 초대 교회의 모습을 살펴보기로 하자. 풀어쓰자면 이렇다. 그들은 사도들의 가르침과 동료 성도들과의 교제에 전념하였다. 그들은 정기적으로 사도들이 행하는 기이한 일과 기적적인 표적을 보았다. 그들은 재물과 생활비를 공유하였고, 필요한 사람들에게 나누어 주었다. 그들은 기도하고 교제하기 위해 매일 기쁘고 진실한 마음으로 만났다. 결과적으로 사람들은 계속해서 구원을 받았고 교회는 그 수를 더하여 갔다.

내가 참석하고 싶은 교회가 바로 그런 곳이다. 이제 베드로와 요한을 만날 약속 시간이 되었다. 사도행전 3장 1-13절은 그 두 사람이 성전에 들어가고 있었다고 말한다. 베드로는 한 앉은뱅이 걸인을 치료해 주었고, 그것이 군중들의 관심을 끌었다. 군중들이 모여들었을 때 베드로는 사람들에게 그들이 십자가에 못박은 예수님을 알려 주는 강력한 설교를 하였다.

베드로 안에서 이미 일어난 변화를 믿을 수 있는가? 일차적으로는 성령의 기름부음으로 생겨난 변화이지만, 그가 이전에 실패했던 경험이 지금 베드로의 승리를 가져오는 데 큰 역할을 했다고 나는 생각한다. 우리는 왜 하나님께서 우리 가운데 어떤 사람들이 마치 밀처럼 체로 치는 것과 같은 일을 당하도록 내버려 두시는지 의아해 한다. 그런데 베드로 안에서 일어난 변화를 보면 그 이유는 분명하다. 하나님은 자신의 종들이 체로 걸러내야 할 무언가를 가지고 있는 경우에만 체질 당하는 것을 허락하신다.

하나님이 원수에게 우리의 삶에서 횡포를 부리도록 허락하셨기 때문에 우리가 지금 힘난한 시기를 통과하고 있다고 느낀다면, 우리는 그 추적을 끊어내고 하나님이 가려내고자 하시는 것이 무엇인지 발견해야 한다. 하나님이 베드로의 사역 속에서 보셨다고 생각되는 것을 그분은 나의 초기 사역에서 발견하셨다. 우리는 그것을 '자만심'이라고 부른다. 알곡에서 겨를 가려내시는 하나님의 방법은 매우 효과적이라는 것을 내가 확인해 줄 수 있다.

우리는 성경의 이 장에서 대단히 멋진 한 쌍의 종을 본다. 이 사건에서 내가 베드로와 요한에 대해 특별히 좋아하는 점을 몇 가지 강조해 보고자 한다.

1. 그들은 그들의 유산을 소중히 여겼다. 신약의 교회는 유대인의 교회였다는 사실을 놓치지 않아야 한다. 사도행전 2장 46절에 따르면 신자들은 날마다 성전에 모였다. 사도행전 3장은 베드로와 요한이 3시 기도 시간에 성전으로

가고 있었다는 이야기로 시작되는데, 그때는 바로 저녁 제사 시간과 일치한다. 그들은 그리스도를 믿는 새로운 믿음 때문에 유대 전통을 버려야 한다는 생각을 전혀 하지 않았다. 게다가 예수님도 유대인이었다. 이보다 더 모순적인 일은 없을 것이다. 그들의 메시아가 유대인의 유산을 완성하셨다. 그들은 더 이상 율법의 문자에 복종하지 않아도 되었는데, 그리스도가 율법의 의로운 요구를 만족시키셨기 때문이다. 하지만 이제 그들은 예수님에 대한 믿음의 표현으로써 자유롭게 율법의 교훈과 실천을 즐길 수 있었다.

그리스도에 대한 믿음과 그들이 새로 발견한 예수님에 대한 지식이 모든 상징적 관습에 대한 응답이 되어서, 그들이 그러한 관습을 행하는 데 있어 얼마나 새로운 맛을 가미해 주었을지 상상이 되는가? 건조하기만 하던 흑백의 의례적 기도 시간이 성령의 생명으로 인하여 갑자기 총천연색 영화로 바뀐 것이다. 제자들이 술에 취한 게 분명하다고 생각했던 오순절 사건의 목격자들을 떠올릴 때면 웃음이 나오곤 한다. 그들은 그 신자들이 먹었던 것을 한 모금 몰래 맛보고 싶지 않았을까?

작년에 나는 우연히 히브리 단어 하나의 정의를 알게 되었는데, 그것을 당신에게 이야기해 주고 싶다. 사랑받는 성경 구절의 하나인 예레미야 29장 11절을 살펴보도록 하자.

"여호와의 말씀이니라 너희를 향한 나의 생각을 내가 아나니 평안이요 재앙이 아니니라 너희에게 미래와 희망을 주는 것이니라."

Key Study Bible의 구약 어휘 사전에 따르면, 여기서 '미래, 장래'라는 히브리 단어는 다음과 같은 의미를 포함하고 있다.

"일반적인 의미는 '후에, 나중에, 뒤에, 따라오는'이라는 것이다. 히브리식 사고 방식은 이것을 노 젓는 사람과 비교한다. 노를 젓는 사람은 자기가 지금까지 있었던 곳을 바라보면서 후진을 해서 미래로 들어간다. 따라서 '뒤에' 있는 것과 '미래'에 있는 것은 동일한 어원인 '아하르'(ahar)로부터 나왔다."[1]

이 점을 이해하라. 하나님은 당신의 유산도 소중히 여기신다. 어쩌면 망설여질지도 모르겠다.

"지금 무슨 소리를 하는 겁니까? 제 과거는 끔찍합니다!"

하지만 그렇지 않다. 우리는 더 이상 우리 과거의 율법과 권위 아래 있지 않다. 그러나 베드로와 요한처럼, 우리도 그것을 자유롭게 사용해서 예수님에 대한 우리 믿음을 표현하는 데 도움이 되게 할 수 있다. 이 말을 듣고 싶어하지 않을지 모르지만, 당신의 과거라는 실을 미래의 총천연색 옷감을 짜는 데 사용하지 않는다면 그만큼 당신은 예수님이 당신을 부르셔서 의도하신 모습의 종이 될 수 없을 것이다.

당신이 물려받은 유산이 당신의 미래와 아무런 상관이 없다면, 너무나 실제적인 하나님이 그것을 허락하셨을 리가 없다. 나는 내 자신의 삶을 통해서 이것이 사실임을 확신한다. 사탄이 내 젊은 인생을 더럽히겠다고 허락을 구하였을 때, 내 신실한 아버지 하나님이 그것을 사용하실 수 있는 확실한 방법을 알고 계시지 않았더라면 그는 하나님으로부터 단 한 줌의 허락도 얻어낼 수 없었을 것이다. 뿌리에 일단 한 번 심하게 손상을 입었던 것에서부터 의의 나무를 자라게 하실 때에(사 61:3) 하나님은 그 어느 때보다 영광을 받으신다.

나는 앞에 말한 정의에서 노 젓는 배의 이미지를 좋아한다. 그렇다고 해서 더 이상 그 정의에 몰두하지는 마라. 분명 우리는 예수님께 우리의 시선을 고정시키고자 한다. 그림을 보는 듯한 생동하는 설명은 우리의 사고에 자양분을 제공해 준다. 우리 가운데 어떤 사람들은 지나치게 과거에 집착한 나머지, 미래를 향하여 노를 저어가지 못한다. 또 어떤 사람들은 아무리 힘겹게 노를 저어도 조금도 앞으로 나아가지 못한다고 부정하며 과거로 되돌아가려 한다. 하나님이 우리에게 원하시는 유능한 종이 되고자 한다면, 우리는 과거의 문제를 처리하고 미래에 직면하는 균형을 잡을 필요가 있다.

아직도 확신이 서질 않는가? 어쩌면 당신은 이런 생각을 하고 있을 것이다.

'나는 언젠가 내가 물려받은 유산대신 베드로와 요한이 가지고 있었던 유대인의 유산을 갖게 될 거야!'

멋진 일이다. 당신 자신이 가진 것에 그들의 유산까지 더하는 것이니까! 갈라디아서 3장 29절이 당신에 대해 무슨 말을 하는지 들어 보라.

"너희가 그리스도의 것이면 곧 아브라함의 자손이요 약속대로 유업을 이을 자니라."

나는 베드로와 요한이 그들의 유산을 소중히 여겼던 것이 참 좋다.

2. 베드로와 요한은 참된 종교를 알고 있었다. 그들은 기도 모임에 참석하기 위해 너무나 급한 나머지 문에 앉은 거지를 지나쳐 버리지 않았다. 미문(아름다움)이라고 불렸던 그 문의 위치가 갖는 중요성을 놓쳐서는 안 된다. 하나님이 우리의 '아름다운' 장면에 비참한 현실을 개입시키시는 것을 내버려 두라. 우리가 주변의 고통과 비참함과 불의를 회피하려고 애쓴다면, 그것들이 우리를 찾아낼 것이다. 내가 사는 도시는 그 우아함을 유지하고 불쾌한 것을 방지하기 위해 여러 개의 도로 차단기가 설치되어 있고 주위에 담을 둘러친 고도의 '계획 도시' 이다.

나는 주민들이 세상의 나머지 부분들에 대해 정보를 가지고 있는 한, 대단한 부를 가지고 있다는 것을 문제 삼지 않는다. 하나님은 우리를 영원히 감추어 두기에는 너무나 신실하신 분이다. 조만간 우리는 그 담을 벗어나 밖으로 나와야만 하고, 언젠가 정면으로 현실을 마주하게 될 것이다. 그 현실은 다음과 같은 질문을 하게 만들 것이다.

"이 일을 어찌하시렵니까?"

베드로와 요한은 가장 가까이 있는 해시계를 흘끗 보고 이렇게 말했을 수도 있다.

"저런! 기도 시간에 늦겠군. 형제여, 용서하시게!"

그러나 베드로는 요한과 마찬가지로 그 사람을 똑바로 바라보았다(행 3:4). 가슴이 후련하지 않은가? 나는 고통이나 가난을 눈앞에서 똑바로 바라보는 일이 많지 않다. 이제는 꼭 그렇게 할 것이다. 하지만 아무래도 한쪽에 비켜서서 좀 비스듬히 보고 싶기는 하다. 그러나 베드로와 요한은 그렇게 하지 않았다. 그들은 그를 똑바로 보았고 마찬가지로 그에게도 자신들을 똑바로 보라고 요구했다.

베드로가 그 거지에게 자신들을 똑바로 보라고 말한 데는 아마 많은 이유가 있었을 것이다. 그럴 만한 이유들이 몇 가지 떠오른다. 그 사람은 나면서부터 불구였다고 한다. 헬라어를 좀더 문자적으로 번역하면 '자궁에서부터'로 해야 할 것이다. 또한 사람들이 매일 그를 성전에 데려다 놓았다고 한다. 3절은 그 거지가 베드로와 요한을 보았다고 말하는데, 그가 실제로 그들을 바라보았다는 뜻은 아니라는 것이 분명하다. 나는 그 남자가 너무나 오랫동안 구걸을 해와서 자기 자신을 거지가 아닌 어떤 존재로 볼 수 없었다고 생각한다. 그는 '정상'인들을 똑바로 쳐다보는 일을 그만두었다. 그는 이미 자기가 느끼고 있는 열등감을 심화시켜 줄 뿐인 것들을 정면으로 바라보고 싶지 않았다.

그 사람은 유감스럽게도 기계적인 구걸을 반복하고 있었을 것이다. 가혹하게 여겨지는 말을 해야 할 것 같다. 때로 우리는 하나님이 우리가 구하는 것을 주시지 않기 때문에 그분이 심술궂은 분이라는 결론을 내린다. 그러나 앉은뱅이인 우리의 상태에 대해서 그분이 더 귀한 자비를 베푸신다는 것을 깨닫지 못한다. 우리는 '만사를 가능케 하는 하나님'을 원한다. 그러나 하나님은 우리의 '치유자'가 되기를 원하신다. 뒤를 돌아보면 앉은뱅이인 당신의 상태에 전혀 도움이 되지 않는 것을 구했던 적이 있지 않은가? 나는 그런 적이 분명히 있다!

3. 베드로와 요한은 그들이 가지고 있는 것을 주었다. 나는 성경의 이 말씀을 사랑한다.

"은과 금은 내게 없거니와 내게 있는 이것을 네게 주노니 나사렛 예수 그리스도의 이름으로 일어나 걸으라"(행 3:6).

하나님은 결코 우리가 가지고 있지 않은 것을 주라고 요구하시지 않는다. 그러한 확신으로 인해 나는 어느 정도 마음에 평안을 얻는다. 최근 이 구절이 내게 생생하게 다가오는 일이 있었다. 테러리스트들이 쌍둥이 빌딩을 폭격하고 얼마 지나지 않아 뉴욕시의 성직자들과 교회 지도자들은 그런 예기치 않은 재앙을 겪고 난 그들의 양들을 섬기는 일에 눌려 있는 자신들을 발견하게 되었다. 미국 기독 상담가 협회(The American Association of Christian Counselors)는 특별히 트라우마(영구적인 정신 장애를 남기는 충격-역주)에 의해 야기된 비통함을 다루기 위한 훈련 학회 인도차 뉴욕으로 와달라는 요청을 받았다. AACC는 재빨리 가장 경험이 많은 기독교 상담가들을 소집하고 소수의 기독교 연사들에게 함께 해줄 것을 부탁했다. 내가 어떻게 그들 중에 낄 수 있었는지 잘 모르겠다.

비행기를 타고 가면서 나는 하나님께 내 마음을 쏟아놓고, 그렇게 예기치 못한 비극을 어떻게 다루어야 한다고 말해야 할지 전혀 모르겠다고 말씀드렸다. 나는 계속해서 이렇게 말씀드렸다.

"주님, 저는 이해가 되지 않습니다. 지금까지 해왔던 일이 아니에요. 무슨 말을 해야 할지도 모르겠고, 제 경험을 들추어보아도 끄집어 낼 만한 것이 아무것도 없습니다!"

그때 성령이 내 마음에 이 말씀을 상기시켜 주셨다. 하나님이 이렇게 말씀하시는 것 같았다.

"베스, 나는 너를 기독교 상담가로 뉴욕시에 보내는 것이 아니란다. 네가 아닌 것이 되려고 하지 마라. 가서 내가 너에게 가르쳐 준 것을 하렴. 내 말씀을 가르쳐라."

여전히 나는 그 과업이 너무나 두려웠지만 하나님의 말씀은 나를 깊이 감동시켰다. 나는 사도행전 3장 6절의 말씀으로 메시지를 시작했다. 나는 내가 너무도 경험이 부족하고 자격이 없는 사람임을 고백하고, 하지만 "내게 있는 그것을 네게 주노니"와 같은 자세로 서 있다는 것을 이야기했다. 나는 아주 평안하게, 내가 아닌 어떤 존재가 되려고 노력하거나 혹은 내가 할 수 없는 어떤 일을 하려고 애쓰지 않아도 되었다.

4. 베드로는 그의 손을 잡아서 일어나도록 도와주었다. 베드로와 요한은 그 사람을 치유하는 능력이 오직 성령으로부터 온다는 것을 누구보다 잘 알고 있었다. 그 사람은 베드로가 손을 잡고 일어나도록 도와주었기에 치유함을 받은 것이 아니었다. 내가 보기에 여기서 베드로가 보인 이 애정 어린 표현은, 그 사람이 자기 발을 딛고 설 수 있도록 그에게 믿음을 제공해 주었다는 것이다. 어쨌거나 그는 일평생 앉은뱅이로 지내왔다. 무슨 근거로 그가 치유될 수 있다고 믿을 수 있었겠는가? 그가 원한 것은 약간의 돈이 전부였다. 베드로가 그의 손을 붙잡았을 때, 그는 움켜쥔 손에서 강한 힘을 느꼈다. 믿음의 확신. 한 번 손을 움켜쥐는 것으로 베드로는 그에게 한 줌의 믿음을 제공해 주었고, 그가 일어서기 위해 필요한 것은 그것뿐이었다.

눈을 감고 그 장면을 그려 보라! 그 거지가 자기 발로 뛰어 일어나고, 동냥 그릇이 성전 계단에 내동댕이쳐져 몇 개 안 되는 동전이 오후 햇살 아래 뱅그르르 도는 모습. 그의 얼굴에 떠오른 표정을 바라보라! 쇠약해져 가늘어진 다리로 춤을 추는 그를 보라. 그를 똑바로 바라보라! 성전 뜰을 뛰어다니며 하나님을 찬미하는 자가 바로 그 사람이다. 경건한 얼굴들에 떠오른 두려움을 보고 웃어 주라. 기쁨으로 가득한 군중들 가운데서 한 줌의 믿음을 움켜쥐기로 결심한 사람들을 바라보라.

사람들은 그 사람이 미문이라는 성전 문 앞에서 구걸하며 앉아 있었던 바로 그 남자라는 것을 알았고, 그에게 일어난 일을 보고 놀라움과 경이감을 감출 수 없었다. 그렇다. 그의 현재가 그토록 기적적인 이유는 그의 과거 때문이었다.

5. 베드로와 요한은 그 기적을 일으키는 데 어떤 공로도 없었다. 무엇보다도, 사람이 그 일을 할 수 있다면 그것은 결국 기적이 아니지 않은가? 기적은 하나님으로부터 오는 것이다. 그 앉은뱅이와 같은 이들을 위해.

그럼에도 어떤 사람들은 하나님이 그를 일으키셔서 뛰고 춤추고 하나님을 찬미하게 하기 원하실 때, 은이나 금 같은 하찮은 것을 하나님께 구하고 있다. 왜 우리는 지금 현 상태 그대로 머물러 있기를 원하는가? 한 줌의 믿음이라도 부여잡고 변화를 받으라!

제 4 부

한계를 넘어

지금 당신이 하나님의 말씀을 더듬어 가고 있는 그 여정을, 내가 처음 걸어갔을 때, 나는 초대 교회에서 요한의 위치를 중요하게 생각하지 않았다. 또한 나는 그의 개인적 삶에 엄청난 영향을 미쳤던 기준점이 되는 사건들을 심각하게 고려해 보지도 않았다. 하나의 사건을 여러 번 연구하더라도 나는 항상 새로운 관점에서 신선한 통찰을 얻을 수 있었고, 그리하여 하나님의 말씀이 진부하게 느껴졌던 적은 한 번도 없었다.

성경은 값으로 따질 수 없이 귀한 보석을 빛에 비추어 보는 것과 같다. 그것을 이리 저리 돌리며 다른 각도에서 바라보면, 총천연색의 새로운 빛깔들을 보게 된다. 사람의 영혼을 꿰뚫는 하나님의 영에 이르도록 하나님이 우리 각 사람에게 새로운 이해의 깊이를 더해 주시길 간구한다.

16장

새로운 불

이에 두 사도가 그들에게 안수하매 성령을 받는지라(행 8:17).

이제 그리스도의 첫 번째 추종자들의 삶에 극적으로 새로운 장이 열리는 지점에 이르게 되었다. 우리는 신약의 교회가 성전 마당에서 기도하기 위해 자주 모이는 것을 지금 막 목격하였다. 그들은 자기들의 유대인 전통을 살렸고 그리스도에 대한 믿음을, 이전에 행하던 관례를 확장하는 동시에 영구적으로 성취하는 것이라고 생각했다. 그러나 곧 제자들은 성전 마당에서 두려움 없이 그들의 믿음을 행하던 것에 어쩔 수 없는 종말을 맞게 되었다. 사도행전 4장 13-20절은 그 당시 종교 지도자들이 베드로가 행하는 설교의 위력에 얼마나 두려움을 느꼈는지 말해 준다. 그들은 베드로와 요한에게 "도무지 예수의 이름으로 말하지도 말고 가르치지도 말라"(18절)고 위협했다.

사도행전의 다음 몇 장에 걸쳐, 정신나간 폭도들이 돌을 던지는 사건과 같은 박해가 늘어갔다. 종교적 기득권 층이 품은 의도는 스데반의 죽음으로 갑자기 그 실체를 드러냈다. 나는 스데반이 돌에 맞고 피 흘려야 했던 것은 그들의 망상

증 때문이었다고 확신하는데, 점점 그 증세가 심해져 가며 그들의 영혼을 갉아먹고 있었다.

'나사렛 예수에 대해 잘못한 것이었다면 어떻게 할 것인가? 만일 영화로운 하나님의 아들을 십자가에 못 박은 것이라면?'

그들은 자신들의 행동에 의문을 제기하도록 만드는 사람들의 입을 막기 위해 할 수 있는 일이라면 무엇이든 할 태세였다.

산헤드린은 학식도 없고 평범한 그리스도의 제자들이 가진 강인함을 과소평가했다. 실제로 제자들은 그들이 물려놓은 재갈을 벗어 던지고 큰소리로 외쳤다. 사도행전 8장 1-4절은 복음을 확산시키시는 하나님의 특별한 방법에 대해 이야기한다. 사울은 예수님의 제자들을 박해하고 그들을 체포하여 예루살렘으로 끌고 오기 위한 프로젝트를 출범시켰다. 지금부터 1세기도 더 이전에 쓰여진 책에 너무나 적절한 표현이 있어서 인용하고 싶다. 「신약에 나오는 두 명의 성 요한」(The Two St. Johns of the New Testament)에서 제임스 스토커(James Stalker)는 이렇게 썼다.

"박해로 인해서 새로운 신앙이 한 지역에서 다른 지역으로 뻗어나가는 경우는 흔치 않다. 따라서 복음의 불을 끄기 위해 위협했던 방해가 도리어 그 불씨를 멀리 그리고 널리 퍼뜨리는 결과를 가져왔을 뿐이며, 그 불씨가 떨어지는 곳마다 새로운 불이 타올랐다는 이야기는 전혀 들어보지도 못했을 것이다."[1]

얼마나 놀라운 섭리인가! 그리스도께서 제자들에게 그들이 능력을 받고 예루살렘만이 아니라 땅 끝까지 이르러 증인이 되리라고 말씀하셨을 때도, 그들은 그분이 어떤 수단을 사용하실지 예상치 못했다. 그분의 방법은 우리의 방법과 다르다. 우리는 언제나 편안하고 편리한 방법을 찾을 것이다. 해를 입거나 다칠 일이 전혀 없는 것으로. 우리는 하나님이 우리의 수확을 늘리기 위해 적대라는 불길이 아니라 우리가 좋아하는 방식을 사용해 달라고 간구한다.

만일 당신이 그리스도와 함께 오랫동안 동행해 왔다면, 분명 그분은 긍정적인 결과를 얻기 위해 당신이 부정적인 수단이라고 생각하는 것들을 사용해 오셨을 것이다. 아마 하나님은 당신을 향한 그분의 지평을 넓히시기 위해 당신의 삶을 고통스럽게 내리누르는 장애물을 경험하게 하셨을 것이다. 하나님은 신실하신 분이지 않은가? 우리를 가로막는 장애물을 갈아엎기 위해 그분이 거룩한 불도저에 시동을 거시는 때가 있다.

사도행전의 다음 기사를 보면, 하나님은 사마리아에 부흥을 일으키기 위해 빌립을 사용하셨다. 예루살렘 교회 지도자들이 그 소식을 들었을 때 그들은 어떤 일이 일어나고 있는지 알아보기 위해 활력이 넘치는 우리의 2인조, 베드로와 요한을 보냈다.

우리가 지금 사도행전을 공부하고 있는 중이라면 제자들이 시몬이라는 마법사와 만난 사건을 함께 연구했을 것이다. 하지만 우리의 목적은 사도 요한의 삶과 마음과 생각을 공부하는 것인 까닭에, 이 장면에서 내 관심을 사로잡는 것은 다른 부분이다. 사마리아의 위치 그리고 사마리아와 요한의 관계를 고려해 볼 때 어떤 생각이 떠오르는가?

이 본문에서 제일 먼저 떠오르는 생각은 그리스도가 승천하시기 전에 사도행전 1장 8절에서 11명의 제자들에게 하신 말씀이다. 내가 생각하기에, 그리스도가 그분의 제자들에게 사마리아에서 증인이 되리라고 말씀하셨을 때 사람들은 아마 약간 놀랐을 것 같다. 예루살렘? 문제 없습니다. 유대? 물론이죠. 땅 끝? 분부대로 하겠습니다. 예수님, 그런데 사마리아?… 유대인은 사마리아인을 경멸했다. 이방인은 유대인이 가진 편견의 과녁이었다면, 사마리아인은 바로 그 중심이었다. 그 감정은 일반적인 것이었다. 대부분의 유대인은 사마리아인이 혼혈족이 되었다고 생각했다. 그들은 유대인과 이방인 사이에 놓인 좁고 기다란 땅에 살고 있는 변경 사람들이었다. 유대인은 사마리아인과 교제하지 않았다(요 4:9).

이상주의자들은 아마 이런 생각을 할 것이다.

'하지만 분명 제자들은 그리스도를 따르고 난 다음부터는 그런 종류의 편견을 가지지 않았을 것이야. 어쨌거나 그들은 그리스도인들이잖아.'

누가복음 9장 51-56절은 훨씬 더 현실적인 설명을 제공해 준다. 우리의 친구 야고보와 요한은 약간의 모욕을 받았다는 이유로 사마리아인의 마을에 불이 떨어지기를 원했다. 그들이 지나친 과장을 하고 있다거나 혹은 실제로 자기들의 말처럼 되기를 원한 것은 아니었다고 가정하지 마라. 예수님이 그들을 돌아보시고 즉석에서 꾸짖으신 것을 보면 그들의 제안에 몹시 화가 나셨던 것이 분명하다.

예수님이 그들의 요구를 전부 들어주셨다면, 사마리아인은 모두 그들의 죄 가운데 멸망했을 것이다. 신자들은 잃어버린 자들이 지옥을 심각하게 생각하지 않는다고 비난하는 경우가 많다. 그러나 나는 우리 자신들도 정말로 지옥을 심각하게 생각하는지 모르겠다. 누군가가 '지옥에서 불타기'를 원하는 것은 근본적으로 하나님을 거스르는 것이며 우리가 하나님의 마음을 갖지 않았다는 것을 증명하는 것이다(겔 33:11; 벧후 3:9). 야고보와 요한이 자청해서 하늘로부터 불을 내리겠다고 한 것은 예수님의 수고를 덜어드리기 위한 것이 아니었다. 그들은 그러한 종류의 권세를 마음대로 휘두르고 싶었던 것이다. 그들은 눈부신 불꽃놀이의 주인공이 되고 싶었던 것이다.

성경은 예수님이 마음을 보신다고 말한다. 나는 예수님이 젊은 요한의 마음에서 그의 형보다도 훨씬 더 치명적인 어떤 것을 보시지 않았을까 싶다. 하지만 하나님은 어린애 같은 그분의 제자들에게 그대로 갚으시는 대신 훨씬 더 효과적인 방법을 택하셨다. 사도행전 8장 14절에서 예수님은 요한에게 그가 자청해서 멸망시키려고 했던 바로 그 사람들을 위해 생명의 대사가 되는 임무를 맡기셨다. 요한의 긴급한 임무가 우연히 배정된 일이었다고 생각하지 마라. 사도행전

1장 8절에 기록된 예수님의 말씀이 그 입술에서 떨어질 때, 예수님은 "…사마리아와"라고 말씀하시는 순간에 요한을 똑바로 바라보셨을지도 모르겠다.

앞서 나는 그리스도를 따르는 자들이라면 자동적으로 편견을 버리게 될 것이라는 우리의 소박한 생각에 대해 언급했다. 우리가 가지고 있는 편견이 교파에 대한 것이든, 종교적, 인종적, 경제적으로 다른 세계에 속한 사람들에 대한 것이든 간에 그것은 보통 우리 속에 너무나 깊이 뿌리내리고 있어서 그것을 죄라고 생각하기보다는 그저 우리가 존재하는 방식이라고 생각하게 되기가 너무 쉽다. 편견은 죄다. 사람들을 섣불리 판단하고 정형화하는 것은 죄다.

야고보와 요한은 누가복음 9장 54절에서 핵심적인 단어를 사용했다.

"주여 우리가 불을 명하여 하늘로부터 내려 저들을 멸하라 하기를 원하시나이까?"

편견은 멸망시킨다. 많은 사람이 단지 '무해한' 편견이라고 부르는 것에 의해 전 세계적인 전쟁이 일어났고 수백만의 사람들이 학살되었다.

하나님이 편견을 다루시는 가장 구속적인 도구들 가운데 하나는, 죄를 범한 그분의 자녀에게 자기가 판단했던 바로 그 그룹에 속한 사람을 알아가라고 명하시는 것이다. 나는 어느 한 교파에서 성장했고, 젊은 시절에는 그 교파에 속하지 않은 사람과 관계를 맺은 적이 거의 없었다. 순전한 무지로부터 많은 편견이 생겨났고 나는 단지 내가 이해하지 못했던 그룹의 사람들을 판단하면서 성장했다. 하나님은 나를 나만의 온실 속에 머물러 있게 내버려두지 않으셨는데, 내 안에서 그리스도의 온전한 몸을 향한 마음을 개발하시고자 하셨기 때문이었다. 목적을 달성하시는 하나님의 구속적인 방법은, 내가 나와는 다른 방법으로 그리스도인의 신앙을 실천하는 사람들을 알아 가는 자리에 있게 하신 것이었다.

내 삶 가운데서 하나님이 행하신 가장 분명한 역사 중 하나는, 예전에 내가 다니던 교회에서라면 광적이고 비정상적이라고 치부되었을 교회에 속한 한 여성과 관련이 있다. 물론 우리가 그런 판단을 내린 것은 그들을 직접적으로 잘 알기 때문이 아니었다. 그 교회는 단지 하나의 커다란 범주에 내동댕이쳐졌던 것이다.

당시 20대였던 나는 그녀가 어느 교회에 다니고 있는지 모른 채 '우연히' 그녀와 친구가 되었다. 하나님을 향한 그녀의 마음이 사랑스러웠다. 그녀는 그분의 말씀을 너무도 사랑했고 우리는 종종 그분을 자랑하며 깊은 우정을 키워 갔다. 그녀가 어느 교파에 속해 있는지를 알았을 때 나는 깜짝 놀랐다. 그녀는 미치지도 않았고 광적이지도 않았다. 그녀는 비정상이 아니었다. 나의 다른 친구들이 그 교회에 속한 사람들을 조롱할 때 나는 더 이상 거기에 가담하지 않았다. 조롱은 재미있는 일이 아니다. 나는 그 일을 통해 절대로 잊고 싶지 않은 아주 중요한 교훈을 배웠다. 우리는 우리가 정형화하고 판단하는 그 사람들을 개인적으로 알기나 하는가? 어쩌면 이렇게 질문하는 것이 더 나을 것이다. 우리는 누군가를 알고자 하는 마음을 가지고 있으며 하나님이 편견을 가진 우리의 마음을 변화시키시는 기회를 잡으려는 마음이 있는가?

나는 사도들이 요한과 베드로를 사마리아로 보냈을 때 요한이 그 요점을 놓쳤을 것이라고 생각지 않는다. 그는 그들과 대면하게 되었다. 그들도 또한 하나님의 형상으로 창조되었다. 그들도 또한 맞으면 아프고 멍들며 슬프면 우는 사람들이었다. 멀리서 볼 때 그들은 아주 다르게 보였다. 하지만 가까이에서 개인적으로 만났을 때 그들은 전혀 그렇게 이상한 사람들로 보이지 않았다. 요한이 화가 나서 멸하고자 했던 사람들이 바로 이 사람들이었다는 것을 염두해 두라. 멀리서 증오하는 게 훨씬 더 쉽다는 것을 알고 있는가?

사도행전 8장 15절은 베드로와 요한이 사마리아를 위해 기도했다고 말한다. 지속적인 기도는, 우리가 그렇게 되도록 내버려두기만 한다면 매번 편견을 깨뜨린다. 그 후 정말 놀라운 일이 일어났다.

"이에 두 사도가 그들에게 안수하매 성령을 받는지라"(행 8:17).

아이구, 저런! 그들은 결국 그들의 바램을 이뤘다. 그들은 사마리아에 불을 내렸다. 이런 종류의 불은 증오와 같은 것들을 파괴한다. 천박함, 편견, 성령의 불이 그것들을 태워버렸기 때문이다. 이런 종류의 불은 옛사람을 폐하고 새사람이 태어나게 한다. 우리 하나님은 소멸하는 불이시며, 그날 그분은 유대인을 통해 사마리아인의 가슴에 불을 붙이셨다.

아주 단순하게 들리지만 바로 이 순간 내게는 심오하게 여겨지는 한 가지 사실을 이야기하고자 한다. 죄 많고, 이기적이고, 무지하며, 죽을 수밖에 없는 우리가 변화될 수 있다니 하나님을 찬양한다. 요한은 이전에 가지고 있던 편견에 매이지 않았다. 하나님은 그를 단념하지도 않으셨고 그렇다고 범죄를 간과하지도 않으셨다. 하나님은 변화가 일어날 때까지 껍질을 벗겨내실 만큼 은혜로운 분이셨다. 사도행전 8장 25절은 다음과 같은 말로 이 부분을 마무리한다.

"두 사도가 주의 말씀을 증언하여 말한 후 예루살렘으로 돌아갈새 사마리아인의 여러 마을에서 복음을 전하니라."

예수님 같은 분이 어디 있을까. 그분은 요한의 편견을 불타는 열정으로 바꿔 놓으셨다.

어떤 사람이 계속해서 그리스도와 함께 걷는다면 그 사람은 머물러 있을 수 없다. 우리는 협력하기를 멈출 수 있지만 그렇게 하기 위해서는 예수님과 가까이 동행하기를 멈추어야 할 것이다. 함께 걷고 있는 듯 가장할 수는 있지만 당분간일 뿐이다. 우리가 진정으로 그리스도와의 친밀함을 추구한다면 변화가 일어날 것이다. 하나님을 찬양하라! 변화가 일어날 것이다. 내가 자문해 보곤 하는 질문을 사랑하는 당신에게 던지고 싶다. 하나님은 어떤 방법을 사용하셔서 당신이 편견을 가지고 있던 대상을 향한 태도를 극적으로 변화시키셨는가? 대답할 수 없다면 당신의 마음을 신중하게 살펴볼 것을 권한다.

마가복음 8장 22-26절에 기록된 아주 재미있는 사건을 살펴보는 것으로 결론을 맺고자 한다. 이 기사는 불완전한 치유가 일어나 그리스도가 다시 한 번 일하셔야 할 필요가 있었던 몇 안 되는 사건들 가운데 하나다. 예수님이 소경된 자를 만나셨다. 우선 그분은 그의 눈에 침을 뱉으시며 안수하셨다. 그러자 그는 볼 수 있게 되었는데, 마치 주변의 나무들이 걸어다니는 것처럼 사람들이 보인다고 말했다. 예수님이 다시 그 사람의 눈을 만지셨을 때 치유가 완성되었고 그는 밝히 보게 되었다.

예수님은 자신이 무슨 일을 하고 계시는지 정확히 알고 계셨다. 그분은 분명 그 소경이나 그것을 보고 있는 사람들에게 가르치고 싶은 요점을 가지고 계셨다. 나는 마가복음 8장 24절을 좋아한다. 무엇이 보이느냐는 질문을 받았을 때 그 사람은 고개를 들어 쳐다보며 이렇게 대답했다.

"사람들이 보이나이다. 나무 같은 것들이 걸어가는 것을 보나이다."

나는 우리가 아무리 많은 성경공부에 참여하고 아무리 열심히 교회를 섬긴다 하더라도, 다른 사람들이 극적으로 변화하는 것을 보기까지는 그리스도의 깊은 치유와 우리 영혼의 회복을 알지 못한다고 확신한다. 모든 것을 밝히 볼 때까지(25절). 그리스도가 보시는 것처럼. 그리스도는 결코 사람을 걸어다니는 나무로 보지 않으셨다. 소경은 그리스도가 보시는 대로 사람을 보기까지 치유받지 않은 것이었다. 우리는 다음과 같이 말한 바울을 본받을 필요가 있다.

"그러므로 우리가 이제부터는 어떤 사람도 육신을 따라 알지 아니하노라 비록 우리가 그리스도도 육신을 따라 알았으나 이제부터는 그같이 알지 아니하노라"(고후 5:16).

당신은 여전히 사람을 걸어다니는 나무처럼 보고 있는가? 그들의 실제 모습을 왜곡해서 보고 있지는 않은가? 하나님이 우리의 생각을 변화시키시고 우리의 시력을 교정하시도록 할 의향이 있는가?

그렇게 하기 전까지 우리는 겨우 절반만 치유된 것이다.

17장

유린

요한의 형제 야고보를 칼로 죽이니(행 12:2).

내가 성경 연구를 시작할 당시에는 요한의 눈으로 본 이 사건들이 근본적으로 얼마나 다르게 보일지 알지 못했다. 이 여정을 시작하기 전 나는 「예수님 한 분밖에는」이라는 시리즈를 썼다. 거기서 나는 이 책에서 연구하는 것과 같은 몇 개의 사건을 다루었다. 그런데 예수님의 눈이 아니라 요한의 눈으로 그 사건들을 바라보려 했을 때 그 관점이 놀랍도록 달라졌다. 하나님이 내게 특별히 요한과 '나란히' 걸으라고 명하지 않으셨다면 아마도 나는 다음의 극적인 성경 기사를 요한의 관점에서 바라보지 못했을 것이다. 성령이 도우셔서 내가 그의 관점으로 이 사건들의 의미를 잘 파악할 수 있게 해주시기를 원한다.

사도행전 12장에서는 헤롯이 교회를 박해하기 시작했는데, 그러한 행동이 유대 지도자들의 환심을 살 수 있었기 때문이라고 말해 준다. 그의 행동은 요한에게 더 큰 영향을 미쳤을 것이 분명한데, 헤롯이 "야고보를 칼로 죽였기"(2절) 때문이다.

156 | 예수님이 사랑하시는 제자

우리는 이 내용에 등장하는 여러 명의 야고보와 요한을 헷갈리지 말아야 한다. 헤롯은 우리가 다루고 있는 요한의 형제 야고보를 죽였다. 그리고 베드로를 체포했다. 천사가 감옥에서 베드로를 구해 주었고 베드로는 요한의 어머니인 마리아의 집으로 갔다. 이 요한은 요한 마가로서 바나바의 사촌이고 마가복음의 저자이다.

우리는 사도 요한이 마리아의 집에 모여 기도하던 무리 가운데 있었는지 없었는지 확인할 수 있는 방법이 없다. 사도행전 12장 17절에서 베드로가 자신이 감옥에서 구출되었다는 사실을 "야고보와 형제들에게 전하라"고 했을 때 그는 아마도 그 말을 들었던 사람들 가운데 있었을 것이다. 이 본문에 언급된 '야고보'는 예수님의 막내 동생이며, '형제들'은 아마도 생물학적으로 아버지가 다른 그리스도의 형제들이었을 것이다. 그들은 부활 이후에 믿는 자들이 되었고 사도행전 1장 14절에 기록된 기도 모임에 적극적으로 참여했다. 요한은 마가 요한의 집에 모인 그룹들과 함께 있었을 것이다. 그러나 다른 가능성도 있다. 십자가에서 예수님은 "보라 네 어머니라"고 하셨고, "그 때부터 그 제자가 자기 집에 모시니라"(요 19:27)고 기록되었다.

이제 얽혀 있는 여러 야고보와 요한의 문제를 해결했으니 다시 현안으로 돌아가기로 하자. 헤롯이 요한의 형제를 죽였다. 이 사건의 무게를 느껴 보라. '요한의 형제, 야고보' 어릴 적부터 둘이 떨어져 본 적이 없었다. 동생 요한은 늘 꼬리처럼 형을 따라다녔다. 요한이 어린 시절에 가졌던 정체성은 온통 형의 정체성과 관련되어 있었다. 세베대의 아들 야고보와 그의 형제 요한.

언젠가 나는 비행기에서 어린 두 아들을 데리고 있는 어머니 옆에 앉게 되었다. 형은 3살을 넘지 않은 것 같았고 동생은 18개월쯤 되어 보였다. 나도 아이를 키워본 어머니인지라 아장아장 걷는 아이에게 모자를 씌우는 것이 얼마나 어려운 일인지 알고 있는데, 그 어린 아이는 비행기를 타고 오는 내내 야구 모자를 꾹 눌러쓰고 있었다. 어떻게 그럴 수 있었는지 궁금한가? 그의 형이 그것과 똑같은 야구 모자를 쓰고 있었기 때문이다. 야고보와 요한도 그렇지 않았겠는가? 거의 모든 동생들은 형과 똑같이 되고 싶어한다.

내 딸들은 서로를 깊이 사랑한다. 하지만 그들은 내 언니와 나와는 다르게 성장했다. 아만다와 멜리사는 각자 자기 방을 가지고 있었고 그들이 '내 것'이라고 말하는 것은 정말 말 그대로 자신만의 것이었다. 넉넉지 못한 집에서 성장하면서 언니 게이와 나는 소녀 시절부터 작은 방에서 같은 더블 침대를 사용했다. 속옷을 제외하고는 우리 둘 중 누군가가 '내 것'이라고 말할 수 있는 것이 하나라도 있었는지 모르겠다. 우리는 밤늦게까지 속삭였고 침대가 흔들릴 지경으로 웃음을 터뜨리곤 했다. 우리는 아바마마께서 우리에게 경고를 주시려고 어전에서 발을 구르는 소리를 들었고, 그러면 즉시 합창으로 코고는 시늉을 했다. 그것 때문에 우리는 또 웃음을 참을 수 없었고 호된 꾸지람이 떨어졌지만 별 소용은 없었다. 우리는 떨어질 수 없는 사이였다.

나는 언니가 고속도로와 국도가 만나는 교차로를 벗어나는 지점에서 낡은 폭스바겐을 전복시켰다는 소식을 알려 주러 전화를 했던 일을 기억한다. 언니는 거의 다치지 않았지만, 나는 그때 처음으로 우리가 별개의 두 사람이며 우리 중 하나는 살아 있고 다른 하나는 죽을 수도 있다는 사실을 깨달았다. 그때 나는 마치 그런 일이 일어나기라도 한 듯이 슬피 울었다.

나는 이미 사도행전 12장을 여러 차례 연구하고 가르치기도 했다. 나는 베드로가 감옥에서 구출된 이야기를 좋아하는데, 하지만 오늘까지 한 번도 이 사건을 요한의 관점에서 생각해 보지 않았다. 그는 얼마나 망연자실했겠는가! 사도행전에서 이 무렵에 이르면, 모든 제자들은 유대인들이 그들에게 위협이 될 수 있다는 것을 알고 있었다. 그들은 그리스도를 십자가에 못박았고 스데반을 돌로 쳐서 죽였다. 그들은 베드로와 요한에게 예수의 이름으로 아무것도 말하지 말라고, 그렇지 않으면 가만두지 않겠다고 말했다. 베드로와 요한은 '그렇지 않으면'을 선택했다.

사도행전 8장 1절은 초기의 박해로 인해 성도들이 흩어졌으나 사도들은 예루살렘에 남아 있었다고 말한다. 물론 요한과 베드로는 사마리아에 다녀왔지만 사도들의 사역은 이 기간 동안 예루살렘에서 그대로 진행되었다. 나는 그들이 아직까지 성령이 그들 사역의 중심지를 다른 곳으로 옮기려 하신다는 느낌을 갖지 못했던 것이라고 생각한다.

이제 끔찍한 박해의 물결 속에서 야고보가 체포되었다. 요한이 그의 형제가 붙잡히는 것을 보았는지 모르겠다. 그렇지 않았다면 누가 이 소식을 그에게 전해 주었을까? 그의 마음을 찢은 그 두려움을 상상할 수 있는가? 요한은 예수님이 체포되었을 때 제사장의 뜰까지 들어가는 것이 가능할 만큼 여러 관계들을 맺고 있었던 사도였다. 그는 모든 호의를 동원해 자기와 관계를 맺은 모든 사람들에게 청탁을 시도해 보았는지 모른다.

그는 아마도 잠을 잘 수 없었을 것이다. 먹지도 못했을 것이다. 바닥에 얼굴을 대고 엎드려 하나님께 형의 생명을 구해 달라고 간구했을 것이 분명하다. 이 장면을 서둘러 지나치지 마라. 야고보는 요한의 혈육이었다. 모든 제자들이 두려웠겠지만 그들 중 누구도 요한만큼 공포를 느끼지는 않았다. 기도 모임이 열렸을 것은 확실하다. 거기에는 질병을 치유하고 귀신을 내쫓는 성령의 능력과 권세를 가진 사람들이 있었다는 것을 잊지 마라. 그들이 야고보의 이름을 부르며 그가 풀려나기를 구하고 기도로 그의 생명을 간구하였을 것은 의심의 여지가 없다. 모두가 알다시피, 야고보는 간수들 앞에서 자신의 생명을 주장하였고 예수님이 선택하신 자들 가운데 하나라도 그들이 해하는 것을 금하였다. 무엇보다도, 제자들은 능력을 약속받았고 예루살렘과 유대와 사마리아와 땅 끝까지 이르러 그리스도의 증인이 되리라는 말씀을 들었다. 그의 사역은 이제 막 시작일 뿐이었다. 아니, 이렇게 끝날 수는 없었다. 그는 분명 구출될 것이었다.

그런데 그들이 야고보를 죽였다. 이 소식을 요한에게 전했던 사람이 누군지 그가 참 안쓰럽다는 생각이 든다. 사무엘하 1장에서 다윗은 사울과 요나단이 죽었다는 소식을 듣고 너무나 끔찍한 나머지 그 나쁜 소식을 전해 준 사람을 죽여 버렸다. 비록 요한은 그럴 권한을 가지지도 않았고 그러고 싶지도 않았겠지만, 소식을 전한 자의 입에서 나온 나쁜 소식을 떨어내고 다른 결말을 듣고 싶었을 것이다. 또 그는 머리에서 그 현실을 떨어내 버리려고 무진장 애를 쓰지 않았겠는가? 야고보는 제자들 가운데 첫 순교자였다. 예기치 않게 밀려오는 파도처럼 현실은 제자들의 삶의 기슭을 와르르 무너뜨리면서 부딪쳐 왔음이 분명하다.

다른 열 명 중 누구보다도 요한은 수없이 그 사건을 마음속으로 되풀이해보며 자기 형이 두려워했을지 아니면 담담했을지 생각해 보았을 것이다. 그는 부모님 생각을 했을까? 세베대는 잘 견뎌냈을까? 어머니께는 어떻게 말을 했을까? 야고보는 고통을 느꼈을까? 그 고통은 짧았을까? 다음은 그의 차례인가? 그런데 그가 정신을 차릴 만한 시간을 가지기도 전에 그는 자신이 다음 차례가 아니란 것을 알았다. 베드로였다. 심벌즈 연주자가 킹 사이즈 심벌즈를 당신의 머리 양쪽에서 쾅하고 부딪히는 듯한 느낌을 느껴본 적이 있는가?

'베드로는 안 돼! 이건 너무 하잖아. 야고보와 베드로라니! 그 둘 모두는 안 됩니다. 주님! 제발, 제발, 안 돼요, 주님!'

- 그 집에 이르러 베드로와 요한과 야고보와 아이의 부모 외에는 함께 들어가기를 허락하지 아니하시니라(눅 8:51).
- 이 말씀을 하신 후 팔 일쯤 되어 예수께서 베드로와 요한과 야고보를 데리고 기도하시러 산에 올라가사(눅 9:28).
- 예수께서 베드로와 요한을 보내시며 이르시되 가서 우리를 위하여 유월절을 준비하여 우

160 | 예수님이 사랑하시는 제자

리로 먹게 하라(눅 22:8).
- 베드로와 세베대의 두 아들을 데리고 가실새 고민하고 슬퍼하사(마 26:37).
- 시몬 베드로와 예수께서 사랑하시던 그 다른 제자에게 달려가서 말하되 사람들이 주님을 무덤에서 가져다가 어디 두었는지 우리가 알지 못하겠다 하니(요 20:2).
- 베드로가 돌이켜 예수께서 사랑하시는 그 제자가 따르는 것을 보니… 베드로가 그를 보고 예수께 여짜오되 주님 이 사람은 어떻게 되겠사옵나이까(요 21:20–21).

"네, 주님, 이제 저는 어떻게 되나요? 야고보와 베드로 없이 제가 이 모든 일을 어떻게 할 수 있습니까? 도대체 무슨 일을 하고 계신 겁니까? 왜 아무 일도 하지 않으시냐구요? 그들이 우리 모두를 죽이도록 내버려두실 겁니까?"

　요한은 베드로가 절대 감옥 밖으로 나오지 못할 거라고 생각할 만한 충분한 이유가 있었다. 그런데 그가 나왔다. 하나님은 그에게 기적을 베푸셨다. 요한의 형제가 흘린 피를 마루에서 채 닦아내기도 전에. 요한이 우리와 비슷한 사람이라면 그가 느꼈을 복합적인 감정을 상상할 수 있겠는가?

　나는 이 엄청난 사건의 전환을 겪으면서 요한에게 중대한 일이 일어났으리라고 믿는다. 그 젊은 사도는, 모든 것이 끝날 때 우리 각자는 하나님 앞에 독립적으로 선다는 놀라운 사실을 깨닫게 되었을 것이다. 모든 생명은 별개의 구별된 존재다. 우리는 인생에서나 사역에서 그 동역 관계가 없다면 우리가 존재할 수 없거나 역할을 제대로 감당할 수 없다고 생각하는 관계를 가지고 있다. 그리스도인의 경험에 속한 모든 것이 '몸된 삶'이라고 생각할 수도 있다. 그러나 그렇지 않다. 물론 우리 모두는 그리스도의 몸에 속한 일부분이며 전체의 한 부분들로서 각 세대에 속하여 역할을 감당한다. 그러나 내가 확신하건대, 우리 각자가 고독하게 홀로 서 있다는 것을 충격적으로 의식하며 하나님 앞에 선 후에야 비로소, 우리는 우리의 '부분(역할)'에 대해 어떤 실마리를 잡게 된다.

하나님에 대해 진지한 사람이라면 이 시험을 미리 앞서 갈 것이라고 생각하지 않는다. 이 시험은 30분짜리 퀴즈가 아니다. 그것은 우리 일생에 걸쳐 마음 판에 쓰는 에세이 시험이다. 우리가 홀로 하나님과 교제하고 그분을 따르기 위한 전제 조건으로 어떤 것을 놓아야 하거나 어떤 다른 사람의 손을 놓아야 하는가? 이 질문에 재빨리 대답할 수 있다면 그 심각성을 완전히 파악하지 못한 것이라고 생각한다. 이 질문은 나를 염려하게 한다. 우리는 기꺼이 그리스도 한 분과만 살고 죽을 의사가 있는가?

'Living Proof Ministries'에는 나와 함께 일하는 훌륭한 스텝들이 있다. 나는 그들을 무엇과도 바꾸지 않을 것이다. 나는 내 남편에게 반했고 세상의 그 어느 누구에게서보다, 이제는 청년이 된 내 두 딸들에게서 큰 힘을 얻는다. 나는 우리 교회에 깊이 관여하고 있다. 또 종종 많은 사람에게 둘러싸인다. 그러나 하나님 앞에서 홀로 있다는 인식이 너무도 깊이 나를 압도하는 예기치 않은 순간이 찾아올 때면, 나는 무릎을 꿇고 눈물을 흘린다. 통렬하게, 두려울 정도로 그 감정이 너무 강렬해서 견딜 수 없을 지경이다. 그러던 어느 날, 국제적으로 유명한 한 연사로부터 훨씬 더 작은 사역의 세계에서 일하고 있는 내가 온전히 이해할 수 있는 말을 들었다. 그녀는 이렇게 말했다.

"나는 지금 하나님의 가지로서 멀리 뻗어 나와 있습니다. 내가 만일 믿음으로 보는 것이 아니라 눈으로 보는 것에 따라 걷고 있다고 생각한다면 나는 죽은 것입니다."

아멘. 예수 그리스도를 따르도록 선택된 모든 사람들이 그러하다. 사역의 규모는 아무 상관이 없다. 문제는 당신이 자신의 삶을 어느 정도 예수님께 맡겼느냐는 것이다. 만약을 대비해서 뭔가를 조금 남겨 두었는가? 그분이 우리가 생각하는 것처럼 실재하시지 않고, 능력이 있지 않고, 그렇게 활기 있는 분이 아닐 경우를 위해? 그분이 성공하지 못하시는 경우에 대비해서? 그분이 만일 자신이 한 말씀대로 하실 수 없는 경우가 된다면? 아니면 농장에나 돈을 투자할까? 우리가 가지고 있는 모든 것, 그리고 우리 존재의 모든 것이 갖는 의미는 온 세상의 주님이신 실재하시는 예수 그리스도께 달려있다. 우리의 소망을 바로 그것에 걸 때까지 우리는 우리의 운명을 결코 성취할 수 없을 것이다. 당신은 어떠한가? 장차 일어날지도 모르는 '만약의 경우'에 대비하는 계획을 가지고 있는가, 아니면 온전히 하나님의 가지로 붙어 있는가?

우리는 제자들이 그러했던 것과 같이 동료 종들과 함께 어깨동무를 하고 나갈 수 있다. 그러면 우리는 하나님이 어떤 의미 있는 사역을 맡기시고 수행하시는지 경험하게 될 것이다. 하지만 전체의 부분들이 하나님이 의도하신 대로 일하기 위해서 각 부분들은 지극히 인격적인 하나님 앞에 하나의 전체로서 시험을 받고 정련된다. 친구들로 북적이는 모래사장만을 강조한다면 한 번에 한 사람씩만 타고 갈 수 있는 바다의 파도는 놓치게 될 것이다. 갑자기 고독의 파도가 밀려올 때 그것을 타는 것이 중요하다. 두려움과 특유의 흥분으로 속이 울렁거리도록 내버려 두라. 그 감정과 싸우지 마라. 자신을 바쁘게 만들지 마라. 그 파도를 타고 하나님의 임재 안으로 곧장 나아가서 당신 혼자 그곳에 있다는 느낌이 주는 그 낯선 모험을 경험하라.

당신의 고독한 지위가 가장 분명하게 드러나는 때는, 당신이 인생의 현실과 믿음의 말씀을 조화시키기 위해 애쓰고 있는 때인 경우가 많다. 다음과 같은 질문들을 붙잡고 씨름하고 있는 때가 그런 경우일 것이다.

"하나님은 왜 내 형은 피를 흘리게 내버려 두시고 내 가장 친한 친구에게는 기적을 베푸셨을까?"

다른 사람들이 하는 말은 당신을 더욱 혼란스럽게 할 뿐이다. 사실, 많은 경우 우리는 질문을 던지는 것만으로도 성가셔서 더 나은 대답을 얻어야 하는 것에 약간 화가 날 수도 있다. 좀처럼 답이 나오질 않는다. 요한도 그 대답을 얻었을지 모르겠다. 친구의 목숨을 구해 주신 것에 대해 감사했을 것은 분명하지만, 야고보의 생명은 덜 중요한 것이었는가? 왜 그가 첫 번째로 떠났을까?

'주님, 도대체 왜죠? 그러면 저는 어떻게 되는 건가요?'

고독은 우리가 대답을 찾는 자리만은 아니다. 그것은 우리가 하늘과 씨름하기 위해 땅을 딛고 서야 하는 자리이며 대답을 찾지 못하더라도 홀로 계속해서 가야 할 것인지를 결정하는 자리다. 아마도 우리 가운데 많은 사람이 계속해서 나아갈 것이다. 왜? 거룩하고 신비로운 하나님과 씨름할 수 있는 권리를 갖는 것이, 그렇지 않고 무감각한 삶을 사는 것보다 여전히 훨씬 낫기 때문이다. 때로 우리는 대답 없는 그분의 임재가 보여 주는 장엄함을 경험하고 나서야 비로소 그분이 얼마나 실제적인 분인지 깨닫게 된다. 우리에게 더욱 필요한 것은 일어난 사건에 대한 설명이라기보다는 그분이 완전하신 최고의 하나님이라는 사실을 흔들리지 않고 확신하는 것임을 그분은 알고 계신다.

교제의 악수

> 또 기둥 같이 여기는 야고보와 게바와 요한도 내게 주신 은혜를 알므로
> 나와 바나바에게 친교의 악수를 하였으니 우리는 이방인에게로,
> 그들은 할례자에게로 가게 하려 함이라(갈 2:9).

배경이 되는 성경 구절들을 읽어 보면, 사도행전 12장 25절에 새로운 인물이 등장한다. 아마 당신은 박해자였다가 설교자로 변신한 사울이라는 이름의 이 사람이 우리의 주인공과 무슨 관계가 있었는지 궁금할 것이다. 실제로, 바울의 간증은 사도 요한에 대해서 몇 가지 중요한 통찰을 제공해 줄 것이고, 또한 우리에게 아주 가치 있는 시간의 전개 과정을 알게 해줄 것이다.

갈라디아서에서 바울은 그가 회심한 후에 아라비아로 갔다가 다메섹으로 돌아갔다고 말한다. 단 3년이 지난 후에 그는 예루살렘을 여행했다. 그 3년은 바울이 처음 다메섹에 머물렀다가, 사막으로 도피했다가, 그리고 다시 다메섹으로 돌아갔다가 그후 예루살렘으로 여행한 시간들을 포함한다.

사도행전 9장 26절은 바울이 예루살렘으로 갔을 때, "제자들을 사귀고자 하나 다 두려워하여 그가 제자됨을 믿지 아니하였다"고 말한다. 이때 예루살렘에 있는 제자들 가운데 요한이 있었다.

사도행전 9장 1절에 나오는 말씀을 놓치지 마라.

"사울이 주의 제자들에 대하여 여전히 위협과 살기가 등등하여…."

베드로나 요한이나 다른 사람들은 사울의 행동을 그들 나름대로 받아들일 이유가 충분히 있었다. 더 나아가 그들은 사울의 회심이 확실한 것인지에 관해서 하나님이 다메섹에 있던 아나니아에게 주신 것과 같은 환상을 받은 적이 없었다. 사울은 그들에게 더 가까이 접근해서 경계를 멈추게 한 후에 꾸준히 이루어지고 있는 복음 전도의 실체를 드러내기 위한 수단으로써 회심을 가장할 수도 있었다.

사도행전 9장과 갈라디아서 1장은 바울이 사도들과 함께 했던 시간에 관한 언급에서 서로 모순을 일으키는 것처럼 보일 수 있다. 갈라디아서 1장 18절에서 바울은 단지 베드로만 보았을 뿐이라고 말하는데, 나는 이 말이 두 사람이 친숙하게 될 정도로 시간을 보낸 것을 의미한다고 생각한다. 나머지 사도들도 바울을 변호하는 바나바의 말을 들었겠지만 이 새로운 회심자를 실제로 알게 되었던 사람은 베드로 한 사람뿐이었다. 요한은 이때 바울을 알지 못했는데 어쩌면 의도적으로 그와 어느 정도 거리를 유지했는지 모른다.

이제 우리가 앞서 연구했던 사건, 즉 요한의 사랑하는 형제 야고보의 죽음으로 잠시 시간을 되돌려 보자. 바울의 회심과 야고보의 순교 사이에 많은 시간이 흘렀다고 볼 이유는 없다. 우리는 스데반이 바울의 회심 이전에 순교했다는 것과 바울이 사실상 그의 죽음에 찬성했다는 것을 알고 있다. 야고보는 바울의 회심 이후에 순교했다. 갈라디아서 1장과 2장에 기록된 시간의 흐름에 따르면 몇 년의 시간이 흘렀지만, 그렇더라도 요한이 우리와 비슷한 사람이라면 바울에 대해 어떤 강한 감정을 가지고 있지 않겠는가? 그리스도를 만나기 전 바울은 제자들의 생명에 위협적인 존재였는데, 그는 살기가 등등했다고 묘사된다. 바울은 '그 도'(the Way)에 대해 미워하는 사람들 가운데서도 가장 과격한 행동주의자에 속했다.

비록 야고보가 붙잡혀서 죽임을 당하기 전에 바울이 극적으로 자신의 삶을 그리스도께 드렸다고는 하나, 내가 요한이었다면 그를 포용하는 데 상당히 어려움을 겪었을 것이다. 이런 생각을 하지 않았을까 싶다.

"바로 너 같은 사람이 아니었다면 내 형은 아직 살아 있을 거야."

내가 묘사한 이런 감정들을 요한이 전혀 느끼지 않았을지도 모르지만 보통 사람들로 이루어졌던 예수님의 첫 번째 추종자들은 우리와 심정이 비슷할 것이라 생각된다.

물론 그들에게 성령이 임하였고 그들 모두는 어느 정도 성숙했다. 하지만 상실감과 비통한 마음은 지극히 이성적인 감정과 항상 함께 하는 것은 아니다. 이 시점에서 사도들 가운데 다른 누구도 혈육을 잃은 사람은 없었다. 요한이 처음 몇 년 동안 바울에 대해 어떤 감정을 느꼈을지 정말 궁금하다.

이제 사도 요한이 등장하는 갈라디아서 2장의 시간으로 가 보자. 바울은 14년이 지난 후 자신이 다시 예루살렘으로 갔다고 말한다. 사도행전 15장은 이 여행을 아주 자세히 기록하고 있다. 그 모임은 종종 '예루살렘 회의' 또는 '종교회의'라고 불린다. 요한의 입장에서 볼 때, 우리는 사도행전의 마지막 기록과 갈라디아서 2장에 기록된 사건들 사이에 몇 년의 세월이 더 지났는지 전혀 모른다. 지금 우리가 알고 있는 것은, 그가 베드로와 마찬가지로 계속해서 예루살렘을 본거지로 두드러지고 신실하게 섬기고 있었다는 게 전부다. 우리는 바울의 증언으로부터 요한이 예루살렘에 있는 그리스도인의 교회에서 주된 역할을 감당했다는 것을 알 수 있다. 바울이 그를 그 교회의 '기둥'이라고 칭하고 있기 때문이다(갈 2:9).

갈라디아서 2장 9절에 언급된 야고보는 부활 이후 갓 태어난 교회의 중심적 역할을 감당하였던 그리스도의 동생이다. 그는 또한 그의 이름을 붙인 신약의 저자이기도 하다. 요한의 형제 야고보는 벌써 10년쯤 전에 살해당했다. 이제 바울이 교회의 기둥이라고 부르는 사람들 가운데 베드로와 요한과 함께 다른 야고보가 가담하였다. 갈라디아서 2장 2절에 따르면 바울은 교회 지도자들을 사적으로 접촉했는데, 그들이 이방인 그리스도인들을 배척할까 두려웠기 때문이다. 바울은 하나님이 자신에게 보여 주신 계시를 의심하지 않았지만, 교회 지도자들이 그것을 받아들일지 아닐지 알 수 없었다.

사도행전 15장 6-19절은 그 모임의 결과를 설명한다. 베드로는 자신들도 감당할 수 없었던 멍에를 이방인의 목에 걸지 말자고 호소하였다. 뒤이어서 야고보는 칙령 하나를 발표하였다.

"이방인 중에서 하나님께로 돌아오는 자들을 괴롭게 하지 말고"(19절).

바울은 갈라디아서 2장 9절에서 훨씬 더 짧은 말로 그 결과를 설명한다. 그는 간단히 이렇게 말한다.

"또 기둥 같이 여기는 야고보와 게바와 요한도 내게 주신 은혜를 알므로 나와 바나바에게 친교의 악수를 하였으니…".

내 고등학교 영어 선생님이셨던 파넷 선생님이 보시면 바울이 '나와 바나바'하고 말했을 때 사용한 서툰 영어에 대해 끔찍해 하셨겠지만(영어에서는 일인칭을 가장 나중에 언급한다-역주), 그러나 헬라어에서는 일인칭을 먼저 언급한다.[1]

갈라디아서 2장 9절에 언급된 다섯 사람이 함께 모여 논의하고 서로 승인하는 모습을 그려 보라. 회의적으로 만사를 우습게 여기다가 설교자가 된 야고보, 밀처럼 체질을 당해 그리스도를 세 번이나 부인하고도 돌이켜 그의 형제들을 굳건히 하기에 충분한 믿음을 가졌던 베드로, 하나님의 나라에서 그리스도 옆에 앉게 해달라고 요청하고 하늘로부터 불이 내려 사마리아를 멸하게 해달라고 했던 우레의 아들 요한, 이전에는 종교적 광신자로서 스데반의 살해를 승인하였고 야고보를 죽음으로 몰고 간 박해에 기름을 부었던 바울, 그리고 정말 가망이 없어 보이는 형제들 사이에 다리를 놓음으로써 초대 교회에서 제명당할지도 모르는 위험을 감수하였던 위로자 바나바.

바로 그것이다. 우리는 모두 가망 없어 보이는 형제들이다. 그리스도 교회의 기둥들은 결코 서로 꼭 들어맞도록 디자인된 것이 아니었다. 각자가 모두 독특하다. 기계로 찍어낸 듯 개성 없는 제자들이 무슨 필요를 충족시킬 수 있었겠는가? 그리스도께서 가지각색의 기둥을 선택하신 것처럼 그분의 교회 안에 있는 다른 모든 것들도 그분의 창조적 독특성을 반영한다. 우리 가운데 누구도 꼭 일치하도록 되어 있지 않다. 우리는 서로 적합하게 조화를 이루게 되어 있다. 퍼즐 조각 두 개가 완전히 똑같으면 그것은 '들어맞지' 않는다. 우리가 그 차이를 기뻐할 수 있는 것은 하나의 궁극적인 토대가 있기 때문일 것이다.

바울은 야고보와 베드로와 요한이 자신을 인정해서 친교의 악수를 했다고 말했다.

"…내게 주신 은혜를 알므로 나와 바나바에게 친교의 악수를 하였으니"(갈 2:9).

베드로전서 4장 10절도 동일한 개념을 이야기하고 있다.

"각각 은사를 받은 대로 하나님의 여러 가지 은혜를 맡은 선한 청지기 같이 서로 봉사하라."

사랑하는 그대들이여, 우리가 반드시 모든 구체적인 교리에 있어 일치해야 하는 것은 아니다. 심지어 우리가 항상 사이가 좋아야 하는 것도 아니다.

갈라디아서 2장은 계속해서 베드로와 바울 사이에 있었던 상당히 열띤 논쟁을 기록하고 있다. 하지만 하나님은 우리가 서로를 존경하고 그리스도 안에 있는 모든 사람들에게 주신 하나님의 은혜를 인정할 것을 기대하신다. 바울은 사적으로 교회 지도자들을 찾아갔지만, 친교의 악수가 의미하는 바는 그들이 매우 공적으로 바울을 인정했다는 것을 말해 준다. 그들이 필요로 했던 한 분 그리고 내가 믿고 있는 한 분이신 하나님은 그들이 친교의 악수를 하지 않았더라면 그 책임을 교회의 기둥들에게 물으셨을 것이다.

이 땅에서 하나님 나라의 목적을 성취하기 위해 우리는 사역을 하면서 친교의 악수를 온전히 할 수 있지 않았을까? 하나님이 은혜를 베푸셔서 내가 먼저 친교의 손을 뻗게 하셨던 사람들을 생각해 볼 때, 나는 한없이 낮아지고 두려운 마음을 갖게 된다. 나는 내 모교회에 오랫동안 담임 목사로 계셨던 존 비세뇨(John Bisagno) 목사님이 어떻게 그의 교회에서부터 이 사역이 이루어질 수 있도록 조율하였는지에 대해 수없이 많은 질문을 받아왔다. 그는 단지 그것을 조율하기만 한 게 아니었다. 그는 그것을 밀어붙였다. 수년 동안 사람들이 나를 그들의 교회에 초대했던 단 한 가지 이유는 그를 신뢰한다는 이유 때문이었다.

존 형제는 내가 여전히 배워야 할 게 많은 사람이라는 것을 알았을까? 아마 다른 누구보다 잘 알았을 것이다. 나의 멘토 마지 컬드웰(Marge Caldwell)도 마찬가지였다. 그는 내가 가르치고 행하는 모든 것에 동의했을까? 그랬을 것 같지 않다. 그러나 둘 다 계속해서 나와 함께 일해 주었고 내게 성장할 수 있는 기회를 제공했으며, 내가 그들을 꼭 닮은 사람이 되는 것이 아니라 나 자신의 인격을 개발할 수 있도록 해주었다. 그들은 한 가지 이유로 내게 친교의 악수를 내밀었다. 그들은 한 번 깨어졌던 내 인생에 부어 주신 하나님의 은혜를 인정했다. 그것은 정말 엄청난 은혜였다.

좀더 개인적인 예를 들어보고 싶다. 라이프웨이에서 첫 번째 시리즈, 「여성의 마음: 하나님이 거하시는 곳」(A Woman's Heart: God's Dwelling Place)을 녹음하자는 계약 건으로 내게 접근해 왔을 때 나는 형편없는 풋내기에 지나지 않았다. 지금도 내가 하고 있는 일에 대해 많은 것을 알지 못하지만 그때는 정말 아무것도 몰랐다. 나는 두려움에 눌려버렸다. 원수는 그러한 갈등과 두려움으로 내게 대적해 왔다. 만일 내가 그 계약을 맺지 않았더라면 그것은 그 싸움에서 물러선 것이었다고 생각한다. 나는 절실히 충고가 필요했고 내 감정이 정상적인 것인지 말해 줄 사람이 필요했다. 내가 그 다음에 했던 일을 생각하면 지금도 바보가 된 느낌이다. 하지만 그때 나는 필사적이었다. 나는 케이 아서(Kay Arthur)의 사무실에 전화를 걸었고 그녀와 통화하고 싶다고 말했다. 내가 무슨 일을 하고 있는 건지도 몰랐다. 나는 그녀를 개인적으로 본 적이 한 번도 없었고 그녀의 강의를 듣는 특권을 누리지도 못했다. 내가 어떤 의미에서든 비교할 대상을 찾았다고 생각하지 마라. 나는 단지, 지식과 경험에 있어서 차이는 있을지라도 비디오테이프로 말씀을 가르쳐 본 경험이 있는 한 여인과 대화하고 싶을 뿐이었다.

하나님은 내가 케이 아서와 접촉하도록 해주실 생각이 전혀 없으셨다. 무엇보다 그분은 내가 그분만을 의지하기 원하셨다. 나아가 하나님은 그분이 이미 충분한 사람들을 통해서 내게 친교의 악수를 내미셨다는 것을 알고 계셨다. 하나님은 그 당시 내가 얼마나 쉽게 외부적으로 영향받기 쉬운 상태였는지, 또 내 스타일을 충분히 개발하시도록 여전히 나 자신을 그분께 내어드리지 않았다는 것을 알고 계셨다. 나는 너무나 케이를 존경한 나머지, 할 수 있었다면 아마 하나님이 나를 그녀와 똑같이 만들어 주시기를 원했을 것이다. 하나님께 그런 것이 도대체 무슨 소용이 있었겠는가? 케이는 케이 자신이 되는 일을 훌륭하게 잘 소화하고 있는데, 도대체 왜 하나님이 내가 그와 똑같은 방법으로 성경 연구에 접근해 가기를 원하시겠는가? 그분은 이미 그녀를 확보하고 계시는데…!

근래 들어 나는 케이에게 전화를 걸어서 우리 둘 다 시간이 있는 날이면 한 시간씩 웃으며 이야기를 나누곤 한다. 내가 그녀에게 조금이라도 도움이 될 만하다고 보지 않지만, 나는 그녀를 친구라고 부른다. 우리가 사적으로 만난 것은 5,6년 전이었지만 수년에 걸쳐 우리 둘 다 훨씬 더 공적으로 무언가를 하라는 하나님의 부르심을 느꼈다.

우리는 서로 그리스도 예수 안에서 연합되었고 같은 하나님을 섬기고 있음에 대해 각기 다른 스타일을 사용해서 공적으로 알리는 방법을 취해 왔다. 나는 가르치면서 그녀의 저서 중 일부를 사용했다. 케이는 기도회 인도와 강연을 부탁하며 그녀의 모임에 여러 차례 나를 초청하였다. 그녀는 내게 금보다 더 귀한 것, 바로 친교의 악수를 내밀었다. 그녀는 내가 배워야 할 것이 많다는 것을 알고 있었다. 우리는 모든 해석에 있어서 동의하지는 않을 것이다. 그러나 그녀는 하나님의 은혜를 보았을 때 그것을 인정하는 여성이다. 그녀에게 감사해 마지않는다.

바울이 처음으로 사도들 가운데 들어가려고 했던 때와 마침내 그가 친교의 악수를 받았던 때 사이에는 14년의 간격이 있다. 나는 그 악수가 예정보다 늦게 이루어진 것이 아니었다고 말하고 싶다. 바울이 단순히 또 다른 야고보가 되었다면, 하나님은 바울을 어디에 사용하셨겠는가? 또 다른 베드로였다면? 또 다른 요한이었다면? 그의 사명은 독특했다. 당신의 사명 또한 마찬가지다. 하나님은 자신이 하시는 일에 대해 잘 알고 계신다. 그분을 신뢰하라. 하나님은 당신을 이제까지 있는 다른 어떤 사람과도 다른 독특한 사람으로 만들기 위해 분주하시다.

눈에 띄지 않는 것으로부터 배우는 교훈

그때부터 그 제자가 자기 집에 모시니라(요 19:27).

이제 우리는 아주 흥미 있는 시점에 도달한다. 그것은 요한이 등장함으로 인해서가 아니라 그가 없음으로 인해 확실히 더 눈에 띄는 지점이다. 다음 장에서부터 요한의 저술로 관심을 돌리게 되겠지만 서두를 필요는 없다. 우선 사도행전에서 대 사도들의 역할을 살펴보고 그 다음에 요한이 기록에서 사라지는 것을 지켜보자. 내 생각에, 요한이 하지 않았던 것은 그가 했던 것만큼이나 많은 것을 말해 줄 것이다.

사도행전 12장 2절은 누가가 요한을 언급한 마지막 기록인데, 거기서 그는 요한의 형제가 죽었다고 말한다. 나는 누가가 초대 교회 연대기에서 아주 짧은 시간 동안만 요한을 언급하고, 그 이후에는 다시 요한을 말하지 않는다는 사실에 호기심을 느낀다. 우리의 사랑하는 주인공은 베드로의 들러리로만 등장한다. 사도행전이 야고보의 죽음 이후 사울이라는 회심한 박해자의 일거수 일투족을 추적하고 있는 반면, 요한의 사역은 거의 주목을 받지 않는다.

나는 바울이 그렇게나 주목을 얻는 것에 대해 사도들이 어떤 생각을 했을지 궁금하다. 그들이 그 점에 주목하지 않았다고 생각한다면 그것은 아주 순진한 생각이라고 본다. 갈라디아서는 우리에게 요한이 예루살렘 교회의 한 기둥이라고 말한다. 그러나 역시 그에 대한 언급은 거의 없다. 요한은 그리스도께서 베드로의 고백에 기초해서 그의 교회를 세우시겠다고 말씀하실 때 그것을 들었던 열두 명의 청중 가운데 하나였다. 부활 이후에도 요한은 그리스도가 베드로에게 그의 미래가 어떠할지 말씀하시는 것을 들었다.

요한은 베드로가 미래에 적어도 어떤 중요한 역할을 하리라는 느낌이 들었을 것이다. 그것이 궁극적으로 그의 목숨을 요구하는 것일지라도. 반면에 요한은 자신에 대해서는 아무것도 알지 못했다. 아마도 그가 알고 있는 것이라고는 베드로의 사역이 명성을 얻고 있다는 것이었을 테고, 누구에게도 바울은 낯선 이름이었을 것이다.

요한? 그리스도는 그에게 당신의 어머니를 돌보라고 요청하셨을 뿐이다. 분명 그는 그녀를 사랑했다. 그는 자기가 약속한 대로, 어느 정도는 책임감으로 그리스도의 어머니를 자기 집으로 모셔갔다. 성경에서나 기독교 전승으로나 그에게 자신의 가족이 있었는지에 대해 알려주는 바는 없다. 물론, 마리아를 그렇게 잘 알게 되는 것은 그리스도에 대해 무한한 통찰을 얻는 일이었다. 어쨌든 그분을 마리아보다 더 잘 아는 사람이 누가 있었겠는가? 분명 그녀는 등불을 밝힌 기름이 다 없어져 갈 때까지 여러 가지 세세한 이야기들을 해주었을 것이다. 성경은 요한이 호기심 많은 사람이라는 것을 보여 준다. 따라서 나는 그가 마리아와 함께 지낸 수년 동안 수많은 질문을 던졌으리라고 생각한다.

"가브리엘이 그 소식을 전해 주었을 때 보시니 그는 어떻게 생겼던가요? 그가 천사인 줄 금방 아셨어요? 목소리는 어떻던가요?"

"야고보나 다른 아들들이 믿게 되리라는 희망을 거의 포기하지 않으셨나요?"

누가복음 2장 19절은 "마리아는 이 모든 말을 마음에 새기어 생각하니라"고 말한다. 그녀는 분명 할 말이 아주 많았을 것이다. 마리아가 나이 들어가는 보통의 어머니들과 다르지 않았다면, 내가 상상하기에 그녀는 인생의 종국을 향해 달려갈 무렵 더 많은 이야기를 반복해서 말했을 것이다. 초대 교회 역사가들 가운데 많은 이들은 요한이 마리아가 죽을 때까지 예루살렘에 거주했을 것이라는 데 동의한다. 나는 이전에 한 번도 마리아의 죽음을 묵상해 볼 생각을 하지 않았다. 신약은 초대 교회 구성원들의 죽음에 대해 거의 아무것도 기록하지 않았다. 반면 구약은 많은 성자의 죽음을 기록하고 있다. 하나님의 관점에서 볼 때 십자가와 부활 사건으로 인해 갑작스레 얻어진 영광에 비하면 그 종들의 죽음이 거의 중요하지 않은 사건이 되지 않았나 싶다.

하지만 여전히 나는 마리아가 본향으로 돌아가는 모습이 어떠했는지 궁금하다. 그녀가 죽어가고 있다는 것을 알았다면 요한과 그리스도의 다른 형제들은 분명 그녀의 곁을 지켰을 것이다. 자연적인 죽음은 부활하신 주 예수님을 목격한 사람들에게는 아주 독특한 것이었다. 그들은 무덤 너머 생명의 실체를 직접적으로 알고 있었다. 고통을 느끼기는 했겠지만 아마도 두려움은 거의 느끼지 않았을 것이다. 히브리서 2장 14-15절은 예수님이 우리의 인간성을 공유하심으로써 "죽음을 통하여 죽음의 세력을 잡은 자 곧 마귀를 멸하시며 또 죽기를 무서워하므로 한평생 매여 종 노릇하는 모든 자들을 놓아 주려" 하셨다고 말한다.

마리아가 그녀의 큰아들 보기를 얼마나 고대했을지 상상할 수 있는가? 측근들은 그녀의 임종 시에 그들이 곧 만나게 될 것이라는 말로 그녀를 안심시켰을 게 분명하다. 우리 모두와 마찬가지로, 하나님은 그녀의 발자국을 계수하시고 그녀의 눈물을 병에 담으셨다. 그 둘이 모두 찼을 때 때가 왔다. 하나님은 그 고독한 인생을 세상의 마지막 순간으로 몰아가시면서 세월의 흐름으로 주름진 풍파에 시달린 얼굴 너머를 바라보셨을 것이다.

분명 하나님은, 이 세상에 살았던 모든 여인들 가운데서 자신이 택하심을 받았다는 것을 알았을 때 그녀의 앳된 얼굴에 떠오른 놀라움을 기억하시고 미소 지으셨을 것이다. 가장 보잘것없는 한 소녀가 메시아를 잉태한 것이다. 그리고 그녀가 누가복음 1장 46-55절에 기록된 찬양을 발하였을 때 아마 그분은 큰소리로 웃으셨을 것이다. "내 마음이 하나님 내 구주를 기뻐하였음은"이라고 번역된 헬라어는 그녀의 내적 존재 전체가 미칠 듯이 기뻐하였다는 것을 드러낸다. 그 이후의 세월은 폭풍처럼 소란스러웠지만 더없이 멋진 것이었다. 그녀는 역사에 대한 하나님의 계획 가운데 한 사람의 배우가 되는 말할 수 없는 특권을 누렸다.

아마도 마리아는 이 땅에서 마지막 숨을 몰아쉬고 있을 때 사랑하는 사람들에 둘러싸여 있었을 것 같다. 그녀의 아들들이 주변에 모여 있는 모습을 상상해 본다. 그녀의 아들들 모두…. 그녀가 양아들로 받아들였던 이는 십자가에서 죽었다. 바로 그를 무덤에 묻었다. 만일 마리아의 아들들이 그들의 맏형이 그들 가운데 있다는 것, 보이지 않는 중에 그 어느 때보다 분명하게 임재하고 있다는 것을 알았더라면 어땠을까. 마리아는 죽을 수밖에 없는 운명에 작별을 고하고 멋진 왕자님의 팔에 안겨 영원으로 인도되었다. 그녀의 아들, 그녀의 하나님.

요한의 임무는 끝났다. 그러면 이제 무엇을 해야 할까? 아마도 우리가 종종 하곤 하는 일을 그도 하지 않았을까? 나는 내가 알지 못하는 일로 인해 혼란스러워질 때면 알고 있는 일들을 마음속으로 되새겨 본다. 그는 그리스도께서 사도들에게 예루살렘과 유대와 사마리아와 땅 끝까지 이르러 증인이 되리라고 하셨던 마지막 말씀을 알고 있었다. 물론 이것은 가정일 뿐이지만 나는 그가 이런 생각을 하지 않았을까 싶다.

"나는 지난 몇 년 동안 예루살렘에서 일을 해왔어. 사마리아에서도 설교를 했고, 유대는 손바닥 들여다보듯 훤히 알고 있지. 이젠 나도 더 이상 청년이 아니야. 내가 얼마나 더 살지 누가 알겠어? 이제 정점을 향해 가고 있는 셈이지."

사랑하는 그대들이여, 잘 들어보시라. 그리스도의 초기 추종자들은 모험가들이었다. 그들은 개척자들이었다. 우리가 빈둥빈둥 지내면서 손톱 손질 받을 시간을 약속해 놓고 그 시간 즈음에 감옥에 갇힌 죄수들과 성경공부를 할지 말지 결정한다는 이야기를 들으면, 그들은 아마 기가 막혀 할 것이다. 포스트모던 시대에 교회 생활은 건물과 프로그램하고 상관이 있다. 그러나 그들에게 있어 교회 생활은 생명의 위험을 무릅쓰고 아드레날린과 성령으로 인한 기쁨 가운데 들어가는 것이었다. 우리라면 그것이 하나님의 뜻일 리가 없다고 생각할 만한 일들을, 그들은 앞에 놓인 순전한 기쁨을 위하여(다시 말하지만, 목숨을 걸고) 기꺼이 감당하였다. 그들은 자신들의 경주를 달음질하였다. 그들은 구경꾼이 아니었다.

너무 가혹하게 말하고 싶은 생각은 없지만, 그들이 우리를 보고 사실 우리 중 누구도 제자로서의 재목이 못된다고 생각할까 두렵다. 하지만 오합지졸이었던 첫 번째 제자들에 대해서 내가 무슨 말을 하고 싶은지 아는가?

"그리스도께서 당신들을 그 무난하고 보잘것없던 삶에서 끄집어내셨을 적에 당신들 가운데 누구도 제자로서의 재목이 될 것 같아 보이지 않았답니다."

무슨 말이 하고 싶은 거냐고? 그럼에도 불구하고 우리는 제자 감이 될 수 있다는 것이다!

나는 정말 간절히 그렇게 되고 싶다. 나는 위대한 모험의 삶을 살고 싶다. 당신은 그렇지 않은가? 그 위대한 모험이 한동안 나를 혼동 가운데 헤매도록 한다 해도 말이다.

대부분의 역사가들과 학자들은 요한이 에베소로 갔다가 어떤 시점에 로마로 여행했다고 믿는다. 어떤 역사가들은 그가 예루살렘을 떠난 직후 로마로 여행했을 것이라고 믿고 있지만, 내가 생각하기에 상황적 증거들로 미루어보아

에베소를 거쳐 로마로 갔다고 여겨진다. 나는 요한이 먼저 에베소에 정착했다가 밧모섬에 유배되기 전 로마로 떠나는 모험을 감행해서 아마도 그곳에 도달했을 것이라고 생각한다. 많은 사람에게 요한의 생애에 대한 현대의 전문가라고 일컬어지는 알란 컬페퍼(R. Alan Culpepper)는 이렇게 썼다.

> 신약의 저자들은 사도 요한의 인생 후반기 활동에 대해 아무런 언급도 하지 않았지만, 비록 모두 일치하는 내용은 아닐지라도 초기 기독교 저자들은 그가 수년 동안 에베소에 거주했다는 강력한 증거를 제공해 준다. 결정적인 증거는 리용의 감독이었던(주후 180-200년 무렵) 이레니우스가 제공해 준다. 그 후 주님의 제자요, 또한 그분의 가슴에 기대었던 요한은 아시아의 에베소에 머무는 동안 한 권의 복음서를 발간하였다(이교에 대하여 III. I. 1).[1]

「두 명의 성 요한」에서 제임스 스터커는 이렇게 덧붙였다.

> 이것이 이레니우스의 주장인데, 그는 그 사실을 아주 잘 알고 있었음이 분명하다. 왜냐하면 그는 히에라폴리스의 감독이었던 순교자 폴리캅의 제자였고, 폴리캅은 요한의 제자였기 때문이다. 성 요한은 그 인생의 후반기를 이 지역에서 보냈다. 초대 기독교 전승 또한 이견의 여지없이 요한을 에베소와 연결시키고 있다.
> 그 도시는 에게해에 위치해 있으며 그 시대 인류의 삶에서 중요한 중심지 가운데 하나였다. 기독교는 그 초기부터 대도시를 선호하였는데, 대도시의 영향력은 연관이 있는 지역들에게까지 미쳤을 것이다. 에베소는 엄청난 인구를 가지고 있었고, 어마어마한 부와 활동의 중심지였다.[2]

바울의 생애에 익숙한 사람이라면 그가 매우 중요한 몇 년 동안을 에베소에서 사역하며 보냈다는 것을 기억할 것이다. 대부분의 학자들은 요한이 에베소에 머물렀던 시간이 바울이 있었던 때로부터 몇 년쯤 후였을 것이라는 데 동의하지만, 그러나 바울이 일으켰던 충돌에 대한 누가의 기록은 우리가 그곳에서 사역하는 요한을 상상해 볼 때 중요한 통찰을 더해 준다. 사도행전 19장 8-20절, 23-41절은 하나님이 사도 바울을 통해 매우 비범한 초자연적 역사를 행하셨다는 것을 말해 준다. 「사는 이는 그리스도니」(To Live Is Christ)를 쓰기 위해 연구하면서, 하나님이 왜 그토록 놀라운 역사를 에베소에서 행하시기로 선택하셨는지 그 이유가 좀더 분명해졌다. 고대 에베소는 전 세계에서 마법으로 가장 유명한 중심지 가운데 하나였다. 따라서 하나님은 단순히 인상적인 것에 그치지 않는 역사를 행하시기로 작정하셨다. 그것은 당황케 할 것이었다. 제임스 스터커는 에베소에 대해 이렇게 썼다.

> 에베소는 시리아 및 그 너머의 나라들과 바다와 육지로 연결되어 있으면서, 그 시절 동방의 마법사들로 드글거렸고, 그 가운데 많은 이들이 서방의 대도시들로 넘어갔다. 이들은 항구로 들어오는 모든 해변에서부터 낯선 이들을 괴롭혔다. 하지만 타락의 중심지는 다이아나의 신전이었다. 이곳은 세계 7대 불가사의의 하나로 평가되었던 곳이다. 그곳은 알려져 있는 그런 종류의 어떤 구조물보다도 거대했고, 그 예배는 수많은 남자 사제들과 여사제들에 의해 유지되었다.
>
> 분명 이곳은 복음이 긴급히 필요한 곳이었다. 그리고 성 요한이 그곳을 방문하기 전에 그 지역의 복음화가 이미 활발히 시작되었던 것도 분명하다. 그곳은 사도 바울의 3차 전도 여행에서 가장 중요한 중심지였으며, 그는 그곳에 3년이라는 시간을 통째로 바쳤다. 마지막에 그는 그 지역에서 폭력적으로 내몰린다. 그러나 그의 사역은 아직 남아 있었고, 성 요한이 그곳에 도착했을 때 그는 전임자가 남겨둔 유산을 물려받았다.[3]

야고보가 죽고 난 이후 요한의 구체적인 사역에 대해서는 아무런 언급이 없고, 에베소에 체류했던 요한의 사역에 대해서도 전혀 기록이 없다. 그곳에서 했던 바울의 사역에 대해서는 많은 정보를 가지고 있지만, 요한의 사역에 대해서는 실제로 아무것도 모른다. 우리가 아는 한, 요한은 성경에는 잘 알려져 있지 않지만 수년 동안 그곳에서 섬겼다. 그리고 그것이야말로 이 장에서 가장 중요하게 다루는 요점이다.

요한은 그 길을 가는 동안 어느 시점에선가 자신의 정체성과 존재 의미에 대해 의심하지 않았을까? 두말 할 것도 없이 베드로는 예루살렘과 초대 교회의 선두 주자였다. 사도행전은 베드로 다음으로 그리스도의 형제 야고보가 가장 유력했음을 암시하고 있다. 게다가 요한은 에베소로 가서 다름 아닌 바울이 세운 기초 위에 집을 지었다. 바울은 이전에는 박해자였고 뒤늦게 교회의 무대에 등장한 사람이었다.

어쩌면 당신은 '그게 대체 무슨 상관이란 말인가?' 라고 생각할지 모르겠다. 이상적인 세상에서라면 아무 상관이 없다. 그러나 이 세상은 이상적인 곳이 아니다. 불안이 스멀스멀 엄습해 오는 깜깜한 밤의 어둠 속에서는, 우리 모두 무의미함이라는 불안과 공포에 떨어야 하는 시간들이 있다. 딱하게도 우리 인간의 본성은 시시때때로 줄자를 끄집어내어 우리보다 훨씬 더 하나님의 은사를 받고 기름부음을 받은 것처럼 보이는 사람들에 비추어 자기 자신을 재보고 싶은 유혹에 빠져든다.

다른 모든 사도들은 그리스도를 위하여 그들의 생명을 내어 드릴 만한 자들로 여기심을 받은 반면, 요한은 누구보다도 오랫동안 살아남았다. 그는 혹시 자신이 너무나 보잘것없는 존재여서 죽여버릴 만큼 위협적으로 여겨지지도 않는 것은 아닐까 의심하지 않았을까?

우리는 그가 분명 아주 성숙하고 성령으로 충만해서 그런 생각일랑 꿈에도 하지 않았다고 생각하겠지만, 천국에서 예수님의 한쪽 옆에 앉게 해달라고 간구했던 그 제자가 바로 요한이었다는 것을 기억하라. 물론, 요한은 새로운 피조물이었지만 사탄이 우리에게 행하는 것과 같은 일을 그에게 행하였다면 그는 요한이 연약해진 순간을 노려 예전에 효력을 발휘했던 것과 같은 종류의 유혹으로 그를 강타했을 것이다. 중요한 사람이고 싶어하는 요한의 육신적인 옛 욕망은 거대했다. 사탄이 그 점을 다시 한 번 정확히 공략하지 않았다는 것은 내게 있어 상상도 할 수 없는 일이다. 당신은 어떤가? 당신이 연약하거나 침체되어 있거나 지쳐 있을 때 때로 사탄이 당신 안에 있는 옛 사람의 육신에 속한 유혹들을 일깨우려 하지 않았는가?

마땅히 우리가 이에 대응해야 하는 방식은, 우리가 느끼는 대로가 아니라 우리가 아는 대로 믿는 것이다. 요한이 초대 교회 시대에 자신의 정체성을 가지고 씨름했다면, 그것은 바로 그가 해야 하는 투쟁이었다. 상대적으로 잘 알려지지 않았던 몇 년이 지난 후에 무엇과도 비길 데 없는 열매가 맺혔음을 우리는 알고 있다. 다른 사람들이 하나님께 더 능력 있게 쓰임을 받는 것처럼 보였지만, 그림자 뒤로 숨어버린 그 수십 년 동안 요한은 끈기 있게 그의 과업을 완수했다.

사랑하는 그대들이여, 그리스도 예수께 알려지지 않는 것은 아무것도 없다. 엘 로이(El Roi, '나를 감찰하시는 하나님', 창 16:13)의 눈은 당신이 그리스도의 이름으로 쏟는 모든 노력과 그리스도의 이름으로 행하는 모든 믿음의 행위들을 만족스럽게 바라보신다. 당신은 결코 잊혀진 적이 없다. 당신은 어떤 일이 앞에 놓여 있는지 전혀 알지 못한다. 나는, 하나님이 이 시간들을 통하여 요한의 성품을 시험하시고 확인하셔서 그로 하여금 가장 위대한 계시를 받을 만큼 신뢰할 수 있는 존재가 되게 하셨다고 확신한다. 하나님이 우리의 미래에 주시고자 하는 응답은 종종 오늘 우리가 아무것도 가지고 있지 않은 때에 보여드리는 신실함을 통해 흘러나온다.

예수께서 사랑하시는 자

제자들이 서로 보며 누구에게 대하여 말씀하시는지 의심하더라 예수의 제자 중 하나
곧 그가 사랑하시는 자가 예수의 품에 의지하여 누웠는지라(요 13:22-23).

요한에 관한 컬페퍼의 책에서 우연히 한 문장을 발견하고 나는 머리를 세게 얻어맞은 것 같은 충격을 받았다.

"성도들은… 오직 더 열정적인 생명으로 부활하기 위한 경우에만 세상에 대해 죽었다."[1]

나는 이 문구를 수백 번 마음속으로 되새겨 보았고 그것이 사실임을 확신하게 되었다. 요한은 그 사실을 보여 주는 완벽한 예이다. 나는 하나님이 무언가 아주 독특하고 신성한 것을 이 선택된 사람에게 위임하셔서 그로 하여금 세상의 요청을 무시하지 않을 수 없도록 만드셨다고 믿는다. 그것이 세상에 대한 요청이 아니라 세상의 요청이었음을 유념하라.

요한은 아브라함이나 모세와 그리 달랐던 것 같지 않다. 하나님은 이 사람들을 선택하셔서 그들이 자신의 사명을 감당할 수 있도록 혹독한 시련의 시간과 믿음의 시험을 통해 단련하셨다. 명백한 차이점이라면 하나님은 요한을 부르신 직후부터 그를 사용하셨다는 것인데, 그가 후반에 감당한 역사는 우리가 '이보다 더 큰 일'이라고 부르는 범주에 해당하는 것이라 말하고 싶다. 요한이 기록한 저술을 살펴보면, 그의 전반부 사역과 후반부 사역은 앞날을 준비하며 보낸 중요한 몇 년을 기준으로 나뉘어진다.

하나님이 택하신 그릇들 안에서 세상을 제하여 버리시고 그들 자신의 계획과 일정을 십자가에 못 박게 하려 하실 때에, 그들의 기다림은 무의미하고 맥빠지는 시간이 아니었다. 도리어 그들의 삶은 무척이나 열정적이었다. 우리의 부르심도 그리 다르지 않다. 그분이 우리를 우리 자신과 세상의 요청에 대하여 십자가에 못 박으시도록 자신을 내어드리지 않는다면, 우리는 결코 하나님이 위대하게 쓰시는 사람이 되지 못할 것이다. 하지만 우리의 위로자는 실로 위대하시다! 우리는 너무도 하찮고 어쩌면 재앙을 가져올 수도 있는 것을, 인간이 일찍이 알았던 가장 과격한 모험과 바꾸는 것이다. 우리가 자아에 대해 죽는 것은 단지 무가치함을 인정하기 위한 것만이 아니다. 우리는 훨씬 더 강렬한 무언가를 얻기 위해 우리의 생명과 세상의 요청을 내려놓는다. 하나님의 부르심! 더 깊은 깨달음과 더 온전한 수확을 기다리는 시간은 관계로 인해 풍성해지도록 되어 있다.

요한의 일생에서 몇 달, 몇 년, 어쩌면 몇 십 년이 성경에서 잘 알려지지 않은 채 훌쩍 날아가 버렸지만, 그 시간들이 아무런 활동도 하지 않거나 허무하게 허비되어 버렸다고는 생각하지 마라. 결코 그렇지 않다! 부디 내가 다음에 말하는 요점을 놓치지 말기 바란다. 요한의 생애 가운데 성경에 잘 나타나 있지 않은 그 기간 동안, 온 성경을 통틀어 가장 강력한 관계 가운데 하나가 계발되었다. 이 말을 잘 음미해 보고 강조되어 있는 부분을 다시 한 번 읽어 보라. 이 점은 너무나 중요한 것이어서 나는 지금 일어서서 이 말을 타이핑하고 있다.

맞다, 그리스도는 귀신을 내어쫓고 병자를 치유하며 말로써 복음을 전파하는 데 요한을 사용하셨다. 그러나 그러한 과정을 통해서 하나님은 일찍이 양피지에 기록된 가장 심오한 말씀 가운데 일정 부분을 위임하실 만한 사람을 키워 내셨다. "태초에 말씀이 계시니라 이 말씀이 하나님과 함께 계셨으니 이 말씀은 곧 하나님이시니라"라고 쓰는 사람은 어떤 종류의 사람인가? 요한일서, 이서, 삼서와 같은 연애 편지를 쓰도록 위임받는 사람은 어떤 인간성을 가진 사람인가? 그 어디에도 비길 데 없는 요한계시록을 기록하도록 선택받을 수 있는 사람은 세상에 어떤 사람인가? 그런데 이 모든 것이 한 때 단순히 '야고보의 형제'로 알려졌던 한 사람에게 위임되었다.

사랑하는 그대들이여 무슨 일인가 일어났다. 무언가 큰 일이, 굉장한 일이 일어났다. 요한의 저술들이 어떤 순서로 이루어졌는지는 아무도 정확히 알지 못한다. 하지만 많은 학자들은 요한의 저술이 성경에 등장하는 순서대로 이루어졌을 것이라고 믿는데, 나는 대체로 그 이론에 동의한다. 대부분의 학자들은 가장 유력한 증거들에 따라서 그 모든 저술들이 어쨌거나 일정 기간 내에 쓰여졌음을 보여 준다고 생각한다. 그 시기는 대략 주후 80년대와 90년대로 여겨진다. 만일 그렇다면, 다른 제자들이 하나하나 순교를 당하던 그 시기에 사도 요한은 예루살렘과 에베소 지역에서 섬기면서 수십 년을 보낸 것이다.

한 사람 또 한 사람, 죽음을 알리는 부고를 실은 신문이 당신 현관 앞에 툭하고 떨어지는 것처럼 먼 곳으로부터 소식들이 들려올 때 요한의 심정이 어떠했을까? 확고한 전승에 의하면 베드로는 로마에서 주후 60년대에 순교했는데, 베드로와 바울은 네로의 통치하에 그곳에서 순교를 당했다.[2] 한 사람은 십자가에 달렸다. 다른 사람은 목이 베였다. 요한이 얼마나 애통했겠는가! 그러나 그들은 처음도 아니었고 마지막도 아니었다. 하나하나, 마지막 한 사람이 남을 때까지 그들은 모두 피비린내 나는 죽음의 문을 지나 영원한 생명으로 옮겨졌다. 오직 한 사람, 남아 있는 사도로서 요한이 어떤 느낌을 받았을지 상상해 보았는가?

성경에 잘 나타나 있지 않은 그 기간 동안에 그리스도와 요한 사이에 어떤 일이 있었는지 우리가 아는 것이 많지 않지만 한 가지는 분명하다. 나는 그것이 너무나 중요한 것이어서, 남아있는 하나님의 모든 역사가 요한에게 달려있도록 만든 단 하나의 근간이 되었다고 믿는다. 그 세월을 보내면서 어느 때쯤엔가 요한은 자신의 정체성을 그 사랑하시는 제자로 확립하였다. 성령이 요한복음의 말씀들을 그에게 전해 주시던 그 무렵, 그의 이러한 정체성은 전혀 손상되지 않은 온전한 것이었다.

자기 자신을 '예수께서 사랑하시는 제자' 라고 불렀던 사람은 요한뿐이라는 것을 아는가? 그것은 아주 독특한 것이었다. 하지만 요한복음이 영감으로 쓰여진 것임을 믿는다면, 우리는 또한 요한의 자아 정체성 역시 영감을 받은 것임을 인정해야 한다. 그것은 예수님이 요한을 다른 제자들보다 더 사랑하셨기 때문이 아니라, 하나님이 독자들로 하여금 요한이 자기 자신을 어떻게 보았는지 알게 하기 원하셨기 때문이다. 얼핏 보면, 요한이 자기 자신에게 그러한 용어를 사용한 것은 약간 거만한 것이 아닌가 생각할 수도 있지만, 하나님은 그러한 계시를 받은 자가 은근슬쩍 자신을 높이도록 절대 내버려두지 않으신다.

나는 수십 년의 과정을 통해 개발한 요한의 정체감은 그와 정반대의 마음을 표현한 것이라고 제안하고 싶다. 하나님은 정말 너무나 신실하셔서 그토록 비상한 계시를 주시기에 앞서 요한을 아주 겸손하게 하실 수 있으셨다(고린도후서 12장에 나오는 이와 유사한 개념을 보라).

베드로와 바울의 위치는 초대 교회 시대에 한껏 강화되었고 그것은 각 사도들의 임박한 순교와 연결되어 요한을 높이기보다는 그의 지위를 추락시키는 데 기여했을 가능성이 다분하다. 분명 그는 자신 역시 결국은 순교를 당하게 될 운명이라는 두려움과 아직도 순교하지 않았다고 하는 두려움이 섞인, 끔찍하게 복잡한 감정으로 씨름했을 것이다. 그럴 것 같지 않은가?

다른 모든 사람들은 죽을 만한 가치가 있는 존재로 여겨졌고 딱 하나 자기만 남아있는데 아직 심오한 목적은 계시되지 않았다면, 온갖 종류의 불안들이 몰려올 수 있을 것이다. 사탄이 그를 추적하지 않았는지는 물어볼 필요도 없다. 사탄은 비록 실제로 그들이 기꺼이 죽으려고 했음에도 불구하고 다른 모든 사도들의 순교를 보며 자신이 승리했다고 생각했을 게 틀림없다. 그러나 그는 패했다. 요한은 이제 악마가 노리는 과녁의 중심이 되었을 것은 의심의 여지가 없다. 많은 공격이 있었을 테지만 그 중에서도 사탄은 살아남은 자의 죄책감을 느끼도록 요한을 조롱했을 것 같지 않은가? 살아남은 자의 죄책감이 얼마나 그 사람을 고통스럽게 하는지 나는 개인적으로 잘 알고 있다. 나는 형과 여동생을 잃고 한동안 그릇된 죄책감으로 끔찍하게 괴로워했던 한 남자와 25년을 함께 살아왔다. 그것은 엄청난 기만이다.

세월이 흘러 건장하고 젊은 어부가 늙어 백발이 되기까지, 요한의 연약해 가는 다리는 다음과 같은 계속적인 재확인을 통해 힘을 얻고 공고해졌을 것이다.

"예수님, 당신이 저를 선택하셨습니다. 당신이 저를 붙잡으셨습니다. 무엇보다도, 당신은 저를 사랑하십니다. 당신은 저를 사랑하십니다. 어떤 일이 일어나든 안 일어나든 예수님, 저는 당신이 사랑하시는 자입니다."

이 이론이(어떤 책에서도 본 적이 없는 것이지만) 내게 그럴듯하게 여겨지는 이유는, 내가 어느 때보다 나 자신을 하나님의 사랑 받는 자로 인정했던 때를 돌아보면 예외 없이 힘겨운 시기였기 때문이다. 결코 잘 나가던 때가 아니었다. 나는 「빼앗길 수 없는 자유」(Breaking Free, 좋은씨앗 역간, 2004)를 쓰고 있는 동안 외부적인 공격과 상실감으로 인해 끔찍한 시간을 보냈는데, 정말 견딜 수 없을 지경이었다. 엄청난 고난을 겪으면서 2년 동안 이 말을 되뇌이고 또 되뇌이며 살아 남았다.

"하나님, 당신이 저를 사랑해 주셔서 너무나 감사합니다. 당신은 저를 많이 사랑하십니다. 저는 당신의 사랑을 받는 자입니다. 당신이 눈동자처럼 아끼시는 자입니다."

이사야 54장 10절은 내게 절대절명의 생명줄이었다.

"산들은 떠나며 언덕들은 옮겨질지라도 나의 자비는 네게서 떠나지 아니하며 나의 화평의 언약은 흔들리지 아니하리라 너를 긍휼히 여기시는 여호와께서 말씀하셨느니라."

나는 시편 90편 14절의 말씀이 없이는 하루를 마주할 용기가 없었기에 매일 아침 그 말씀으로 하루를 시작했다.

"아침에 주의 인자하심이 우리를 만족하게 하사 우리를 일생 동안 즐겁고 기쁘게 하소서"

그 힘겨운 몇 달을 보내면서 내 일기장은 반복되는 사랑 고백으로 채워졌다. 하나님께 대한 내 사랑 고백은 그리 많지 않았다. 하지만 하나님은 끊임없이 나를 사랑하신다고 말씀하셨다.

나는 마치 일용할 양식을 찾아 헤매는 굶주린 난민처럼, 옆 친구의 사탕을 낚아채는 이기적인 아이처럼 그분의 사랑을 부여잡았다. 뿐만 아니라 나는 자포자기 상태였다. 어떤 상황들은 나를 극히 불안하게 만들었다. 나는 너무나 곤고한 상황에 있었기 때문에 나를 사랑하는 자들이 할 수 있었던 일이란 바싹 마른 대지에 한 바가지의 물을 붓는 것에 지나지 않았다. 한 사람이 다른 사람에게 나누어 줄 수 있는 것 이상의 사랑이 필요했다. 나는 하나님의 엄청난 사랑이 필요했다.

사랑하는 그대들이여, 당신과 나는 매일 매일 일정량의 사랑을 배급받고 있는 것이 아니다. 인생의 이 특별한 시점에서, 당신은 넘치는 사랑과 용납을 간절히 필요로 하고 있지 않은가? 인간 본성은 가장 필요하다고 느끼는 것을 어떻게 해서라도 얻으려 한다. 이처럼 당신은 특별한 사랑과 용납을 얻으려 해본 적이 있는가?

당신은 자신의 필요가 인간이 충족시킬 수 있는 한계를 넘어선다는 사실을 이미 알고 있는가? 불안하고 고통스러운 위기에 처해 있을 때 그 누구도 내가 필요로 하는 것을 줄 수 있을 만큼 넉넉하지 않다는 것을 나는 경험을 통해 배웠다. 사람으로부터 그것을 얻으려고 시도한다면, 궁극적으로 나는 그들을 경멸하고 그들은 나를 경멸하는 결과를 낳게 될 것이다. 하나님만이 유일한 근원이시다. 우리의 필요가 아무리 넓고 깊고 길다고 해도 하나님은 그것 때문에 우리에게 화를 내시는 일이 없다. 나는 신명기 33장 12절 말씀을 사랑한다. 모세는 베냐민에 대한 약속에서 이렇게 말했다.

"여호와의 사랑을 입은 자는 그 곁에 안전히 살리로다 여호와께서 그를 날이 마치도록 보호하시고 그로 자기 어깨 사이에 있게 하시리로다"

우리 모두는 내가 말한 것과 같은 시절을 보내게 될 것이다. 그렇게 하시는 하나님의 목적이 너무나 중요하기 때문이다. 우리 정체성의 많은 부분은 바로 거기에서 개발된다. 홀로 있음 가운데, 목적을 찾아 헤매면서, 죽음의 두려움 가운데, 어느 시점에선가 다시 돌이킬 수 없는 선을 넘었다고 하는 공포 가운데.

비록 하나님이 우리를 크게 사용하시지 않을지라도, 그분이 우리를 사랑하신다는 믿음으로 맞이하는 시간들 속에서 우리는 진정한 자신의 정체성을 배우게 된다. 하나님이 요란스럽게 우리를 사용하시는 것으로 그분의 사랑을 증명하신다고 믿는가? 혹시 그렇게 생각한다면, 성경에서 말해 주지 않는 기간 동안 요한이 처한 입장에 우리가 있었더라면 아마도 우리는 포기하고 말았을 것이다. 아니면 적어도 기가 꺾였을 것이다.

요한은 그렇지 않았다. 그는 두 가지 사실을 알고 있었고, 나는 그가 평생 동안 그 사실을 부여잡고 놓지 않았다고 믿는다. 그는 자신이 사도로 부르심 받았다는 것을 알고 있었고 또한 자신이 사랑 받는 자임을 알고 있었다. 시간이 흐르면서 이 두 가지 사실은 하나의 궁극적인 정체감으로 나타났다.

"나 요한은 세베대와 살로메의 아들, 야고보의 형제, 최후까지 살아남은 사도다. 나는 예수께서 사랑하시는 자다."

언제부터인가, 사랑하시는 제자 요한, 우레의 아들은 애정에 대한 욕구를 버렸다. 일찍이 하늘로부터 땅에 내려온 가장 심오한 말씀 한 부분이 마치 그의 펜을 적시는 잉크처럼 은혜로 떨어질 때에 그가 차분히 앉아 그 말씀을 받았던 이유가 바로 그것이다.

제 5 부

그의 충만한 데서 받으니

이번에 읽게 될 열 개의 장에서 나는 요한복음의 가장 흥미진진한 부분들을 아주 즐겁게 연구했다.

이 여정을 위한 연구를 시작하면서, 우리가 요한의 복음을 다루게 되리라는 것은 예상한 일이지만, 내가 어떤 점을 강조하게 될지는 나도 알지 못했다. 그의 복음은 여러 면에서 독특하고 끊임없는 통찰을 제공해 준다. 이 부분에 접근해 가면서, 나는 다루어야 할 본문을 고르고 선택하는 일에 압도되었다.

하나님은 너그럽고 선명하게 그분의 말씀을 통해 내게 말씀하셨고, 우리 연구의 목적을 달성하기 위해서 어떻게 접근해야 하는지 정확히 알려 주셨다. 21장에서 우리가 어떻게 접근할지 설명할 것이다. 각 장에서 다루고 있는 내용들을 연구하면서, 나는 내 인생에 중요한 표준이 되어 줄 무언가를 배웠다. 당신도 그렇게 되기를 소망한다.

더 풍성한 생명

말씀이 육신이 되어 우리 가운데 거하시매 우리가 그의 영광을 보니 아버지의 독생자의 영광이요 은혜와 진리가 충만하더라(요 1:14).

드디어 우리는 이 연구에서 가장 핵심적인 부분에 이르렀다. 이제 요한복음으로 관심을 돌려보자. 사도 요한이 영감을 받아 그의 독특한 복음서에서 강조한 내용을 제대로 파악하지 못한다면 간략한 서신서인 요한일서, 요한이서, 요한삼서와 비길 데 없는 요한계시록의 저자에 대해서는 거의 아무것도 이해하지 못할 것이다. 요한의 복음은 그의 영적인 심전도나 마찬가지다. 그것은 그의 심장 상태를 보여 준다.

이미 언급한 대로, 나는 요한의 후기 저작 연대들이 로마 황제 도미티안의 통치 기간 동안이었다는 증거를 토대로 그것이 주후 81년에서 96년 사이에 쓰여졌다고 확신한다. 내가 정확하게 보고 있는 것이라면, 다른 모든 사도들이 죽고 오직 요한만이 지구라는 행성에 발을 디디고 서 있는 유일한 사도로 남아 아무런 목적도 발견하지 못한 채 몇 십 년이 흘러갔다. 베일에 싸여 있는 이 기간 동안 하나님과 요한의 관계가 얼마나 강력하고 벅차게 발전하였는지는 이미 앞장에서 이야기하였다. 나는 우리가 이 여정에서 중추적인 역할을 담당하게 될 어떤 사실을 이미 발견하였다고 믿는다. 요한은 야망을 버리고 사랑을 선택했다. 사랑하고 사랑 받는 것이 그의 생명의 근원이 되었다.

요한의 생애를 연구해 갈수록, 나는 강도(intensity)가 범위(extensity)를 낳는다는 사실을 더욱 확신하게 된다. 요한과 눈에 보이지 않는 예수님 사이의 관계가 더욱 강력해질수록 하나님은 그 관계의 지경을 더욱 넓혀 가셨다. 하나님은 사도 요한이 듣는 것과 보는 것으로 인해 가지고 있던 장벽들을 깨뜨리시고 다른 사람들은 결코 보지 못했던 길이와 넓이와 깊이를 경험하게 하셨다. 요한복음이 그렇게 독특한 형태를 갖도록 하는 개념들을 살펴보면서, 우리는 강도 면에서나 범위 면에서나 그 증거를 보게 될 것이다. 하지만 우리의 목적은 단지 요한이 그리스도와 나누었던 사랑 받는 관계를 보고 감탄해 마지않는 데 그치는 것이 아니라, 우리 자신의 관계에서 그러한 모습이 뚜렷이 나타나도록 하는 것이다. 동일한 성령, 동일한 진리, 그리고 동일한 하나님이 우리 안에서도 일하고 계신다. 요한복음 1장 16절은 우리 여정 중에 이 중요한 부분을 통과하며 다루게 될 하나의 핵심적인 개념을 소개해 준다. 그 말씀을 암송하라고 권하고 싶다.

"우리가 다 그의 충만한 데서 받으니 은혜 위에 은혜러라"(영어 원문 성경을 직역하면, "우리가 다 그 은혜의 충만한 데서 축복에 축복을 받는다"이다.—역주)

이 구절이 당신에게 말씀하고 있는 것을 받게 된다면, 당신의 변화는 이 공부를 하고 있는 동안으로 그치지 않을 것이다. 예수님을 경험하는 당신의 삶 전체가 변화할 것이다.

축복의 원래 단어는 '카리스'(charis)인데, 이는 종종 '은혜'로 번역된다. 한글 개역 성경이 "우리가 다 그의 충만한 데서 받으니 은혜 위에 은혜러라"고 번역한 근거가 바로 그것이다(한글 개역 성경은 흠정역 성경의 번역을 직역한 것이다—역주). '카리스'는 '은혜' 곧 '특별히 기쁨, 쾌감, 희열, 호의, 용납… 유익을 가져다 주는 것으로 오로지 주는 자의 관대함과 자비에 근거하여 하나님이 아무런 대가 없이 인간에게 베푸시는 사랑, 넘치는 친절의 표현-노력하지 않고 얻는, 받을 만하지 않는 호의"다.[1]

요한복음 1장 14, 16절과 이 정의에 근거해서 다음과 같은 결론을 이끌어 낼 수 있을 것이다.

1) 예수님은 은혜와 진리가 충만하시다. 그분은 유일무이하시다.
2) 우리 모두는 그분의 충만함으로부터 받았다. 사도 요한만 받은 것이 아니다. 침(세)례 요한만 받은 것도 아니다. 예수님은 모든 믿는 자들이 필요로 하거나 소망하는 모든 것들을 풍성히 넘치도록 가지고 계신다. 그리고 우리는 그 충만함으로부터 받았다.
3) 그리스도의 충만한 데서 넘쳐 나온 이 은혜의 선물은 단순히 우리에게 유익을 가져다 주는 것만이 아니다. 그것은 하나님의 애정 표현으로써 기쁨과 쾌감을 느끼게 한다.

노골적인 고백을 할 때가 된 것 같다. 나는 크리스천 쾌락주의자다. 이 용어가 무슨 뜻인지 알기 전부터도 그랬다. 더 좋은 표현을 찾을 수 있으면 좋겠지만, 이렇게밖에 표현할 수 없는 것이 안타깝다. 예수님이 나를 행복하게 하신다. 그분이 나를 전율하게 하신다! 그분의 아름다움에 숨이 멎을 지경이다. 내가 할 수 있는 한 가장 심각하게 표현하자면, 나는 때때로 나를 향한 그분의 사랑에 압도되어 얼굴이 붉어지고 거룩한 기대감으로 가슴이 두근거린다. 예수님은 내 삶에 비길 데 없는 기쁨이시다.

이런 일이 일어나도록 내가 의도한 것이 아니다. 나는 그것이 가능한지조차 알지 못했다. 그 일은 내가 20대 후반에 그분의 말씀을 깊이 연구하면서부터 시작되었고, 이상한 일이기는 하지만 내가 정서적으로나 정신적으로 무너져 있었던 30대 초반에 강한 파도처럼 밀려왔다. 자신의 한계에 부딪힌 나는 눈에 보이지 않는 구세주와 강도 깊은 관계를 시작하게 되었다. 그러한 관계가 존재한다고 말해 준 사람은 아무도 없었다. 이제 나는 그 말에 귀를 기울이는 사람들에게 그 사실을 말해 주는 데 내 인생을 쏟고 있다.

나는 내가 좀 이상한 것이라고 생각했다. 그리스도를 믿는 것을 무슨 희생처럼 여기는 신자들을 너무나 많이 알고 있었고, 그래서 나는 내가 어디에서인가 무언가를 놓쳤다고 생각했다. 내 말을 오해하지 않기 바란다. 예수 그리스도의 이름으로 엄청난 희생을 감수하는 신자들이 세상에는 많이 있다. 하지만 나는 미국의 신자들이 그에 해당하는지 의심스럽다. 우리가 그것과 관련이 있다고 생각하려 들면 약간 역겨운 느낌이 들 수도 있다. 지금까지 내가 치뤘던 가장 큰 희생은 예수님과 그분의 뜻을 추구하기보다 나 자신과 내 뜻을 추구하기로 선택했던 시간들이었다. 예수님이 내게 커다란 희생을 치르게 하셨다고 말한다면 나는 거짓말쟁이다. 그분은 내 인생에 말로 다할 수 없는 기쁨과 사랑이시다. 거칠게 표현하자면, 나는 그분이 요란스런 파티 같으신 분이라고 생각한다.

여전히 우물 안 개구리에 지나지 않았지만, 나는 우연한 기회에 다른 크리스천 쾌락주의자들을 만나기 시작했다. 아마도 어거스틴은 가장 확실한 역사적 실례일 것이다. 386년 어거스틴은 그의 참회록에서 이렇게 썼다.

"그것은 얼마나 달콤한지 예전에 내가 잃어버릴까봐 두려워하였던 헛된 기쁨들을 일거에 제거해 버렸습니다. 진리이신 당신, 최고의 기쁨이신 당신은 그것들을 제게서 몰아내셨습니다. 모든 쾌락보다 더 달콤하신 당신, 당신이 그것들을 몰아내시고 그 자리를 차지하셨습니다."[2]

이 글을 읽으면서 나는 가슴이 뛰었다. 나 역시 그렇게 살고 있다.

조나단 에드워즈는 또 다른 예다. 1755년에 그는 이렇게 썼다.

"하나님은 그분의 영광을 본 사람들을 통해서만 영광을 받으시는 것이 아니라, 그분 안에서 기뻐하는 사람들을 통하여 영광을 받으신다. 하나님의 영광을 보는 사람들이 그분 안에서 기뻐할 때 하나님은 그들이 단지 그분의 영광을 보기만 하는 것보다 더 영광을 받으신다."³

C. S. 루이스 역시 훌륭한 크리스천 쾌락주의자였다. 그는 이렇게 썼다.

현대의 지성 가운데 우리 자신에게 유익한 것을 갈망하고 그것을 즐기고자 하는 소망이 나쁜 것이라는 관념이 숨어 있다면, 나는 그 관념이 칸트와 스토아 학파에게서 나온 것이지 기독교 신앙으로부터 온 것이 아니라고 주장한다. 복음서에서 아주 노골적으로 보상을 약속하고 있다는 것과 그 성격이 깜짝 놀랄 만하다는 사실을 고려해 보면, 우리 주님은 우리 욕구가 너무 강한 것이 아니라 도리어 너무 약하다고 생각하시는 것 같아 보인다. 우리는 무한한 기쁨이 우리에게 제공되어 있음에도 불구하고 술과 섹스와 야망으로 시간을 허송하는 어리석은 사람들이다. 우리는 마치 바닷가에서 휴가를 보내자고 제안을 해도 그것이 어떤 것인지 알지 못하기 때문에 그저 빈민가에서 진흙이나 주무르며 놀고 싶어하는 무지한 아이와 같다. 우리는 너무 쉽게 기뻐한다.⁴

요한복음 1장 14, 16절을 다시 한 번 묵상해 보라. 은혜는 하나님의 호의인데 그분은 그것을 베푸실 곳을 찾으신다. 그분의 호의로 우리는 축복에 축복을 받을 수 있다. 사랑하는 그대들이여, 당신이 누구이든 얼마나 오랫동안 예수님을 알아왔든 상관없이 우리는 고작 거죽만 긁적인 것에 불과하다. 그분에게는 훨씬 더 많은 것이 있다. 그분이 우리에게 주시고자 하는 것은 훨씬 더 많다.

"우리에게 보여 주소서! 말씀하소서!"

그것이야말로 우리 인생을 드려 맹렬히 추구해야 할 것이다. 그것이 바로 존 파이퍼가 했던 일이다. 존 파이퍼는 21세기 초부터 내가 가장 좋아하는 거룩한 쾌락주의자의 표본이다. 그의 저작들 중 아무것이나 골라 보더라도 그 증거를 얻을 수 있겠지만, 그의 쾌락주의자다운 결론은 다음의 단 한 문장에 가장 잘 표

196 ㅣ 예수님이 사랑하시는 제자

현되어 있다.

"우리가 하나님 안에서 가장 만족하고 있을 때 그분은 우리 안에서 가장 영광을 받으신다."[5]

내 말을 오해하지 마라. 나는 지금 하나님을 추구하는 우리의 동기가 순전히 우리 자신의 기쁨과 만족을 위한 것이라고 말하는 게 아니다. 그분이 모든 존재의 진수요 본질이시며 그분의 영광은 우리 피조물들의 유일한 목적이시기 때문에(사 43:7) 우리는 그분을 추구한다. 하지만, 우리가 그분을 열광적으로 추구하고 열정적으로 사랑하고자 할 때 우리는 예기치 않은 기쁨과 만족을 얻고 어안이 벙벙해질 것이다. 확신이 서지 않는다면 잠시 기다리고 앞으로 함께 공부해 가면서 지켜 보라.

어거스틴이 그의 참회록으로 멋지게 한 장을 장식하기 훨씬 전에, 모세나 다윗, 바울과 같은 영감을 받은 사람들이 거룩한 쾌락주의자임을 증명하였다.

엄청난 축복과 함께 약속의 땅으로 들어갈 기회를 맞이했지만 하나님의 임재가 함께 하시지 않자, 모세는 이렇게 단언하였다.

"주께서 친히 가지 아니하시려거든 우리를 이곳에서 올려 보내지 마옵소서"(출 33:15).

다윗은 "주의 인자하심이 생명보다 나으므로 내 입술이 주를 찬양할 것이라 주는 나의 도움이 되셨음이라 내가 주의 날개 그늘에서 즐겁게 부르리이다"(시 63:3, 7)라고 썼다.

바울은 오직 예수님만이 진실로 만족을 주실 수 있다는 비밀을 발견하였다. 그는 자신이 "모든 것을 해로 여김은 내 주 그리스도 예수를 아는 지식이 가장 고상하기 때문이라 내가 그를 위하여 모든 것을 잃어버리고 배설물로 여김은 그리스도를 얻고 그 안에서 발견되려 함"(빌 3:8)이라고 말했다. 실제로 바울은 그리스도 없이 고통 없는 삶을 사느니 그리스도로 인하여 고통당하는 것에 더 큰 기쁨이 있다고 믿었다. 그는 "내가 그리스도와 그 부활의 권능과 그 고난에 참여함을 알고자 하여 그의 죽으심을 본받는다"(빌 3:10)고 썼다.

그렇다. 하나님의 말씀은, 열심을 가지고 하나님을 애써 추구하는 것이 가장 좋은 것이라고-하나님께가 아니라 그들에게-다양한 방법으로 증언하는 거룩한 쾌락주의자들의 이야기로 가득하다. 하나님 스스로가 창세기 15장 1절에서 바로 이 점을 아브라함에게 지적하셨다.

"나는… 너의 지극히 큰 상급이니라."

같은 맥락에서 우리는 하나님이 살아 계신 것만이 아니라 그분이 "자기를 찾는 자들에게 상 주시는 이심"을 믿어야 한다고 말하는 히브리서 11장 6절을 정말 사랑한다. 우리 하나님은 모든 열정을 다해 사랑할 만한 분이시다. 우리가 그분을 더욱 추구할수록 하나님은 우리에게 더 많은 상을, 자기 자신을 주시는 분이시기 때문이다.

그분이 충분히 보상하시지 않는 것 같은가? 하나님은 차고 넘치게 주시는 분이시다. 성경에 기록된 많은 영감을 받은 사람들은 하나님을 추구하는 것에 따르는 영광스러운 상급들을 고백하였지만 사도 요한에 견줄 만한 사람은 거의 없다. 나는 바로 그 점을 증명해 보이려 한다. 능통한 성경 학자는 아니지만, 나는 몇 가지 연구 도구들을 사용하는 법을 배웠고 또 나름대로 약간의 연구 조사를 했다. 요한의 저술 전체를 살펴보고 요한복음을 다른 세 공관복음과 비교해 볼 때, 요한은 신약을 기록한 다른 어떤 사람보다 생명, 빛, 사랑, 진리, 영광, 표적, 그리고 믿음에 대해 할 말이 더 많았다.

요한은 다른 어떤 영감을 받은 저자들보다 아버지로서의 하나님에 대해 압도적으로 할 말이 많았다. 실제로 신약은 아버지이신 하나님에 대해 248번 언급하는데 그 중 요한이 기록한 것이 130번이나 된다. 이와 균형을 맞추어 요한은 또한 영감을 받은 다른 저자들보다 하나님과 세상에 대해 할 말이 더 많았다.

신약이 세상에 대해 언급한 206번 가운데 103번이 요한의 기록이다. 이러한 예는 계속 들 수 있다.

무슨 말이 하고 싶은 것이냐고? 그의 복음서가 다른 것들보다 더 훌륭하다는 말은 분명 아니다. 각각의 복음서는 하나님이 의도하신 그대로 영감을 받아 쓰여졌다. 내가 말하고자 하는 것은, 요한은 생명의 길이와 사랑의 깊이에 있어서 그 개념이 지니고 있는 더 많은 의미를 발견했다는 것이다. 그리스도가 요한에게 하셨던 매우 심오한 말씀 중 하나에 요한의 경험과 관점을 전반적으로 아주 간결하게 설명해 주는 말이 암시되어 있다.

예수님은 "내가 온 것은 양으로 생명을 얻게 하고 더 풍성히 얻게 하려는 것이라"(요 10:10)고 말씀하셨다. '페리슨'(Perisson)은 '풍성함'을 의미하는 헬라어로, 우리는 이것을 마음에 새겨둘 필요가 있다. 그것은 '…에 더하여, 충분하고도 남도록…, 일반적으로 남아도는, 많고 엄청나게 큰'[6]이라는 뜻이다.

그리스도는 당신이 위대한 삶을 살기 원하신다는 것을 이해하는가? 이런 말을 들으면 부담이 되고 염려스러운가? 위대한 삶을 도전이나 결핍이나 심지어는 고난이 없는 삶과 혼동하지 마라. 실제로 내가 인생을 살면서 경험한 가장 위대한 부분들은 나를 압도하는 일들을 성령의 능력으로 극복하였던 것이다. 크리스천 쾌락주의자들은 고통을 무시하지 않는다. 그들은 손실 가운데서 유익을 얻기까지 결코 포기하지 않는다(빌 3:8). 우리의 이러한 삶을 내려놓을 때, 하나님은 우리가 풍성한 인생을 살았노라고 말할 수 있게 되기 원하신다. 우리는 그분이 우리에게 주신 것을 하나도 놓치지 않았다. 우리는 하나님과 더불어 정말 즐거운 잔치 같은 인생을 살았다. 요한처럼.

예수님은 풍성한 생명을 주셨고 요한은 그 위에 그분을 모셨다. 예수님은 밝은 빛을 비춰 주셨고 요한은 그 빛 가운데 행하기로 결정하였다. 예수님은 많은 영광을 계시하셨고 요한은 그것을 바라보기로 결정하였다. 예수님은 많은 진리를 알려 주셨고 요한은 그것을 믿었다. 예수님은 많은 피를 흘리셨고 요한은 그 피로 덧입혀짐을 느꼈다. 예수님은 많은 사랑을 아낌없이 부으셨고 요한은 그것을 받았다. 예수님은 우리가 필요로 하거나 바라는 모든 것들을 풍성히 가지고 계신다. 감사하게도 많은 사람이 그것을 받았지만 그 중 어떤 사람들은 더 풍성히 받아 누렸다. 요한은 그런 사람 중에 하나이다. 나도 그런 사람이 되었으면 좋겠다.

사랑하는 그대들이여, 나는 전심으로 하나님을 알기 원한다. 그리고 그분의 호의로부터 흘러나오는 축복에 축복을 경험하기 원한다. 나는 더 많은 것을 원한다. 그것들은 모두 그러라고 있는 것이다. 하나님은 "하나님, 당신은 제게 일어날 수 있고, 또 실제로 일어난 일 가운데 가장 좋은 일입니다"라고 말하면서 접근해 오는 쾌락주의자들을 반갑게 맞아 주신다고 나는 확신한다.

우리는 요한복음에 기록된 풍성함으로의 초대에 초점을 맞추려고 한다. 각 장에서 우리는 요한이 공관복음서의 저자들이나 신약 전체의 다른 저자들보다 특별히 강조한 개념들을 묵상할 것이다. 다르게 표현해 보자면, 우리는 요한의 심전도에서 뾰족이 솟아오른 지점들을 연구할 것이다.

C. S. 루이스의 말은 옳았다. 우리는 너무 쉽게 즐거워한다. 그러는 와중에 우리 가운데 많은 이들이 그리스도의 개념을 형성했다가는 청산해 버렸다. 그래서 정말로 위대한 모험에 초대받는 사람은 거의 없다. 그들은 하나님을 단지 종교에 불과한 것으로 축소시켜 버리고 자기들이 만들어 낸 그 형상에 점차 지루해진다. 결과적으로 사람들은 어떤 뜻밖의 일들이 우연히 일어나기를 기다리게 되었는데, 우리 영혼은 거룩한 열정으로 기뻐 뛰고 춤추게 지음 받았기 때문이다. 거룩하신 하나님 안에서 그것을 발견하지 못한다면, 우리는 거룩하지 못한 것들이 뿜어내는 뽀얀 안개 속에서 그것을 찾아 헤매게 될 것이다. 나는 그 사실을 증거해 주는 화상의 흔적을 가지고 있다.

더 풍성한 믿음

> 율법과 선지자는 요한의 때까지요 그 후부터는 하나님 나라의 복음이
> 전파되어 사람마다 그리로 침입하느니라(눅 16:16).

신약 교회 아주 초기에, 유세비우스(Eusebius)는 알렉산드리아의 클레멘트(Clement)에게서 들은 다음과 같은 말을 기록했다.

"표면적인 사실들이 복음서에 기록되었다는 것을 인식한 요한은 그 제자들로부터 재촉을 받고 또 성령의 감동을 받아 맨마지막으로 영적인 복음서 한 권을 써냈다."[1]

클레멘트의 말이 정확한 것이었다면 요한은 공관복음의 내용에 대해 잘 알고 있었으며 마태, 마가, 누가가 보여 주었던 연대기적 접근 방법을 반복할 마음도 없었고 그렇게 하라는 성령의 강력한 인도하심을 받지도 않았다. 요한복음은 다른 복음서 저자들이 다루고 있는 내용을 단 10퍼센트 정도만 공유하고 있을 뿐이다. 클레멘트의 말은 네 복음서 모두가 똑같이 영감을 받은 것이 아니라는 말은 아니었다. 그는 단지 마지막 복음서가 우리를 더 깊은 영적 진리로 이끌어 간다고 주장한 것이다.

마태복음과 마가복음이 인간적인 족보를 기록하는 것으로 시작한 반면, 요한복음은 예수 그리스도에 대한 최고의 선언, 선재(先在)하시고 영원하신 말씀으로 시작한다. 비록 요한의 접근 방법은 광대하고 심오하지만, 내 헬라어 선생님 말씀에 의하면 요한이 사용한 헬라어는 신약 전체에서 가장 읽기 쉽다고 한다. 어거스틴이 다음과 같은 말을 썼을 때 아마도 그는 이 사실을 염두에 두었던 것 같다.

"요한의 복음서는 코끼리도 헤엄칠 수 있을 만큼 깊고 어린아이가 들어가도 빠지지 않을 만큼 얕다."[2]

그러므로 우리가 말씀이신 예수님과의 관계에서 코끼리이든 어린아이이든, 우리는 이 복음서의 생명수 안에서 기쁨으로 첨벙거릴 수 있다.

다른 몇 권의 신약 책들이 그러하듯 요한복음의 끝부분은 이 책이 왜 그렇게 시작하였는지를 설명해 준다. 요한은 결론적으로 두 개의 통찰력 넘치는 말씀을 기록하였다. 하나는 요한복음의 마지막 구절이다.

"예수의 행하신 일이 이외에도 많으니 만일 낱낱이 기록된다면 이 세상이라도 이 기록된 책을 두기에 부족할 줄 아노라"(요 21:25).

나는 이 구절을 읽을 때마다 내가 이스라엘을 여행할 때 첫 번째 가이드였던 사람이 했던 말이 떠오른다. 고대 히브리인들은 그림이나 이미지를 사용해서 말하는 경우가 많았다고 했다. 그는, "예를 들면 마지막 구절을 쓰면서 요한이 의도한 바를 우리는 이렇게 읽을 수 있지요. '숲 속의 모든 나무로 펜대를 만들고 바다를 잉크로 삼아도 예수님이 행하신 모든 일을 다 기록할 수 없을 것이다.'" 과연! 내 말이 그 말이다.

당신이 어떤 종류의 수사법을 선호하든 간에 우리는 요한의 결론 부분으로부터 다음과 같은 결론을 내릴 수 있다. 요한복음에 스며들어 있는 요소들은, 요한의 개성과 그가 가진 우선순위를 통하여 일하시는 성령의 리더십에 의해 분명한 목적으로 선별된 것들이었다. 그가 땅을 두루마리 삼아 기록할 수 있는 것보다 더 많은 것을 말할 수 있었다는 점을 생각할 때, 그에게 복음서에 기록된 특정한 기사들을 기록하도록 만든 요인은 무엇이었을까? 달리 말하면, 그가 영감을 받아 자료를 선택하면서 성취하고자 한 목적은 무엇이었을까? 요한복음 20장 30-31절에 그 대답이 나와 있다.

"예수께서 제자들 앞에서 이 책에 기록되지 아니한 다른 표적도 많이 행하셨으나 오직 이것을 기록함은 너희로 예수께서 하나님의 아들 그리스도이심을 믿게 하려 함이요 또 너희로 믿고 그 이름을 힘입어 생명을 얻게 하려 함이니라"

다른 어떤 복음서 저자도 예수님의 절대적인 신성을 표현하고자 하는 요한의 결심을 능가하지 못했다. 요한은 그의 독자들이, 예수 그리스도는 논의의 여지가 없는 명백한 그리스도시라는 것을 온전히 확신하는 목격자들로부터 진리를 듣게 하기 위해 복음서를 썼다. 예수님은 메시아, 하나님의 아들이시다. 요한복음 1장 12절은 이 믿음이 왜 그렇게 중요한지를 말해 준다.

"영접하는 자 곧 그 이름을 믿는 자들에게는 하나님의 자녀가 되는 권세를 주셨으니"

다른 복음서나 신약의 저자들과는 달리, 요한은 예수 그리스도를 하나님 아버지의 아들로 소개한다. 신약에서 하나님이 아버지로 여겨지는 곳은 대략 248번 정도인데 그 중에서 110번은 요한복음에 등장한다. 요한은 탁월한 복음 전도자였으며, 구원은 행함에 의해서가 아니라 예수 그리스도를 절대적인 하나님의 아들로 인정함으로써 보장된다는 것을 알고 있었다. 요한은 그의 복음서에서 어느 누구도 구원하는 사실들을 놓칠 수 없도록 대책을 마련하였다. 물론, 독자들은 그 사실을 읽고도 구원을 놓칠 수 있는데, 누구든 하나님의 자녀가 되기를 원하는 사람에게 요구되는 것이 있기 때문이다. 그것이 바로 믿음이다.

안드레아스 코스텐버거(Andreas J. Kostenberger)는 그의 책 「요한과의 만남」(Encountering John)에서 이렇게 썼다.

'예수'와 '아버지'는 별문제로 하고, 신학적으로 중요한 단어들 가운데 '믿는다'(pisteuo, 98번)라는 단어보다 요한복음에 더 자주 나오는 단어는 없다. 요한은 이 단어를 98번이나 사용하는데, 이는 마가복음에 11번, 마태복음에 14번, 그리고 누가복음에 9번 사용된 것과 비교된다. 그러므로 메릴 테니(Merrill Tenney)가 요한복음을 '믿음의 복음서'라고 불렀던 것은 정당하게 여겨진다. 또 다른 흥미 있는 관찰은, 요한이 '믿는다'라는 동사는 거의 100번이나 사용한 반면에 그에 상응하는 명사, '믿음'(pistis)은 한 번도 사용하지 않았다는 점이다. 이에 비추어 볼 때, 요한의 일차적인 목적은 그의 독자들 안에 믿는 행위, 즉 예수 그리스도께 믿음을 두는 행위가 생겨나도록 하는 것으로 보인다.³

그의 진술은 우리를 영광스러운 지점으로 데려간다. 하나님이 요한복음을 통해 풍성하게 제시하시는 어떤 것 위에 '하나님을 모시면' 하나님이 우리의 삶을 변화시키실 것이라고 말했던 것을 기억하는가? 당신은 한 순간도 더 기다릴 필요가 없다. 우리 연구의 처음부터 끝까지, 하나님은 그분을 더욱 믿으라고(to believe) 당신과 나를 부르고 계신다. 요한복음은 마치 그것이 이미 완성된 과거 시제인 양 우리를 믿음(belief)으로 부르고 있는 것이 아니다. 사랑하는 그대들이여, 그리스도 안에서 우리는 활기찬 동사가 되도록 부르심을 받는다. 우리는 계속 진행 중인 믿는 행위로 부르심을 받는다.

물론, 많은 사람에게 있어 우리의 구원을 보증해 주는 믿음은 완성된 과거 시제이다. 달리 말하면 우리는 이미 구원을 얻기 위해 그리스도를 믿었고, 이제와 영원토록 보증을 받았다. 그러나 유감스럽게도 너무 많은 사람이 과거 시제의 믿음 안에 살고 있으며, 하나님을 믿으며 앞으로 오는 시간 동안 거의 아무것도 더 얻지 못하고 있다.

한 가지 중요한 질문을 하고 싶다. 그리스도를 믿는 당신의 믿음은 구원을 보증해 주는 과거 시제에 불과한 것인가, 혹은 활기 넘치고 계속 진행되는 그리스도를 믿는 생활 방식에까지 미치는 것인가? 다른 말로 하자면, 우리는 단순히 명사, 곧 신자(believer)일 뿐인가, 혹은 동사, 즉 믿는 것(believing)이기도 한가?

그리스도에 관해 믿는 것(believing in Christ)과 그리스도를 믿는 것(believing Christ)은 별개의 문제일 수 있다. 전자로 시작을 하지만 거기서 끝나지 않기를 바란다. 예수님을 얼굴과 얼굴로 마주해 볼 때까지 우리는 그분이 자기 자신에 대해, 그분의 아버지에 대해, 그리고 우리에 대해 하신 말씀을 계속해서 믿기 원한다.

히브리서 11장에 기록된 믿음의 사람들을 생각해 보라. 그들이 하나님과의 관계를 시작하도록 해준 처음 신앙도 그것만으로 너무나 생생한 것이었지만, 그것으로 인해 칭찬을 받은 사람은 아무도 없었다. 육체적인 눈으로 보면 하나님이 그들에게 믿으라고 말씀하신 것을 볼 수 없었을 때에 그들은 그것을 믿는 지속적인 행위로 인하여 칭찬을 받았다.

요한복음은 다른 어떤 복음서들보다 '생명'이라는 단어를 더 많이 사용하고 있다. 실제로 요한복음은 두 번째로 그 단어를 자주 사용하고 있는 마태복음보다 두 배 이상이나 그 말을 사용한다. 생명을 외친 그 복음서가 또한 믿음의 행위를 외치고 있는 것은 우연의 일치가 아니다. 히브리서 11장에 나오는 구름같이 허다한 위대한 증인들은, 진정으로 그리스도인의 삶을 산다는 것은 그것을 창조하신 하나님을 진정으로 믿는다는 것과 같은 뜻이라고 말할 것이다.

내 머리 속에서 뱅뱅 돌고 있는 질문을 하고자 한다. 당신의 예수님은 누구인가? 앞으로 우리는 요한의 예수님, 은혜와 진리가 풍성하시고 우리에게 축복에 축복을 더하여 주시는 예수님을 공부할 것이다. 그러나 지금 이 시점에서, 우리 자신의 삶과 관련해서 예수님은 어떤 분이라고 믿고 있는가? 실제로, 우리가 믿고 있는 바는 우리가 말하는 바에 의해서가 아니라 우리가 살아가는 모습에 의해 평가된다. 당신의 삶이 요한의 삶이 그랬던 것처럼 하나의 복음서라고 생각한다면, 사람들은 당신의 예수님이 어떤 분이시라고 '믿을 것' 인가? 자세하고 구체적으로 생각해 보라. 당신의 삶을 통해 볼 때, 예수님이 당신의 생명을 수렁에서 구속하신 것이 분명하기 때문에 사람들이 예수님을 구속자로 믿을 수 있겠는가? 그분이 당신을 어떤 질병에서 치유하셨기에 그분을 치유자로 믿을 수 있겠는가? 우리가 깊이 묵상해야 할 필요가 있는 이러한 질문들을 명심해 주기 바란다. 그러한 질문들은 우리가 기뻐할 이유를 발견하고 발전해 가는 데 도움이 되거나 혹은 우리가 목표하는 바를 알 수 있게 도와줄 것이다.

요한의 예수님은 그의 복음서 전반에 나타나 있다. 그 동일한 예수님은 우리에게도 그런 분이셔야 한다. 선재하시고 기적을 행하시며 모든 피조물을 창조하신 아버지의 독생자이시다. 몇 년 전, 하나님은 내가 어린 시절 다녔던 교회를 통해 감사하게도 죄인들의 구세주이신 그리스도를 믿었지만, 성경이 말하는 그리스도는 거의 믿지 않고 있음을 보여 주셨다. 그렇다. 그분은 죄인들의 구세주이시며 또한 그보다 훨씬 더 크신 분이다. 그리스도에 대해 우리가 가지고 있는 인상은 완전히 믿을 수 없는 자료는 아닐지라도 엄청나게 불완전한 근거에서 형성된 것들이 압도적으로 많다. 그러한 근거들은 상당히 매력적이고 그럴싸하게 보일 수 있다.

이러한 인간적인 도구들 가운데 하나로, 우리에게 예수님에 대한 확실한 인상을 보여 줄 때마다 우리는 측량할 수 없는 축복을 누린다. 내가 초기에 예수님에 관해서 받은 인상은 교회에서 배운 것에 근거하고 있다기보다는 내가 교회에서 본 것에 근거한 것이 대부분이었다. 나는 예수님이 구원하신다는 것을 확실히 믿었고, 그 믿음은 나 자신의 구원을 경험하게 해주었다. 그러나 나는 더 이상의 증거를 거의 보지 못했기 때문에 그분을 더 이상으로 믿지 않았다. 몇 안 되는 놀라운 예외들이 잊혀지지 않을 깊은 인상을 남기기는 했지만, 나는 그토록 많은 신자들이 예수님의 아주 작은 부분만을 믿고 있는 이유가 무엇인지 궁금하다. 나는 단지 솔직하게 사실을 말하고자 한다. 예수님은 성경에서 그분이 행하셨다고 말씀하고 있는 일들을 더 이상 행하시지 않거나, 아니면 우리가 그분께 기회를 드리지 않는 것이다.

말씀하시는 전능하신 하나님의 아들을 우리에게 제시하고 그분의 말씀은 성취된다는 것을 보여 주기 위해 요한은 비상한 노력을 기울였다. 우리를 죄에서 구원하시기만 하는 것이 아니라 악으로부터 건져내실 수 있는 구세주, 진정으로 치유하시는 위대한 의사요 단지 죽을 수밖에 없는 운명을 지닌 사람들에게 그분의 위엄을 계시하시는 영광의 하나님, 그리고 표적과 기사를 행하시는 하나님. 복음서를 기록한 요한의 일차적 목적 가운데 하나는 예수님이 행하신 표적들을 증언함으로써 독자들이 기적 그 자체가 아니라 기적을 행하신 그리스도를 믿도록 하려는 것임을 우리는 이미 살펴보았다.

많은 사람이 '기적의 시대는 끝났다' 고 주장한다. 하나님의 말씀이 널리 퍼져 있는 문화에서 하나님은 덜 빈번히 기적을 일으키신다는 것은 나도 의심치 않는다. 그러나 나는 예수 그리스도가 여전히 기적을 행하신다는 것을 알고 있다. 우선, 나는 그분이 히브리서가 주장하고 있는 그대로의 분이심을 알고 있다.

"하나님의 말씀을 너희에게 일러 주고 너희를 인도하던 자들을 생각하며 그들의 행실의 결말을 주의하여 보고 그들의 믿음을 본받으라 예수 그리스도는 어제나 오늘이나 영원토록 동일하시니라"(히 13:7-8).

예수 그리스도가 여전히 기적을 행하신다는 것을 내가 알고 있는 두 번째 이유는 내가 바로 그들 가운데 하나이기 때문이다. 나는 진실을 말하고 있다. 내 인생에서 일말의 승리를 거둘 수 있었던 유일한 이유는 예수 그리스도의 구원하시는 초자연적 능력이다. 나는 실재하며 살아 있는 악마의 손아귀에 사로잡혀, 끊임없이 반복되는 좌절 가운데 살고 있었다. 나를 자유케 하시고 사용하실 수 있는 분은 오직 기적적으로 일하시는 하나님뿐이었다. 내 친구인 팻시 클레몬트와 캐시 트로콜리는 자신들 역시 기적일 뿐이라고 간증한다. 어쩌면 당신은 "그건 진짜 기적이 아니잖아요!"라고 말할지 모르겠다. 하지만 성경은 이보다 더 큰 일은 없다고 주장한다.

에베소서 3장 20절의 사도 바울에 따르면, 하나님은 "우리 가운데서 역사하시는 능력대로 우리의 구하거나 생각하는 모든 것에 더 넘치도록 능히 하실 이"시다. 이 사실을 알겠는가? 하나님이 행하시는 가장 심원한 기적은, 사람들의 마음과 영혼 가운데 일어나는 기적일 것이다. 이기적이고 파괴적인 인간의 마음을 변화시키는 것에 비하면 산을 옮기는 것은 아무것도 아니다.

세 번째, 나는 예수 그리스도가 기적을 행하시는 것을 목격하였기에 그것을 안다. 나는 그분이 많은 사람에게 기적을 행하시는 것을 보았는데, 그 가운데는 예수님이 아직도 그런 일을 행하신다고 믿지 않는 사람들도 있었다. 예수님은 내가 개인적으로 알고 있는 한 여성을 간암에서 치유해 주셨고, 역시 내가 개인적으로 알고 있는 한 남자를 췌장암에서 치유해 주셨다. 태중에서 허약 상태로 진단을 받은 아이를 건강하게 출산하는 여성들도 보았다. 수년 동안 시각 장애인으로 지냈던 80대의 한 노인에게 하나님이 갑자기 놀랄 만큼 시력을 회복시켜 주셨을 때-한 침례 교회 예배석에서-나는 그 예배에 함께 참석하고 있었다.

당신과 마찬가지로 나 역시, 그들이 소망하는 바 기적을 경험하지 못하는 많은 사람을 보아왔다. 하나님이 그것을 더 큰 영광에 양보하시는 경우가 많다고 말하는 것 말고는 그 차이를 설명할 수 없다. 때때로, 우리가 원한다고 생각하는 것을 얻지 못하였을 때 하나님이 가져다 주시는 승리와 그분이 드러내시는 성품은 그보다 훨씬 더 큰 축복이다.

그 반면에, 때로 우리가 거의 믿음이 없기 때문에 아무것도 보지 못하는 경우도 있다. 그것은 당신과 내가 극복해야 할 장애이며 그렇게 하면 우리는 예수 그리스도의 풍성한 축복 가운데 살아갈 수 있다. 생명이 끝날 때까지 나는 어쩌면 성경이 말하고 있는 기적, 즉 예수님이 행하시는 모습을 보지 못할지도 모르겠다. 하지만 그 이유가 내가 예수님을 너무 적게 믿어서 그분께 기회를 드리지 않았기 때문이 아니라 그분이 다른 방법으로 그분의 영광을 보여 주셨기 때문이어야 한다.

십자가에서 행하신 그분의 역사와 세상이 형성되기 전부터 그분이 가지고 계셨던 계획을 통하여 그리스도는 천국에서 살아갈 당신의 삶을 위해 이미 너무나 많은 것을 성취하셨다. 하지만 당신이 뜨거운 도로 위에 발을 디디고 살아가는 이 땅 이곳에서 예수님의 역사가 성취되려면 당신은 그분을 믿기 시작해야만 한다. 그리스도를 우리의 구세주로 영접할 때, 당신은 아마도 능력의 관을 통해 우리 삶이 하나님의 보좌와 연결되는 것을 그려 볼 것이다. 불신앙은 그 관을 막아버린다. 하지만 믿는 행위는 믿을 수 없을 정도로 깨끗하게 그 길을 청소한다. 요한복음이 믿는 것에 대해 그렇게 많은 말을 했던 것만큼이나, 마가보다 더 강력한 진술을 기록한 사람이 있는지 모르겠다. 그는 우리에게 예수님이 "믿는 자에게는 능히 하지 못할 일이 없느니라"(막 9:23)고 말씀하셨다고 전해 준다.

하나님의 말씀을 배우는 자들이여, 어떤 교회나 교단이나 가족이나 친구의 예수님은 우리를 구원하고, 우리를 치유하고, 또 놀라운 위업으로 우리를 깜짝 놀라게 할 수 없을지도 모른다. 그러나 성경의 예수님은 하실 수 있다. 그분은 어제나 오늘이나 영원토록 동일하시다. 이제 우리가 그분을 좀더 믿기 시작할 때이다. 우리가 이 성경 연구의 마지막 장을 넘길 때에는 우리 모두 하나님 말씀이 말하는 강력하고 믿을 만한 예수님을 확실히 깨닫게 되기를 원한다.

23장

더 풍성한 포도주

포도주가 떨어진지라 예수의 어머니가 예수에게 이르되
저들에게 포도주가 없다 하니(요 2:3).

예수님은 결혼식을 좋아하셨다. 그 점은 의심의 여지가 없다. 선재하시고 영원하신 말씀은 창세기 2장에 등장하는 첫 번째 결혼에서 그분의 거룩한 주례사를 시작하셨고, 요한계시록 19장에 나오는 마지막 결혼에서 그것을 완성하셨다. 그 사이에 그분이 얼마나 많은 결혼식에 참석하셨는지 누가 감히 헤아릴 수 있겠는가? 우리가 예수님께 주례를 맡아 달라고 부탁을 드렸든 그렇지 않든 상관없이, 예수님은 주례 설교자가 되시고 혼인 증명서에 사인을 하시는 분이시다. 무엇보다 결혼이라는 제도 자체가 그분의 아이디어였다. 단순한 결혼식에 그분이 그토록 흥분하시는 이유는 그분의 마음에 자신의 결혼식에 대한 기대가 밀려오기 때문이다. 그분의 신부인 우리와의 결혼.

에베소서 5장 25-32절을 한 번 잘 살펴보자.

남편이신 여러분, 그리스도께서 교회를 사랑하셔서 교회를 위하여 자신을 내주신 것같이,

아내를 사랑하십시오. 그리스도께서 그렇게 하신 것은 교회를 물로 씻고 말씀으로 깨끗하게 하여서 거룩하게 하시려는 것이며, 티나 주름이나 또 그와 같은 것들이 없이 아름다운 모습으로 교회를 자기 앞에 내세우시려는 것이며, 교회를 거룩하고 흠이 없게 하시려는 것입니다. 이와 같이 남편들도 자기 아내를 자기 몸과 같이 사랑하여야 합니다. 자기 아내를 사랑하는 사람은 곧 자기를 사랑하는 것입니다. 아무도 자기 육신을 미워하지 않습니다. 그리스도께서 교회를 기르시고 돌보시는 것처럼, 사람은 자기의 육신을 가꾸고 보살핍니다. 우리는 그리스도의 몸의 지체입니다. 그러므로 사람이 부모를 떠나서 자기 아내와 합하여 둘이 한 몸이 되는 것입니다. 이 비밀은 큽니다. 나는 그리스도와 교회를 두고 이 말을 합니다(표준새번역).

이제 한창 중년의 시기를 보내고 있는 나는, 우리가 주름잡힌 것이 없이 드러날 것이라는 사실에 참 기쁘다. 말이 나온 김에 말하자면 에베소서 5장 29절 말씀은 남편들이 요리를 한다는 전제를 암시하고 있는 것이 거의 확실한 것 같다. 한 가지는 분명한데, 우리는 어린 양과 함께 하는 우리의 결혼식 잔치에서 직접 요리를 할 필요가 없을 것이라는 점이다. 그때까지 그분이 참석하시는 모든 결혼식은 대대적인 행사를 열기 위한 행복한 리허설이다. 지금 우리는 가나에서 열리는 혼인잔치에 참석해야 한다. 너무 늦게 들어가고 싶지 않다. 서두르자.

요한복음은 2장 1-11절에서 그 이야기를 해준다. 예수님이 혼인잔치에 참석하셨는데 마침 포도주가 바닥이 났다. 잔치의 주인은 엄청 당황하였을 것이다. 마리아는 그 사실을 예수님께 알리고 조처를 부탁했지만 예수님은 마리아의 요청을 듣고 그녀를 타박하신 것처럼 보였다. 예수님의 어머니는 종들에게 예수님이 명하시는 대로 하라고 말하였다. 예수님은 여섯 항아리에 든 물을 포도주로 변화시키셨다.

그 결혼식에 관련된 가족들은 아마 예수님이 잘 아시는 사람들이었을 것이라고 짐작할 수 있다. 예수님이 초대를 받고 가셨다는 사실을 놓치지 마라. 우리는 보통 낯선 사람을 결혼식에 초대하지 않는다. 게다가 결혼식 날은 예수님이 정말 바쁘셨던 기간에 잡혀 있었는데, 그때는 하나님 아버지가 이제 막 그분의 사역을 시작하고 계셨던 때였다. 예수님이 이 결혼식에 참석하기로 하셨던 것을 보면 그분은 그 사람들과 관계를 가지고 계셨고 그곳에 거룩한 목적이 있었다는 것을 알 수 있다. 또 마리아가 결혼식을 돕고 있었던 게 분명한 것으로 보아, 아마도 그 잔치의 주인들은 마리아의 가족과 좋은 친구 사이였을 것이다.

내 생각에는 예수님이 그 결혼식에 참석하셔서 그저 팔짱을 끼고 계실 수만은 없었던 또 다른 이유가 있었던 것 같다. 나는 그분이 근사한 잔치를 좋아하셨다는 생각이 퍼뜩 들었는데, 지금도 여전히 그렇게 생각한다. 인간의 몸을 입고 사셨던 짧은 기간 동안 예수님은 아주 즐겁게 관계를 맺으시는 유쾌한 성품을 지닌 분이었다고 확신한다.

예수님은 제자들에게 어린아이들이 그분께 오는 것을 허락하라고 하셨다(마 19:14). 그분을 비판하는 사람들은 예수님이 금식하는 대신 세리와 '죄인들'과 함께 먹고 잔치하기를 즐겨하신다고 불평했다(마 9:14). 이러한 사실들이 놀라운가? 요한복음 2장과 비슷한 모습을 당신도 이미 감지했는가?

우선, 어린아이들은 까다로운 사람들에게 끌리지 않는다. 그들은 사람의 성품을 아주 잘 판단하며 재미있는 사람들을 좋아한다. 다른 본문들을 보면 우리 중심에 계신 예수님은 우리가 축제를 벌이기에 충분한 이유가 되신다는 것을 암시한다. 왜 세상에서 우리는 '파티'가 방탕함과 연결되도록 내버려두었을까? 하나님은 사람을 창조하시고 그 사람 안에 잔치하고 축하하려는 진정한 영혼의 필요를 만들어 놓으셨다. 사실 하나님은 축제를 정말로 중요하게 여기셨고, 그분의 백성에게 한 해 동안 몇 차례 간격을 두고 축제를 벌이라고 명령하셨다(레 23). 다시 한 번 말하는데, 그분은 우리에게 그분의 선하심과 위대하심을 축하하라고 명령하셨다.

이제는 잔치에 대한 온전한 생각을 회복할 때이다. 많은 불신자가 그리스도인들은 재미없고, 지루하고, 설사 세상이 뒤집어지는 한이 있어도 즐거운 시간을 알지 못할 것이라고 생각하는 게 나는 늘 불가사의하다. 천만의 말씀! 우리는 한 가지 비밀을 가지고 있다. 그리스도인들처럼 웃음을 터뜨리는 사람은 아무도 없다. 스태프들과 나는 종종 함께 떼굴떼굴 구르며 웃는다.

그들은 단지 함께 파티를 벌이고 노는 친구들이기만 한 것이 아니다. 한 주 전쯤, 가장 친한 친구 세 명과 나는 함께 손을 잡고 소파 하나에 끼어 앉아 있었다. 한 친구는 며칠 전 음주 운전자 때문에 딸을 잃었다. 우리가 그 사랑하는 생명을 위해 서로의 손을 꼭 붙잡고 있을 때, 하나님은 우리에게 정말 심하게 배를 잡고 웃도록 하시는 뜻밖의 선물을 주셨다. 우리 중 누구도 오랫동안 그렇게 웃어본 적이 없었던 포복절도였다. 불신자들이 다음의 사실을 안다면 모욕감을 느낄지도 모르겠다. 우리가 그들의 파티를 보고 그들이 즐거운 시간을 보내고 있다고 생각하는지 이상하게 여긴다는 것을 알면 말이다. 살짝 귀를 빌려 준다면, 나는 이렇게 속삭여 줄 수 있다.

"내 생각에 그들은 지루해 하고 있어요."

그리스도가 임재하시는 축제가 그렇게 멋진 이유는, 무엇보다도 그것이 세상에 지친 영혼에게 넘치는 활기를 주도록 의도된 축제이기 때문이다. 많은 물건들을 실어 나르지 않고도 그리스도의 성품에 맞는 파티에 참여할 수 있다. 파티를 끝내고도 후유증이나 어떤 죄책감에 시달릴 일이 없다. 그리스도를 중심으로 한 축제는 아무런 죄 의식도 따르지 않는 즐거움뿐이다. 그것이 진정한 잔치다.

우리는 제5부의 각 장들을 통해서 요한의 충만한 복음서 안에서 '더 이상', '충만함', 그리고 '풍성함' 이라는 개념을 연구하고 있다. 그 어떤 복음서 저자보다도 풍성한 생명과 활기 찬 생활에 대해 할 말이 많았던 저자가, 또한 유일하게 가나의 혼인잔치에 대해 말하도록 영감을 받은 사람이었다는 것은 너무나 적절한 일이다. 이 잔치는 '더 이상'의 것이 곧 핵심적인 문제로 떠오르게 되는 사건이었다. 그들에게는 더 이상 포도주가 없었다. 하나님의 아들, 예수님 한 분만이 그들이 필요로 하는-더 이상을 주실 수 있는-분이었다.

요한이 가나의 혼인 잔치를 유일하게 기록한 한 가지 이유는, 복음서 저자들 중 그 잔치에 참석했던 사람은 요한뿐이었기 때문이다. 복음서의 연대기에 맞추어 보면, 마태는 아직 부르심을 받지 않았고 누가와 마가는 훨씬 더 나중에야 그 무대에 등장한다. 많은 학자들은 요한이 그리스도를 따랐을 때 청소년기를 지내고 있었을 것이라고 생각한다. 당신도 알다시피 그 나이는 파티를 좋아할 때다. 요한복음 2장 11절의 마지막 말은 가나에서의 혼인 잔치가 그에게 엄청난 영향을 미쳤음을 암시해 준다.

"예수께서… 그의 영광을 나타내시매 제자들이 그를 믿으니라."

그 지역에서 그리스도를 따라다니는 것과 그분을 믿는 것은 별개의 문제였다. 유다도 예수님을 따라다녔다는 사실을 간과하지 마라. 예수님은 정말로 그분을 믿는, 그분을 신뢰하는 참 제자를 찾고 계신다. 우리는 전국에서 열리는 기독교 대회를 좇아다니거나 미국 전역에 있는 모든 교회들을 찾아다니며 예수님을 따르면서도 결코 그분을 믿지 않을 수 있다. 요한은 믿음의 복음서를 썼던 사람으로, 바로 그 가나의 혼인잔치에서 위대한 믿음의 모험을 공식적으로 시작했다.

그날은 요한에게 매우 중요한 날이었음이 분명하다. 그날은 또한 하늘나라의 달력에서도 중요한 날이었다. 성경에서는 어떤 처음이라도 매우 중대한 의미를 갖는다. 예수님이 그분의 첫 번째 기적을 행하시기로 선택하신 방법이 과소평가될 수는 없다. 그 장면은 더 많은 적용점들을 포함하고 있지만 우리는 그것을 모두 논의할 지면이 없다. 하지만 그 점은 우리 모두 같은 생각일 테고, 이제 항아리에서 포도주를 퍼내서 두 개의 잔에 따르고 나누어 마시도록 하자.

1. 하나님은 그리스도가 첫 번째로 세상에서 행하시는 기적을 빈 항아리를 채우는 것으로 정하셨다. 공허감이 주는 고통과 견줄 수 있는 고통이 있는가? 이 항아리들이 어떤 종류의 항아리였는지 그 중대한 의미를 놓치지 마라. 그것들은 돌 항아리였다.

나는 이 첫 번째 기적은 하나님의 선택된 백성이 그 당시 어떤 상태에 있었는지 생생하게 보여 주는 것이라고 생각한다. 하나님으로부터 오는 새로운 말씀이 없었던 400년 동안 율법주의가 급부상을 했다. 이 연구의 초반부에 논의했던 대로, 예수님은 바리새파의 율법주의가 신구약 중간 침묵기 후반에 아주 혐오스러운 형태로 발전해 있음을 발견하셨다. 우리 역시 하나님과의 신선한 관계가 결여되어 있을 때 그것을 율법주의로 대신해 버릴 수 있다. 유대인들의 모든 종교적 예식들과 정결 의식들은 크기만 무지 큰 그 항아리들처럼 텅 비고 돌처럼 차가운 모습만을 남겨 놓았다. 종교 의식들은 하나님을 떠나서는 아무런 의미가 없다.

우리에게 공허함을 남기는 것은 의미 없는 예전들과 우리가 스스로 행하는 온갖 개인적 정결례들만이 아니다. 몇 장 뒤에서 예수님은 수가라는 동네의 우물에서 한 여인을 만나셨는데, 그녀는 그 돌 항아리들처럼 텅 비어 있었고 인생에 대해서는 한 번도 생각해 본 적이 없었다. 그녀는 다섯 명의 남편을 전전하며 그녀의 공허한 인생을 채우려 했었다(요 4:17-18).

사랑하는 그대들이여, 당신은 이 사람을 영적인 자리로 인도할 수 있다. 무엇이든 지나치게 하려고 하는 억제할 수 없는 충동은 공허함에 대한 두려움과 절박감에서 나오는 징후이다. 우리를 갉아먹는 공허함을 해결하기 위해 '그리스도인이 할 수 있는 적당한 일'은 주먹을 불끈 쥐고, 푸념을 멈추고, 나머지 인생을 징징거리지 않고 살아가는 것이라고 생각하는 사람들이 너무나 많다. 만일 우리가 그렇게 하고 있다면, 우리는 예수님이 행하셨던 맨 첫 번째 기적을 놓치고 있는 것이다. 요한복음은 우리에게 가장 좋은 소식을 전해 주기 위해 쓰여졌다. 우리는 결코 공허함과 더불어 살도록 되어 있지 않다. 우리는 본래 충만하도록 되어 있다. 그분의 자녀들은 모두 그분의 충만한 데서 축복 위에 축복을 더하여 받는다.

풍성함을 살펴보면서 계속해서 강조되고 있는 하나의 교훈을 되풀이해 말하려고 한다. 우리는 충만하도록 지음 받았다. 그리스도가 오셔서 우리에게 가져다 주신 선한 것들로 충만하지 않을 때, 우리는 다른 어떤 것을 대체물로 부여잡게 될 것이다. 만족하지 못한 영혼은 사고를 일으키게 마련이다.

2. 첫 번째 기적의 두 번째 측면을 살펴보자. 그 기적은 새 포도주를 주었다. 예수님은 우물에서 만난 여인에게 생수를 주셨다. 예수님은 혼인잔치에 참석한 손님들에게 새 포도주를 주셨다. 그분은 우리가 필요한 것을 주신다. 우리에게 가장 필요한 것은 일종의 새로운 포도주이다.

우리는 요한복음 2장 11절이 포함하고 있는 또 하나의 세부적인 사항을 인식할 필요가 있다. 예수님은 첫 번째 기적을 통해서 그분의 영광을 드러내셨다. 다른 말로 하면, 물질적인 영역에서 수행된 그 기적은 영적인 영역에서 훨씬 더 영광스러운 어떤 것을 드러내려는 의도를 가지고 있었다. 비록 예수님은 그 혼인잔치에 당장 필요한 것을 공급해 주신 것이기는 하지만, 그 포도주는 훨씬 더 큰 의미를 가진 어떤 것을 의미하였다.

시편 104편 15절, 사사기 9장 13절, 시편 4편 7절은 포도주를 마음을 기쁘게 하고 기분을 북돋워 주는 것으로 보았다. 마태복음 9장 14-17절에 기록된 본문을 기억하는가? 바리새인들은 예수님이 금식대신 잔치하기를 좋아하신다고 비난했지만 예수님은 새 포도주를 낡은 부대에 넣지 않는다고 응답하셨다. 그리스도가 오신 이유 가운데 하나는, 율법의 자구(字句)들과 의례적인 종교, 혹은 다른 세상적인 대체물들로 인해 생겨난 공허함을 채우시려는 것이었다.

새 포도주가 무엇인지는 에베소서 5장 18절에서 아름답게 보여 주고 있는 것 같다. 바울은 "술 취하지 말라 이는 방탕한 것이니 오직 성령으로 충만함을 받으라"고 썼다. 그 본문은 우리가 술에 취하고 싶어질 때 얻고 싶어하는 것을 온전히 채워 주는 것은 오직 성령의 충만뿐이라는 의미를 함축하고 있다.

사람들이 곤드레만드레 술에 취하는 한 가지 이유는, 그렇게 하면 그들이 느끼고 행동하는 방식이 바뀌기 때문이다. 그리스도의 '새 포도주'도 이와 마찬가지 역할을 한다. 그러나 그분의 영향력은 항상 선한 것이다. 예수님은 성령이라는 새 포도주를 가져다 주셨다. 부작용이나, 잠시 해결된 듯하지만 그 뒤에 남는 공허감을 전혀 겪지 않고도 마음껏 마실 수 있는 것이다.

구약성경 전체에 걸쳐 그 안에 또는 그 위에 성령이 함께 했던 사람은 아주 소수에 불과했다. 옛 언약 하에서 하나님이 성령을 주신 이유는 충만함을 얻게 하려는 것이기보다는 권능을 부여하시기 위한 것이었기 때문이다. 요한의 복음서는 그리스도가 오셔서 그분의 생명을 던지신 일차적인 이유 가운데 하나가 우리에게 성령을 주시기 위함이었다는 것을, 단순히 우리 옆에서 행하시기 위해서가 아니라 우리 안에 거하시기 위함이었다는 것을 보여 줄 것이다. 가나에서 처음으로 그리스도가 영광을 드러내셨을 때 그들은 진정한 새 포도주가 임하였다는 것을 전혀 알지 못했다. 우리 잔치의 주인은 가장 좋은 포도주를 마지막까지 남겨두셨다.

사랑하는 그대들이여, 그리스도가 성령으로 하여금 나눠 주게 하신 여러 은사들과 섬김 가운데 기쁨과 즐거움이 있다는 것을 알고 있는가? 당신 자신을 점검해 보라.

"오직 성령의 열매는 사랑과 희락과 화평과 오래 참음과 자비와 양선과 충성과 온유와 절제니 이 같은 것을 금지할 법이 없느니라"(갈 5:22-23).

한 번 생각해 보라! 당신이 성령을 얼마나 많이 마시든지 그것을 금지할 법이 없다. 더 많이 마시면 마실수록, 사랑과 기쁨과 화평과 또한 우리가 그토록 간절히 얻기를 원하는 온갖 종류의 부대 효과들로 인해 당신은 더욱 온전한 만족을 얻게 된다. 술잔을 비우고 나면, 자기 통제력을 잃어버리는 것이 아니라 오히려 그것을 얻는다. 그런 술은 어디에서도 찾을 수 없다.

멜리사가 아장아장 걸어다니던 시절에 그 아이는 어떤 것도 조금 주면 만족하지 않았다. 내가 과자 한 개를 주려고 하면 그 아이는 번번이 포동포동한 손을 오목하게 그릇처럼 만들어 쑥 내밀면서 "마이(많이) 주세요!"라고 말했다. 그것은 그 아이가 인생을 바라보는 방식이었는데, 많이 가질 수도 있다면 조금 가지고 괴로워할 이유가 무엇인가. 실제로 그렇다. 요한도 이에 동의할 것이다. 우리가 공허감으로 고통당하는 것은 너무나 비극적인 일이다. 그 얼마나 낭비인가! 그리스도는 우리에게 그것을 '마이' 주시기 위해 오셨다. 당신의 인생에서 많은 기쁨을 원하는 것 때문에 죄책감을 느끼지 마라. 당신은 기쁨을 위해 지음받았다. 당신은 채워지기를 기다리는 질그릇이다(고후 4:7). 새 포도주로 넘쳐흐르는 인생을 위해 축배의 잔을 들면서 이번 장을 마무리하자.

24장

세상에 대해 더 풍성한

하나님이 세상을 이처럼 사랑하사 독생자를 주셨으니 이는 그를 믿는 자마다 멸망하지 않고 영생을 얻게 하려 하심이라(요 3:16).

요한복음과 나머지 세 공관복음을 비교한 통계를 살펴볼 때 가장 놀라운 사실 중 하나는, 하나님이 요한에게 영감을 주셔서 세상에 대해 얼마나 더 많은 말을 하게 하셨는가 하는 점이다. NIV 성경에 기초해서 비교해 볼 때, 마태복음은 세상이라는 단어를 10번 언급하고 있고, 마가복음은 5번, 그리고 누가복음은 7번 언급한다. 요한복음은 어떠한가? 무려 73번이다. 실제로, 신약성경이 우리에게 세상에 대한 정보를 알려 주는 면에서 요한의 전체 저작들이 신약 전체가 다루고 있는 부분의 거의 절반을 차지하고 있다. 만일 요한이 세상에 대해 말해 주는 바를 간과한다면 요한복음의 아주 중요한 개념을 놓치는 것이다.

아마도 가장 압도적인 개념은 우리가 너무나 무심코 대하는 사실, 즉 하나님이 예수님을 세상에 보내셨다는 것이다. 잠시 동안 이 사실에 관해 좀더 깊이 파고 들어가 보자. 요한복음 17장은 아버지와 아들이 세상이 존재하기 전부터 교제를 나누고 영광을 공유하셨다고 말한다. 예수님은 "아버지여 창세 전에 내가 아버지와 함께 가졌던 영화로써 지금도 아버지와 함께 나를 영화롭게 하옵소서"(요 17:5)라고 말씀하셨다. 사실 나는, 다른 사람들을 그들의 교제 안으로 끌어들이시려는 삼위일체의 거룩한 열정에 의해 인류가 존재하게 되었다고 확신한다.

성부와 성자와 성령은 그분들만으로 완전하셨지만, 더 이상의 관계를 통해 흘러 넘치는 커다란 기쁨을 원하셔서 "태초에 천지를 창조"(창 1:1)하셨다. '땅'(earth)이라는 말과 '세상'(world)이라는 말이 구별되는 것이기는 하지만, 창조와 관련해서 그것들은 서로 얽히고 실제로 서로 바꾸어 사용된다. 창세기 1장 1절은 하나님이 땅을 창조하셨다고 말하고, 요한복음 1장 10절은 세상이 그리스도로 말미암아 지은 바 되었다고 말한다. '땅'은 우리가 사는 지구의 물질적인 자산을 아우르는 개념인 반면, '세상'은 그 땅 위에 그것을 둘러싼 사회적이고 다른 기타 체계를 의미하는 바가 더 강하다. 그 차이를 이렇게 생각하면 좋을 것이다. 우리의 세상은 이 땅 위에 존재한다.

NIV 성경의 요한복음에서 '세상'이라고 번역된 단어는 헬라어로 항상 '코스모스'(kosmos)이다. 그 단어는 '세상, 즉 질서 지워진, 규칙적으로 배치되고 정렬된 것이라는 일차적인 의미를 가진 땅, 인간들의 거주지로서 이 아래 세상'[1]을 의미한다.

이제 다음 사실을 이해하도록 해보자.

성부와 성자와 성령 하나님은 교제하기 위해서 인간의 존재를 원하셨다. 그분들은 그들 나름의 의지를 가진 인간을 원하셨는데, 인간들이 자기 의지로 그분들을 선택하기 원하셨기 때문이다. 그것은 강요된 것이 아니다. 삼위일체 하나님은 인간들에게 의지를 주었을 때 반드시 구속 계획이 필요할 것임을 아셨는데, 우리는 궁극적으로 아주 나쁜 선택을 하게 될 것이기 때문이었다. 그러므로 구원의 계획은 세상이 창조되기도 전에 이미 온전히 준비되었다. 삼위일체 하나님은 모든 준비를 마치시고 각기 창조에 참여하셨다.

창세기 1장 1절은 "태초에 하나님이 천지를 창조하시니라"고 말한다. 여기서 잠깐 하나님의 말씀은 그분이 땅이라고 부르신 작은 행성과 우주의 나머지 부분들 사이를 묘사한다. 우리는 저 바깥에 무엇이 있는지 전혀 모른다. 보잘것없는 과학 자료들과 가정들에 비교해 볼 때 창세기 1장 1절의 말씀은 상상할 수 없을 정도로 인상적이다.

우리 태양계는 은하수라고 불려지는 성운들 안에 있다. 과학자들에 따르면, 우리가 볼 수 있는 우주 전반에 일천억 개 이상의 은하들이 흩어져 있다고 추정한다. 천문학자들은 만원경을 통해서 수없이 많은 성운들의 사진을 촬영하였다. 지금까지 촬영된 가장 멀리 떨어진 은하는 100억~130억 광년 정도 떨어져 있는 것이다. 은하의 직경은 약 10만 광년 정도 된다. 태양계는 그 은하의 중심에서 약 2만 5천 광년쯤 되는 곳에 위치해 있다. 은하에는 약 천억 개 정도의 별들이 있다.[2] 한 번 상상해 보라. 우리 은하에만 해도 천억 개의 별들이 있는데, 시편 147편 4절은 하나님이 "별들의 수효를 세시고 그것들을 다 이름대로 부르시는도다"라고 말한다.

대단히 인상적이지 않은가? 하지만 그보다 더 인상적인 이야기가 나온다. 태초에 하나님이 해와 달과 모든 별들과 그 주위에 운행하는 행성들, 그리고 땅을 창조하셨다. 당신과 나는 하나님의 활동이 우주의 다른 어떤 곳에서 어떻게 이루어지고 있는지 전혀 알지 못한다. 그러나 성경에 따르면, 하나님이 우리에게 알려 주고 싶어하시는 것은 그분이 거기서 아주 작은 한 조각을 특별히 취하여 세상을 만드셨다는 사실이다. 우리의 세상. 그리고 그분은 때가 온전히 이르렀을 때 그분의 아들을 보내실 수 있도록 그 세상을 선택하셨다(갈 4:4).

당신은 일곱 째 날에 삼위일체 하나님의 교제가 어떠했을지 상상할 수 있는가? 그분들이 쉬시면서 자신들이 이루어 놓으신 아주 선한 그 일을 바라보실 때에 우리가 알고 있는 바로는 틀림없이 하나의 행성이 다른 어느 것보다 주의를 끌었다. 해와 달과 별들로부터 인간의 생명을 유지하기에 적당한 거리에 떨어져서 우주의 한 자리를 정확하게 차지하고 있는 그 행성은, 하나님의 간섭을 받도록 선택되었다.

"하나님이 세상을 이처럼 사랑하사"

해는 우리가 볼 수 있는 하늘의 물체 가운데 가장 인상적인 것이지만 성경은 하나님이 해를 사랑하셨다고 말하지 않는다. 또한 성경은, 비록 그분이 수많은 별들 하나하나의 이름을 모두 알고 계시지만 그렇다고 별들을 사랑하셨다고 말하지 않는다. 그러나 요한은 특별히 정성을 기울여 우리에게 이 사실을 말해 준다. 그는 단순히 '하나님이 세상을 사랑하셨다'라고 말하는 것이 아니라 '하나님이 세상을 이처럼 사랑하셨다'고 말한다.

그토록 광대하고 인식할 수 없을 정도로 무한한 우주에서, 왜 하나님은 하나의 작은 행성을 선택해 그토록 사랑하시는가? 사랑하는 그대들이여, 이 사실을 당신의 골수에 새기도록 하라. 그 이유는 바로 우리가 거기 있기 때문이다. 인류가 비열해질 수 있는 만큼 하나님은 우리를 사랑하신다. 믿을 수 없지만 우리는 그분의 보물이며 그분이 소중히 여기시는 피조물이다. 그분도 달리 어쩔 수가 없으시다. 그분은 그저 우리를 사랑하실 뿐이다. 어느 정도냐 하면, 실제로 그분은 내가 어느 누구를 위해서도 할 수 없는 일을 행하셨다. 우리 아이들에 대한 내 사랑은 비교해 보면 보잘것없는 것임에도 말이다.

"독생자를 주셨으니 이는 저를 믿는 자마다 멸망하지 않고 영생을 얻게 하려 하심이라"(요 3:16).

사랑하는 이여, 이 사실이 새롭게 다가오게 하라. 나는 강렬한 감동에 사로잡힌다. 엘로힘은 너무나 거대하시다. 우리는 너무나 작다. 그러나 하나님의 광대한 사랑은-그토록 높고, 그토록 넓고, 그토록 깊고, 그토록 긴-마치 하나님이 처음에 땅이라고 부르셨던 조잡하고 작은 하나의 행성을 무한한 우주가 감싸고 있듯이 우리를 감싸고 있다.

얼마 전 키이스는 우리 집 작은 뒷마당 구석에 소박한 덮개가 달린 벤치를 가져다 놓았다. 거의 매일 아침 나는 촛불을 켜들고 새벽 예배와 경건의 시간을 위해 그 벤치를 찾아 갔다. 때로 따뜻한 건조기에서 커다란 담요를 꺼내어 춥지 않게 몸을 감쌌다. 아침 그 시간이면 하늘은 아직도 가장 캄캄한 밤처럼 어둡고, 하나님이 마치 수천 개의 촛불을 켜놓은 듯 별들이 반짝인다. 그 아침 시간에 나는 하나님이 그분과 나 둘만(그리고 당신과 둘만)을 위해 그 별들을 밝히신 것 같은 느낌이 든다. 그럴 때면 휴스턴의 고속도로에서부터 백만 마일은 떨어져 있는 것 같다.

정말 축복 받은 사람이었던 시편 기자 다윗은 그러한 광경에 사로잡혀 있을 때 이런 글을 썼다.

"주의 손가락으로 만드신 주의 하늘과 주께서 베풀어 두신 달과 별들을 내가 보오니 사람이 무엇이기에 주께서 그를 생각하시며 인자가 무엇이기에 주께서 그를 돌보시나이까"(시 8:3-4).

계속해서 새로운 발견이 이루어지고 있기는 하지만, 현대 과학은 아직 하나님의 우주가 지닌 진정한 경이를 발견하는 데 시작도 못한 셈이다. 그러나 지금까지의 발견을 통해 알게 된 것만을 고려하더라도, 나는 다윗이 했던 것과 동일한 질문에 압도되어 버린다.

우리가 누구인데 모든 피조물의 하나님, 당신이 우리를 단 한 번이라도 생각하신다는 말입니까? 게다가 염두에 두신다니요.

아만다는 정말 너무나 꿈꾸듯 예쁘고 따뜻한 마음을 가진 아이였다. 나는 종종 그 애의 크고 푸른 눈을 정면으로 바라보기 위해 몸을 낮추어 그 아이와 이야기하곤 했다. 그 아이에게 말하기 위해 내가 몸을 쪼그리고 앉을 때마다 그 아이도 역시 쪼그리고 앉았고, 우리는 거기에 그렇게 앉아 있곤 했다. 그런 모습이 너무나 귀여워서 나는 늘 웃음이 터져 나오는 것을 참느라 혼이 났다. 많은 경우 그 아이는 우리 둘이 그렇게 가만히 바라보고 있는 순간 너무나 진지했기 때문에 나는 감히 웃을 수가 없었다.

그의 하나님에 대해 시편 기자는 이렇게 썼다.

"주의 오른손이 나를 붙들고 주의 온유함이(원문을 직역하면, '주께서 몸을 낮추셔서' 라는 의미다-역주) 나를 크게 하셨나이다"(시 18:35).

The Amplified Version은 이렇게 말한다.

"주의 친절함과 겸손이 나를 위대하게 하셨습니다."

나는 이 말씀이 현대적인 의미로 위대함이라는 용어를 적용하는 것이라고 생각지 않는다. 이 말씀은 이렇게 말하고 있는 것 같다.

"주께서 몸을 낮추셔서 나를 소중한 존재로 만들어 주셨습니다."

실로 그렇다. 온 우주의 하나님이 몸을 낮추시고, 한 어린아이가 그 온유하고 겸손한 마음을 인식하고 자기도 몸을 낮추기 위해 무릎을 꿇을 때, 하나님의 마음은 밀려오는 감동으로 차 오른다. 그리고 그들은 거기 그렇게 있다. 단 둘이서.

이 장을 마무리하면서 이 모든 사실들을 염두에 두고 요한복음 1장 10-12절을 큰소리로 읽어보길 바란다. 세상에 너무나 많은 사람이 마치 그들의 창조주가 계시지 않은 듯이 행동하고 있다. 그러나 그분은 존재하신다. 하나님의 사랑하는 자녀라면 엎드려 절하라. 그분의 사랑이 당신을 크게 하신다.

그가 세상에 계셨으며 세상은 그로 말미암아 지은 바 되었으되 세상이 그를 알지 못하였고, 자기 땅에 오매 자기 백성이 영접하지 아니하였으나, 영접하는 자 곧 그 이름을 믿는 자들에게는 하나님의 자녀가 되는 권세를 주셨으니(요 1:10-12).

25 장

그분이 누구신지 더 많이 아는

예수께서 이르시되 진실로 진실로 너희에게 이르노니 아브라함이 나기 전부터 내가 있느니라 하시니(요 8:58).

수많은 잃어버린 자들과 불신앙의 세상 종교들은 예수 그리스도가 하나님의 아들이었다고 믿지는 않지만 확실히 그분이 선한 사람이었다고 생각함으로써 존경을 표하려 한다. 그분은 한 사람의 진정한 선지자였다는 것이다. 이 역사적 인물에 대한 그들의 최종적인 입장을 살펴보면, 그들이 명백히 잘못된 정보를 가지고 있다는 사실을 그들은 깨닫지 못한다. 예수님이 하나님의 아들이 아니고 진정으로 신이 아니라면 그분은 병적인 거짓말쟁이이고 정신병자였다. 기껏해야 그리스도가 한 사람의 선지자에 불과했다면 그분은 거짓 선지자임이 분명한데 왜냐하면 뻔뻔스럽게도 자신이 메시아라고 주장했기 때문이다. 2000년 전 사람들 가운데 사셨던 그리스도가 정말로 하나님의 아들이 아니었다면 그분은 사람들을 너무나 잘못된 길로 이끌었고, 그분에 대해 좋은 말을 할 수 있는 여지는 전혀 남아 있지 않게 된다.

수년 동안 나는 성경의 문제들을 토론하고 논쟁하기 위해 연례적으로 모임을 갖는 일군의 학자들과 알고 지내고 있다. 물론 그렇게 하는 것은 그들의 권리다. 나를 당황스럽게 하고 심지어는 어떤 면에서 재미있게도 하는 부분은, 그들이 투표를 통해서 최종적인 결론에 도달한다는 점이다. 예를 들면, 언젠가 그들은 그리스도가 재림하실 때 가시적인 모습으로 돌아오실 것인지 아닌지 투표를 한 적이 있다(그들은 그것을 기각했다). 그들은 또한 마리아가 정말로 처녀였는지 아닌지, 그리고 어떤 특정한 성경의 기적들이 확실한 것인지 등의 문제에 관해 투표를 했다.

그들이 영향력을 가진 사람들이 아니었다면 그저 배꼽을 잡고 웃어버리고 말았을 것이다. 그것이 아무리 오만한 것이라 해도 인간의 투표란, 설사 우리가 아무리 그것에 의존하고 있더라도 눈꼽만큼도 진실을 바꿀 수 없기 때문이다. 세상에 사는 전 인류가 예수님이 하나님의 아들인지에 관해 투표를 하였는데, 그 중 단 한 사람도 그분에게 표를 던지지 않았다 하더라도 그분은 여전히 하나님의 아들이다. 더 나아가 그분의 아버지가 "가라"고 하실 때에 그리스도의 발은 감람산에 서실 것이고 그것은 동에서 서로 갈라질 것이다(슥 14:4). 그분은 자기 자신이 되기 위해 우리의 인정이나 심지어 우리의 믿음이 필요하신 분이 아니다. 이 사실이 감사하지 않은가?

우리는 요한복음에서 그리스도가 자신이 어떤 존재인가에 관하여 직접 말씀하셨던 일곱 가지 주장을 살펴보고자 한다. 이 일곱 개의 명칭들이 그분에 대해 총체적으로 보여 주는 것은 절대 아니다. 하지만 요한복음에 등장하는 그 명칭들은 우리가 놓치고 싶지 않은 몇 개의 공통 분모를 공유하고 있다. '더 많은'이라는 주제를 가지고 연구를 진행하는 동안, 요한복음은 다른 사람들이 말한 내용보다 예수님 스스로가 자기 정체성에 대해 주장하셨던 내용을 더 많이 말해 준다는 사실을 발견하게 될 것이다.

다음 성경 구절들에서 예수님이 자신을 누구라고 주장하시는지 주의해 보

라. 이 명칭들을 얼마나 많이 보아왔든 상관없이 이 구절들을 신선한 시각으로 바라보게 되기를 기도한다.

- 예수께서 이르시되 나는 생명의 떡이니 내게 오는 자는 결코 주리지 아니할 터이요, 나를 믿는 자는 영원히 목마르지 아니하리라(요 6:35).
- 예수께서 또 말씀하여 이르시되 나는 세상의 빛이니 나를 따르는 자는 어둠에 다니지 아니하고 생명의 빛을 얻으리라(요 8:12).
- 그러므로 예수께서 다시 이르시되 내가 진실로 진실로 너희에게 말하노니 나는 양의 문이라. 나보다 먼저 온 자는 다 절도요 강도니 양들이 듣지 아니하였느니라(요 10:7-8).
- 나는 선한 목자라 선한 목자는 양들을 위하여 목숨을 버리거니와(요 10:11).
- 예수께서 이르시되 나는 부활이요 생명이니 나를 믿는 자는 죽어도 살겠고(요 11:25).
- 예수께서 이르시되 내가 곧 길이요 진리요 생명이니 나로 말미암지 않고는 아버지께로 올 자가 없느니라(요 14:6).
- 나는 포도나무요 너희는 가지라 그가 내 안에, 내가 그 안에 거하면 사람이 열매를 많이 맺나니 나를 떠나서는 너희가 아무것도 할 수 없음이라(요 15:5).

정말 **빠른** 시간 내에 연속해서 일곱 번에 걸쳐 그리스도는 그분 자신을 규정하는 주장을 하셨다. 나는 이 일곱 개의 명칭들 안에 세 가지 기본적인 공통 분모가 존재한다고 생각한다. 나와 함께 하나씩 살펴보도록 하자.

1. 일곱 개의 명칭들 모두 '나는'(I am)이라는 말로 시작된다. 물론 어떤 주장을 하려면 그것이 당연하겠지만, 이 두 글자가 메시아 예수님의 입에서 터져 나왔을 때 그 영향력이 어떠했을지 생각해 보고자 한다. 요한복음 8장 48-59절을 한 번 잘 살펴보자. 이 본문은 너무나 중요한 것이기에 전문을 옮겨 싣

는다.

유대인들이 대답하여 이르되 "우리가 너를 사마리아 사람이라 또는 귀신이 들렸다 하는 말이 옳지 아니하냐?"

예수께서 대답하시되 "나는 귀신 들린 것이 아니라, 오직 내 아버지를 공경함이어늘 너희가 나를 무시하는도다. 나는 내 영광을 구하지 아니하나 구하고 판단하시는 이가 계시니라. 진실로 진실로 너희에게 이르노니 사람이 내 말을 지키면 영원히 죽음을 보지 아니하리라."

유대인들이 이르되 "지금 네가 귀신 들린 줄을 아노라. 아브라함과 선지자들도 죽었거늘 네 말은 '사람이 내 말을 지키면 영원히 죽음을 맛보지 아니하리라' 하니, 너는 이미 죽은 우리 조상 아브라함보다 크냐? 또 선지자들도 죽었거늘 너는 너를 누구라 하느냐?"

예수께서 대답하시되 "내가 내게 영광을 돌리면 내 영광이 아무것도 아니거니와 내게 영광을 돌리시는 이는 내 아버지시니 곧 너희가 너희 하나님이라 칭하는 그이시라. 너희는 그를 알지 못하되 나는 아노니 만일 내가 알지 못한다 하면 나도 너희 같이 거짓말쟁이가 되리라. 나는 그를 알고 또 그의 말씀을 지키노라. 너희 조상 아브라함은 나의 때 볼 것을 즐거워하다가 보고 기뻐하였느니라."

유대인들이 이르되 "네가 아직 오십 세도 못되었는데 아브라함을 보았느냐?"

예수께서 가라사대 "진실로 진실로 너희에게 이르노니 아브라함이 나기 전부터 내가 있느니라!" 하시니 그들이 돌을 들어 치려 하거늘 예수께서 숨어 성전에서 나가시니라.

갈라디아서는 아브라함이 어떤 방식으로 그리스도의 날을 '보았는지' 은연 중에 알려 주고 있다.

"아브라함이 하나님을 믿으매 그것을 그에게 의로 정하셨다 함과 같으니라" (갈 3:6).

바울은 아브라함의 믿음을 가진 우리도 그와 마찬가지로 축복을 받고 의로 여기심을 받는다고 계속해서 설명하였다.

창세기 22장에서 하나님은 이삭의 생명이 희생 제물로 바쳐지지 않도록 구원하셨는데, 아브라함은 가슴이 미어질 듯했던 그 경험을 통하여 하나님이 미리 앞서 그에게 가르쳐 주시는 복음을 배웠다. 이제 요한복음 8장 58절에 기록된 그리스도의 강력한 주장을 묵상해 보자.

"진실로 진실로 너희에게 이르노니 아브라함이 나기 전부터 내가 있느니라."

예수님 당시 원래 그분의 말씀을 들었던 청중들은 그리스도가 말씀하시는 바가 무엇인지 정확히 알고 있었기 때문에 이 말씀에 아주 거칠게 반응했다. 그들은 신성모독으로 그분을 돌로 치려하였는데, 출애굽기 3장 12-15절에서 하나님이 모세에게 소개하셨던 내용과 예수님의 말씀이 연관된다는 것을 그들이 알았기 때문이다. 15절에서 하나님은 모세에게 이렇게 말씀하셨다.

"너는 이스라엘 자손에게 이르기를 '여호와, 너희 조상의 하나님, 곧 아브라함의 하나님, 이삭의 하나님, 야곱의 하나님이 나를 너희에게 보내셨다' 하여라. 이것이 영원한 나의 이름이며, 이것이 바로 너희가 대대로 기억할 나의 이름이다."(표준새번역 개정판)

하나님은 이 위대한 '나다'(I AM) 구절로써 한 번에, 그리고 영원히 자신을 밝히셨다.

하나님은 12절에서 모세에게 한 가지 중요한 요점을 말씀하셨다.

"내가 반드시 너와 함께 있으리라."

이 위대한 "나는 스스로 있는 자다"(14절, I AM WHO I AM), 즉 완전히 자족적이시고 자존하시는 모든 피조물의 하나님은 사람과 함께 계시겠다고 약속하시는 맥락에서 이러한 명칭으로 자신을 소개하셨다. 그분은 그들을 필요로 하지 않으신다. 도리어 그들이 그분을 필요로 하며 그분은 그 필요에 응답하시기 위해 오셨다.

이 장 후반부에서 우리는 그 개념을 더 깊이 발전시키게 될 것이다. 지금은 요한복음 8장에서 그리스도의 말씀을 들은 유대인들이, 그리스도가 "나다"라는 주장을 하셨을 때 그것이 의미하는 바를 정확히 알고 있었다는 결론으로 충분하다. 그분은 자신을 하나님과 동일시하셨다. 우리 역시 그분의 주장을 생각해 보아야 한다. 예수님은 성육신하신 하나님으로 오셨든지, 그렇지 않으면 거짓말쟁이였던 것이다. 그분은 그 중간의 어떤 존재일 수 없다. 당신과 나는 그리스도의 말씀이 진리임을 믿는다고 말한다. 그렇다면 그분은 우리의 가장 깊은 예배와 '교제'를 받으실 만한 분이시다.

이 지점에서 결론을 내리기에 앞서 요한복음 18장 6절을 살펴보아야 한다. 겟세마네 동산에서 유다가 예수님을 배반한 이후 모여든 일단의 제사장들과 군인들은 예수님이 누구신지를 물었다. 그리스도는 이렇게 응답하셨다.

"내가 그 사람이다"(I am he).

그러자 무리가 모두 뒤로 물러나 땅에 엎드러졌다.

나는 그들이 무너져 내렸던 이유는 원래 사용된 언어에서 암시하고 있는 하나님의 아들 앞에서 엎드러진 것이라고 믿는데, 거기에서는 'he'에 해당하는 헬라어 단어가 슬그머니 사라져 버리고 없다. The Interlinear Bible은 그리스도의 말씀을 이렇게 번역한다.

"그러자 예수께서 그들에게 말씀하시기를 '나다' 하시니 그들이 뒤로 물러나 땅에 엎어졌다"(The Interlinear Bible, p. 837).

우리 모두 "나는 …다"라고 말할 수 있지만, 그것은 일반적인 자기 정체감을 이야기하는 것에 지나지 않는다. 그러나 그리스도가 "나다"(I am)라고 말씀하실 때 그 말은 위대하신 "나다"(I AM)의 입술에서 떨어지는 말씀인 것이다.

2. 각각의 명칭들은 '그'(the)라는 단어를 포함하고 있다. 뒤로 돌아가서

230 | 예수님이 사랑하시는 제자

요한복음에 나오는 '나는'으로 시작하는 명칭들 하나하나를 읽어 본다면, 예수님이 말씀하실 때마다 "나는 하나의 …이다"(I am a)가 아니라 "나는 바로 그 …이다"(I am the)라고 하셨던 것을 보게 된다.

이것은 형식적으로 초보적인 문제처럼 보이지만 신학적으로는 매우 심오한 의미를 가지고 있다. 잠시 동안 그리스도의 몸에 속한 다른 모든 사람들은 잊어버리고 오직 당신 자신이 예수 그리스도께 어떻게 접근하고 있는지에 대해서만 생각하라. 그분은 당신에게 '하나의' 빛이신가, 아니면 '그' 빛이신가? 그분은 당신이 따라갈 '하나의' 길—아마도 인생 여기저기에 놓여 있는—이신가, 아니면 당신이 가기 원하는 '그' 길이신가? 당신이 생각하기에 그분은 내세에 이르는 '하나의' 수단이신가? 다른 말로 하자면, 당신의 마음 깊은 곳을 들여다보면 아마도 몇 개의 세계 종교들이 죽음 이후의 생명에 이르는 가능한 길들을 제시하고 있는데 예수님은 단지 그들 중에 하나일 뿐이라고 생각하고 있지 않은가? 아니면 그분이 바로 '그' 부활이요 '그' 생명이신가? 다음 질문에 대해 가능한 정직하게 대답해 보라!

사랑하는 이여, 당신에게 그리스도는 이생에서 가능한 여러 다른 가능성들 가운데 '하나'이신가, 아니면 당신의 유일한 '그'(THE)이신가?

3. 요한복음에 등장하는 일곱 개의 '나다'라는 주장의 각각은 관계적인 내용을 담고 있다. 다시 한 번 일곱 개의 명칭들을 살펴보면서 각 명칭들이 사람들과 어떻게 관련이 있는지 찾아본다면, 은혜를 발견하게 될 것이다.

요 6:35 – 생명의 떡으로 나아오는 이는 결코 주리지 않을 것이다.
요 8:12 – 세상의 빛을 좇는 이는 결코 어두움에 다니지 않을 것이다.
요 10:11~14 – 선한 목자에게 속한 이는 보호를 받을 것이며 목자는 그를 알 것이다.

요 11:25 - 부활이요 생명을 믿는 이는 죽어도 살 것이다.

요 14:6 - 길이요 진리요 생명을 따르는 이는 누구든지 아버지께로 나오는 것이다.

요 15:1, 5 - 참 포도나무에 달려 있는 이는 많은 열매를 맺을 것이다.

그리스도는 많은 것이다. 그분은 진실로 위대한 '나'이시다. 그분은 세상의 구세주이시다. 그분은 하나님의 말씀 가운데서 수없이 많은 명칭을 성취하신다. 그러나 요한복음의 폭넓은 접근에서 일곱 개의 '나' 말씀이 갖는 영적인 의미는, 바로 '예수 그리스도는 우리가 필요한 모든 것이다'라고 나는 믿는다. 이 명칭들 모두가 우리를 위한 것이다. 그분이 자기 충족적인 분이심을 기억하라! 그분은 우리에게 필요한 것이 되기 위해 오셨다. 우리에게 필요할 뿐만 아니라 일평생 우리가 가장 갈망하는 것이다. '나'(I AM)는 우리와 함께 계시기 위해 오셨다. 기쁨으로 눈물이 흐른다!

그분이 우리에게 힘이 되시기에 우리가 극복할 수 없는 그런 도전은 절대 만나지 않을 것이다. 그분이 채우실 수 없는 필요는 절대 없다. 그분이 능가하실 수 없는 세상적인 갈망은 결코 갖게 되지 않을 것이다. 그리스도가 우리에게 온전히 그분 자신이 되시도록 허용한다면, 우리는 완전함을 발견하게 된다. 일시에 온전한 하나를. 당신이 필요로 하고 갈망하는 또 다른 영역을 채우시는 그리스도의 실체를 발견할 때마다 그분의 이름은 당신의 다른 한 부분에 쓰여지고, 그렇게 해서 당신은 온전함에 훨씬 더 가까워진다.

그리스도가 모든 것이 되심을 아는가? 복 있는 자들은 그저 단순하게 예수님을 추구하고 사랑한다.

"내가 여호와께 바라는 한 가지 일 곧 그것을 구하리니… 사모하는 그것이라"(시 27:4).

정신없이 바쁜 때에는 '하나밖에 모르는' 사람이 되는 생각을 하면 속이 시

232 ㅣ 예수님이 사랑하시는 제자

원하고 해방감을 느끼지 않는가? 한 분 구세주 안에서 우리는 모든 것을 발견한다. 사도 바울이 고린도후서 11장 3절에서 말한 것처럼, 사탄이 우리를 타락시켜 그리스도 안에 있는 순진함에서 벗어나게 하도록 허용해서는 결코 안 된다. 우리 예수님이 모든 것이 되신다. 그것은 인간이 어디에 투표를 하든 결코 변하지 않을 사실이다.

제 6 부

더 풍성한 삶

우리가 함께 해온 여정이 어느새 중반에 접어들었다는 사실이 믿어지지 않는다.

마지막 목적지에 도달하기까지 이 길을 탐사해 가기로 다시 한 번 다짐하고, 우리가 첫 페이지를 열었을 때 하나님이 목적하셨던 모든 것을 성취하도록 하자.
하나님을 추구하는 데 있어서나, 연구를 하거나, 혹은 열정에 있어서 느슨해지지 않겠다고 나는 지금 이 순간 당신에게 약속한다. 대적이 당신으로 하여금 이 여정을 끝내지 못하도록 마음을 어지럽히고 좌절시키지 못하도록 하겠다고 당신도 약속해 주었으면 좋겠다.

주님, 당신이 저희 안에서 선한 일을 시작하셨습니다. 당신이 우리 각 사람을 위해 마음에 품고 계신 것은 그리스도 예수 안에 있는 상상할 수 없을 정도의 부요함입니다. 그것을 놓치고 싶지 않습니다! 우리에게 힘을 주셔서 우리가 이미 시작한 일을 끝마치고 당신을 찾는 자들에게 후히 주고 싶어하시는 모든 상급들을 얻게 하여 주옵소서(히 11:6). 들을 수 있는 귀와 볼 수 있는 눈을 주옵소서! 예수님의 이름으로 기도 드립니다. 아멘.

성령으로 더욱 충만한

보혜사 곧 아버지께서 내 이름으로 보내실 성령 그가 너희에게 모든 것을 가르치고
내가 너희에게 말한 모든 것을 생각나게 하리라(요 14:26).

'더 많은'과 '풍성함'이라는 개념은 값으로 따질 수 없는 보석처럼 요한복음 구석구석에 감추어져 있다. 우리의 첫 번째 목적 중의 하나는 요한이 우리에게 가장 알려 주고 싶어하는 듯 보이는 것을 집중해서 살펴보는 것이다. 다시 말하지만 우리는 요한복음이 공관복음보다 우월하다는 말을 하려는 것이 아니라 그것이 독특하다는 것이다. 또한 요한복음은 순서상 복음서 맨 마지막에 놓여 있는데, 하나님은 마치 그것이 장엄한 불꽃놀이의 마지막처럼 대단원을 장식하도록 의도하신 것이 아닌가 싶다. 세상의 빛처럼!

예외 없이, 요한의 복음서는 어떤 공관복음서보다도 성령에 대해 더 많은 정보를 제공해 준다. 이번 장에서 우리 연구의 초점은 성령이다. 할 수 있다면 모든 독자들의 눈을 사로잡을 수 있도록 다음 구절을 형광색으로 인쇄하고 싶은 심정이다. 그리스도를 믿는 성도들의 삶에서 모든 것의 열쇠는 성령이다. 이 구절을 큰 소리로 읽어 보라! 비록 교회 예배나 활동은 거의 빠지지 않았지만 10대와 20대 초반에 걸쳐서 실패를 경험했던 그리스도인으로서의 내 삶에 대해서는 이미 여러 번 간증했다. 그 당시 내가 참석하던 교회에서 가르쳐 주지 않았던 것이 있었지만, 나 스스로 그것을 읽을 수 있었기에 내가 실패했던 것은 전적으로 내 책임이다.

내가 청소년기에 다니던 교회로부터 소중한 것을 많이 얻기는 했지만, 승리하는 삶에 가장 중요한 열쇠가 되는 두 가지 사실은 배우지 못했다. 그분의 말씀을 통해 하나님과의 지속적이고 활기 넘치는 관계를 갖는 법, 그리고 성령의 능력과 생명으로 충만해지는 법. 이 두 가지는 대적이 수단과 방법을 가리지 않고 어떻게 해서든 우리가 놓치게 하려고 하는 지극히 중대한 개념이다. 말씀과 성령은 단연코 그에게 가장 큰 위협이다. 우리가 요한과 동시대 인물이었던 바울의 해설로 오늘 우리의 공부를 시작한다고 해도 요한은 개의치 않을 것이다.

고린도전서 2장 9-14절은 그분의 말씀을 통한 하나님과의 관계에서 성령이 왜 그렇게 중요한지를 설명해 준다.

기록된 바,
하나님이 자기를 사랑하는 자들을 위하여 예비하신 모든 것은
눈으로 보지 못하고
귀로 듣지 못하고
사람의 마음으로 생각하지도 못하였다 함과 같으니라.
오직 하나님이 성령으로 이것을 우리에게 보이셨으니 성령은 모든 것 곧 하나님의 깊은 것까지 통달하시느니라. 사람의 일을 사람의 속에 있는 영 외에 누가 알리요 이와 같이 하나님의 일도 하나님의 영 외에는 아무도 알지 못하느니라. 우리가 세상의 영을 받지 아니하고 오직 하나님으로부터 온 영을 받았으니 이는 우리로 하여금 하나님께서 우리에게 은혜로 주신 것들을 알게 하려 하심이라. 우리가 이것을 말하거니와 사람의 지혜가 가르친 말로 아니

하고 오직 성령께서 가르치신 것으로 하니 영적인 일은 영적인 것으로 분별하느니라. 육에 속한 사람은 하나님의 성령의 일을 받지 아니하나니 이는 그것들이 그에게는 어리석게 보임이요 또 그는 그것들을 알 수도 없나니 그러한 일은 영적으로 분별되기 때문이라.

사랑하는 그대들이여, 당신 자신의 개인적인 '고린도전서 2:9'은 성령이 당신에게 가져다 주시는 유익들을 거두기 시작하느냐 못하느냐의 문제라는 것을 놓치지 않기 바란다. 자, 이제 성령의 활동과 그분이 주시는 유익들이 무엇인지 요한의 이야기를 들어보기로 하자. 성령에 대한 요한의 주된 진리들은 요한복음 14장과 16장에 압축되어 있다.

그리스도가 제자들에게 말씀하신 가장 혁명적인 진리 가운데 하나는 요한복음 14장 17절에 있다. 그분은 그때에는 진리의 영이 그들과 함께 살고 있지만 곧 그들 안에 살게 될 것이라고 말씀하셨다. 그 약속이 가져오는 반향을 생각해 보라. 하나님의 영이 어떤 사람과 '함께' 사는 것과 그 사람 '안에' 사는 것이 가져올 수 있는 차이는 무엇인가?

사랑하는 그대들이여, 그 차이는 어설프고 세속적이었던 일단의 추종자들을 사도행전의 무대에서 장엄하게 폭발했던 영적 다이너마이트들로 변화시켰다. 그 차이는 엄청나서 아무리 높이 평가해도 지나치지 않을 정도다.

예수님은 이러한 성령의 활동이 어떻게 시작될 것인지를 말씀하셨다.

"내가 너희에게 실상을 말하노니 내가 떠나가는 것이 너희에게 유익이라. 내가 떠나가지 아니하면 보혜사가 너희에게로 오시지 아니할 것이요, 가면 내가 그를 너희에게로 보내리니"(요 16:7).

그리스도가 제자들에게 하신 중대한 약속은 요한복음 20장 21-22절에서 그들에게 성취되었다. 부활하신 예수님은 제자들에게 숨을 내쉬며 "성령을 받으라"고 말씀하셨다. 그리고 나서 사도행전 2장 1-4절에 기록된 오순절에 그분은 훨씬 더 강력한 형태로 그들을 충만하게 하셨다. 이 영광스러운 사건들은 '교회시대'와 앞으로 그리스도의 재림 때에 이르기까지 새롭고 혁명적인 성령의 섭리를 가져왔다.

이제 성령은 그리스도를 자신의 개인적인 구세주로 영접한 모든 사람들 안에 내주하신다(롬 8:9). 오, 우리는 그 영적 혁명이 갖는 중대한 의미를 흡수할 것이다. 그리스도를 믿는 신자들이여, 살아계신 하나님의 영-예수 그리스도 그분의 영, 진리의 영-이 당신 안에 거하신다! 이러한 이야기를 귀에 못이 박히도록 오랫동안 들어왔는가?

누가복음 11장 13절은 하나님이 그분의 자녀들에게 주시는 것 중에서 성령보다 더 큰 선물은 없다고 말한다. 예수님은 "너희가 악할지라도 좋은 것을 자식에게 줄 줄 알거든 하물며 너희 하늘 아버지께서 구하는 자에게 성령을 주시지 않겠느냐"고 말씀하셨다. 하나님은 성령을 주실 뿐만 아니라, 요한복음 3장 34절은 하나님이 '성령을 한량없이' 주신다고 말한다.

정말로, 당신이 이 점을 이해했으면 좋겠다. 당신과 내게 더 많은 성령보다 필요한 것은 세상에 아무것도 없다.

사랑스럽지 않은 어떤 사람을 사랑해야 하는가? 더 인내해야 할 필요가 있는가? 혼란 가운데 잠시 평화를 유지해야 하는가? 특별한 친절을 베풀어야 할 필요가 있는가? 누군가 하나님께 대해 조금 더 신실함을 지킬 수 있는가? 누군가 강력한 자기 절제를 발휘할 수 있는가? 충만히 밀려드는 기쁨은 어떠한가? 갈라디아서 5장 22-23절을 살펴보자. 그 구절들은 성령의 열매에 대한 것이다. 우리에게는 단순히 더 많은 인내가 필요한 것이 아니다. 우리는 우리를 채우시고 기름 부으시는 성령이 더 많이 필요하다.

지금쯤 내게 편지를 쓰고 싶어지신 분이 있다면 그것을 쓰기 전에 내 설명을 조금 더 들어 주길 바란다. 나는 성령이 인격이라는 것을 알고 있다. 그분이 성도들의 삶에 찾아오시는 구원의 때에 그분은 인격적으로 들어오신다. 성도들은 성령을 소유하고 있지만 무한한 하나님의 성령은 계속해서 그분 자신을 우리의 삶에 부으신다. 어떤 특별한 날에 우리는 그 전날 누렸던 것보다 성령의 더 큰 부분을 누릴 수 있다. 그분은 계속해서 하늘로부터 더 많은 성령을 부으시고 계신다.

누군가 하나님의 말씀으로부터 깊은 통찰을 얻어야 할 필요가 있는가? 부가적인 이해가 필요한가? 누군가 자신에게 주신 부르심의 소망이 무엇인지 알기 위해 마음의 눈을 밝힐 필요가 있는가? 누군가 잘못된 길로 인도하는 육신의 마음이 아니라 그리스도의 마음으로 생각하고 자신을 향한 하나님의 불변하는 뜻을 성취하기 원하는가? 이 모든 것은 '더 충만한' 성령에 당연히 따라오는 것들이다(고전 2장을 보라).

하나님의 자녀는 이 진리를 그저 받아들이기만 하는 것이 아니다. 일어서서 그것을 축하하라. 하나님은 성령을 넘치도록 주신다. 그분은 당신이 필요한 모든 것을 가지고 계신다. 좀더 적절한 표현을 쓰자면, 그분은 당신이 필요한 모든 것이다. 우리의 만족과 가장 큰 기쁨은 우리의 삶에 하나님의 성령이 흘러 넘치는 것이다. 우리가 하나님의 말씀을 이해하고 우리 인생을 향한 하나님의 뜻을 알 수 있는 방법은 바로 성령이시다.

요한복음 14장 26절을 살펴보자.

"보혜사 곧 아버지께서 내 이름으로 보내실 성령 그가 너희에게 모든 것을 가르치고 내가 너희에게 말한 모든 것을 생각나게 하리라."

성령은 기억하게 하시는 은혜로운 분이다. 파괴적인 것에 대해서는 우리가 아주 예리한 기억력을 가지고 있지만 반면 교훈적인 것에 대해서는 훨씬 둔한 기억력을 가지고 있다는 사실을 눈치챈 적이 있는가? 우리에게는 성령충만이 필요하다. 최근에 나는 우리 교회에서 하는 성탄절 야외극을 위해 몇 줄의 대사를 암기해야 했다. 그런 일을 한 번도 해본 적이 없어서 나는 아주 신경이 날카로워져 있었다. 요한복음 14장 26절을 알고 있었기에, 나는 하나님께 내가 대사를 잘할 수 있게 도와달라고 기도하는 대신에 성령으로 나를 채우시고 기억나게 하시는 은혜로운 성령이 내게 자신을 증명하게 해달라고 간구했다. 그리고 그분은 그렇게 하셨다. 그분은 성경을 암송하거나 혹은 성경의 어떤 내용을 잊지 않고 기억하기 위한 비결이다. 그분을 그렇게 대우하라!

당신이 성령으로부터 가장 필요로 하는 것은 무엇인가? 그 목적을 성취하기 위해 성령을 더 많이 받도록 적극적으로 기도하고 있는가? 누가복음 11장 13절은 만일 우리가 성령이 우리 삶에 점점 더 깊이 개입하시기를 원한다면, 하나님은 우리가 그렇게 간구하기를 원하신다고 넌지시 알려 준다. 성령의 인격은 그리스도를 구주로 믿는 우리 각 사람 안에 거하신다(엡 1:14). 우리 각 사람들은 성령의 인치심을 받았고(엡 1:13), 그분은 영원히 우리와 함께 계실 것이다(요 14:16과 히 13:5을 비교해 보라). 그러나 우리가 협력하는 수준에 따라, 우리 안에 계신 성령을 제지할 수도 있고, 아니면 온전히 성령으로 충만하여지고 기름부음을 받을 수도 있다. 그 차이는 우리가 승리하는 삶을 사느냐 실패하는 삶을 사느냐 여부를 결정한다.

하나님이 성령을 통해 나에게 허락하신 것이 무엇인지, 그리고 그분이 언제든 마다하지 않으실 뿐만 아니라 나를 위해 간절히 하고자 하시는 일이 무엇인지를 배우기 시작하면서부터, 내 삶에서 초자연적인 능력의 수준이 갑자기 하늘로 솟구쳐 올랐다. 당신도 동일한 경험을 하기 원한다. 나는 당신을 향한 하나님의 질투로 가득하여서 견딜 수 없을 지경이다.

사랑하는 그대들이여, 하나님이 내게 주셨던 어떤 가치 있는 책이나 메시지들과 마찬가지로, 이 성경 연구들 하나하나 모두가 직접적으로 성령의 능력에서부터 온 것이다. 내가 그런 일을 할 능력이 전혀 없는 사람이라는 것을 그 누구보다 내가 더 잘 알고 있다. 몇 년 전 나는 내 자신의 자기 파괴적인 인간성에 직면하게 되었고, 내 생명을 그리스도와 함께 십자가에 못 박히도록 내어 드렸으며 그때부터 성령의 능력으로 살아가기로 결심했다. 내가 항상 성령충만한 상태로 매일 매일을 살아가는 것은 분명 아니지만 날마다 성령충만과 그리스도가 힘 주시는 삶을 추구하는 것은 내 삶의 규칙(명백한 예외들이 있지만)이 되었다. 그것은 하늘과 땅 차이다.

나는 하나님의 성령을 더욱 더 많이 구하고 있는가? 물론이다. 하나님은 성령을 한량없이 주신다. 끊임없이 공급하시는 하나님의 매력은 내가 취하는 몫이 당신의 몫을 조금이라도 빼앗지 않는다는 점이다.

이제 한 가지 경고의 말씀이 있다. 더 많은 성령을 구하는 것과 더 많은 성령의 증거를 구하는 것을 혼동하지 말아야 한다. 야고보서 4장 2-3절은 우리가 받지 못하는 이유를 두 가지로 설명한다. 우리가 구하지 않았거나, 아니면 잘못된 동기로 구하였기 때문이다.

우리 삶에서 하나님의 충만한 임재와 능력 주심을 경험하지 못한 이유는 우리가 구하지 않았기 때문일 수 있다. 하지만 때로는 잘못된 동기나 '정욕에 쓰려고 잘못' 구하기도 한다. 우리는 잘못된 동기를 가지고 더 많은 성령을 구할 수 있다. 내 경우에 있었던 몇 가지 잘못된 동기들은 이런 것들이었다.

- 사람들이 내게서 깊은 인상을 받게 되거나 혹은 내가 능력 있는 사람이라는 느낌을 갖게 하기 위해 더 많은 성령을 구한다면, 내 동기는 자신을 영화롭게 하고 하나님을 모욕하는 것이다.

- 하나님이 존재하신다는 것을 증명해 주는 것으로써 성령의 증거를 갈구한다면, 내 동기는 하나님을 영화롭게 하기보다는 하나님을 확인(시험)하는 것이다.

더 많은 성령을 구하는 올바른 동기는, 성령충만한 우리가 효과적이고 풍성한 삶을 살아감으로써 그것을 통해 하나님이 우리 안에서 영광을 받으시게 하려는 것이다. 마태복음은 이 점을 정말 잘 표현했다.

"너희 빛을 사람 앞에 비취게 하여 그들로 너희 착한 행실을 보고 하늘에 계신 너희 아버지께 영광을 돌리게 하라"(마 5:16).

크리스천 쾌락주의를 다루었던 장에서 우리가 존 파이퍼로부터 배웠던 바를 기억하는가? 하나님은 우리가 그분 안에서 가장 만족할 때 우리 안에서 가장 영광을 받으신다. 하나님을 영화롭게 하기 위해 우리 영혼의 만족을 바라는 것은 우리가 성령충만을 구하는 데 있어서 훌륭한 동기가 된다. 어렵사리 많은 교훈을 배우고 난 지금, 나는 더욱 더 그분을 원하기에 점점 더 성령으로 충만해지기를 원한다. 그렇다, 성령의 유출은 온갖 다양한 방식으로 드러나겠지만, 우리의 가장 순전한 동기는 하나님과 그분이 영광을 받으시는 것이지 성령의 증거들 자체가 아니다.

풍성한 삶의 진수가 무엇인지는 간단히 설명할 수 있다. 그것은 우리 삶 가운데 하나님을 풍성하게 경험하는 것이다. 나는 그저 교회 일들을 하고 싶은 것이 아니고, 내가 사는 날 동안 매일 매일 하나님을 경험하고 싶다. 내가 육신을 가지고 걸어다니는 것만큼이나 확실하고 생생하게 그분과 동행하고 싶다. 선지자 이사야가 땅에 충만하다고 말했던 그분의 영광을 보고 싶다. 나는 내가 구원을 얻은 것이 너무나 감사하지만, 단지 멸망에서 구원받기만을 원하는 것이 아니다. 나는 그분의 순전한 임재 안에서 은혜 입기를 원한다. 나는 하나님을 간절히 원한다. 당신도 그럴 것이다. 그러면 그분께 간구하라. 우리가 사는 날 동안 매일.

주님, 당신의 성령을 더 충만하게 부어 주소서.

더 많은 열매

> 너희가 열매를 많이 맺으면 내 아버지께서 영광을 받으실 것이요
> 너희는 내 제자가 되리라(요 15:8).

이 다음에 성경이 우리에게 하시는 모든 말씀에 압도되어서 내 몸은 거의 마비될 지경이다. 마치 경품 잔치에라도 당첨되어서 바구니 하나 가득 아무거나 담아갈 수 있게 되었는데, 눈에 띄는 것 중 원하는 것은 많고 어디서부터 시작해야 할지 모르겠는 심정이다. 사랑하는 그대들이여, 우리가 그리스도 안에서 당첨된 것은 인간의 사고를 훌쩍 뛰어넘는 것이다. 따라서 우리가 성령의 능력을 통해 그리스도의 마음으로 생각하는 법을 배우지 않는다면 그것을 놓쳐 버리고 말 것이다.

'한 바구니 가득 공짜'에 당첨된 여인과는 달리, 우리는 결코 우리 자신의 취향에만 맞는 것들을 고르고 선택하게 되어 있지 않다. 그리고 꼭 한 바구니만 가져가도록 제한이 있는 것도 아니다. 하나님은 그분이 우리에게 원하시는 것-한이 없는 보화-을 선택하셨고, 당신의 앞마당 가득히 바구니를 늘어놓아도 그것을 다 담을 수 없을 정도이다.

우리는 요한복음 15장 1-17절에서 쇼핑을 할 예정이다. 이 본문에 익숙하더라도 이전에 한 번도 본 적이 없는 것처럼 매 구절들에 접근해 보라. 성경에서 장을 나누고 절을 붙인 것은 성경 자체가 영감을 받아 쓰여졌을 때보다 훨씬 뒤의 일이었다. 그것들이 많은 도움이 되기는 하지만, 각 장은 그 앞뒤의 맥락에서 지혜롭게 고려되어야 한다는 것을 염두에 두라.

요한복음 14장에서 그리스도가 하신 마지막 말씀은 "일어나라, 여기를 떠나자"(31절)라는 것이었다. 그리스도와 그분의 추종자들은 이제 막 유월절 음식, 즉 우리가 마지막 만찬이라고 부르는 것을 잡수셨다. 그 뒤에 따라오는 가르침은 길을 가면서 하셨던 말씀이 분명하다. 그 다음번 지리적 정보는 요한복음 18장 1절에 나온다.

"예수께서 이 말씀을 하시고 제자들과 함께 기드론 시내 건너편으로 나가시니 그곳에 동산이 있는데 제자들과 함께 들어가시니라."

요한복음 15장은 예수님이 자신은 참 포도나무라고 가르치시는 말씀으로 시작한다. 아마도 포도나무에 대한 그리스도의 가르침은 그분과 제자들이 감람산으로 가는 도중에 포도밭을 지나면서 하셨을 가능성이 다분하다. 그 장면에 당신이 있다고 상상해 보라. 당신은 그리스도의 제자다. 이 세대 가운데서 택하심을 받은 제자!

예수님은 이 포도밭 장면에서 세 부류의 배우들을 캐스팅하셨다. 첫 번째는 예수님으로 참 포도나무다. 그분의 아버지는 정원사이고 당신은 나뭇가지다. 하나님 아버지가 중요하게 생각하시고 공공연히 말씀하신 목적은 가지가 열매를 맺는 것이다.

나는 지금 당신 교회의 목사나 교사나 멘토나 당신이 믿음의 영웅으로 생각하는 사람이나 교회에서 가장 친한 친구나 다른 어떤 사람에게 말하려는 것이 아니다. 바로 당신에게 말하는 것이다. 사랑하는 이여, 온 우주의 하나님은 당신의 소중한 삶이 많은 열매를 맺도록 안수하셨다. 내가 무슨 말을 하는지 알겠는가? 이 말을 개인적으로 받아들이는가? 이것은 하나님과 그리스도와 당신의 문제다. 그분들의 눈이 바로 이 순간 당신을 보고 계신다. 당신의 영혼에 크고 분명한 소리로 말씀하시는 소리를 들어라.

"우리는 네가 많은 열매를 맺기 원한단다."

몇 장에 걸쳐서 우리는 '더 많은'(more)에 대해 이야기하고 있다. 이제는 '많은'(much)에 관하여 이야기하려 한다. 나는 필요한 만큼 많이 이 말을 반복할 것이다. 하나님은 당신이 평범한 삶을 살도록 지명하신 것이 아니라 풍성한 추수의 삶을 살도록 정하셨다. 나는 여러분 각자가 하나님이 여러분을 위해 예비하신 것을 받고 누리고 축하하기를 바라는 바울의 거룩한 열심(고후 11:2)에 너무나 감동되어서, 내가 그토록 사랑하는 그리스도의 몸을 위해 운다.

그리스도의 몸에 속한 많은 사람들 중에 각 세대마다 진정으로 의미 있는 삶을 사는 사람들은 극소수에 불과하다고 확신하게 만드는 대적의 교묘한 술책에 아주 넌더리가 난다. 천만에! 당신의 삶은 진정한 의미를 갖도록 구별되었다. 지금 당장 일어서서 가장 가까이 있는 거울을 들여다 보라. 그리고 앞에 비추인 모습에 대고 큰소리로 말하라. 이왕 하는 김에 이렇게 말하라.

"하나님이 너를 선택하셨고 그분은 네가 많은 열매 맺는 것을 통해 영광받으시길 원해!"

자, 이제 당신이 거울을 보고 올 때까지 나는 아무 말도 더 안 하련다. 때때로 우리는 좋은 의미에서 좀 호들갑을 떨 필요가 있다. 우리는 아직 완전히 하나님을 믿고 있지 않다. 만일 믿는다면 우리는 지금까지 기쁨을 누릴 수 없었던 우리 자신만의 삶에서 떠나 그분 안에서 참된 기쁨과 경이로움을 누리게 될 것이다. 웬일인지 우리가 엄청나게 생산적인 삶을 살지 못하도록 하는 것들을 계속 간직한다.

우리가 공부를 해나가는 과정에서 그러한 장애물 몇 가지를 제거하게 되기 원한다. 하지만 한 가지는 지금 당장 언급하고 싶다. 과거에 지은 죄 때문에 열매 맺는 삶은 살 수 없다고 생각하는 사람들이 많다. 그것이 사실이면 당장 나부터도 이 글을 쓰지 못할 것이다. 둘째, 우리가 회개함으로 하나님이 우리를 회복시키시고 우리의 실패를 구속하시도록 하지 않으셨다면, 유감스럽게도 우리는 자기 파괴적인 그 예언을 어느 정도 성취하게 될 것이다. 하나님은 우리가 실패로 인해 많은 열매를 맺지 못하게 하시는 분이 아니다. 그렇게 만드는 것은 악마와 짝을 이룬 우리 자신이다. 하나님의 일차적인 관심은 그분이 영광을 받으시는 것이다. 회복된 삶을 통하여 겸손하고 진실한 마음으로 그분의 신실하심을 죽기까지 선포하는 사람은 더할 나위 없이 그분을 영화롭게 하는 증거이다.

하나님 아버지는 우리가 많은 열매를 맺기 원한다고 말씀하시고, 실제적으로 우리에게 상상할 수도 없는 것들을 베풀어 주셨다. 이 말을 하면서 내가 너무나 흥분한 나머지 즐거운 형용사들을 몇 개씩 매달고 말하는 것을 양해해 주기 바란다. 그분이 우리에게 제공해 주신 것은 이런 것들이다.

사랑, 우리는 그 사랑 안에 거할 수 있다. 언제쯤이면 우리가 얼마나 사랑받는 존재인지 우리 머리로 이해할 수 있을까? 아마도 성경 전체에서 가장 놀라운 구절은 이것이 아닐까 싶다.

"아버지께서 나를 사랑하신 것같이 나도 너희를 사랑하였으니"(요 15:9).

할 수 있는 한 단단히 이 진리를 부여잡도록 노력하라. 예수 그리스도는 아버지께서 그분을 사랑하신 것처럼 당신을 사랑하신다. 하나님은 그분의 독생자처럼—마치 당신이 바로 그 외아들인 것처럼—당신을 사랑하신다.

동일한 구절에서 예수님은 계속해서 한 가지 명령을 하신다.

"나의 사랑 안에 거하라."

나는 KJV에서 사용한 '머물다', '체류하다'라는 단어를 좋아한다. 그 말은 그것이 암시하는 바를 정확히 의미한다. 그분의 사랑 안에 거하라, 거기 머물러 있으라, 거기 체류하라, 거기 푹 잠기라. 아무쪼록 그 안에서 살라! 어떻게 하면 그렇게 할 수 있을까?

예수님이 이 본문에서 하시는 말씀의 의미가 무엇인지 내 생각대로 풀어보고자 한다. 빈칸에 당신의 이름을 넣고 읽어 보라.

너, _____를(을) 향한 나의 사랑은 완전하고, 신성하고, 네가 상상할 수 없고 네 영혼의 깊은 필요를 채우고도 남을 만큼 후한 것이다. 사실, 나는 내 아버지께서 나를 사랑하시는 것처럼 너를 사랑하는데, 나는 그분의 외아들이고 눈에 넣어도 아프지 않을 금지옥엽이다. _____야(아), 너를 향한 나의 사랑은 영원히 마르지 않는 샘과 같이 다함이 없는데, 너는 그것을 항상 느끼지는 못하는구나. 네가 내 임재를 의식했다가 말았다가 하기 때문이란다. 나는 네가 내게로 아주 가까이 와서 네 이동주택의 말뚝을 박고 내 엄청난 사랑을 예민하게 인식할 수 있는 범위를 넘어가는 일이 다시는 없기 바란단다.

넘치도록 많은 열매를 맺는 삶에 있어서 우리를 향한 하나님의 사랑을 지속적으로 인식하는 것이 그토록 중요한 이유는 무엇인가? 한 가지 이유를 말하자면, 사탄은 우리가 많은 열매 맺는 삶을 사는 것을 가장 원치 않기 때문이다. 그는 우리를 좌절시키고, 고소하고, 우리에게 유죄 판결을 내리도록 하기 위해 자신이 할 수 있는 모든 일을 할 것이다. 하나님의 종들 가운데 가장 견고한 자라 할지라도 실수를 범하며 어떤 문제에 있어서는 어리석은 결정을 내리기도 한다. 모든 피조물 중에서 거룩한 하나님을 섬길 만한 자격이 되는 사람은 아무도 없다. 우리는 늘 사탄이 우리를 좌절시킬 수 있는 수많은 공격 수단을 제공하게 될 것이다. 우리가 문자 그대로 그리스도의 사랑 안에 장막을 치지 않는다면, 우리는 우리 자신의 무가치함에 거함으로써 스스로 막대한 열매를 포기하게 될 것이다. 우리는 무가치한 존재이지만 구속의 은혜를 통해 말로 다할 수 없는 사랑을 받고 있다는 사실을 인정하라. 다음으로 하나님이 제공하시는 또 다른 위대한 것이 무엇인지 주목해 보자.

자원, 우리는 그것을 끌어다 쓸 수 있다. 우리가 열매 맺는 삶을 살지 못하게 만드는 것들 가운데 아마도 당신은 '자질이나 능력의 결여'를 포함시킬 것이다. 많은 열매 맺는 삶에 대한 이 미증유 주장에는 도대체 과연 무엇이 능력인가에 대한 어떠한 언급도 확실히 빠져 있다. 넘치도록 열매 맺는 삶을 살기 위한 한 가지 필요 조건은 나뭇가지가 물리적으로 포도나무에 붙어 있는 것처럼 그리스도 안에 거하는 것이다. 그분을 떠나서 우리는 아무것도 할 수 없다(요 15:5). 우리가 할 일이라고는 그리스도 안에 깊이 뿌리를 박고 그 능력의 원천이 흘러 넘치게 하는 것이다. 그렇게 할 때 그리스도가 우리를 통하여 역사를 이루실 것이라고 말씀하신다. 그것이 바로 비결이다.

포도나무와 가지가 붙어 있는 모습을 떠올려 보라. 가지의 가장 중요한 요소 중 하나는 포도나무의 생명이 계속해서 흘러가도록 해야 한다는 것이다. 나무에 붙은 부분에서 가까운 곳에 상처를 입은 가지는 어떤 열매도 맺지 못한 채 죽어버린다. 가지는 그 수액을 빨아들이면서 포도나무에 붙어 있어야 한다. 비유가 이해되는가? 우리는 자신이 어떤 방식으로 하나님을 섬기기 원하는지에 대해 나름대로의 생각을 가지고 있다. 그러나 엄청난 에너지를 쏟아 붓고도 하나님을 영화롭게 하는 풍성한 열매는 전혀 맺지 못한다. 우리는 포도나무가 성취하고자 하는 의미 있는 일에 열려 있어야 한다.

우리는 종종 어떤 방식으로 하나님을 섬기기 원하는지에 관하여 인간적 논리와 개인적인 선호에 따라 마음을 결정해 버리는 함정에 빠진다. 우리 자신의 사역을 억지로 밀어붙이려고 노력하는 것은 좌절감을 안겨 주는 시간 낭비에 불과하다. 우리는 결국 지나치게 큰아기를 출산하기 위해 죽을 힘을 다하고 있는 여인처럼 고통스럽고 안타까운 노력을 기울이게 된다.

나는 내 성년기의 전반부를 하나님을 위해 무언가-아무것이나-이루기 위해 노력하는 데 보내 버렸다. 어쨌든, 그분은 나를 부르셨다. 하지만 내가 지치고 낙망해서 포기하고 그분이 일하시도록 할 때까지는 아무 일도 이루어지지 않았다. 억지로 열매를 맺을 수는 없다. 우리는 그저 포도나무에 거할 뿐이다. 많은 열매를 맺으려 한다면, 우리는 포도나무의 생명과 그 일정과 속도를 기꺼이 받아들여야 한다.

정원사, 우리는 그에게 의지할 수 있다. 개인 트레이너에 관한 이야기를 들어보았을 것이다. 우리의 정원사는 너무나 단호하셔서 현재 열매를 많이 맺는 삶도 더욱 더 많은 열매를 맺도록 하신다. 뿐만 아니라 그분 스스로 그들의 가지를 치는 개인 정원사가 되어 주신다! 2절을 주의해 보라.

"무릇 내게 붙어 있어 열매를 맺지 아니하는 가지는 아버지께서 그것을 제거해 버리시고 무릇 열매를 맺는 가지는 더 열매를 맺게 하려 하여 그것을 깨끗하게 하시느니라."

나는 이 구절이 하나님은 열매를 맺고 있는 자녀에게 더 전력을 기울여 일하셔서 더욱 더 많은 열매를 맺게 하신다는 의미라고 믿는다.

당신이 예수 그리스도의 진정한 제자라면 분명 하나님이 당신을 괴롭게 하시는 것 같은 느낌이 들 때도 있을 것이다. 너무나 화가 나서 이렇게 외쳐 본 적이 있는가?

"하나님은 그냥 대충 넘어가게 내버려 두시는 법이 없어요."

하나님이 특별히 당신에게 열심이신 것처럼 보인다고 생각한 적이 있는가? 다른 성도들의 삶에서는 그냥 '넘어가 주시는' 것처럼 보이는데, 유독 당신의 삶에서는 어리석고 무의미한 활동들을 끄집어 내시는 것처럼 생각된 적은 없는가? 그것은 당신이 열매를 맺는 협조적인 자녀임을 입증했기 때문이다. 또 그것을 통하여 하나님이 더욱 영광을 받으실 수 있는 최상의 가지를 가지고 있다는 것을 그분이 알기 때문이다.

2절에서 5절까지의 내용이 점점 더 발전하고 있는 것을 아는가? 하나님은 열매 맺는 자들이 열매를 맺고, 더 많은 열매를 맺는 자들은 그보다 더 많은 열매를 맺기 원하신다. 그러한 생각을 하면 염려가 되지만 그만큼 하나님은 그분의 손에 전정 가위(원예용 가위-역주)를 맡겨도 될 만한-신뢰할 만한-분이시다.

다음에 말하는 연습 문제는 순전히 당신을 위한 것이며 당신과 하나님만 알도록 풀어보는 것이다. 사탄이 당신을 비난하는 데 그것을 사용하지 못하게 하라. 당신이 성경을 이해하는 데 있어 수나 평판에 따라서가 아니라 하나님의 임재와 기쁨이라는 불변하는 의미에 기초해서 당신은 다음 네 단계 가운데 어디쯤 속한다고 생각하는가?

지금 현재 아무런 열매도 맺지 못한다 → 약간의 열매를 맺고 있다 → 더 많은 열매를 맺고 있다 → 정말 많은 열매를 맺고 있다.

당신이 과거에 '아무런 열매도 맺지 못한다'의 상태였다면 당신의 개인 정원사는 당신이 다음 수준으로 나아가게 하기 위해 어떤 일을 하셨는가? 그분이 우리와 함께 계시면서 더욱 까다롭게 일하시도록 하면 할수록 그분은 우리를 통해 더욱 많은 열매를 맺으실 것이다. 사랑하는 그대들이여, 마침내 우리가 죽어 천국에 살게 되었을 때, 중요한 것은 우리의 삶이 하나님을 영화롭게 하였느냐 하지 않았느냐의 문제뿐이다. 하나님이 그분 마음대로 가지를 치시게 해드리자. 우리 가족들이 늘 하는 말인데, 마지막 숨을 몰아 쉴 때 조금이라도 더 중요하게 평가될 삶을 살도록 하자.

기쁨, 우리는 그것을 한껏 즐길 수 있다. 문제는 우리가 순종하는 삶을 살도록 부르심을 받았다는 사실이다. 물론, 그리스도가 십자가에서 완수하신 일을 우리가 믿을 때에 하나님의 은혜가 우리 죄를 덮는다. 그러나 우리가 하나님 아버지의 뜻에 순종하지 않으면 많은 열매를 맺지는 못할 것이다. 실제로 요한복음 15장 10절에 따르면, 우리가 순종함으로 그분께 더 가까이 걸어가지 않는다면 그분의 사랑 안에 거할 만큼 우리는 가까이 다가가지 못할 것이다. 그분은 우리가 어떤 일을 하든 상관없이 우리를 사랑하시지만, 우리가 불순종한다면 우리는 그분의 임재 안에 말뚝을 박고 영적인 장막을 칠 수 없을 것이다. 이것이 단지 섬기고 봉사하는 삶을 살라는 소리로 들리는가?

그렇다면 요한복음 15장 11절을 다시 한 번 읽어보는 것이 좋겠다. 예수님은 "내가 이것을 너희에게 이름은 내 기쁨이 너희 안에 있어 너희 기쁨을 충만하게 하려 함이라"고 말씀하셨다. 얼마나 놀라운 생각인가! 하나님은 주권자이시고 그분만을 섬기도록 만드실 수도 있었다. 그분은 우리의 순종과 섬김, 그밖의 어떤 것이든 요구하실 수 있었다. 그러나 그분은 그렇게 하지 않으셨다. 우리의 하늘 아버지는 모든 좋은 은사들을 주시는 분이시다(약 1:17). 하나님은 풍성한 삶과 기쁨으로 우리를 축복하고 싶어하신다. 그리고 그것은 그저 그런 기쁨이 아니라 그리스도의 기쁨이다. 완전하고, 충만하고, 매력적이고, 전염성을 지닌 기쁨!

예수님의 기쁨이 성도들에게 주어지는 방법은 단 한 가지다. 주입하는 것. 마치 포도나무에서 가지로 정맥 주사가 똑똑 떨어지는 것처럼 말이다. 하나님은 당신을 위해 그저 '더 많은' 것을 가지고 계신 것이 아니다. 그분은 정말 '많은' 것을 가지고 계신다. 많은 사랑, 많은 열매, 많은 기쁨, 그리고 우주의 하나님은 보잘것없는 한 인간에게서 많은 영광을 받으신다. 누구라서 그보다 더 좋은 거래를 제시할 수 있는가?

28장

더 많은 계시

나의 계명을 가지고 지키는 자라야 나를 사랑하는 자니 나를 사랑하는 자는
내 아버지께 사랑을 받을 것이요 나도 그를 사랑하여 그에게 나를 나타내리라
(요 14:21).

요한복음 전체를 훑어보며 당신과 더불어 '더 많은'과 '풍성함'이라는 개념을 공부하는 것이 얼마나 재미있는 일인지 모른다. 내 영적인 생활-특히 기도 생활-은 우리가 지금까지 발견해 온 것들로 인해 이미 뚜렷한 특징을 갖게 되었다. 다음에 우리는 아주 밀접한 관련을 가지고 있는 또 다른 본문을 요한복음에서 공부하게 될 것인데, 내가 하나님을 의지하면서 그 주제를 제대로 다룰 수 있도록 도와주시기를 간구한다. 우리는 이미 성경의 이 부분에 살짝 손을 댔지만 지금 이 순간을 위해 의도적으로 깊이 다루지 않고 남겨 두었다.

그 본문은 요한복음 14장 19-25절이다. 예수님은 21절에서 제자들에게 말씀하셨다.

"나의 계명을 가지고 지키는 자라야 나를 사랑하는 자니 나를 사랑하는 자는 내 아버지께 사랑을 받을 것이요 나도 그를 사랑하여 그에게 나를 나타내리라."

우리는 "나를 나타내리라"는 말씀에 초점을 맞추고 그리스도가 의미하셨던 바가 무엇인지 확인하기 위해 노력할 것이다. 원래 '엠파니쪼'(emphanizo)라는 단어는 "한 사람의 …을 보여주는 것, 보여지도록 하고 분명히 볼 수 있게 하는 것, 자기 자신이 친숙하게 알려지고 이해되도록 한다는 의미에서 자신을 나타내는 것"[1]을 의미한다.

성경 번역본 몇 가지를 비교해 보는 것은 어떤 용어나 개념을 이해하는 데 매우 도움이 된다. "그에게 나를 나타내리라"(한글개역성경, "show myself to him"- NIV)고 번역된 구절이 여러 번역본에서는 어떻게 쓰여졌는지 읽어 보자.

※ KJV, "그에게 나를 나타낼 것이다." (will manifest myself to him)

※ NASV, "그에게 나를 드러낼 것이다." (will disclose myself to him)

※ The Amplified Bible, "그에게 나를 보여 줄(밝힐, 나타낼) 것이다[나는 그로 하여금 나를 분명히 보게 할 것이며 그에게 내가 현실적인 존재가 되게 할 것이다]."

※ The Contemporary English Version, "너에게 내가 어떤 존재인지 보여 줄 것이다." (show you what I am like)

※ The Message, "그에게 나를 분명히 알게 할 것이다." (make myself plain to him)

유다의 질문에 대답하시면서 그리스도는 이 특별한 '드러냄', '나타냄', 또는 '분명히 알게 함' 이 천국에서가 아니라 이 땅에서 일어날 일이라고 명확히 말씀하셨다.

"우리가 그에게 가서 거처를 그와 함께 하리라"(23절).

이 말씀은 요한복음 14장 2-3절에 나오는 그리스도의 약속을 완벽한 배경으로 해서 멋진 대조를 이루고 있다. 그리스도는 언젠가 그분의 제자들이 그분과 함께 있게 하기 위해서 그들을 데리러 오시겠다고 약속하셨다. 그들은(그리고 우리는) 그리스도가 준비하고 계신 많은 방에 거주하게 될 것이라고 가정할 수 있다. 요한복음 14장 2절에서 "거할 곳이 많다"(rooms)고 번역된 복수 단어 '모나이'(monai)가 14장 23절에서는 '거처'라는 단수 형태 '모넨'(monen)으로 사용된 것은 우연이 아니다. 이 용어들의 용법에 비추어 볼 때, 나는 그리스도가 그들에게 하신 말씀의 의미를 이렇게 이해한다.

> 나는 언젠가 너희들이 내가 살고 있는 천국에 거주하며 그곳에서 아주 편안히 지내게 될 방들을 준비하기 위해서 너희를 떠나려고 한다. 그때까지 너희들 각 사람 안에 방 하나를 마련하고 그곳에서 너희와 함께 편히 지내게 될 것이다. 이런 방법을 통해 나는 너희가 천국에서 나와 함께 편히 지내게 될 때까지 성령 안에서 너희와 함께 지낼 것이다.

그리스도는 우리 안에 세상의 거처를 만드시는 한편, 우리를 위하여 천국에 많은 방들을 만들고 계신다. 하나님께 영광을 돌리자! 그리스도와 그분의 아버지가 순종하는 제자들에게 찾아 오시게 될 이 기간 동안에, 그리스도는 그들에게 자신을 나타내시고 드러내 보이시겠다고 약속하신다(요 14:21). 틀림없이 그리스도는 부활 때에 자신을 드러내실 것이었고(19절), 그리고 나서 그들은 오순절에 그들과 함께 거처를 정하시는 그분의 영광스러운 나타냄을 경험하게 될 것이었다. 그러나 나는 요한복음 14장 21절이 또한 영적인 계시를 암시하고 있다고 믿는다.

렌스키(R. C. H. Lenski)는 요한복음 14장 21절에 사용된 용법을 이렇게 설명한다. "미래 시제는 오순절과 그 이후를 의미한다. 이것은 특별히 마지막 동사에 나타나 있다. 왜냐하면 40일 동안의 출현은 그분의 지속적인 임재와 도우심, 성령 안에서의 축복(18절)으로 이어질 예시적인 나타냄에 불과했기 때문이다."[2]

앞서 살펴본 바와 같이, 하나님과 그리스도는 여러 다양한 방식으로 자신들을 계시하셨다. 먼저, 그분들은 성경을 통해 자신을 계시하셨다. 성경은 우리가 전적으로 신뢰할 수 있는 유일한 계시의 원천인데, 그것은 주관적으로 경험된 것보다 확실한 것이기 때문이다. 하지만 성경은 또한 하나님이 다른 원천들을 통해서 그분 자신과 영광의 다양한 측면들을 우리에게 계시하신다는 점을 분명히 한다. 로마서 1장 20절, 시편 19편 1절, 사도행전 14장 17절은 모두 창조 세계를 통해 하나님의 능력과 영광이 드러나고 있음을 지적한다.

하나님은 출애굽기 3장 2절에서 모세에게 보여 주셨던 것처럼 떨불 가운데 타는 불꽃으로 나에게 자신을 드러내신 적이 없다. 또한 나는 엘리야와 같이 불마차를 본 적도 없다. 그러나 나는 종종 자연을 통해 하나님의 영광을 바라본다. 내 영혼은 강이 바다로 흐르는 것처럼 노스웨스트의 산맥들로 끌려들어 간다. 적어도 일 년에 몇 차례 나는 그곳에 와서 만나자고 청하시는 하나님의 애정어린 음성을 느낀다. 나는 집에서도 매일 매일 하나님과 대화를 하며 지내지만, 때로 우리 영혼은 그리 평범하지 않은 환경에서 가장 멋지게 펼쳐진 하나님의 영광을 보기 원하지 않는가?

몇 달 전 나는 '내' 산들을 바라보면서 국립 공원에 있는 작은 처소에서 혼자 지냈었다. 나는 매일 밤 잠자리에 들 때마다 내가 영감을 얻기 위해서 그곳에 온 것만이 아니라 휴식을 위해 그곳에 왔다는 것을 스스로에게 상기시켰다. 나는 동이 튼 이후까지 잠을 자자고 혼자 결심을 하곤 했지만 한 번도 그럴 수가 없었다. 매일 아침 날이 밝기 훨씬 전에 일어났고, 두꺼운 코트를 걸치고는 일출을 바라보기 위해 제일 좋은 자리를 찾아서 차를 몰았다. 나는 사나운 야생 동물들이 그들의 존재를 알리는 소리를 듣기 위해 창문을 내렸다. 하나님은 그분의 언약을 철저히 지키셔서 아침마다 태양 광선을 비추어 산꼭대기에 세례를 베푸셨다. 나는 그분이 골짜기들을 씻기시는 것을 바라보면서 그 장엄한 위엄에 압도되어 가슴이 펄떡펄떡 뛰고 있는 것을 느끼곤 했다. 그런 순간이면, 하박국 3장

3-4절 말씀이 생각을 파고든다.

"그의 영광이 하늘을 덮었고 그의 찬송이 세계에 가득하도다. 그의 광명이 햇빛 같고 광선이 그의 손에서 나오니 그의 권능이 그 속에 감추어졌도다."

하나님의 말씀은 그분이 수많은 방법으로 자신을 드러내실 수 있다고 이야기하고 있지만, 그분이 사람들에게 주신 궁극적인 계시는 바로 그분의 아들, 예수님을 통한 것이었다. 그분은 우리가 만질 수 있고 볼 수 있는 모습으로 하나님을 보여 주시기 위해 오셨다. 요한복음 14장 21절에 있는 하나님의 약속에서 정말 중요한 부분은, 그분이 떠난 후에도 자신의 추종자들이 천국에 있게 될 때까지 그분은 이곳에서 그들에게 자신을 드러내시고 알려 주신다는 점이라고 믿는다. 성령이 오시고 그분의 말씀이 완성된 지금, 예수님이 제자들에게 자신을 드러내시는 일차적인 수단은 성령과 말씀이라고 생각한다. 내가 간절히 간구하는 바, 그리스도가 그분의 제자들에게 계속해서 계시하시기 위한 군건한 신학적 기초를 확립하였으므로 이제 우리의 삶에 미치는 엄청난 결과들을 축하하자.

요한복음 14장 21절은 이 약속에 약간의 제한을 가하고 있다는 것을 주목해 보라.

"나의 계명을 가지고 지키는 자라야 나를 사랑하는 자니 나를 사랑하는 자는 내 아버지께 사랑을 받을 것이요 나도 그를 사랑하여 그에게 나를 나타내리라."

우선 그리스도의 말씀을 듣고 당혹스러운 감정을 진정시키자.

"나를 사랑하는 자는 내 아버지께 사랑을 받을 것이요."

요한복음 3장 16절은 하나님이 세상을 너무나 사랑하신다고 말하지 않는가? 지당한 말씀이다! 요한일서 4장 19절 또한 그분이 먼저 우리를 사랑하였으므로 우리가 사랑하는 것이라고 말한다. 요한복음 14장 21절은 우리를 향한 하나님의 사랑이 조건적이라거나 우리가 그분을 사랑하는 것에 대한 응답이라고 말하는 게 아니다. 나는 하나님 사랑의 본질을 더 깊이 이해함으로써 이 구절을 잘 해석할 수 있다고 생각한다.

로마서 5장 8절은 "우리가 아직 죄인되었을 때에 그리스도께서 우리를 위하여 죽으심으로 하나님께서 우리에게 대한 자기의 사랑을 확증하셨느니라"고 말한다. 하나님식 사랑에서 발견되는 가장 중요한 특징 중 하나는 예시적이라는 점이다. 그리스도는 자기가 제자들을 사랑하신 것처럼 그들도 사랑하라고 가르치신다. 나는 요한복음 14장 21절이 우리가 하나님을 더 많이 사랑하고 순종하면 할수록, 그분의 사랑을 더욱 생생하게 보고 경험하고 즐기게 될 것임을 암시하고 있다고 믿는다.

로마서 5장 8절은 우리가 아직 죄인이었을 때에 그리스도가 가장 커다란 사랑의 증거를 보여 주셨다고 말한다. 그러나 그분의 제자들처럼 우리도 회개를 촉구하시는 성령께 순종하고 사랑의 첫 열매를 싹틔우기 전까지는 그 증거를 인식하지 못하는 경우가 많다. 당신과 마찬가지로 나도 늘 하나님의 사랑을 받고 있지만, 특별히 내가 고통스러운 상황 속에서도 그분을 사랑하고 순종할 때 나는 그분의 사랑 혹은 우리가 그분의 은총이라고 부르는 것의 증거들을 좀더 확실히 인식하게 된다. 나는 한 가지 실례를 생생하게 경험했다.

하나님은 말할 수 없는 고통을 경험한 매력적인 젊은 여인 하나를 내 삶 속에 끌어들이셨다. 그녀는 너무나 학대받고 혹사당한 나머지 아무도 믿지 않았다. 그녀는 내가 그때까지 알았던 어느 누구보다 더 간절히 사랑이 필요했다. 그러나 그녀는 지독히 의심이 많았고 사랑을 보여 주기를 어려워했다. 하나님은 계속해서 내가 그녀에게 예수님의 사랑을 보여 주기를 바라셨다. 어느 날 나는 그분께 이렇게 말씀드렸다.

"주님, 저는 순종하려고 노력하는 중인데요. 그녀는 정말 고슴도치를 끌어안는 것 같아요!"

달이 가고 해가 가면서, 하나님은 내 사랑하는 고슴도치를 귀여운 강아지로 바꾸어 놓으셨다. 우리가 관계를 맺은 내내 나는 그녀를 사랑했고, 그녀가 점점 더 부드러워지고 다정해지면서 나는 그녀에게 더 많은 사랑을 보여 줄 수 있었다. 이보다 훨씬 더 큰 차원이긴 하지만 하나님이 우리에게 사랑을 보여 주시는 것에도 그 원리가 적용된다고 믿는다.

당신은 어떠한가? 당신은 하나님이 예시적으로 보여 주시는 사랑을 받는 데 있어서(그분의 말씀을 통해서든, 당신의 내적 존재 안에 증거하시는 성령을 통해서든, 아니면 다른 어떤 사람을 통해서든) 고슴도치와 같은가 아니면 강아지와 같은가? 요한복음 14장 21절은 우리가 예수 그리스도를 더욱 사랑하고 순종하면 할수록 그분은 우리에게 더 많이 자신을 드러내실 것이라고 말하고 있다. 우리는 우리 안에 계신 성령의 눈을 통하여 그리스도가 자신을 알려 주시고 이해시키시는 이러한 표현이나 방법들을 볼 수 있다. 이사야 6장 3절은 하나님의 영광이 온 땅에 가득하다고 말한다.

사랑하는 그대들이여, 우리 주 예수님의 영광이 항상 우리를 둘러싸고 있다고 말할 때 나는 내가 그 본문을 확대 해석하고 있는 것이라고 생각지 않는다. 우리는 하나님이 우리에게 그분의 가치, 그분의 섭리, 그분의 임재를 보여 주실 수 있는 온갖 수단들에 쉴 새 없이 둘러싸여 있다. 그것들을 놓치고 싶지 않다. 우리 주변에 있는 예들을 생각해 보자. 몇 가지만 이야기하려 한다.

- 그리스도는 때로 어떤 사람에게 힘을 주셔서 용서할 수 없을 것 같은 일에 대해 우리를 용서하도록 하심으로 그분의 용서하시는 성품을 보여 주신다.
- 때로 그리스도는 마치 내가 어떤 성경 교사나 설교자의 유일한 청중인 것처럼, 그가 내 편지를 읽기라도 한 것처럼, 그들을 통해 너무나 강력하게 내 삶 가운데 그분의 활동을 증거하신다.
- 우리는 종종 성경의 한 부분을 읽고 있다가 갑자기 눈이 확 열리면서 그리스도를 이해하게 되는 경우가 있는데, 그러한 이해는 참로 놀랍고 변화를 가져온다.

- 우리 가운데 많은 이들은 사랑하는 사람의 임종을 지켜보면서 하나님이 우리 가운데 그분의 임재를 증거하시는 것을 알게 되는데, 그럴 때 우리는 그분의 돌보심과 위로에 압도된다.
- 때때로 그리스도는 다른 누구도 알지 못하는 아주 구체적인 일을 통해 역사하심으로써 그분이 가까이 계시다는 것과 그분의 전지하심을 알게 하신다.
- 때로 임박한 재난이 갑자기 비껴가고, 그럴 때면 우리는 구원자이신 하나님을 느끼고 온몸이 오싹해지는 기분이 들게 된다.
- 아주 간단한 예로 예배 중에 하나님의 강력한 임재와 달콤한 기쁨을 맛보는 경우도 있다.

나는 이런 일들을 모두 경험해 보았지만 앞으로도 더 많은 것을 보기 원한다. 예수 그리스도가 자신을 내게 드러내 주시기를 원한다! 나는 한 사람이 그분을 알 수 있는 한계만큼 이 땅에서 그분을 잘 알기 원한다. 당신도 그렇지 않은가? 그렇다면 그 목적을 위해 기도하자!

이제 나는 하나님이 요한에게 영감을 주셔서 요한복음 14장 21절에 기록하게 하신 진리가 요한의 실제적인 철학이요, 인생에 대한 접근 방식이 되었다고 믿는다. 우리는 이미 요한이 야망을 버리고 사랑을 선택했다는 결론을 내렸다. 사랑이 그의 절대적인 중심이 되었다. 여정을 계속해 나가면서, 우리는 요한이 아무도 보는 이 없을 때조차 순종을 추구하는 사람이었다는 것을 발견하게 될 것이다.

요한은 요한복음 14장 21절에서 하나님이 제시하신 조건을 그의 존재 전체로 살아냈다. 우리의 불멸하시는 주요 구세주께서 조심스레 그를 선택하셔서 비할 데 없는 계시의 책을 전달할 자로 삼으신 것이 뭐 이상한 일인가? 그건 정말 안성맞춤인 선택이었다. 요한은 자신이 글로 쓴 내용을 몸소 보여 준 최고의 전형이라 할 수 있다.

여자들과 나눈 더 많은 대화

이때에 제자들이 돌아와서 예수께서 여자와 말씀하시는 것을 이상히 여겼으나
(요 4:27).

예수님을 따르던 자들 가운데 어떤 사람들은 예수님이 여자들과 대화하시는 것을 보고 놀라워했다. 이 장은 예수 그리스도가 여자들에게 말씀하셨다는 성경적 사실, 더 나아가 그들을 매우 존중하셨다는 사실에 대해 지지해 주는 변증 아닌 변증이다. 한 걸음 더 나아가기에 앞서, 남자들을 폄하하거나 리더십에 있어서 그들의 성경적 역할을 경시하려는 생각은 추호도 없다는 것을 알아 주기 바란다. 나는 남성 타도를 부르짖었던 적도 없고 앞으로도 그렇지 않을 것이다.

내게는 남자 형제 둘과 여자 형제 둘이 있어서 그들과 함께 성장했으며, 여자들만큼이나 쉽게 남자들하고도 잘 어울리는 성향을 가지고 있다(당연히 다르기는 하지만). 나는 깊이 사랑하고 존경하는 한 남자와 멋지고 견고한 결혼 생활을 하고 있다. 또한 나는 그리스도 안에 있는 내 형제들과 아주 건강하고 정중한 관계를 갖고 있으며 그들과 갈등을 일으켜 본 적이 거의 없다는 것을 기쁘게 이야기할 수 있다. 나는 성경이 남자와 여자에게 정해 놓은 역할들을 굳게 믿으며, 우리 교회들은 교회의 남자들이 강한 것보다 좀처럼 더 강할 수 없다고 확신한다. 여성들이여, 남자들이 해결의 열쇠다. 나는 여자들이 남자들의 위치를 차지하는 것을 원치 않는다. 나는 단지 여자들이 그들 자신의 위치를 차지하는 것을 보고 싶을 뿐이다.

가끔은 내게 자신의 교회를 갖고 목사가 되고 싶지 않느냐고 물어보는 사람들이 있다. 솔직히 나는 내 남편과 내 목사에게 책임을 전가해 버리는 것을 좋아한다. 하나님이 얼마나 많은 것에 대해 남자들에게 직접적인 책임을 물으시는지 여자들이 깨닫는다면, 우리는 그들을 위해 끊임없이 기도해야 할 것이다. 나는 어느 날 밤 우리 교회에서 드렸던 예배를 소중하게 기억하고 있다. 그날 남자들은 교회 제단 앞에 나와 무릎을 꿇었고 여자들은 그들을 방패처럼 둘러서서 그들을 위해 울면서 중보기도를 올렸다. 우리의 가슴은 하나의 통일체가 되어 함께 뛰었고, 구별되지만 동등한 목적을 생생하게 실현해 낼 수 있었다.

분명히 말한다. 나는 남성을 옹호한다. 그리고('그러나' 가 아니라) 나는 또한 여성을 옹호한다. 이러한 옹호가 배타적이지 않다는 것은 어떤 사람들에게는 뉴스 속보처럼 들릴지도 모르겠다. 남자와 여자에 대한 성경적 역할과 책임은 때로 서로를 보완하고 완성하기 위해 아주 다르다. 하지만 하나님의 마음에서 우리가 차지하는 위치는 동일하다. 나는 그리스도의 몸 안에서 나의 여성성을 아주 편안하게 느끼지만, 모든 여성이 그런 것은 아니다. 때로는 그리스도와 그분의 말씀을 부적절하게 주장하는 이야기에 끊임없이 노출됨으로써 영적인 열등감이 생겨나기도 한다.

얼마 전 어떤 사람이 내게 캐롤라인 제임스(Carolyn Curtis James)가 쓴 「삶과 믿음이 충동할 때」(*When Life and Belief Collide*)라는 책을 건네주었고, 나는 그 책의 주제에 대해 아무것도 모른 채 그것을 읽기 시작했다. 저자는 예전에 어느 신학교 교수에게서 들었던 말로부터 하나님이 이 책의 전체적인 개념을 낳게 하셨다고 설명했다. 그 교수의 주장은 아주 당혹스러운 것이었다.

"그는 단순한 장난이 아니라는 표정으로 이렇게 말했다. '글쎄, 위대한 여성 신학자는 한 명도 없었으니까.'"[1]

그녀는 하나님이 그녀로 하여금 하나님의 말씀을 연구하여 그가 틀렸다는 것을 증명하도록 하기 위해 어떻게 그를 사용하셨는지 전혀 알지 못했다. 제자들과 마찬가지로 예수님이 여자들에게 말씀하시는 것을 보았다면 아마 그도 깜짝 놀랐을 것이다.

지금 내 목적은 성경 속의 여성과 신학과의 관련성을 증명하려는 것이 아니라 성경에 등장하는 몇몇 여성들과 그리스도 사이에 명백한 유대가 있었음을 증명하려는 것이다. 덧붙이자면 그러한 유대감으로부터 그리스도는 아주 심오한 신학을 만들어내셨다. 물론 예수님은 귀기울여 듣는 여자들에게 말씀하신다. 그것은 언제나 그랬고 앞으로도 그럴 것이다. 예수님이 여자들과는 깊은 만남을 갖지 않으셨다고 믿고 싶은 사람이라면 요한복음을 건너뛰어야 할 것이다. 신약성경은 그리스도와 남자들 간의 만남과 관계를 떠들썩하게 이야기하고 있다는 것을 다시 한 번 분명히 하자. 우리는 지금 그 사실을 조금도 부인하는 것이 아니다. 그러나 우리의 목적은 예수님과 여자들과의 상호작용을 공부하는 것이다. 말하지만 요한복음은 풍성한 의미를 지닌 자세한 기사들을 더 많이 제공해 준다.

다음에서 다루는 본문들은 예수님이 한 여자와 중요한 만남을 가지셨던 때를 기록하고 있다. 너무 많은 성경 본문들을 다루는 것 때문에 당황하지 마라. 우리의 목적은 한 장면 한 장면을 하염없이 꿰뚫어 보는 것이 아니라 그 모든 본문을 빠르게 훑어보면서 결론을 이끌어 내려는 것임을 기억하라.

요한복음 4장 1-39절은 수가성 여자를 소개해 준다. 우리는 아마도 그녀를 '우물가의 여인'이라는 이름으로 알고 있겠지만, 예수님 자신이 메시아라는 사실을 가장 먼저 말씀해 준 사람이 그녀였다는 것을 아는가? 그 여인은 자신을 경멸의 눈초리로 바라볼 사람들을 피해서 한낮에 물을 길으러 우물로 갔다. 예수님이 그런 자신을 존중해 주자 그녀는 깜짝 놀랐다. 예수님은 그녀에게 물을 한 잔 달라는 요청을 하시면 생명수라는 그분의 선물에 대한 이야기로 대화를 끌어가셨다. 그러자 그 여자는 수가로 돌아가 복음 전도자가 되어서 선포했다.

"와서 보라, 이는 그리스도가 아니냐!"(요 4:29).

요한복음 8장 1-11절은 그리스도와 한 여자가 만나는 또 다른 극적인 사건을 이야기한다. 이때에 바리새인들과 율법학자들은 예수님을 잡으려고 애쓰고 있었다. 그들은 간음하다 잡힌 여자를 주님 앞에 데려왔다. 거기서 그들은 예수님께 그녀를 재판하라고 요구했지만, 예수님은 그들의 술수에 넘어가지 않으셨다. 그분은 무릎을 꿇으시고 그들의 양심이 스스로를 고소하기 시작할 때까지 땅에 무언가를 그리셨다. 군중들이 다 사라져 버렸을 때 예수님은 그 여인에게 물으셨다.

"여자여, 너를 고발하던 그들이 어디 있느냐? 너를 정죄한 자가 없느냐?"

그녀는 "주여, 없나이다"라고 대답했고, 예수님은 "나도 너를 정죄하지 아니하노니 가서 다시는 죄를 범하지 말라"고 반응하셨다(10-11절).

예수님과 여자들의 관계를 알기 위해 우리가 다음에 살펴볼 본문은 요한복음 11장 17-44절이다. 이때에 예수님은 나사로의 누이, 마르다와 마리아와 더불어 교제하신다. 예수님은 나사로가 누워서 죽어 가는 동안 그곳으로 바로 달려가지 않고 지체하셨다. 그리스도는 그분의 친구 나사로가 죽어 장사된 지 사흘만에 그곳에 도착하셨다. 거기서 우리는 예수님이 두 자매들과 개인적으로 교제하시는 것을 볼 수 있다.

마르다는 예수님을 만나러 와서 한편으로는 그분을 비난하고 다른 한편 그분께 소망을 걸기도 하는 복합적인 감정이 실린 말을 한다.

"주께서 여기 계셨더라면 내 오라버니가 죽지 아니하였겠나이다. 그러나 나는 이제라도 주께서 무엇이든지 하나님께 구하시는 것을 하나님이 주실 줄을 아나이다"(21-22절).

예수님은 조용히 그녀의 말을 들으셨고 아주 새로운 방식으로 그녀에게 자신을 드러내셨다.

"나는 부활이요 생명이니 나를 믿는 자는 죽어도 살겠고 무릇 살아서 나를 믿는 자는 영원히 죽지 아니하리니 이것을 네가 믿느냐?"(25-26절)

마리아는 다른 모습으로 예수님을 만났다. 그녀도 예수님이 자신의 오빠를 치유해 주실 수 있을 것이라고 하는 믿음을 표현했지만, 그녀는 그분의 발 앞에 엎드려 울었다. 이때에 예수님은 "심령에 비통히 여기시고 불쌍히 여기"셨다(33절). 예수님은 나사로를 둔 곳이 어딘지 물으셨고 눈물을 흘리셨다. 그 다음 예수님은 나사로를 무덤에서 불러내셨고, 이 일은 두 자매 모두에게 큰 기쁨이 되었다.

요한복음 12장 1-8절은 계속해서 마르다와 특히 마리아의 이야기를 한다. 예수님이 죽으시기 전 여섯째 날 자매는 예수님을 위하여 만찬을 준비했다. 예수님에 대한 사랑에 겨워서 그리고 앞으로 있을 일에 대한 전조로 성령이 몰고 가시기도 했다고 여겨지는데, 마리아는 예수님의 발에 향유를 붓고 자기 머리털로 예수님의 발을 닦았다. 이 놀라운 순간에 두 가지 음성이 들렸다.

가룟 유다는 그 행위가 가난한 사람들에게 돌아갈 수 있었을 것을 터무니없이 낭비한 것이라고 선언했다. 그러나 예수님은 마리아의 행동이 그분의 장례를 위하여 기름을 부은 신성한 행동이라고 선언하셨다. 마태복음 26장 13절은 이 장면을 예수님의 말씀으로 아주 잘 마무리하고 있다.

"내가 진실로 너희에게 이르노니 온 천하에 어디서든지 이 복음이 전파되는 곳에서는 이 여자가 행한 일도 말하여 그를 기억하리라."

지금 이 순간 우리가 하고 있는 이야기도 그분의 약속을 계속해서 성취하고 있는 것이다.

우리는 지금까지 예수님이 여자들에게 말씀하시고, 그들을 높이시고, 존귀하게 대우하신 순간들을 살펴보았다. 십자가에서 예수님이 하셨던 말씀과 비교할 수 있는 본문은 없을 것 같다.

"예수께서 자기의 어머니와 사랑하시는 제자가 곁에 서 있는 것을 보시고 자기 어머니께 말씀하시되 여자여 보소서 아들이니이다 하시고 또 그 제자에게 이르시되 보라 네 어머니라 하신대 그때부터 그 제자가 자기 집에 모시니라"(요 19:26-27).

하지만 나는 마지막 본문 하나를 더 이야기하고자 한다. 요한복음 20장 1-18절은 부활의 아침에 막달라 마리아가 빈 무덤을 처음 보게 된 사연을 말해 준다. 그녀는 베드로와 요한에게 달려가 이 소식을 전하였고, 그들이 왔다 간 후에도 그곳을 서성거리고 있었다. 두 명의 천사를 보았음에도 그리스도가 부활하셨다는 사실은 비탄에 빠진 그녀의 마음에 스며들지 못하였다. 무덤에서 돌아섰을 때, 그녀는 한 남자를 보았다.

"마리아는 그가 동산지기인 줄 알고 이르되 '주여, 당신이 옮겼거든 어디 두었는지 내게 이르소서. 그리하면 내가 가져가리이다"(15절).

예수님은 부드러운 음성으로 그녀에게 응답하셨다.

"마리아야!"

그녀가 그분을 알아보았을 때, 그분은 이렇게 말씀하셨다.

"나를 붙들지 말라. 내가 아직 아버지께로 올라가지 아니하였노라. 너는 내 형제들에게 가서 이르되 내가 내 아버지 곧 너희 아버지, 내 하나님 곧 너희 하나님께로 올라간다 하라"(17절).

이 사건을 토대로 살펴볼 때 그리스도가 나를 놀라게 하시고 또 점점 그분과 사랑에 빠지게 만드는 세 가지 요점을 깨닫게 된다.

1. 예수님은 여자와 함께 있는 모습을 보이시길 부끄러워하지 않으셨다.
얼핏 보면 이 점은 그리 큰 일이 아닌 것처럼 보이지만, 때로 자기가 데이트를 하는 모습이나 심지어는 결혼한 사람과 함께 있는 모습을 보이는 것을 부끄러워하는 사람들이 얼마나 많은가? 사랑하는 그대들이여, 예수 그리스도는 당신과 함께 있는 모습을 보이시는 걸 부끄러워하지 않으신다. 사실 그분은 당신과 함께 있기를 더할 나위 없이 원하신다. 그분은 또한 당신에게 말씀하시는 것을 부끄러워하지 않으신다. 나는 너무나 많은 여성들이 교육을 받지 못하고 '어쩌면 틀릴지도 모른다'는 것 때문에 한주간 성경을 공부하면서 이삭을 모으듯 알게 된 것들을 사람들과 나누는 데 머뭇거리고 수줍어하는 것을 보아왔다. 여성들이여, 잘 들어 보라. 세상을 말씀으로 존재하게 하신 분이 당신을 신부로 선택하셨다. 성경은 당신에 대해 말하고 또 당신에게 말하고 있는데, 바로 그런 사람답게 그분의 말씀을 공부하라! 하나님은 당신의 삶을 통해 그분이 당신에게 말씀하신다는 사실이 증거되길 원하신다. 그분은 당신을 자랑스러워하신다.

얼마 전 남편과 같은 그룹에서 스포츠 사격을 하는 어떤 남자의 아내가 내게 다가오더니 이야기를 건넸다. 그녀는, "우리 남편이 뭐라고 말했는지 알면 감동을 받으실 거예요. '키스 무어는 정말 자기 아내를 사랑하나봐. 그가 자기 아내에 대해 말하는 것을 들어보면 알 수 있다니까!' 그러더라구요"라고 말했다.

우리가 없는 데서 예수님이 말씀하시는 것을 들을 수만 있다면 그분이 우리를 정말 사랑하신다는 것을 알게 될 것이다.

2. 예수님은 진정한 남자셨지만 여자의 필요를 이해하고 계셨다. 나는 하나님을 여성으로 만들려고 하거나 혹은 적어도 그분을 여성적인 분으로 만들어

서 우리가 대변자, 즉 '우리를 이해해 주는 누군가'를 가지고 있는 듯이 느끼려고 애쓰는 터무니없는 여성주의 '신학'을 경멸한다. 사랑하는 그대들이여, 그리스도는 우리 자신보다 우리를 더 잘 이해하신다. 물론, 그분은 다른 모든 남자들보다 유리한 고지에 계시기는 하다. 그분은 우리를 어머니의 태중에 지으신 분이시다. 게다가 나는, 내가 그리스도가 도우실 수 없을 만큼 가난하여질 수는 없다는 것—특히 내가 너무나 유지비가 많이 들어가는 사람이라는 느낌이 들 때면—을 알고 해방감을 느낀다. 거의 모든 이야기들마다 예수님이 여인들을 얼마나 인격적으로 대하시는지 보았는가? 그분은 그 당시에도 친밀감을 나타내는 행동을 전혀 두려워하지 않으셨고, 지금도 그러하시다.

하나하나의 만남들을 살펴보면서 이 사실을 주목해서 보았는지 모르겠다. 예수님이 그녀들의 필요를 위하여 행동하지 않으시고 그냥 내버려 두신 적은 단 한 번도 없지 않은가? 매 경우마다 예수님은 여자들이 외부적으로 보이는 행동을 넘어서 그녀들의 마음을 들여다 보셨다. 그분은 지금 바로 이 순간 당신의 마음을 보고 계시며 당신이 알고 있는 것보다 당신의 필요를 더 잘 아신다. 심지어 예수님은 무엇이 당신으로 하여금 지금 하고 있는 일을 하게 만드는지도 알고 계신다. 그분이 우리의 필요를 채우기 위해 요구하시는 것은, 그분이 우리에게 가까이 오시고 우리에게 말씀하시고 우리를 변화시키시는 것을 허용하는 것뿐이다.

3. 예수님은 여자들을 존중하셨고 그들에게 존엄성을 부여하셨다. 예수님이 여자들을 푸대접하신 기미를 하나라도 찾을 수 있는가? 아무리 상상력을 발휘해 보아도 예수님을 여성 혐오자로 만들 수 있는가? 어림도 없는 일이다. 예수님은 놀랍도록 인격적이시고 대단히 친밀하시며 예의바르신 분이다. 그분은 여자들의 수치를 존엄으로 바꾸셨다. 그분은 그녀들의 상실에 부활의 생명을

가져다 주셨다. 그리고 그녀들이 잘한 일들을 알아보시고 인정해 주셨다. 물론 베다니의 마리아는 설교를 하도록 부르심을 받은 것이 아니지만, 그리스도는 온 세상이 그녀의 일화를 이야기하게 될 것이라고 말씀하셨다. 막달라 마리아는 어떻게 되었을까? 그녀는 맨 처음 복음을 전파한 사람이었다! 간음하다 잡힌 여인은? 분명 그녀는 자기 생활을 정리했을 것이다. 어쩌면 좋은 남자와 결혼해서 한 가정을 이루었을지도 모르겠다. 예수님의 족보에 등장하는 여인, 라합의 경우 그런 일이 일어났다. 마르다는? 개인적으로 나는 그녀가 공기청정기를 발견하지 않았을까 싶다.

그분의 아버지에 대해 더 많이

예수께서 그들에게 이르시되,
"내 아버지께서 이제까지 일하시니 나도 일한다" 하시매(요 5:17).

아장아장 걸어다니는 아이들이 감정을 실어서 말하는 첫 번째 단어들 가운데 하나는 "내꺼야!"라는 말이다. 나는 이 말을 가르칠 필요가 있는 것인지도 잘 모르겠다. 나는 발을 구르면서 "내꺼야!"라고 소리치는 엄마와 아빠를 보지 못했다. 두 살배기 어린아이가 "아니야!"라는 말을 어디서 배우는지는 모두가 다 아는 일이지만, 도대체 "내꺼야!"라는 말은 어디서 배우는 것일까? 소유욕은 인간 정신에 깊이 뿌리박은 가장 본능적인 요소 가운데 하나라는 생각이 든다. '나의 것' 지향성을 배워야 하는 사람은 아무도 없다. 그것은 우리 DNA 마디마디마다 스며들어 있다.

우리 문화에서 우리가 성숙함이라고 부르는 것에는 우리의 '나의 것' 지향성을 상당히, 그리고 적절히 통제할 수 있게 되는 것이 많은 부분 포함된다. 하지만 우리가 내 것이라고 부를 수 있는 어떤 것을 갖고자 하는 마음 깊은 곳의 욕구는 인간을 나쁘게 만들거나 혹은 이기적으로 만드는 것이 아니다. 사실 나는 그것이 우리 인간성에 근본적인 것이라고 생각한다. 그러나 일반적으로 우리 육신의 본성은 인간의 기본적인 권리가 통제를 벗어나 자기를 주장하도록 만들어 버린다.

하나님은 우리를 어떤 것이 우리에게 속하였는지 알고자 하는 필요를 가진 존재로 창조하셨다. 어린아이였을 때부터 우리는 배제의 과정을 통하여 무엇이 자기 것인지를 확인하기 시작한다. 우리가 내 것이 아닌 게 무엇인지, 내가 빼앗길 수 있는 것이 무엇인지 부모로부터 배울 때까지는 모든 것이 '내 것'이다.

"아가, 아니야. 그건 네 것이 아니야. 여기 이불, 네 이불 여기 있네."

사실, 성숙함이란 우리의 '내 것' 지향성을 무시하는 것이라기보다는 무엇이 내 것이고 내 것이 아닌지를 적절하게 인정하고 조절할 수 있는 방법을 배우는 것이라고 말할 수 있을 것이다.

당신에 대해서는 잘 모르겠지만, 나는 몇 가지가 정말로 내게 속하였다는 사실을 알 필요가 있다. 나는 당신에게 오늘 오후 '내' 집에 잠깐 들려 달라고 말할 수 있다. 뭐 물론 18년 후까지는 융자를 준 은행에 소유권이 있긴 하지만. 대부분의 사람들은 자신의 차도 이런 식으로 소유하고 있다. 은행으로 말하자면, 내가 내 것이라고 부르는 은행 구좌는 내일 어떤 예기치 못한 재정상의 재앙이 발생해서 사라져 버릴 수도 있다. 당신 것도 마찬가지다. 그런 사실들을 진실로 고려해 넣는다면, 우리가 인생에서 '내 것'이라고 말할 수 있는 것은 정말 거의 없다.

어린아이들처럼 우리도 배제의 과정을 통해 배우는 경우가 종종 있다. 나는 몇 가지 것들이 내 것이라고 주장했는데, 하나님은 그것이 그렇지 않다는 것을 아주 창조적인 방법으로 내게 보여 주셨다.

소유하고자 하는 욕구는 우리 모두가 타고난 것이어서 만일 우리가 자기 것이라고 말할 수 있는 것이 정말 아무것도 없다면 우리 영혼은 소망이 없고 무의미하다고 느끼며 위축될 것이라고 나는 확신한다. 명심하라. 우리 하나님은 우리가 어떤 것도 소유할 권리가 없다고 거부하시는 하나님이 아니시다. 그분은 단지 우리가 계속해서 간직할 수 없는 것들에 너무 깊이 마음이 사로잡히지 않도록 보호하시는 것이다. 그분은 마땅히 주셔야 할 것들을 전혀 주지 않으시고 꽉 쥐고 계시는 분이 아니다. 그분은 우리 눈앞에 당근을 매달아 놓고는 한 입 베어 물려고 덤벼들면 입에서 확 빼버리시는 분이 아니다. 많은 사람들의 견해와는 반대로 하나님은 "나는 네가 원하는 것을 창조하였지만 네가 그것을 갖게 하지는 않겠다"라는 식의 지겨운 놀이를 즐기시는 분이 아니시다. 그와는 정반대로, 생명을 지으신 분은 가장 뛰어난 것을 '내 것'이라고 부르라고 우리를 격려하실 것이다. 더할 나위 없이 가장 아름다운 것을. 하나님은 받는 자들에게 자기 자신을 주신다.

하나님은 시편 기자 다윗을 그분의 마음에 맞는 사람이라고 부르셨다. 시편 18편 1-2절에는 그가 마음껏 자신의 '내 것' 지향성을 펼쳐 보이는 방법들이 드러난다.

> 나의 힘이신 여호와여, 내가 주를 사랑하나이다.
> 여호와는 나의 반석이시요, 나의 요새시요,
> 나를 건지시는 이시요, 나의 하나님이시요,
> 나의 피할 바위시요, 나의 방패시요,
> 나의 구원의 뿔이시요, 나의 산성이시로다.

인생에는 수많은 경계선들과 '넘어오지 마시오'라는 표지판이 있다. 인간 조건의 한 부분은 질서 있는 모습으로 살아가기 위해 끊임없이 밀어닥치는 '아니오'에 직면한다는 점이다. 우리가 가질 수 없는 너무나 많은 것들 가운데 하나님은 그분의 자녀들에게 말씀하신다.

"그리 중요하지 않은 것들을 버리고 네가 원하는 만큼 나를 가져라."

요한복음 3장 34절에 의하면 하나님이 그분의 성령을 한량없이 주신다고 말씀하신다. 하나님은 만물의 주인이시며 소유자이시지만, 우리가 원하는 만큼 그분을 소유하라고 아낌없이 초청하신다. 그분은 나의 하나님이시고 당신의 하나님이시다. 그분은 우리가 자신의 몫을 줄이지 않고도 마음껏 공유할 수 있는 유일한 분이시다.

그리스도가 이 땅에 오셨을 때, 그분은 이 세상에서의 목적을 성취하시기 위해 본래 가지고 계셨던 신적 권리들을 상당 부분 포기하셨다. 빌립보서 2장 7절은 그분이 "오히려 자기를 비어 종의 형체를 가지사 사람들과 같이" 되셨다고 말한다. 요한복음 1장 3-4절은 "만물이 그로 말미암아 지은 바 되었으니 지은 것이 하나도 그가 없이는 된 것이 없느니라. 그 안에 생명이 있었으니 이 생명은 사람들의 빛이라"고 말한다. 그러나 그리스도는 "이봐, 친구. 지금 자네가 디디고 걷고 있는 땅이 보이나? 그걸 누가 만들었다고 생각하지?"라고 말씀하시며 돌아다니지 않으셨다.

우리가 아는 한 그리스도는 제자들과 함께 달빛 아래 앉으셔서 모든 별들의 고유한 이름들을 알려 주시며 하늘에 대한 자신의 소유권을 주장하지 않으셨다. 알파벳 순서로 이름들을 쭉 읊어대는 일 따위는 하지 않으셨다. 예수 그리스도가 모든 신성의 충만함으로 몸을 입고 세상에 오셨다는 것을 생각할 때, 그분은 실제로 자신의 신적 권리를 사용하시는 데 놀라운 자제력을 보이셨다는 것을 알게 된다. 마태복음 26장 53-54절은 한 가지 실례를 제공해 준다. 폭도들이 그분을 체포하려고 했을 때, 예수님은 베드로에게 검을 도로 집에 넣으라고 말씀하셨다.

"너는 내가 내 아버지께 구하여 지금 열두 군단 더 되는 천사를 보내시게 할 수 없는 줄로 아느냐? 내가 만일 그렇게 하면 이런 일이 있으리라 한 성경이 어떻게 이루어지겠느냐?"

이 장면에서 예수님이 자신의 신적 권리를 행사하지 않고 자제하신 궁극적인 이유가 무엇인지 알겠는가? 그분은 성경이 이루어져야 한다고 결정을 내리셨다. 그리스도는 또 다른 이유, 즉 자신을 입증해야 할 이유가 전혀 없으셨기 때문에 그렇게 자제하셨던 것이다. 요한복음 13장 3절은 "예수는 아버지께서 모든 것을 자기 손에 맡기신 것과 또 자기가 하나님께로부터 오셨다가 하나님께로 돌아가실 것을 아시고"라고 말한다. 그분은 알고 계셨다.

하지만 예수님은 한 가지 권리를 온전히 행사하셨는데, 그것은 유대인들이 분통을 터뜨리는 원인이 되었다. 요한복음 5장 18절에 기록된 논쟁의 정점은 바로 그 권리였다.

"유대인들이 이로 말미암아 더욱 예수를 죽이고자 하니 이는 안식일을 범할 뿐만 아니라 하나님을 자기의 친아버지라 하여 자기를 하나님과 동등으로 삼으심이러라."

요한복음 10장은 이와 동일한 역학 관계를 보여 주는 또 다른 실례를 담고 있다. 30절에서 예수님은 "나와 아버지는 하나이니라"고 말씀하셨다. 그 다음 절에서는 "유대인들이 다시 돌을 들어 치려"하였다고 우리에게 말해 준다. 예수님은 자신이 하나님의 아들됨을 거리낌 없이 주장하셨다. 복음서들을 비교해 볼 때 아버지로서의 하나님을 언급한 횟수만큼 서로 엇갈리는 것은 없다. 신약성경에서 아버지로서의 하나님을 언급하고 있는 248회 가운데 약 110회 가량이 요한복음에 기록되어 있다. 신약에서 이에 비근할 정도로 다루고 있는 책은 전혀 없다.

그 관계는 사도 요한에게 있어 모든 것을 의미하는 것이 되었다는 사실을 놓치지 마라. 지금부터 당신이 요한에 대해 생각할 때면 즉시로 온전히 예수님의 사랑을 신뢰한 한 사람과 연관시켜 생각하라. 그리하여 요한은 호혜적인 사랑에 대해서뿐 아니라 서로에 대한 사랑에 대해서도 할 말이 아주 많았다. 우리는 나머지 장들에서 그 개념을 더 확장해서 살펴볼 것이다. 나는 요한이 위대한 계시를 받기에 적합한 사람이 되게 한 요인을 그가 그리스도와의 관계에 우선 순위를 두었기 때문이라고 가정하는 것이 전혀 생뚱맞은 일이라고 생각하지 않는다.

요한에게 있어 정체성이란 연합으로부터 오는 것이었다. 그는 예수님과 꼭 붙어다니면서 이러한 철학을 흡수했던 것 같다.

요한복음에서 다음 구절들을 살펴보라. 각 구절이 연합을 통한 정체성의 확립을 어떻게 강조하고 있는지 주목해 보라.

- 내가 하늘에서 내려온 것은 내 뜻을 행하려 함이 아니요(요 6:38).
- 예수께서 사라사대, "빌립아, 내가 이렇게 오래 너희와 함께 있으되 네가 나를 알지 못하느냐? 나를 본 자는 아버지를 보았거늘 어찌하여 아버지를 보이라 하느냐?"(요 14:9).
- 내가 갔다가 너희에게로 온다 하는 말을 너희가 들었나니 나를 사랑하였더라면 내가 아버지께로 감을 기뻐하였으리라. 아버지는 나보다 크심이라(요 14:28).
- 오직 내가 아버지를 사랑하는 것과 아버지께서 명하신 대로 행하는 것을 세상이 알게 하려 함이로라(요 14:31).
- 아버지께서 나를 사랑하신 것같이 나도 너희를 사랑하였으니 나의 사랑 안에 거하라(요 15:9).
- 내가 아버지께로부터 너희에게 보낼 보혜사 곧 아버지께로부터 나오시는 진리의 성령이 오실 때에 그가 나를 증언하실 것이요(요 15:26).
- 무릇 아버지께 있는 것은 다 내 것이라. 그러므로 내가 말하기를 그가 내 것을 가지고 너희에게 알리시리라(요 16:15).
- 보라, 너희가 다 각각 제 곳으로 흩어지고 나를 혼자 둘 때가 오나니 벌써 왔도다. 그러나 내가 혼자 있는 것이 아니라 아버지께서 나와 함께 계시느니라"(요 16:32).

더 풍성한 삶 | 275

그리스도는 자신이 계속해서 하나님을 아버지라고 말하면 유대인들의 분노를 불러일으키리라는 것을 알고 계셨다. 그러나 그분은 아주 끈덕지셨고, 또 그렇게 주장하셔야 했다. 예수님은 행동과 표현을 통해서 이렇게 말씀하시는 것처럼 보였다.

'나는 내 왕위와 내 지위와 영광을 버렸다. 이제 곧 너희 모두를 위하여 내 생명을 버릴 것이다. 그러나 내 말을 잘 들어라. 나는 내 아들됨을 내려놓지는 않을 것이다. 하나님은 내 아버지이시다. 나를 그렇게 대우해라.'

사람의 아들(the Son of Man)은 그분 자신의 아들을 불러볼 여지가 없으셨다. 그분은 아내가 없었다. 자녀도 없었다. 그분은 온 세상의 다이아몬드 광산과 금 광산이 모두 그분께 속해 있었음에도 불구하고 아무런 소유가 없으셨다. 그분은 어떤 것에도 소유를 주장하지 않으셨다. 그분은 자신을 낮추어 세상에 오셔서 우리의 상처받은 육신으로 몸 입기 위해 모든 것을 버리셨다. 우리의 인간성을 취하시기 위해 그분은 또한 우리의 가장 본능적인 필요들을 입으셨다. 그 모든 것을 잃으시고 희생하시면서 그분은 자신이 '내 것'이라고 부를 수 있는 것이 필요하셨다.

"나와 아버지는 하나니라"(요 10:30).

그리스도는 아버지 말고는 아무것도 없이 세상에 오셨고 그 점은 양보할 수 없는 것이었다.

그리스도가 막달라 마리아를 통해 그분의 제자들(과거와 현재의)에게 전하라고 하신 혁명적인 메시지는 그 책 전체에 걸쳐 기록되어 있는 바, 예수님이 그분의 아버지께 사로잡혀 계신 그 멋진 모습과 관련해서 파악될 수 있을 뿐이다. 그 말씀을 마음으로 새롭게 들어보라.

"예수께서 이르시되, '나를 붙들지 말라. 내가 아직 아버지께로 올라가지 못하였노라. 너는 내 형제들에게 가서 이르되 내가 내 아버지 곧 너희 아버지, 내 하나님 곧 너희 하나님께로 올라간다' 하라"(요 20:17).

이 말씀이 주는 강한 충격을 느낄 수 있는가?

이제 다음 구절들이 그리스도가 하신 영광스러운 선포를 어떻게 반향하고 있는지 살펴보자.

- 너희는 다시 무서워하는 종의 영을 받지 아니하고 양자의 영을 받았으므로 아빠 아버지라고 부르짖느니라(롬 8:15).
- 때가 차매 하나님이 그 아들을 보내사 여자에게서 나게 하시고 율법 아래에 나게 하신 것은 율법 아래에 있는 자들을 속량하시고 우리로 아들의 명분을 얻게 하려 하심이라. 너희가 아들이므로 하나님이 그 아들의 영을 우리 마음 가운데 보내사 아빠 아버지라 부르게 하셨느니라(갈 4:4-6).

사랑하는 하나님의 자녀들이여, 당신과 내가 아들됨(혹은 딸됨)의 권리를 가차없이 행사한다면 우리의 삶은 변화될 것이다. 사탄은 우리를 하나님의 계획과 축복에서 떼어놓을 수 없을 것이다. 그리스도는 많은 권리들을 내려놓으시기로 결심하셔야 했지만, 그러나 그분이 무엇보다 가장 중요한 한 가지, 즉 아들됨의 권리를 유지하고 계셨기 때문에 사탄은 승리할 수 없었다. 그리스도는 많은 아들들을 영광으로 인도하셨고 그분이 내려놓으셨던 모든 권리들을 다시 얻으셨다.

그리스도의 아들됨의 성령을 받은 사람들로서, 이것은 우리에게도 적용되는 말이다. 어떤 상황에서 우리에게 인정되는 권리를 내려놓으라고 하나님이 요구하시는 때가 올 것이다. 우리의 의견을 내거나 자신을 변호할 권리를 포기하라고 요구하시는 때도 있다. 우리가 마땅히 받을 만하다고 생각하는 승진의 기회를 놓아야 할지도 모른다. 성경적인 근거에서 생각하더라도 배우자를 떠날 수 있는 권리를 포기하라고 요구하실 수도 있다. 다른 사람이 우리와 거리를 둘 때 그와의 교제를 끊어 버릴 권리를 포기하는 것일 수도 있다. 어떤 상황에서 정당한 사람으로 보여질 권리나 세상적인 문제에 있어서 우리의 존엄에 대한 권리, 기본적인 인권에 대한 권리를 포기하라고 요구하실지도 모른다.

그러나 이 진리를 마음 깊이 새기라. 당신은 아들됨의 권리를 포기하라거나 당신의 지위를 약화시키려는 사탄의 유혹에 넘어가야 한다는 요구를 받는 일은 절대 없을 것이다. 하나님이 어떤 분이시며 당신이 어떤 존재인지를 계속해서 당신 자신에게(그리고 당신의 대적에게) 상기시키면서 아들됨의 권리를 행사하는 한, 사탄은 결코 당신을 패배시키거나 당신의 삶을 향한 하나님의 계획을 어느 한 부분이라도 방해하지 못할 것이다. 하나님이 당신으로 하여금 어떤 것을 상실하거나 다른 권리들을 포기하도록 허락하시거나 권고하시는 것은 일시적인 일이다. 당신은 결국 백 배나 더하여 돌려 받을 것이다.

사랑하는 그대들이여, 당신의 지위를 유지하라! 그 어떤 것도, 혹은 그 누구도 당신이 아들됨의 권리를 행사하는 것에 대해 왈가왈부하지 못하게 하라! 사탄이 우리를 목표로 삼는 이유는 바로 우리가 하나님의 아들(혹은 딸)이기 때문이다. 우리가 신분상의 권리에서 물러서지 않겠다고 주장할 때 사탄은 패배하고 만다. 그가 가장 듣기 싫어하는 말은, "나는 거듭나고 의롭게 된 하나님의 자녀이다. 나는 너를 꾸짖을 권리를 행사한다! 너, 마귀는 패배했다. 너는 나를 내 아버지에게서 끊을 수 없고 내 아버지를 내게서 끊을 수도 없다"고 말하는 것이다. 그렇게 말하라!

당신이 무엇을 잃었든, 혹은 무엇을 버렸든 간에, 당신은 생명의 아버지를 '나의 것'이라고 부를 수 있다. 그분의 자녀인 당신은 하루 24시간, 일주일 내내 그분과 직통으로 연결될 수 있다. 하나님은 결코 당신의 소리에 귀 막지 않을 것이며, 당신이 부당하게 대접받을 때 외면하지 않으실 것이다. 당신은 그분이 당신의 말을 들으시고, 당신을 사랑하시고, 어떤 일이 일어나고 있는지 아실 것이라고 '소망' 하는 데 그치지 않는다. 하나님이 당신의 아버지이시고 당신은 그분의 자녀라는 맥락을 떠나서 당신이 처한 상황을 바라보는 일이 없도록 하라.

당신이 가진 가장 중요한 권리는 행사하지 않은 채 확실히 이차적인 온갖 권리들을 유지하기 위해 애쓰고 있지는 않은가?

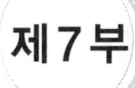

제 7 부

마음으로 쓴 편지

이제 우리는 성령의 감동하심으로 요한이 쓴 서신들을 살펴볼 준비가 되었다.

우리는 그의 열정으로 불을 지핀 통찰을 얻게 될 것이다. 우리는 불과 몇 마디 안 되는 말로 엄청난 깊이를 표현할 수 있는 한 사람을 만나게 될 것이다(나라면 두어 차례 강의를 했을 것 같다). 사랑을 표현하는 요한 특유의 표현이 당신에게 축복이 되길 소망한다.

요한은 그 편지의 수령자들을 낮추어 말하지는 않았지만 아무래도 그들을 '어린 자녀'로 여기고 접근하는 방법을 취하였다. 사도 요한의 편지들을 묵상하면서 노년의 지혜를 얻도록 하라. 당신은 그가 성숙해 가면서 가장 중요하게 여긴 개념들을 발견하게 될 것이다.

31 장

코이노니아

> 우리가 보고 들은 바를 너희에게도 전함은 너희로 우리와 사귐이 있게 하려 함이니 우리의 사귐은 아버지와 그의 아들 예수 그리스도와 더불어 누림이라(요일 1:3).

세월이 흘렀다. 요한의 수염도 백발이 되었다. 갈릴리 바다의 태양으로 무두질한 피부는 이제 나이 들어 더 깊은 주름이 패었다. 그의 목소리는 불타는 한 복음 전도자의 열정을 그대로 드러내며 거칠게 갈라졌다. 오랜 세월 시골길을 돌아다닌 발에는 두터운 못이 박혔다. 그가 소리내어 웃거나 깊은 묵상에 잠길 때면 눈가의 주름이 아코디언처럼 접혔다 펴지곤 했다. 어떤 학자들은 요한복음과 그의 서신들이 단 몇 년 내에 쓰여졌다고 믿고 있지만, 그의 서신들이 노인이 되어 쓰여진 것이라는 점에는 거의 논란이 없다. 대부분의 사람들은 요한일서가 A. D. 85-90경에 쓰여졌다고 믿는다.[1]

요한은 구세주의 든든한 어깨에 기대어 유월절 식사를 했던 이후로 수많은 유월절 만찬을 기념했다. 그날 밤 이후로 너무나 많은 일들이 있었다. 그는 그리스도의 찢기신 모습도 마음에서 지워버릴 수 없었고 부활하신 주님을 다시 바라보았던 그 일도 결코 잊을 수 없었다. 요한이 예수님의 발을 마지막 보았을 때,

그 발은 감람산 꼭대기 공중에 떠 있었다. 그때 갑자기 포근한 면 이불처럼 구름이 그 발을 덮었다. 그분이 떠나신 뒤 성령의 불이 내렸다. 그리고… 박해의 불길이 타올랐다. 한 사람 한 사람 다른 사도들이 순교를 당했다. 사람들이 변하고 역사적인 건축물들이 사라져 갔다. 그리스도가 예언하신 그대로 고대 세계의 불가사의 가운데 하나였던 헤롯 성전이 A. D. 70년에 붕괴되었다.

성령의 바람이 불어와 에베소 시에서 요한이 친숙하게 여겼던 모든 것을 싹 쓸어가 버렸다. 물을 포도주로 만들고 물고기 두 마리로 잔치를 베풀었던 초기 시절로부터 수십 년의 세월이 흘렀다. 대부분의 사람들은 나이가 들면 기억이 희미해져 대강의 내용은 기억해도 자세한 사항들은 모호하게 남아 있을 뿐이다. 그러나 요한은 그렇지 않았다. 그는 잊혀지지 않는 말들로 그가 선명히 기억하고 있는 것들을 기록했다.

"태초부터 있는 생명의 말씀에 관하여는 우리가 들은 바요 눈으로 본 바요 자세히 보고 우리의 손으로 만진 바라. 이 생명이 나타내신 바 된지라. 이 영원한 생명을 우리가 보았고 증언하여 너희에게 전하노니 이는 아버지와 함께 계시다가 우리에게 나타내신 바 된 이시니라"(요일 1:1-2).

요한의 글은 점진적으로 정상을 향해 올라가지 않는다. 그는 단번에 관통해 보았다. 마치 이제 그 모든 것을 폭발시켜 적어 내려가기까지 오랫동안 기다렸다는 듯이, 그의 편지는 크레센도의 목소리로 시작되고 있다. 요한이 펄쩍 뛰어 오를 만큼 성령이 그에게 임하시지 않았나 모르겠다.

거듭해서 말하지만, 우리의 신앙은 사실에 기초한 것이다. 사랑하는 그대들이여, 수십 년이 흘렀다. 제자들은 모두 자기들이 죽기 전에 예수님이 다시 오시기를 소망했다. 그러나 그 약속이 아직 이루어지지 않았음에도 불구하고 그들 중 누구도 흔들리지 않았다. 세월이 흘러가면서 요한의 확신이 바래고 약해지지 않았을까 생각할 수도 있다. 하지만 굴함이 없는 그의 증언을 들어 보라! 그는 자기가 계속해서 말씀을 전하는 이유는 "너희로 우리와 사귐이 있게 하려 함이니 우리의 사귐은 아버지와 그의 아들 예수 그리스도와 더불어 누림이라"(요일 1:3)고 말한다.

헬라어로 '사귐'은 '코이노니아'(koinonia)이다. The Amplified Bible은 이렇게 표현한다.

"우리가 보고 들은 것을 또한 너희에게 말하는데, 그것은 너희도 또한 우리와 더불어 파트너요 고락을 함께 하는 자로서 교제를 깨닫고 누리게 하려는 것이다. 그리고 우리가 지금 나누고 있는 [이] 교제는 [그리스도인의 특징적인 표지인데] 아버지와 그의 아들 예수 그리스도(메시아)와 함께 하는 것이다"(요일 1:3).

파트너십과 분담한다는 두 개념이 모두 '코이노니아'라는 멋진 단어에 담겨 있다. 내 남편은 사업상 공동 경영자인데, 그의 파트너십은 이익이 될 수도 있지만 또한 손실이 될 수도 있다. 그 회사가 잘 되지 않는다면 내 남편은 손해를 볼 것이다. 회사가 이윤을 남기면 그는 소득을 얻는다. 파트너인 그는 항상 일을 분담하지만 반드시 이익을 챙기는 것은 아니다. 하나님과 그의 아들 예수 그리스도와의 교제를 나누는 파트너로서, 하나님 나라에서 우리의 파트너십은 절대 손실이 되지 않는다. 하나님 나라는 오직 잉여를 남길 뿐이다. 믿을 수 없을 정도로 풍요롭고 우리가 상상할 수 있는 것 이상이다.

당신은 파트너십에 수반되는 일이나 파트너십에 수반되는 이윤을 좀더 적극적으로 분담하고 있는가? 우리는 뼛속까지 확실히 구원받은 존재이면서도 우리의 일터나 이웃들과 완벽히 섞여버릴 수 있다. 맹세코 말하지만, 현세적이고 비효율적인 기독교가 판을 치고 있다. 나 역시 이 두 가지 모두에 해당하는 사람이기에 비난하는 투로 말하는 것이 아니다. 우리를 세상과 확실히 구별되게 하는 것은 하나님 바로 그분과 우리의 교제뿐이다.

나는 4절 말씀을 참 좋아한다. 삶의 이 시점에 이르러 요한은 자신의 선생님과 아주 비슷한 말을 하기 시작하였다.

"우리가 이것을 씀은 우리의 기쁨이 충만하게 하려 함이로다."

요한복음 15장 11절에서 예수님이 하셨던 말씀과 많이 닮아있지 않은가?

"내가 이것을 너희에게 이름은 내 기쁨이 너희 안에 있어 너희 기쁨을 충만하게 하려 함이라."

나는 기쁨을 이기기 못해 벌떡 일어서고 싶은 순간을 경험하고 있다. 실제로 그럴 것이다. 우리가 앞서 요한복음 15장과 요한복음 17장을 논의했던 내용에 기초해서, 당신은 예수님이 그분의 아버지와 또 그분을 따르는 자들과 온전히 누리셨던 관계를 다른 모든 사람들도 누리기 원신다는 것을 알고 있는가? 아마도 하나님과 그리스도의 부요함을 진정으로 함께 나누는 사람이 보이는 가장 특징적인 표지는, 그 파트너들은 보물을 몰래 감추지 않는다는 것이다. 그들은 다른 모든 사람들도 그것을 함께 누리길 원한다. '코이노니아'의 진정한 파트너와 분담자들은 결코 이기적일 수가 없다. 그들의 기쁨은 다른 사람들과 그것을 나눔으로써만 온전하여진다.

사랑하는 그대들이여, 아버지와 아들과 함께 하는 나의 '코이노니아'는 사도 요한이 나누었던 '코이노니아'에는 못 미치지만, 그래도 나는 그가 무슨 이야기를 하고 있는지 안다. 사실, 그것은 내가 전적으로 열망하는 것이다. 나는 살아 계시고 호흡하시는 하나님의 아들을 추구하고 발견하는 일을 너무나 사랑하고 누리고 있기에 다른 사람들이 그 기쁨을 놓치는 것이 견딜 수 없을 지경이다. 많은 사람들이 진정한 '코이노니아'의 춤을 쾌쾌한 종교적 의식들로 희석시켜 버리는 것을 보면 정말 미칠 것 같다. 그분은 너무나 스릴 있고 모험적이셔서 나 혼자만 그분을 간직하고 있을 수가 없다. 내가 그분과 교제를 나누는 것처럼 다른 사람들도 교제를 나누었으면 좋겠다. 요한일서 1장 3-4절을 읽어 보라. 내가 생각하기에 요한이 말하고자 하는 바가 바로 그것이다. 먼 곳에서부터 오는 많은 편지들을 받아본 결과, 나는 많은 사람들이 이와 전적으로 동일한 느낌을 가지고 있다고 믿는다.

요한일서 1장에서 살펴보게 될 다음 구절은, 이 '코이노니아'가 나에게 그토록 소중한 이유 몇 가지를 설명해 준다. 5절에서 요한은 "하나님은 빛이시라. 그에게는 어둠이 조금도 없으시다는 것이니라"고 쓰고 있다. 이 선언이 내게 어떤 의미가 있는지 어서 빨리 당신에게 이야기해 주고 싶다.

나는 인생의 그런 어두운 면들을 보아 왔다. 나는 빛의 사람들 가운데 있는 어두움을 보았다. 또한 나는 내 인생에서 어두운 면에 직면하여 거의 좌절한 경험이 있다. 우리는 이 세상의 어두운 면을 기억나게 하는 것들로부터 도망칠 수 있지만 숨을 수는 없다. 우리 자신 속에서 그러한 면들을 발견하기 때문이다. 우리가 껍질을 깨고 조금만 머리를 밖으로 내밀면, 신문과 잡지들은 온통 세상의 어두운 면들을 떠올리게 하는 것으로 가득하다. 당신이 이 장을 다 읽을까 말까 한 시간 동안에도, 한 아버지가 살해당하고 한 여인이 강간을 당하고 한 아이가 학대를 당한다. 나는 그런 구체적인 기사들을 읽을 때마다 우리가 한시도 이 지구상에 머물러 있지 못할 것 같은 느낌이 든다. 그런 우리가 소망을 품고 믿음을 갖게 해주는 것은 오직 하나님이 이 세상을 버리지 않으신다는 것과 그분이 빛이시며 그분 안에는 어두움이 조금도 없다는 것을 아는 것뿐이다.

하나님은 어두움이 조금도 없으시다. 잘 듣고 이 사실을 골수에 새기라! 당신의 마음에 얼마나 많은 신학적 질문들이 풀리지 않고 남아 있던지 간에 이것만은 확신할 수 있다. 하나님에게는 어두움이 전혀 없으시다. 우리의 어두움이 어느 정도이든 상관없이 그분이 우리를 정결케 하실 수 있는 이유가 바로 그것이다. 그분은 완전히, 완벽히 깨끗하시다. 지금 당장 하던 일을 멈추고 당신이 그분을 얼마나 사랑하는지 말씀드리고 싶지 않은가? 그분에게 전혀 어두움이 없다는 사실은 당신이 그분을 신뢰할 수 있는 이유가 된다고 보지 않는가? 그분은 당신과 관련해서 불순한 동기를 가지실 수 없는 분이다.

나는 그리스도 안에서 안전함을 발견하였고, 그분이 내게 불어 주신 그 순결한 '바람'으로 인해 그분과의 사귐 가운데 거하기를 간절히 원하게 되었다. 당신은 그렇지 않은가?

요한일서 1장 9절은 그리스도와 더불어 교제하는 삶을 공유하고 빛 가운데 걸어가기 위한 비결을 이야기한다.

"만일 우리가 우리 죄를 자백하면…"

'자백'이라는 헬라어 기본 단어는 '호모로지오'(homologeo)인데, 두 개의 다른 단어에서 파생된 것이다. '호모우'(homou)는 '같은 장소 또는 시간에, 함께'[2]라는 뜻이고 '레고'(lego)는 "말하다"[3]라는 뜻이다.

본질적으로 죄를 고백하는 것은 우리의 죄에 대해 하나님의 생각에 동의하는 것이다. 그 정의에서 '코이노니아' 가운데 거하기 위한 중요한 열쇠를 쥐고 있는 부분은 '동일한 장소 또는 시간'이라는 방법이다. 나는 내 인생에서 근본적으로 '코이노니아'를 방해하던 죄들을 고백하고 그것으로부터 돌아섰다. 나는 내 죄에 대한 하나님의 의견에 동의하고 돌아서지 않은 채 너무나 오랫동안 미뤄두었기 때문이다. 나는 여전히 용서를 발견하였지만 그렇게 미뤄두는 동안 '코이노니아'는 깨어졌다. 좀더 당당하게 살아가는 법을 하나님이 내게 가르치기 시작하셨을 때, 나는 '같은 장소 혹은 시간'에 성령이 주시는 확신에 반응하는 것을 배웠고, 그럼으로써 결코 그 사귐이나 '빛'의 길을 떠나지 않게 되었다.

어떤 사람들은 우리가 '완벽한' 순간에만 하나님과의 관계가 유지될 수 있는 것으로 생각한다. 요한일서 1장 8절이 그러한 철학을 어떻게 반박하고 있는지 살펴보길 원한다.

"만일 우리가 죄가 없다고 말하면 스스로 속이고 또 진리가 우리 속에 있지 아니할 것이요."

당신은 어쩌면 이렇게 질문할지도 모르겠다.

"심각하게 죄를 지은 사람이 어떻게 여전히 교제 가운데 있을 수 있지요?"

모든 죄가 은혜를 필요로 한다는 점에서는 동일하지만, 모든 죄가 동일하게 지배력을 행사하는 것은 아니라는 점을 이해하기 바란다(시 19:13). 강도나 강간이나 악의적인 중상모략의 죄에 가담한 사람은 그 생각이 행동으로 진행되는 과정에서 수반되는 죄에 대해 하나님의 의견에 동의하기를 거부할 때 '코이노니아'를 떠난다. '코이노니아'를 마치 교제의 장소를 설명하는 하나의 범위처럼 생각하라. 우리 마음속에 위험한 생각이 번개처럼 스쳐 지나갈 때마다 우리가 그 범위 안으로 들어갔다 나왔다 하는 것이 아니다. 느닷없는 탐욕과 자만과 정욕이 우리 마음을 스쳐 지나간다고 해서 우리가 그 범위를 떠난다고 할 수 없다.

우리가 하나님과의 '코이노니아' 가운데 있다면, 그때와 장소에 성령의 확신이 임할 것이고, 부정적인 생각이나 행동이 하나님의 성도들에게 합당치 않다고 말해 줄 것이다. 그때 우리가 다음과 같은 방식으로 반응한다면 절대 '코이노니아'를 떠나는 일은 없을 것이다.

"예, 주님! 주님이 절대적으로 옳습니다. 저도 그런 식으로 생각하고 싶지 않습니다. 그런 류의 파괴적인 생각들을 마음에 간직하고 싶지 않습니다. 저를 용서하시고 주님을 영화롭게 하고 저를 해하지 않을 생각들을 갖도록 도와주세요."

지체 없이 죄를 고백하는 것은 우리가 '코이노니아' 가운데 있도록 도와줄 뿐 아니라, 그 자체가 '코이노니아'의 일부다.

나는 자신의 생각을 정직하게 고백하고 하나님과 '직면하여' 보게 되는 것을 상상할 수 없다고 말하는 사람들과 많은 대화를 나누어 보았다. 우리가 사고 과정에서 하나님께 정직해지는 것을 배우지 못하면, 하나님이 우리에게 새롭게 사고하는 방법을 가르치시도록 결코 허용하지 못할 것이다. 마음을 새롭게 하지 않는다면 유감스럽게도 지속적인 승리와 영광스러운 '코이노니아'는 우리를 벗어나 버릴 것이다. 사랑하는 그대여, 하나님은 이미 당신의 생각을 알고 계신다. 우리가 확신하는 바에 의하면, 그분은 그것을 알고 계실 뿐 아니라 그 문제에 대해 은혜를 베푸시고 바르게 하시기를 원하신다. 이러한 하나님의 뜻에 동의함으로써 우리 마음에 곧바로 떠오른 생각이나 즉각적인 행동을 빛에 비추어 보게 된다. 그러나 나는 차라리 그것을 어두움에 감추어 두고 싶다. 사람들이 흔히 하는 말처럼, 나는 너무 부끄럽다.

그러나 하나님으로부터 감추어 어두움 가운데 둘 수 있는 것은 아무것도 없다. 시편 139편 11-12절은 어둠은 우리를 숨길 수 없는데, 하나님은 어둠 가운데서도 밝은 낮처럼 보실 수 있는 분이기 때문이다. 우리 죄를 어둠 가운데 남겨 둘 때 우리가 얻게 되는 것은 대적이 우리를 유혹하여 다음 단계로 나아가게 하는 문을 열어놓는 것뿐이다. 궁극적으로 사탄의 목적은 우리가 죄에 죄를 더하여 쌓는 것이다. 우리의 기쁨과 보호는 바로 '코이노니아'의 빛 가운데 있다.

여기서 잠깐! 우리가 죄에 대해 깨닫고 하나님의 의견에 동의하면서도 여전히 의도치 않게 '코이노니아'를 벗어날 수 있다. 하나님의 용서와 우리 육신의 정결케 됨을 믿고 받아들이기를 거부하는 경우가 그렇다. 우리가 용서함을 받았다고 하는 하나님의 생각에 동의하는 것은 우리의 죄에 대해 하나님께 동의하는 것만큼이나 중요하다. 사탄이 우리를 유혹하여 죄를 숨기고 고백하기를 거부하게 하는 데 실패한다면, 그는 우리가 하나님의 용서와 정결케 하신 상태를 받아들이지 못하게 유혹할 것이다. 우리가 끝까지 괴로워한다면 우리는 파괴적인 생각을 하게 될 것이고 결국에는 그렇게 행동하게 될 것이다. 악마가 그런 짓을 하지 못하도록 하라! '코이노니아'는 예수 그리스도 안에 있는 당신의 권리다. 그분의 기쁨을 온전케 하라!

32장

연애 편지

보라 아버지께서 어떠한 사랑을 우리에게 베푸사
하나님의 자녀라 일컬음을 받게 하셨는가 우리가 그러하도다(요일 3:1).

나는 원하는 것을 위해서 두 손을 비비며 "근사하시네요! 사랑을 시작해 보실까요?"라고 말할 수 있는 유형의 사람이 아니다. 사도 요한의 생애를 연구하면서 그의 삶 가운데서 우리가 보아온 가장 중요한 전환 가운데 하나는 그가 사랑을 위해 야망을 버렸다는 점이다. 우리가 이 성경 연구에서 짤막한 재담을 하나 끄집어낸다면 바로 그것이 될 것이다. 하지만 우리는 야망의 문제에서 더 깊이 들어가 사랑을 위해 쓸모 없는 일들은 얼마든지 포기하도록 하자.

당신에게는 야망이 문제되지 않을지도 모르겠지만 나는 우리가 야망인지도 깨닫지 못한 채 그것을 품을 수 있다고 확신한다. 드러내지 않고 잠재의식적으로 자기를 위하여 이름을 내고자 하는 욕망은—하나님은 그 영광을 나누어 가지실 수 있다고 합리화하면서—그리스도의 몸 안에 놀랍도록 흔하게 퍼져 있다. 하나님을 영화롭게 하거나 우리 자신을 영화롭게 하거나 둘 중 하나다. 둘 다 영화롭게 할 수는 없다. 어느 시점에선가 사도 요한은 마음과 영혼과 생각과 힘을 다

하여 하나님 한 분만을 선택했다.

하나님 한 분만을 영화롭게 하기로 선택하고 다른 어떤 것보다 그분을 사랑하기로 결정하게 되면, 진정한 가치를 가진 다른 모든 것들이 한 묶음에 따라온다는 매력이 있다. 마태복음 6장 33절을 기억하는가?

"너희는 먼저 그의 나라와 그의 의를 구하라. 그리하면 이 모든 것을 너희에게 더하시리라."

정신없이 휘몰아치는 문화 속에서 우리가 제정신을 가지고 살아가기 위해 가장 필요한 것 중 하나는 단순함이다. 하나님은 우리에게 오직 '한 가지'를 위해 스스로를 포기할 특권을 제공해 주시는데, 그것은 엄청난 가치를 지닌 다른 모든 것들까지 보장해 준다. 그처럼 좋은 거래가 어디 있는가! 우리는 사도 요한에게서 이러한 개념을 보여 주는 완벽한 실례를 발견한다. '예수께서 사랑하시는 제자'로서, 요한은 다른 어떤 것보다 그리스도의 사랑을 믿고 온전히 받아들이기로 선택했다. 그 결과가 무엇이었는가? 솔로몬이 지혜를 구하고 역사상 가장 지혜로운 사람이 되었던 것과 마찬가지로, 요한은 사랑을 최우선으로 삼았고 사랑이 흘러 넘치는 근원이 되었다. 하나님이 우리의 기도를 귀하게 여기실 때 우리는 구한 것 그 이상을 얻게 된다.

요한일서 5장 전체를 함께 공부할 수 있는 시간과 지면이 허락되었으면 좋겠다. 하지만 우리가 요한의 저작들을 공부하는 목적은 요한이라는 사람 자체에 대한 통찰을 얻고 그가 정말 우리에게 알려 주고 싶어하는 것을 배우는 것임을 기억하라. 요한의 첫 번째 편지가 초점을 맞추고 있는 부분이 관계라는 것을 확인하는 데는 그리 학문적일 필요는 없다. 앞장에서 우리는 '코이노니아'에 초점을 맞추었다. 요한일서에서 우리가 초점을 맞추어야 할, 아직 남아 있는 부분을 위해 우리는 곧장 핵심을 파고들어 그가 가장 좋아하는 주제를 공부할 것이다. 사랑, 먼저 우리는 우리를 향한 하나님의 사랑에 그의 심장이 뛰는 소리를 들을 것이다. 다음 장에서는 우리를 통한 하나님의 사랑에 관하여 요한의 이야기를 들어보려 한다.

나는 원래 요한일서 3장 1절을 KJV으로 배웠다.

"보라, 아버지께서 어떠한 사랑(what manner of love)을 우리에게 주셨는가!"

주요 성경 번역본들 모두 헬라어를 정확히 규명하고 있다. "보라"는 말을 들으면서, 나는 사도 요한이 이렇게 말하고 있다고 생각한다.

"당신은 그게 안 보이나요? 그걸 인식하지 못해요? 우리 온 주변에 하나님 사랑의 증거들이 있잖아요. 그저 보기만 하라구요!"

'어떠한(manner)'의 원래 단어는 '성질, 특성, 특색[1]'을 말한다.

우리를 향한 하나님의 사랑이 진정 어떠한 성질과 특성을 가지고 있는지, 얼마나 더할 나위 없이 훌륭한 특색을 가지고 있는지 좀더 정확히 이해할 수 있게 도와달라고 하나님께 간구한다면 우리의 삶은 극적으로 변화할 것이다. 요한이 사랑을 우선하기로 결정하였기에 하나님은 그의 눈을 열어 그것을 보게 하시고 그의 영혼이 그것을 인식하게 하셨다. 바울 역시 이와 유사한 사실을 발견하였고 우리 모두가 그것을 알게 되기를 기도하였다. 우리가 '지식에 넘치는 그리스도의 사랑을 알아' 가도록 간구하는 바울의 기도는 나를 전율케 한다. 내 생각에 바울은, 우리가 하나님의 영을 통하여 우리 능력이 닿는 데까지 하나님의 사랑을 경험한 후에 그 사랑이 우리가 경험할 수 있는 한계를 훨씬 뛰어넘는 것임을 이해하려고 노력하기를 원했다. 우리는 인간의 지식을 넘어서는 사랑을 알라는 권고를 받는다.

사랑하는 그대들이여, 당신을 향한 하나님의 사랑은 모든 이성을 능가한다. 나는 당신의 목사님이나 성경공부 리더나 혹은 당신이 교회에서 심히 존경하는 어떤 사람에 대해 이야기하고 있는 게 아니다. 나는 지금 당신에 대해 말하고 있다. 요한일서 4장 16절은 "하나님이 우리를 사랑하시는 사랑을 우리가 알고 믿었노니 하나님은 사랑이시라"고 말한다. 이 구절에서 '알다' 라는 단어는 에베소서 3장 19절에서 바울이 사용한 것과 같다. 우리는 하나님의 사랑을 정의할 수 없지만 그분의 사랑을 바라보고, 경험하고, 의지할 수는 있다. 요한일서 4장 16절이 당신에게 하나의 현실인가? 당신을 향한 하나님의 사랑을 경험하며 의지하고 있는가? 당신과 나를 향한 하나님의 사랑은 절대적인 현실이지만, 우리가 너무나 정서적으로 건강하지 못해서 그것을 경험하고 마음과 생각으로 받아들이기를 거부할 수 있다.

요한일서 3장 19-20절의 말씀은 아주 강력하다.

"이로써 우리가 진리에 속한 줄을 알고 또 우리 마음을 주 앞에서 굳세게 하리니 이는 우리 마음이 혹 우리를 책망할 일이 있어도 하나님은 우리 마음보다 크시고 모든 것을 아시기 때문이라"(원문이 인용한 NIV 번역을 직역하면, "그러므로 이렇게 해서 우리가 진리에 속한 것을 알고, 또 우리 마음이 우리를 비난할 때에도 우리는 그분의 임재 가운데 마음의 안식을 가질 수 있다. 하나님은 우리 마음보다 크시고, 또 그분은 모든 것을 아시기 때문이다"-역주)

역설적이게도 많은 사람들은 하나님이 지나치게 자신들을 책망하신다고 생각하고 하나님께 저항한다. 사실은 인간들 자신이 훨씬 더 책망하고 있고 때로 그것은 정서적으로 위험할 지경이다. 나는 그리스도에 대해 요한복음 2장 24절에 기록된 말씀에 흥미를 느낀다.

"예수는 그의 몸을 그들에게 의탁하지 아니하셨으니 이는 친히 모든 사람을 아심이요."

나는 대체로 그리스도께서 사람들을 향해 이렇게 말씀하고 계신다는 상상을 한다.

"너희들이 나를 믿을 수 있을지 없을지에 관해 이야기하는 온갖 말들을 듣고 있으면 나는 참 당황스럽단다. 실제로 너희 마음은 나의 임재 가운데서 온전히 안식할 수 있단다. 내 사랑은 온전히 건강한 사랑이야. 내가 만일 너희에게 나를 의탁한다면 그건 정말 훨씬 더 위험한 일이지."

우리의 불건전한 마음은 우리를 책망할 뿐 아니라 다른 사람들을 책망한다. 나는 부부들 중에서, 한 사람이 자신의 배우자가 자신을 사랑한다는 사실을 인정하지 않음으로써 깨어지는 부부 관계를 보아 왔다. 때때로 우리 마음은 하나님이 신뢰할 만한 분이 아니고 그분은 정말로 우리를 무조건적으로 사랑하시는 게 아니라는 판단을 내린 채 하나님을 책망하기까지 한다. 이처럼 우리의 본성은 그 자체로 아주 기만적이고 파괴적이다. 우리는 현실을 직시하지 않으면서도 책망하는 마음을 가질 수 있다.

시 행정당국으로부터 폐기 처분을 받은 어떤 집이 있다고 생각해 보라. 그 문에는 이런 표시가 붙어 있다.

'폐기 처분을 받은 자산임.'

당신의 마음이 그렇지 않는가? 휘청거리고 있지 않는가? (당신의 상황이) 생활하기에 적절한 조건이 못되는가? 깨어진 유리 조각들이 여기저기 흩어져 있는가? 위태로울 뿐 아니라 이제는 무시무시할 지경이 되었는가? 대부분의 사람들이 알고 있는 바대로 상처받은 사람은 사람들에게 상처를 준다.

과거 내 마음 상태는 폐기 처분을 받은 자산과 비슷했다. 새로 페인트를 칠해서 아무도 몰랐을지 모르지만 나는 내부가 무너지고 있다는 것을 알고 있었다. 심지어 나는 그 바깥쪽 표시판을 뒤집어서 '거리를 유지하고 가까이 들여다보지 않는다면 모든 것을 갖춘 재미있는 사람'이라고 쓰기도 했다. 우리가 맛있는 커피 한 잔을 놓고 마주 앉아서 당신의 표지판이 예전에 어떤 이야기들을 했는지 내게 말해 줄 수 있으면 좋겠다.

우리 중 어떤 이들은 사람들의 마음이 모두 엇비슷하다고 가정하면서 우리 마음이 건강하지 않은 건 아니라고 생각할지 모른다. 하지만 그 사실로부터 한 걸음도 더 나아가지 못한다. 건강하지 않은 마음은 온갖 형태로 나타난다. 어떤 것은 차갑다. 어떤 것은 난잡하다. 어떤 것은 주위에 두꺼운 벽을 둘러치고 있다. 어떤 것은 전혀 아무런 경계를 두지 않는다. 어떤 것은 직설적이고 분노한다. 어떤 것은 소극적이고 자기를 비하한다. 어떤 것은 그 무엇에도 얽매이지 않고 철저히 고립된다. 어떤 것은 지나치게 애착을 가져서 그 대상이 숨이 막힐 지경이다.

나는 이 사역의 과정을 통해 많은 성도들을 알 수 있는 특권을 누렸다. 내가 보아 온 바에 의하면 실제로 온전한 마음을 소유하고 있는 사람들은 거의 없는데, 사람들은 그리스도 안에서 진지하게 그러한 마음을 추구하지 않는다. 심각한 역기능 가정에서 성장해야만 건강하지 못한 마음이 생겨나는 것은 아니다. 그저 우리 자신을 인생에 노출시키는 것만으로도 충분하다. 인생은 냉혹하고 비열한 것일 수 있다. 단순 명료하게 말해서 인생은 상처를 준다. 하지만 우리는 인생에서 떠날 수 없다. 대신 하나님은 우리가 그분께로 돌아서고, 그리하여 우리가 평상시 삶에서 유린당한 상처를 그분이 치료하시길 원하신다. 더 나아가 건강치 못한 세상에서 풍요로운 삶을 전하는 건강한 대사로서 우리가 서게 되기를 원하신다.

병든 마음이 보이는 두 가지 확실한 표지는 이런 것들이다.

1) 인생에서 믿을 만한 것은 아무것도 없다고 확신한다. 코드명: 진저리가 남
2) 지금까지 계속해서 믿을 만하지 않다는 사실이 판명되었음에도 그것을 의지할 수 있다고 스스로를 설득하려 한다. 코드명: 부정(거부)

만일 당신이 내가 예전에 가졌던 것과 같은 마음을 가진 경우라면, 그것이 어떤 상태에 있든 하나님이 당신의 마음을 치유하실 수 있다는 것을 알았으면 좋

겠다. 요한복음 3장 20절은 하나님이 우리 마음보다 더 크신 분이라고 말하고 있다. 그분은 모든 것을 알고 계신다. 우리가 비밀스레 알고 있는 바, 우리를 사랑스럽지 않게 사랑하지 않는 자로 만드는 것들까지도. 모든 것을 아시는 하나님이 우리를 말할 수 없이 사랑하신다. 온전히, 끊임없이…. 산산이 부서지고 스스로를 파괴하던 내 마음을 그분이 고치셨다면, 그분은 어떤 사람의 마음도 고치실 수 있다.

어쩌면 당신은 대적이 당신의 마음에 '폐기 처분됨' 이라는 표지를 걸어놓도록 허용하고 진정한 사랑을 포기했을지도 모르겠다. 아마도 대적은 당신에게 빈정거리는 사람이 되라고 말했을 것이다. 사랑하는 그대들이여, 사탄은 거짓말쟁이다. 그는 당신과 내가 하나님의 사랑에 관하여 이 진실을 진지하게 받아들인다면, 우리 세대에 요한이나 바울과 같은 사람이 될지도 모른다는 것을 알고 있다.

하나님을 영화롭게 하고 악마를 미워하자. 그렇게 해 버리자. 너무 늦지 않았다. 맥박을 재어 보라. 당신의 심장이 여전히 고동치고 있다면 그것은 치료할 가치가 있다. 하지만 여기서 잠깐, 폐기 처분된 마음을 치료하시는 하나님의 방법은 그것을 죽기까지 사랑하시고 그 다음에 우리 안에 새로운 마음을 창조하시는 것이다. 더 건강한 마음을, 두려움이 아니라 믿음이 가득한 마음을…. 그분의 완전한 사랑만이 우리의 두려움을 몰아낼 수 있다.

아주 개인적인 질문을 하나 하자. 당신 인생에서 요즈음 마음 깊은 곳에 가장 두려움을 주는 것은 무엇인가?

두려움은 충전기다. 생각도, 마음도, 영혼도 충전기다. 실제로 그 충전기에 성령이 채워지고 하나님의 사랑이 넘쳐 흐를 공간을 전혀 남겨놓지 않았기 때문에 대적이 그것에 연료를 공급한다. 디모데후서 1장 7절은 하나님이 우리에게 주신 것은 두려워하는 마음이 아니라 능력과 사랑과 건강한 마음이라고 말한다. 사탄이 우리를 성령이 아닌 어떤 것으로 채우기 위해 가능한 무슨 일이든 하려고 하는 이유가 설명이 되지 않는가?

  사탄은 우리가 어떤 존재가 될 수 있는지도, 어떤 일을 할 수 있는지도 우리가 알기를 원치 않는다. 하나님의 능력과 사랑과 건강한 마음으로 충만한 삶은 지옥의 왕국에 끔찍한 위협이 된다. 사탄이 나와 또 다른 많은 사람에게 그랬던 것처럼 나는 그에게 위협이 되고 싶다. 당신도 그렇지 않은가? 그렇다면 어떻게 시작할 것인가? 마치 트레일러가 옥수수 밭을 갈아엎듯 하나님의 완전한 사랑이 파괴적인 우리의 두려움과 책망하는 본성을 몰아내시도록 허용하는 것부터 시작할 수 있다.

  아낌이 없고, 상식을 벗어난, 하나님의 끊임없는 사랑을 날마다 진지하게 우리의 골수 깊숙한 곳까지 받아들이는 것을 통해 온전함이 시작된다. 삶이 너무 흐릿해서 우리를 감싸고 있는 그분의 사랑의 증거들이 보이지 않거든, 그분의 말씀 가운데서 그것을 바라보라! 그것이 느껴질 때까지 알아가라.

33장

우리를 통해 사랑하기

누구든지 하나님을 사랑하노라 하고 그 형제를 미워하면 이는 거짓말하는 자니
보는 바 그 형제를 사랑하지 아니하는 자는 보지 못하는 바
하나님을 사랑할 수 없느니라(요일 4:20).

나는 성도들 각자의 삶은 그가 하나님의 풍성하고 조건 없는 사랑을 진지하게 믿고 적극적으로 받아들이는 것에 모든 것이 달려 있다고 확신한다. 우리의 개성, 은사, 예배 양식, 심지어 교파가 얼마나 다르든 상관없이 우리 한 사람 한 사람에게 있어 하나님의 최우선권은 우리 안에 있는 모든 것으로 그분을 사랑하는 것이다(막 12:30). 하나의 심장에 두 개의 심실이 있는 것처럼 하나님을 첫 번째로 두고 흐르는 피는 두 번째 우선권, 즉 다른 사람들을 내 몸과 같이 사랑하는 것과 별개로 흘러 갈 수 없다(막 12:31).

우리에게 있어서 다른 것과 비교할 수 없는 하나님의 우선권을 충족시키는 것은 그분의 풍성하고 무조건적인 사랑을 진지하게 믿고 적극적으로 받아들이는 것과 어떤 관련이 있는가?

요한일서 4장 19절은 "우리가 사랑함은 그가 먼저 우리를 사랑하셨음이라"고 말한다.

하나님의 사랑이라는 변치 않는 사실을 의심하고 기꺼이 받아들이지 않는 것은 많은 성도들이 하나님과 다른 사람들을 아낌없이 사랑하는 데 가장 큰 장애물이다. 어떻게 하면 우리가 하나님을 사랑하고 또한 다른 사람을 사랑할 수 있는가? 우리는 하나님이 하신 모든 말씀과 그분의 사랑을 확인하기 위해 그분이 말씀과 아들을 통하여 행하신 모든 일을 생각해 볼 수 있다. 그러고 나서 우리는 불신앙의 죄를 고백하고, 우리의 감정에 기복이 있더라도 그분이 말씀하신 것과 그분이 행하신 것에 기초해서 행동하기로 결정할 수 있다. 우리가 날마다 이것을 실천하기만 한다면 삶이 얼마나 달라지겠는가!

요한이 그의 첫 번째 편지에서 다른 사람들을 사랑하는 것에 관해 이야기했던 것 몇 가지를 살펴보기로 하자. 성경을 찾아 다음에 적은 구절들을 읽어보라. 이것은 사랑에 관해 기록된 몇 개의 핵심적인 본문을 요약해 놓은 것이다.

※ 요한일서 3장 11-15절에서 요한은 두 가지 옵션을 제시한다. 우리는 서로 사랑할 수 있는데, 이렇게 할 때 세상이 우리를 미워하는 결과를 초래할 수 있다. 아니면 우리는 가인과 같이 살인자가 될 수 있다. 우리가 사망에서 생명으로 옮겨갔는지 아닌지를 알아보는 리트머스 시험지는 우리가 형제를 사랑하는지를 보는 것이다.

※ 그 다음 요한일서 3장 16-22절에서 이 노년의 사도는 사랑이 무엇인지 우리가 알 수 있는 방법을 말해 준다.

"그가 우리를 위하여 목숨을 버리셨으니 우리가 이로써 사랑을 알고 우리도 형제들을 위하여 목숨을 버리는 것이 마땅하니라"(16절).

그는 만일 우리가 재물을 쌓아두고 다른 사람들을 돌보지 않는다면 우리에게 하나님의 사랑이 없다는 것을 보여 주는 것이라고 말한다. 우리는 이미 예수님의 능력이 우리의 마음보다 더 크다고 하는 그 관계를 살펴보았다. 예수님이 우리를 통하여 사랑하시도록 허용하기 시작할 때, 우리는 또한 스스로를 책망하는 우리 마음을 그분이 이기시도록 하는 방향을 향해 크게 한 걸음 내딛는 것이다.

　※ 요한일서 4장 7-12절은 사랑의 가르침을 확대한다. 사랑은 하나님께로부터 오는 것만이 아니라, 또한 "사랑하는 자마다 하나님께로 나서 하나님을 안다." 우리가 사랑을 알 수 있는 유일한 이유는 그분이 "우리를 사랑하사 우리 죄를 위하여 화목제로 그 아들을 보내셨음이다." 우리가 서로 사랑할 때, 천국 이편에서 하나님의 사랑이 가장 위대하게 증거된다.

　※ 요한일서 4장 16-21절은 하나님과 사랑의 관계를 아주 밀접하게 이야기한다. "하나님은 사랑이시라 사랑 안에 거하는 자는 하나님 안에 거하고 하나님도 그의 안에 거하시느니라."

　우리가 예수님을 닮아갈 때 사랑은 성숙한다. 그것은 심판의 날에 우리에게 담대함을 제공해 주고 우리의 두려움을 몰아낸다. 그러나 사랑은 실제적이어야 한다. 우리가 하나님을 사랑한다면서 다른 사람들을 미워한다고 말할 수는 없다. "하나님을 사랑하는 자는 또한 그 형제를 사랑할지니라."

　※ 요한일서 5장 1-5절은 사랑을 믿음과 이김에 연결시킨다. 예수님이 메시아이심을 믿는다면 우리는 하나님 아버지와 그 아들을 사랑하지 않을 수 없다. 그에 따르는 자연스런 결과는 충성스러운 순종이다. 우리가 사랑 안에서 그분께 순종할 때 그 결과는 이기는 삶을 살아가는 것이다. 그러므로 우리는 하나님 때문에 사랑하기 시작하고, 또 우리가 아버지와 함께 거한다면 믿음을 통하여 승리를 얻게 된다.

　그것을 인정하라. 사랑은 엄청난 도전이다. 우리는 하나님을 볼 수 없기 때문에 그분을 사랑하는 것이 더 큰 도전이 될 수 있다. 십자가의 성 요한이 '응답하는 사랑'이라고 불렀던 것을 개발하는 데는 적극적인 믿음의 참여와 그 과정이 아무리 힘겨운 것이라 해도 기꺼이 '성령을 좇아 행하기'(갈 5:16)를 배우려는 마음이 요구된다.

내 개인적인 경험을 바탕으로, 나는 하나님이 아주 오래 참으신다는 것을 확실히 말할 수 있다. 그분은 단지 그 과정이 그리 훌륭하지 못하더라도 우리 마음이 그분을 열심히 따르고자 갈망하는 것을 보기 원하신다. 영적으로나 정서적으로 두 다리가 부러진 사람이 대체 어떻게 멋지게 걸을 수 있겠는가? 이건 정말 어쩔 수 없는 일이다. 그저 그것이 얼마나 추한 모습이든 상관없이 그분이 지시하시는 방향으로 계속해서 걸음을 내디뎌라. 넘어지더라도 앞으로 넘어지고 뒤로는 넘어지지 마라. 그렇게 하다보면 결국 기적적으로 그분이 그 다리를 치유하실 것이다. 바로 그 점이 그분을 사랑하지 않을 수 없는 커다란 이유다.

아무튼 나는 하나님을 사랑하는 것이 내가 알고 있는 몇몇 사람들을 사랑하는 것만큼 어려운 일은 아닌 것 같다. 그들도 똑같은 말을 하지 않을까 두렵다. "오, 브라더!('맙소사'라는 의미-역주)"라는 말은 충분한 이유가 있어서 당황했을 때 쓰는 일반적인 표현이다. 우리가 가장 힘겨워 하는 일은 상황 때문이 아니다. 사람 때문이다.

최근 둘째 딸이 '정말 견딜 수 없는' 어떤 사람에 대해 몹시 화가 나서 대학에서 전화를 걸어왔다. 그 아이는 말씀에 대한 불타는 열정을 가진 하나님을 추구하는 청년이다. 대부분의 사람들은 다른 사람들이 현재의 그런 모습만 아니면 그들을 좀더 잘 섬길 수 있을 것이라고 느끼는데, 내 딸도 그랬다. 나는 딸에게 작년에 본인이 겪은 힘겨웠던 관계를 상기시켜 주었다. 그리고 나서 나는 딸이 다음 해에도 또 다음 해에도 유사한 경험을 하게 되리라는 확신으로 그 아이를 위로했다. 왜? 우리가 힘겹게 생각하는 사람을 사랑하는 것은 하나님께 아주 중요하기 때문이다. 우리가 힘겨운 관계 하나를 성령의 통제하에 두게 되는 바로 그 순간, 하나님은 또 다른 어려운 관계를 주신다.

이 원칙이 사실이라는 것을 아는가? 지난 5년 동안 당신이 사랑하기 정말 어려웠던 사람이 몇 명이나 되는 것 같은가? 나는 경험상 한 가지 낌새를 채고 있다. 그렇게 어려웠던 관계들 가운데 당신 인생에서 가장 소중한 관계가 되는 경우가 종종 있다는 것이다.

이 장을 시작했을 때 나는 '어려운 사람을 사랑하기'라는 표현을 사용하려고 했다. 그러나 성령의 지도하심으로 나는 그 표현을 '우리가 힘겹게 생각하는 사람을 사랑하기'라는 말로 바꾸었다. 이것도 우리의 자아가 받아들이기에는 마찬가지로 어려운 일이겠지만 우리가 사랑하기 어렵다고 생각하는 사람이 반드시 어려운 사람은 아닐 수 있기 때문이다.

내가 힘겨워하는 관계에서 정작 어려운 사람은 아마도 나 자신일 것이다. 그때 막 「빼앗길 수 없는 자유」를 끝마친 어떤 사람이 내가 그녀에게는 요새라고 말했던 순간을 결코 잊지 못할 것이다. 「예수님 한 분밖에는」을 막 끝마쳤던 다른 사람은 내가 가르치는 과정이 거의 견딜 수 없을 지경이었지만 자신은 잘 견뎠고 은혜를 받았고 이제는 나를 더 좋아하게 되었노라고 이야기했다. 때로는 그저 섞이는 것이 쉽지 않은 사람들도 있다. 아가페를 실천하기에 이보다 더 완벽한 조합이 어디 있겠는가!

내가 '남다른 애정'이라고 부르려는 바, 약한 근육을 훈련하고 강화시키는 것은 하나님이 최고로 여기시는 것이다. 극단적으로 단순화시키자면 그것이 바로 우리가 아직 이곳에 사는 이유다. 그렇다면 우리가 어렵다고 생각하는 사람을 사랑하는 데 따르는 어려움들을 어떻게 처리해야 하는가? 사랑하는 척 가장하지 마라. 로마서 12장 9절의 첫 문장은 이렇게 말한다.

"사랑에는 거짓이 없나니…"

당신과 나는 최상의 것으로 부르심을 받았다. 다른 사람들을 거짓없이 사랑하라는 명령은 진정으로 그분을 섬기고 기쁘시게 하길 원하는 사람들의 마음에 변화를 가져올 수밖에 없다는 것을 하나님은 알고 계셨다.

하나님이 우리 인생 행로 가운데 두신 사람들을 사랑하는 것은 끊임없이 우리에게 도전이 될 것이다. 이것을 푸는 해결책은 우리 자신의 작고 이기적인 '필레오'(phileo)나 단순히 좋아하는 마음보다는 하나님의 '아가파오'(agapao)에서 그 자원을 끌어내는 것이다. '아가파오'는 우리가 사랑으로써 상상할 수 있는 많은 것을 의미하지만 두 가지 중요한 요소가 그것을 특별하게 만든다.

'아가파오'는 의지에서 시작된다. 그것은 의지적인 사랑이다. 다른 말로 하면, 진정한 사랑의 출발은 그 사람에 대한 하나님의 의견에 동의하고 사랑하기로 결정하는 의지적인 결단이다. 둘째로, 성경이 '아가파오'와 '필레오'를 구별하는 경우에 '필레오' 사랑이 공통의 유익에 기초하고 있는 반면 '아가파오' 사랑은 최선의 유익에 기초하고 있다.

두 종류의 사랑이 모두 그리스도의 몸 안에서 나타나는 성경적이고 아름다운 표현이지만, '필레오' 사랑은 자연적으로 발전하는 우정이나 친한 관계에서처럼 선호나 기호를 통해 비롯되는 경우가 많다. 나의 제한된 성경 이해에 따르면, '아가파오'는 희생이라는 요소가 그 본질의 일부분인 까닭에 좀더 '비싼' 사랑이 되는 경향이 있다. 원수를 사랑하라고 하신 누가복음 6장 27절에서와 같은 하나님의 명령은 '아가파오'를 포함한다. 그것은 정말 더 어렵고 감정을 능가하는 의지를 필요로 한다.

앞서 나는 그 해결책이 하나님 자신의 '아가파오'라는 자원을 끌어내는 것이라고 지적했다. 요한일서 4장 7절은 사랑은 하나님으로부터 오는 것이며 우리 자신의 결심으로부터 나오는 것이 아니라고 이야기한다. 그분의 뜻은 우리 자신의 사랑이 아니라 하나님의 사랑을 받고 훈련하기로 선택하는 것과 관련이 있다. 로마서 5장 5절은 그 개념을 아름답게 묘사하고 있다.

"우리에게 주신 성령으로 말미암아 하나님의 사랑이 우리 마음에 부은 바 됨이니."

갈라디아서 5장 22절에 기록된 성령의 열매 가운데 첫 번째는 사랑이다.

하나님의 최고 목표는 그분과 우리의 관계가 깊어지는 것이다. 우리가 그분을 필요로 함을 알지 못한다면, 우리는 그분이 얼마나 충분한 능력을 가지고 계시며 멋진 분이신지 결코 이해하지 못할 것을 하나님은 알고 계신다. 그러므로 하나님은 계속해서 우리가 우리의 자연적인 능력을 넘어서 살아가도록 도전하신다. 하나님께 순종하는 자들은 힘들게 여겨지는 사람을 사랑하는 것과 같은 도전을 통해서 그분께 나아오는 위치에 서게 된다. 그들은 하나님께 나아와 지속적으로 하나님의 사랑이 새롭게 공급되기를 갈구한다. 우리는 해롭고 차별적인 우리 자신의 사랑을 비워내고, 우리 마음이 그분의 사랑으로 가득 차게 해야 한다. 우리 잔에 '아가파오'가 흘러 넘치기를 기도할 때 살아서 흐르는 하나님의 사랑은 우리 마음에 밀려들 뿐 아니라 근처에 있는 사람들에게까지 물을 튀길 것이다.

그렇다면 요한은 자신이 설교한 내용을 실천했는가? 물어볼 필요도 없는 일이다. 부단히 계속되는 그의 애정 표현에서 사랑이 솟아나는 것을 듣지 못했는가?

'children'의 원래 단어는 '작은 아이'를 의미하는 '테크니온'(teknion)이다. 그 주제의 심각성을 보면, 요한이 실제 어린아이에게 편지한 것은 아니라는 것을 알 수 있다. 이 무렵 그는 연로한 나이였고 그의 양떼들은 혈육과도 같이 소중한 존재였다. 초대 교회 교부들 가운데 한 명인 제롬(대략 A.D. 340-420)은 요한이 노인이 될 때까지 에베소에 살았던 이야기를 전해 준다.

"그의 몸이 너무 약해서 그의 제자들은 간신히 그를 교회 건물로 데려갔다. 요한은 거의 말을 할 수 없을 지경이었지만 가까스로 말을 꺼낸 그는 같은 말을 반복했다. '어린 자녀들이여, 서로 사랑하시오.' 매번 같은 말을 듣는 데 싫증이 난 제자들은 스승인 요한에게 왜 항상 그 말만을 하느냐고 물었다. '그것이 주님의 명령이라오.' 그리고 그것만 이루어진다면 그걸로 충분하지.'"[1]

요한에 관해 초대 교회 교부들이 했던 언급 가운데 내가 가장 좋아하는 것은 클레멘트가 기억하고 있는 것이다. 그것은 다음과 같은 말로 시작된다.

"이 이야기 아닌 이야기, 잊혀지지 않고 보존되어 있는 사도 요한에 관한 참된 전승을 들어보시오."

"서머나에 있는 그의 회중과 새로운 감독을 방문하는 동안 요한은 강한 몸과 수려한 외모, 따뜻한 마음씨를 가진 청년을 보았다. 요한은 청년을 감독에게 보이며 '교회 앞에서 온갖 열심을 가진 너에게 나의 증인이신 그리스도로 더불어 이 사람을 부탁한다' 고 말했다. 요한은 에베소로 돌아갔고 그 감독은 약속대로 청년을 자기 보호아래 두고 침(세)례를 주었다. 세월이 흐르고 감독은 보호와 감독을 게을리했다. 그런데 악마와 친숙한 몇몇 게으르고 방탕한 젊은이들이 그를 타락시켜 설익고 방종한 행동을 하도록 만들었다. 오래지 않아 그 청년은 자신을 완전히 죄악된 삶에 내어주고 범죄를 저지를 뿐 아니라 심지어 자기의 구원을 부인하기까지 했다. 마침내 요한이 다시 서머나로 찾아와서 그 청년에 대한 보고를 요구했다. 깜짝 놀란 감독은 '그는 죽었습니다' 라고 대답했다. 요한은 '어떻게 무엇 때문에 죽었느냐?' 고 물었다. 감독은 그 청년이 죽은 거나 마찬가지로 그의 믿음을 포기해 버린 상태를 설명했고, 그때 요한은 이렇게 말했다.

'글쎄, 내가 우리 형제의 영혼을 위탁했던 사람은 분명 훌륭한 보호자였는데…. 내게 말을 내주고 누가 길을 좀 알려 주지 않겠소? (여기서는 늙은 우레의 자식 같은 면모가 보이지 않는가?) 연로한 요한이 청년을 발견하자 청년은 도망치기 시작했다. 요한은 그에게 소리쳤다.

'왜 내게서 도망치느냐, 아이야, 네 아비는 무장도 안 했고 늙지 않았느냐? 아이야, 나를 불쌍히 여기렴. 나를 두려워 말아라! 네게는 아직 생명의 소망이 있단다. 내가 너를 위해 그리스도께 말씀을 드리련다. 그래야만 한다면 주님께서 우리를 위해 고통당하신 것처럼 나도 너의 죽음을 기꺼이 짊어질 것이다. 네 생명을 위해 내 생명을 버릴 것이다. 거기 멈추고 그리스도가 나를 보내셨다는 것을 믿으렴.' (이 말은 그 청년이 그리스도께 돌아오는 것을 보기 위해 요한이 그의 생명을 주려 했다는 의미의 표현이다. 요한은 오직 그리스도만이 한 사람의 생명을 대속할 수 있다는 것을 누구보다 잘 알고 있었다)

그 청년은 몹시 울면서 노인을 끌어안고 용서를 간청했다. 그 이야기는 이렇게 진행된다. 요한은 다시 그 청년을 데려와서 '눈물로 두 번째 세례를 주었다. 그는 그를 교회로 데려갔고 많은 간구로 기도하였으며 그가 계속해서 금식하며 투쟁할 때에 그와 함께 하였고, 많은 가르침으로 그의 생각을 움직이고 그를 회복시켜 교회 앞에 다시 돌려줄 때까지 그를 떠나지 않았다고 한다. 그리하여 진정한 회개의 본을 보여 주고 중생의 위대한 간증이 되었으며 가시적인 부활의 기념비가 되었다."[2]

그렇다. 요한은 그가 설교한 대로 실천했다. 우리도 그가 설교한 대로 실천한다면, 얼마나 많은 버림받은 자들이 교회의 빈 좌석들을 내버려두지 않을지 나는 참 궁금하다.

34 장

진리 안에 있는 사랑

장로인 나는 택하심을 받은 부녀와 그의 자녀들에게 편지하노니
내가 참으로 사랑하는 자요
나뿐 아니라 진리를 아는 모든 자도 그리하는 것은(요이 1).

이 글을 쓰는 오늘 나는 고약한 하루를 지내고 있다. 아주 지독한 날이다. 나는 그것 때문에 글을 쓸 수 있는 하루를 잃어버릴 수도 있고 반대로 그것에 대해 글을 쓸 수도 있다. 나는 장군님 아버지, 그러니까 "일동 차려!"라는 구령으로 언제나 정신을 바짝 차리게 하셨던 아버지로부터 열심히 일해야 한다는 윤리를 물려받았다. 하지만 오늘처럼 지독한 날이면 나는 단 것 말고는 아무것도 먹지 않은 사람처럼 흥분해서는 어떤 일을 하는 데 허둥거린다. 어쩌면 내게 "좋은 하루 되세요"라고 인사했던 그 여자가 아직 엘리베이터 안에 있는지 보러 다시 돌아갈지도 모른다. 그녀가 거기 있다면, 동시에 모든 단추들을 누르고 각 층 사이에 머무른 그녀를 잠깐 만날 수 있을지 볼 것이다. 그 다음 문이 열리면, 나는 성숙한 자세로 이렇게 말할 것이다.

"당신도 정말 좋은 하루 보내세요!"

오늘 같은 날은 매년 불시에 우리 남편을 습격한다. 그는 내가 큰소리로 엉엉

울면서 하루를 시작하는 데 익숙하지 않다. 그가 "제발 울지말아요"라고 말하면, 나는 (큰소리로)"울고 싶으면 울 거예요. 난 지금 울고 싶다고요!"라고 대답한다. 그는 일하러 가는 중에 내가 어떤지 알아보러 전화를 걸기도 했다. 그는 내가 괜찮아지리라는 것을 알고 있다. 이런 일은 매년 일어난다. 내가 계획한 일이 아니라 그냥 일어난다. 내가 주기적으로 비탄에 빠지는 나쁜 경우다.

한심한 것은 그날이 어떤 비극적인 일이 있었던 날이 아니라는 것이다. 그날은 내 인생에서 가장 행복했던 날들 가운데 하루였다. 일곱 살 난 우리 아들이 우리와 함께 살러 온 날이기도 했다. 달력에서 그날은 키이스와 나 외에 다른 사람에게는 전혀 중요하지 않은 날이다. 아, 그리고 하나님, 그분은 알고 계신다. 그날 밤 내 머리는 온갖 공상으로 가득 찼다. 나는 그보다 더 예쁜 사내아이를 본 적이 없었다. 그 아이는 키이스를 아주 많이 닮았다. 하지만 조그맣고 만지면 깨어질 듯했다. 그는 내가 머리 속으로 그 아이의 미래를 계획하는 동안 키이스의 낚시용 플라스틱 지렁이를 가지고 놀았다. 그가 내 아들이다. 내가 항상 원하던 바로 그 아이. 오래 지난 어느 날 그 아이의 아내가 이렇게 말할 것이다.

"언젠가 남편이 어머니를 사랑하는 것만큼 나를 사랑하는 날이 왔으면 좋겠어요."

그러면 나는 '그가 그럴 리가 없지, 설마'라고 생각할 것이다.

오늘 나는 좀 예민하다. 나는 "Trading My Sorrows"라는 노래를 정말 좋아하지만, 오늘은 내 슬픔을 팔아버릴 마음이 정말 전혀 없다. 지금 내 마음의 고통은 내가 가진 전부다. 비록 하루건너 한 번은 그 죽음을 의식하고 살아가지만 그 고통이 전속력으로 달려오도록 허용하는 경우는 좀처럼 드물다. 오늘이 그런 날이다. 그러니까 지금 당장은 그것이 내 파티이고, 나는 울고 싶으면 울 것이다.

하나님만 아시는 이유로 그 첫날 밤에 내 머리에 맴돌던 꿈들은 실현되지 않았다. 전체적인 상황은 이해하기 어렵고 설명하기는 불가능하다. 하지만 하나님은 우리가 그 일에 간섭하지 말아야 한다는 것을 분명히 말씀하시기 위해 비상한 노력을 기울이셨다. 우리는 일시적인 과제를 수행 중이고, 우리에게 그것이 더 필요하다고 생각하시면 하나님은 그때 우리에게 알려 주실 것이다. 이상 끝.

그 해의 하루하루 망원경을 통해 내 삶을 들여다보면 정말이지 감탄을 금할 수가 없다. 하나님은 내가 꿈꾸는 것조차 생각할 수 없었던 꿈들을 이루어 오셨다. 그분은 상상할 수 없는 일을 행하셨다. 반복해서 좌절하고 비통함이 깊이 자리잡은 삶으로부터 하나님은 나를 건져내셨다. 그분은 내 결혼생활을 구하셨다. 25년 전에 누군가가 4반세기가 지난 뒤에 내가 여전히 남편에게 열중하고 있을 것이며 예수님을 너무나 사랑하는 두 딸이 있을 것이라고 말했다면, 나는 그들이 꿈을 꾸고 있다고 생각했을 것이다. 나 같은 우물안 개구리가 누군가를 섬길 수 있도록 허락해 주신 말도 안 되는 하나님의 사랑에 대해서는 언급할 필요도 없다. 그분은 정말 내게 형언할 수 없을 만큼 인자하셨다. 당신에게 그러신 것처럼.

힘겨운 날들에는 렌즈를 약간 뒤로 밀어 좀더 폭넓은 그림을 볼 필요가 있다. 하지만 속이 뒤집히는 문제를 내려놓고 몇 시간이고 앉아 그 문제만을 들여다보기로 작정하는 현미경 같은 날에는, 우리는 연민의 파티를 열어놓고 오기를 거부하는 어떤 사랑하는 사람을 원망한다.

당신에게도 현미경의 날이 있는가? 그럴 때가 있다면 당신은 무엇에 초점을 맞추는가?

경고해 두는데, 사탄은 연민의 파티에 참석하기를 거부하는 경우가 거의 없을 것이다. 나는 시편 18편 17-18절이 사탄의 기회주의를 폭로해 주고 있어서 참 고맙다. 다윗은 하나님에 대해 이렇게 썼다.

"나를 강한 원수와 미워하는 자에게서 건지셨음이여, 그들은 나보다 힘이 세기 때문이로다. 그들이 나의 재앙의 날에 내게 이르렀으나 여호와께서 나의 의지가 되셨도다."

당신이 재앙을 당한 날에-그것이 어떤 것이든-사탄이 당신에게 들이닥치지 않을 것이라고는 한 순간도 생각지 마라. 때때로 우리는 사탄이 출입을 금해야 하는 경우를 존중하고 인정이 많은 존재인 것처럼 믿어 준다. 물론 정정당당한 싸움꾼은 쓰러져 있는 사람을 때리지 않는다.

사탄은 정정당당한 싸움꾼이 아니다. 그는 우리 상태가 가장 나쁜 날 들이닥쳐서 그의 주무기인 거짓말로 우리를 공략한다. 내가 현미경의 날을 보내고 있을 때 사탄은 어김없이 나에게 거짓말을 한다. 예컨대 이런 것들이다.

"넌 그분을 충분히 사랑하지 않아", "넌 그분의 기대를 저버렸어", "넌 하나님을 실망시켰어", "네가 단지 이렇게 혹은 저렇게 하기만 했었더라도…", "조금만 더 기다렸더라면…."

다르게 접근해 오는 경우도 있다.

"다시는 그런 위험을 감수하지마", "그런 식으로 어떤 사람을 마음에 품는 것은 그럴 만한 가치가 없는 일이야. 넌 항상 상처만 입게 될 거라고", "사랑은 너를 실망하게 할 걸? 여기 네가 옛날에 쓰던 망치가 있어. 내가 못도 보관해 놓았다고. 자, 이제 네 마음에 다시 요새를 둘러야지. 다시는 누군가 너에게 상처 주게 하지마."

내가 포기하고 예전의 차가운 모습으로 되돌아가려 할 때면 내 안에 계신 하나님의 성령이 식어 가는 내 마음에 낮은 목소리로 포근히 속삭이신다.

"애야, 사랑은 하나님으로부터 오는 것이야. 사랑하지 않는 사람은 하나님을 알지 못하지. 하나님은 사랑이시니까."

"내 영혼아 잠잠하라. 그분 앞에 네 마음을 내려 놓으라. 너의 마음이 너를 책망치 못하게 하라. 하나님은 너의 마음보다 크시고 그분이 모든 것을 아심이니라."

잠시만 더 현미경에 눈을 맞추고 요한이서라는 이름의 편지를 묵상해 보자.

이 짧은 편지에서 내가 가장 좋아하는 단어는 "진리 안에서 사랑하는"(요한이서 1절의 "내가 참으로 사랑하는 자요"는 NIV성경에서 "love in the truth"로 번역되어 있다–역주)이라는 말이다. 진리는 믿음을 낳는다. 또한 많은 경우에 믿음은 사랑보다도 진리를 통해 더 깊이 자라가는 것 같다.

우리 가운데 많은 사람들은 여러 면에서 믿을 수 없는 건강치 못한 사람들로부터 사랑을 받아왔다. 우리는 결국 상처를 입고 혼란에 빠진다. 더 나아가 하나님이 우리를 치유하시도록 내어드리지 않는다면, 우리 자신이 그런 건강치 못한 사람이 되어버리고 동일한 과정을 반복하게 되기 쉽다. 불건전함은 전염성이 있고 속은 사람은 다른 사람을 속인다. 진리는 우리를 자유하게 한다. 위대하신 '나는 나다' 의 하나님은 온전하시고 완벽하시고 자존하시는 분이다. 그분은 진리이며 사랑이시다. 사탄은 미움과 거짓말로 우리에게 접근해 오는 반면, 우리는 하나님과 성령이 충만한 사람들로부터 '진리 안에서 사랑' 받는 존재이다. 우리 하나님은 진리만을 말씀하실 것이며, 그분의 중요한 진리 가운데 하나는, 사랑하는 것은 항상 할 만한 가치가 있는 일이라는 사실이다.

기분이 훨씬 좋아졌다. 때로는 그냥 소리내서 그렇게 말할 필요가 있다. 요한이서에서 다루어야 할 다른 말들이 있기 때문에 나는 현미경을 버리고 정상적인 눈으로 돌아갈 준비가 되었다. 나는 멋진 미스테리를 밝혀내는 걸 아주 좋아하는데 이 짧은 이야기는 훌륭한 미스테리를 제공해 준다.

이 편지는 "택하심을 입은 부녀와 그의 자녀에게 편지하노니 내가 참으로 사랑하는 자요"(1절)라고 수신인을 밝히고 있다. 학자들은 요한이서가 실제로 한 여인과 그의 자녀들에게 쓰여진 편지였을 수도 있다고 인정한다. 하지만 많은 사람들은 이 수신인이 맹렬한 박해의 시기에 성도들의 정체성을 숨기기 위해 사용한 수사적인 표현일 가능성이 훨씬 높다고 생각한다. 이 편지가 다른 사람들의 손에 떨어진다 해도 발각되지 않았을 것이다. 아마도 편지는 어떤 교회에게 쓴 것일 게다.

　에베소서 5장 25-27절은 아내에 대한 남편의 사랑을 교회에 대한 그리스도의 사랑과 비교한다. 그 본문에서 하나님의 말씀은 교회를 여성으로 표현한다.

　"택하심을 입은 부녀"라고 번역된 요한의 말은 분명 영적인 의미를 지니고 있었을 것이다.

　요한서 1절에서 요한이 "택하심을 입은 부녀와 그의 자녀에게", "나뿐 아니라 진리를 아는 모든 자"의 사랑을 천명하고 있는 것에서 우리는 또 다른 가능성을 엿볼 수 있다. 과연 어떤 한 개인이 "진리를 아는 모든 자"의 사랑을 받았을 것인가? 그러나 진리를 아는 모든 자는 교회(통합된 몸으로써의)와 '그녀의' 자녀들(또는 개별적인 성도들)을 사랑한다.

　요한서 5절에서 '우리' 라는 요한의 말은 부가적인 암시를 준다. 요한은 서로 사랑하라고 간곡히 당부하면서, "이는 새 계명같이 네게 쓰는 것이 아니요 오직 처음부터 우리가 가진 것이라"고 썼다. 또한 그 자녀들의 아버지에 대해서는 아무런 언급도 없다는 점을 놓치지 마라. 이러한 제안들 가운데 어떤 것도 그것만으로는 "택하심을 입은 부녀"가 교회를 의미하는 은유적 표현이라는 주장을 지지해 주지 않을지 몰라도 모든 것을 함께 고려해 볼 때 통합적인 의미를 갖는다는 쪽으로 기울어진다. 택하심을 입은 여인과 그녀의 자녀들에게 사랑 안에서 행하라고 명령한 다음에 요한은 그들에게 한 가지 경고를 한다.

　"너희는 스스로 삼가 우리의 일한 것을 잃지 말고 오직 온전한 상을 받으라"(8절).

　하나님이 진리를 드러내시자 사탄은 곧 거짓말로 싸움을 걸어온다. 그의 주특기는 속임수이고, 그의 분명한 목표는 우리가 자신의 거짓말을 믿게 만드는 것이다. 때문에 그들은 속이 빤히 들여다 보이는 거짓말은 하지 않는다. 그렇게 되면 우리가 금방 알아챌 것이다.

기독교에 관련한 모든 교리들을 반박하는 이들 거짓 교사들에 대해 요한이 아무 말도 하지 않았다는 점에 주목하라. 요한의 시대에 거짓 교사들 중 어떤 이들은 예수님의 신성을 부인하지 않았다. 그들은 단지 그분이 하나님인 동시에 사람은 아니었다고 말했다. 요한은 그의 첫 번째 편지에서 이 분명한 거짓 가르침에 초점을 맞추었다.

"예수 그리스도께서 육체로 오신 것을 시인하는 영마다 하나님께 속한 것이요, 예수를 시인하지 아니하는 영마다 하나님께 속한 것이 아니니"(요일 4:2-3).

그리스도가 육체로 오셨다는 것은 너무나 중요한 주제인데, 우리가 "예수의 피를 힘입어 성소에 들어갈 담력을 얻었나니, 그 길은 우리를 위하여 휘장 가운데로 열어놓으신 새롭고 산 길이요 휘장은 곧 그의 육체"(히 10:19-20)이기 때문이다. 사탄은 구원의 문제를 뿌리에서부터 침식시켜 버리려 애쓰고 있다. 이 문제에 대해 나와 함께 생각해 보자.

하나님은 그분의 형상대로 사람을 창조하셨다. 요한복음 4장 24절은 "하나님은 영이시니"라고 말한다. 당신과 나는 세 부분으로 지음받았다. 몸, 혼, 그리고 영(body, soul, and spirit). 나는 우리의 '영'이 가장 분명하게 하나님의 형상으로 지음받은 부분이라고 생각한다. 영은-성경에서 혼과 구분되어 사용될 때-개별적인 인간 존재가 하나님을 알고 하나님과 관계를 가질 수 있는 능력을 지니고 있는 부분이다. 우리를 지으신 분은 실제로 우리의 내면에 그분을 찾고자 하는 갈망을 준비시켜 두셨다.

고린도전서 6장 17절은 "주와 합하는 자는 한 영이니라"고 말한다. 우리가 예수님을 우리의 구세주로 받아들일 때, 우리의 영 또는 하나님을 아는 능력을 가진 부분이 성령과 연합하고 하나가 된다.

나는 내가 그리스도를 믿는 성도라고 생각하기 때문에 내 안에 있는 영에 대해 언급할 때 그것은 성령을 말하는 것이다. 사탄은 사람들이 진리에 대해 눈 멀고 길을 잃게 하기 위해서라면 자기가 할 수 있는 모든 일을 한다. 우리는 종종 그것을 '영적인' 어떤 것에 대한 갈망과 혼동하지만 사탄은 우리 모두가 하나님을 갈망하도록 창조되었음을 알고 있다.

예수 그리스도의 복음은 요한의 시대에 중동 지역 전역에 광범위하게 퍼져 갔으며 동서남북을 향해 돌진해 가고 있었다. 예수님은 뜨거운 대화의 주제였다. 사탄은 일단 영적인 굶주림을 진압하지 못하고 그리스도에 대해 이야기하는 것을 멈추게 할 수 없다는 것이 확실해지자, 이 두 가지를 최대한으로 이용해서 새로운 이야기를 만들어 내기로 결심했다. 그는 거짓 교사들을 통하여 그리스도가 실제로 오신 것은 맞는데 육체로 오신 것은 아니었다고 주장했다. 그리하여 영적인 굶주림은 여전히 하나님과 관련된 신앙 체계를 가지고는 있었지만 내 친척들의 말처럼, 멍청이처럼 길을 잃고 헤매는 형편이 되었다. 왜? 우리는 예수 그리스도의 찢기신 육체를 통해서 하나님께 나아가는 것이기 때문이다. 성육신을 부정하는 것은 유일한 구원의 수단을 부정하는 것이다.

아마도 당신은 아주 '영적인' 어떤 일 등에 종사하고 있으나, 구원의 방편이신 성육신 하신 그리스도의 죽음을 믿지 않는 사람을 알고 있을 것이다. 사탄이 어떤 일을 하고 있는지 아는가? 그는 영적인 것에 대한 그들의 필요를 채워 주면서 그들이 계속해서 진리에 대해 눈 멀도록 만들고 있다. 끔찍하게 교활하고 파괴적이지 않은가?

그들을 판단하지 마라. 그들을 위해 미친 듯이 기도하라! 휘장이 제거되고 예수님의 육신이 찢겨진 휘장을 분명히 볼 수 있도록 기도하라! 그러한 거짓 교리를 가르치는 자들을 위해서도 기도하라!

요한은 "택하심을 입은 부녀"들에게 그러한 거짓 교사들을 집에 들이지 말라고 경고한다. 물론 그 시대에는 성도들 대부분이 오늘날 우리가 가정교회라고 부르는 형태로 모임을 가졌다. 많은 나라들에서는 지금도 그렇게 하고 있다. 요한의 이 지시가 성도 개인에게도 분명히 중요한 것이기는 하지만, 특별히 전체 교회에게는 매우 중대한 문제임을 알 수 있을 것이다. 그 당시 여행을 하면서 가르치는 교사들은 아주 흔했다. 나는 요한이 이렇게 말하고 있다고 생각한다.

"그런 거짓 교리를 가르치는 사람이라면 그대들의 모임에서 자유롭게 말하도록 할 생각도 하지 마십시오!"

최근 나는, 그동안 내가 섬길 수 있는 특전을 자주 갖지 못했던 한 교파 교회에서 강연을 하였다. 그 교회 목사님은 강단 뒤에 서서 내가 가르치는 말 한 마디 한 마디를 귀기울여 들으셨다. 어떤 사람이 내게 그분이 계신 것이 거슬리지 않았느냐고 물었다. 나는 자신의 양떼를 그렇게 조심스레 지키는 목사님을 존경할 따름이라고 대답했다. 그분의 시험을 통과했을 때 나 또한 상당히 안도감을 느꼈다.

목사들은 교회 안에 있는 남자들만의 목자가 아니다. 나는 자기 교회의 여자들이 무엇을 공부하고 있고 어떤 사람들의 말을 듣고 있는지 아무런 관심도 없는 목사들을 만나보았다. 그들 중에는 우리가 그저 차나 홀짝홀짝 마시면서 수다를 떨 뿐이라고 생각하는 사람들도 있었다. 나는 내심 이런 생각은 한다.

'여보세요, 이건 당연지사인데요. 당신 교회 여자들이 잘못된 교리에 열광하게 되면, 그들은 당신의 온 교회를 몽땅 태워버릴 수 있어요. 당신 '집'에 들여놓는 사람을 주시하세요. 아무쪼록 나를 주의하시죠! 우리 모두를 조심하시라고요!'

고의로 기만과 왜곡된 교리를 가르치는 사람은 많지 않겠지만, 그러한 잘못을 저지르는 것은 인간적으로 지극히 흔한 일이다. 요한은 그의 두 번째 편지에서 단 몇 마디 말로 많은 이야기를 한다. 나도 그럴 수 있었으면 좋겠다. 요한에게서 내가 가장 좋아하는 것 중에 하나는 그의 균형 감각이다.

"서로 사랑하라!"라고 말하고 그러는 와중에, "영들을 시험하라!"라고 말하는 그것이 바로 훌륭한 교사다.

35 장

몸과 영혼

사랑하는 자여 네 영혼이 잘됨 같이 네가 범사에 잘되고 강건하기를
내가 간구하노라(요삼 2).

요한삼서를 끝으로 그의 서신서를 간단히 살펴보는 일을 마무리한다. 이 풍성한 서신들 속에서 찾아내고 싶은 것들이 아직도 많지만, 나는 우리가 목표를 달성했다고 믿는다. 우리는 요한의 마음에 좀더 깊이 들어가 엿보았다. 생각하건대 요한이 우리로 하여금 가장 찾아내게 하고 싶어한 요소들을 집중적으로 살펴보았다. '코이노니아', 사랑, 그리고 진리.

요한이서에서 "택하심을 받은 부녀와 그의 자녀"들의 정체를 확인하는 과정에서 나는 수수께끼 같은 요소들을 즐겼다. 그와는 반대로 요한삼서는 한 특정 개인에게 편지하고 있다는 점에 의문이 없다. 실제로 요한은 이 한 장짜리 편지에 몇 사람의 이름을 적어놓았다. 가이오는 요한의 친한 친구로 보인다. 디오드레베는 으뜸되기를 좋아하고 다른 사람들을 배척하였다. 데메드리오는 좋은 평판을 받았는데, 다른 사람들뿐만 아니라 진리도 그를 좋게 평가하였다.

어떤 편지에 이름이 적혔는데 그 편지가 나중에 영감을 받은 성경으로 판명이 되고 전 세계가 그것을 본다고 상상해 보라! 칭찬을 받았든 비난을 받았든, 당신의 이름이 성경에서 영원히 죽지 않고 살아 있게 된다는 것은 너무나 부담스러운 일이다. 간단한 추천의 글이 실린 성경의 한 구절을 읽을 때면 나는 거의 전율을 느낀다. 만약 우리 각 사람의 인생에 대해 단 한 문장씩 성경에 쓰여진다면 어떤 글이 될 것 같은가? 어떤 글이 되기를 원하는가?

살아오면서 많은 시간, 그 당시 내 인생에 관해 한 문장으로 쓴다면 나는 참으로 형편없고 부끄럽기 이를 데 없는 지경에 놓여 있었을 것이다. 그러나 우리가 버둥거리며 숨쉬고 있는 한, 우리에 대한 진술을 바꿀 수 있다는 것을 나는 알고 있다. 하나님은 아직 우리에 관한 문장에 마침표를 찍지 않으셨지만 그 작고 조그마한 점을 찍는 데 그리 오래 걸리지는 않는다. 우리가 인생을 절반쯤 살았을 뿐이라고 생각하고 있는 것은 사실과 다를지도 모른다.

나처럼 많은 장례식에 참석하다보면 끊임없이 그 사실을 일깨우게 된다. 하나님이 우리의 삶에 대해 어떤 말씀을 해주시기 원하는지 그것을 위해 힘쓰기를 미루지 말자. 히브리서 저자가 말한 대로다.

"오늘 너희가 그의 음성을 듣거든 격노하시게 하던 것같이 너희 마음을 완고하게 하지 말라"(3:15).

나는 우리가 사도 요한의 생활 방식과 실천을 통해 얻고 있는 통찰을 좋아한다. 우리는 그가 사람들과 관계를 맺는 것을 보게 된다. 나는 그것이 그의 특기라고 생각한다. 앞장에서 결론을 내렸듯이, 자기가 설교한 대로 실천하는 그리스도인 리더보다 더 우리의 기운을 충전시켜 주는 것은 없다. 분명 요한에게도 살아가면서 사랑하기 힘든 사람이 있었을 것이다. 불쌍한 디오드레베, 자기 이름이 그렇게 기억될 줄 알았더라면 으뜸이 되기를 원하지 않았을 텐데…. 그런 평가를 상상할 수 있는가?

"베스는 으뜸되기를 좋아하고 평범한 사람들과는 어떤 관계를 맺고 싶어하지 않았다."

저런! 머리칼이 곤두서는 느낌이다.

그 사람은 잃어버린 자라고 요한이 말하지 않은 것에 주목하라. 그는 분명 교회의 일원이었다. 비록 그의 행동은 사랑스럽지 않았지만 그래도 그는 그리스도인이었을 것이다. 험담하고 분열을 조장하는 것이 '잃어버린 자' 의 확실한 표지라면 천국에 가는 사람이 거의 없어 그들은 상당히 여유로운 공간을 갖게 될 것 같다. 천국에서는 힘든 감정이나 갈등을 겪게 되지 않을 것이어서 참 감사하다. 만일 그렇지 않다면 디오드레베가 요한에게 이렇게 말하고 있지 않을까?

"정말 꼭 그렇게 써야만 했나요? 내가 그랬던 것처럼 그냥 뒤에서 험담이나 할 수 없으셨어요?"

반면, 가이오는 분명 요한이 쉽게 사랑할 수 있는 사람이었다. 나는 NIV 성경이 가이오에 대한 요한의 애정 표현을 번역한 부분을 좋아하지 않는다.

"나의 친애하는 친구"(my dear friend)라고 번역된 원문은 '아가페토'(agapeto)로서, '사랑하는 자' 라는 뜻이다. 가이오는 단지 요한의 친애하는 친구가 아니었다. 그는 요한의 사랑하는 친구였다. 요한의 세 번째 편지 수신인으로 기록된 가이오는 아마도 성경의 다른 곳에서 여러 차례 언급된 가이오와 동일 인물일 가능성이 매우 높다.

가이오라고 불리는 바울의 동료는 에베소에서 폭도들의 손에 괴롭힘을 당했다(행 19:28-31). 우리가 '사랑하시는 제자 투어' 로 그리스와 터어키를 방문했을 때, 우리는 폭동이 일어났던 바로 그 원형 경기장에 서 있었다. 같은 가이오가 사도행전 20장 4-5절에 다시 나타나는데, 거기서 그는 바울보다 앞서 여행을 한다. 바울은 고린도전서 1장 13-15절에서 그가 침(세)례를 베푼 사람으로 가이오를 거론한다.

바울의 가이오와 요한의 가이오가 모두 에베소와 그 인근 지역에서 사역했던 사실은 그들이 동일 인물이었음을 강력히 암시해 준다. 만일 그렇다면, 나는 그들 사이에 어떠한 대화가 오고 갔을지 즐거운 상상을 해본다. 요한은 늙었다. 가이오도 젊었을 리 없다. 요한과 가이오가 바울에 대한 이야기를 나누며 좋은 시간을 보냈을 것 같지 않은가?

'그 사람은 정말 얼마나 대단한 인물인지….'

요한과 가이오는 바울에 대해 이야기하며 몇 번이고 즐거운 웃음을 나누었을 게 분명하다. 내가 지금 목이 메이도록 가슴이 벅차서 이곳에 앉아 있다고 말하면 당신은 웃을지도 모르겠다. 하지만 난 이 남자들을 사랑한다. 나는 성경에서 바울과 요한을 알아가는 데 몇 달을 보냈다. 그들은 실제 관계를 맺었던 실제 사람들이었다. 그들은 우리 모두가 그러하듯 서로 의견이 일치하기도 하고 어긋나기도 했다. 그들이 서로를 알아가고, 사랑하고, 진가를 인정하고, 또 상대방에게 화가 나기도 하는 과정을 상상해 보라. 실제적인 삶의 요소들이다. 예수 그리스도께서 사람들의 굳은 마음을 어루만지실 때마다 신성한 빗방울이 세속의 땅을 적시고, 그것은 다시 새로워진다.

'다시 새로워진다' 얼마나 멋진 말인가! 이 장의 나머지 부분에서는 이 단어를 목표로 삼아 다루고 싶어졌다. 요한은 가이오가 영혼이 건강함같이 육신도 건강하기를 바라고 있다는 사실을 놓치지 말기 바란다. The Amplified Bible은 "사랑하는 자여, 네가 모든 면에서 번영하기를, [내가 알건대] 너의 영혼이 잘 유지되고 번영하고 있는 것처럼 [너의 몸도] 잘 유지되기를 기도한다"라고 말한다.

사랑하는 그대들이여, 우리는 건강을 돌보기 위해 우리가 할 수 있는 바를 해야만 한다. 우리 영혼의 건강이 가장 중요한 것은 분명하지만, 그러나 우리가 이 땅에 사는 동안 구속받은 각 사람들 속에 거주하시는 하나님의 영은 명백히 우리의 육체적인 몸과 연결되어 있다. 하나님은 몸과 혼과 영의 세 부분으로 이루어진 하나의 총체로 인간을 창조하셨다.

데살로니가전서 5장 23절에서 바울은 우리 모두가 함께 드려야 할 기도를 적고 있다.

"너희 온 영과 혼과 몸이 우리 주 예수 그리스도 강림하실 때에 흠 없게 보전되기를 원하노라."

대부분의 성도들은 자신들의 혼과 영의 건강이 매우 중요하다는 것을 본능적으로 알고 있다. 그러나 하나님이 우리를 온전히 거룩하게 하시기를 간구했던 바울의 기도를 주목하여 보라. 그것은 우리의 온 영과 혼과 몸을 말하는 것이다.

하나님은 내 육체적인 몸이 내 영과 혼에 미치는 영향에 대해 중대한 교훈을 가르쳐 주셨다. 잠시 동안 영혼에 대해 생각해 보라. 내 몸이 완전히 지쳐버리면 내 영이 깊이 영향을 받고, 시간이 지나가면 육체의 피곤함에 동화되어서 우울증에 빠지거나 소망이 없다는 느낌을 갖게 된다. 음식을 잘 먹지 않으면 근심과 불안감을 야기할 수 있다. 대부분의 사람들은 스트레스가 심장병, 고혈압, 그리고 여러 가지 소화 장애와 관련이 있다는 것을 알고 있다. 우리 영과 혼이 육체적인 몸에 갇혀 있는 동안 영과 혼은 몸의 상태에 크게 영향을 받는다.

우리는 스트레스가 많은 삶을 살고 있다. 나는 많은 사람들의 살아가는 이야기를 들어 왔고 어떤 사람들이 겪는 도전에는 간담이 서늘해지기도 한다. 어떤 사람들은 낮에는 종일 일을 하고 밤에는 병들어 누워 있는 사랑하는 사람을 밤새 간호한다. 또 어떤 사람들은 자녀들을 대학에 보내기 위해 몇 가지 일을 한꺼번에 감당하기도 한다. 나는 다섯 살 이하의 자녀를 서너 명씩 둔 젊은 엄마들의 이야기를 종종 듣는다. 이제는 그것도 스트레스다. 내가 상상도 할 수 없는 어려움을 겪는 사람도 있을 것이다. 나 역시 오늘날 내가 직면하고 있는 도전을 겪게 될 것이라고 꿈도 꾸지 않았다. 나는 여성들을 위해 사역하도록 부르신 현재 하나님의 부르심이 너무나 감사하고 황송하지만, 이건 정말 장난이 아니다. 노동이다. 물론, 하나님은 혼자서 대부분의 일을 하시지만 그분이 내게 요구하시는 조그마한 것은 내가 가진 전부다.

바울은 골로새서 1장 29절에서 성도와 하나님이 어떤 방식으로 일에 참여하는지를 설명한다.

"이를 위하여 나도 내 속에서 능력으로 역사하시는 이의 역사를 따라 힘을 다하여 수고하노라."

친애하는 동역자여, 건강을 돌보지 않는다면 당신과 나는 우리의 부르심을 효과적으로 성취할 수 없다. 우리 몸은 성령의 전이다. 우리 각 사람은 자신의 자연적인 능력을 넘어서는 생활에 직면한다. 내 달력을 보면 아주 기가 막힌다. 그리고 나는 각각의 일정을 아주 중대하게 생각한다. 내가 만일 바이러스에라도 감염되어서 일 년 전에 일정을 잡아놓은 회합을 할 수 없게 된다면 어찌해야 좋을지 모를 것이다. 내가 사람에게 충실하고자 한다면, 나는 하나님과 협력하고 내 몫을 감당해야 한다.

나는 매일 한 줌의 비타민을 먹고 건강을 유지하게 해달라고 기도한다. 이따금 몸이 아플 때면 나는 내 일정이 다시 엉망이 되고 사탄이 싸울 태세에 들어가 있거나, 아니면 하나님이 한동안 나를 반복되는 고리에서 벗어나게 하시는 것임을 안다. 모두들 질병에 걸리기는 하지만 하나님이 기대하시는 것은 우리가 건강을 해치지 않기 위해 합당한 모든 일을 하는 것이라고 생각한다. 동시에 우리는 동기를 바르게 유지해야 한다. 사탄은 단지 우리가 굴레에 매여 있기를 원한다. 그는 나쁜 건강 상태라는 굴레를 좋아한다. 하지만 또한 그는 육체적인 몸에 대해 과도하고 강박적으로 안달하는 멍에를 즐겨 사용한다. 모든 극단을 피하기 위한 전도서의 지시는 이 주제에 대해 내게 많은 것을 말해 준다(전 7:18). 또한 성경은 피곤에 지친 신실한 자들에게 흔히 휴식을 처방한다(시 127:2; 마 11:28; 막 6:30-32).

사랑하는 그대들이여, 우리가 가진 가장 소박한 필요 가운데 하나는 순전한 휴식이라고 확신할 수 있다. 잠을 자는 것만이 아니라 기분 전환과 레크리에이션도 필요하다. 최근 하나님은 나에게 그분과 내가 '안식의 순간'이라고 부르는 것을 포착하는 것에 대해 말씀하셨다. 많은 사람들이 그런 것처럼 요즘 내 일정은 특히 힘들고, 가까운 미래에 며칠 간 휴가를 갖는 것은 엄두도 낼 수 없는 일이다. 어느 토요일 아침, 주일학교를 준비하고 있는데 하나님이 내 마음에 말씀하셨다.

"얘야, 좀더 집중적인 휴식 시간을 갖는 사이사이에 안식의 순간을 가지라고 가르치고 싶구나."

나는 그분이 의미하시는 바가 무엇인지를 잘 몰랐다. 다만 그날 아침 하나님은 뇌암을 앓고 있는 환자를 방문하러 병원에 가기 위해 내가 휴스턴의 반대편으로 먼 길을 운전해 가기 원하신다는 것을 분명히 하셨다. 나는 이 환자를 방문할 수 있는 특권에 아주 감사했지만, 그 일이 정서적으로 힘들고 휴식하고는 거리가 먼 일이라는 것을 미리 알고 있었다.

휴스턴을 가로지르는 교통 혼잡과 싸우고 슬픔을 꾹 참으면서 나의 새로운 친구와 그녀의 남편을 문안했다. 그들에게는 어린 두 아들이 있었는데 하나님이 기적을 베푸시지 않는 한, 아이들의 어머니는 그들이 성장하기 전에 주님과 함께 거할 본향으로 돌아갈 것이다. 나는 차를 타고 기도 드렸다. 슬픔을 억누르며 주차장에서 차를 뺐다. 몇 블럭을 지나서 나는 마치 자동 조정 장치가 달리기라도 하듯, 휴스턴 동물원의 주차장을 향해 곧장 핸들을 돌렸다.

그리스도께서 "놀러가자"고 말씀하시는 것 같았다. 나는 순종했다. 나는 몇 년 동안 동물원에 가보지 못했다. 동물원이 아주 좋아졌다는 소리는 들었지만, 단연 최고였던 그것, 스타벅스 커피가 있으리라고는 기대하지 않았다. 스타벅스 카푸치노를 손에 들고 휴스턴에서는 드문 쌀쌀한 날에 나무에서 낮잠을 자고 있는 새끼 코알라를 바라보는 게 어떤 건지 상상이 되는가? 바로 그것이 안식의 순간이었다. 하나님과 나는 아주 즐거운 시간을 가졌다.

몇 주 뒤 나는 심부름을 하고 있던 우리 스탭 한 명에게 짓궂은 장난을 치기 위해 열심히 일하고 있는 다른 스탭 하나를 몇 시간 동안 납치했다. 우리는 그 상점에 몰래 들어가 옷감을 둘둘 말아놓은 코너 뒤에 숨어서-성인 여자 둘이 서-구내 방송을 통해 그녀를 우리가 있는 곳으로 불러냈다. 우리는 그녀의 얼굴을 쳐다보면서 큰소리로 웃으며 카페트 위를 떼굴떼굴 굴렀다. 우리가 완전히 바보짓을 하고 한바탕 웃음거리가 되고 난 뒤 판매 여직원 가운데 한 명이 내게 다가오더니 이렇게 말했다.

"어디선가 뵌 분 같아요."

우리는 뿔뿔이 흩어졌다. 그리고 다시 일을 하러 가서 더 훌륭히 일을 처리했다. 우리는 남는 장사를 한 것이다.

안식의 순간! 우리는 힘든 세상에 살고 있다. 외부에서 밀려드는 요구들을 끊어 버리고 숨어버릴 수 있는 배짱이 없다면, 당신이 정돈된 사고를 유지하는 데 도움이 되는 안식의 순간들이 필요하다. 그런 시간을 갖기 시작하라!

"사랑하는 자여 네 영혼이 잘됨 같이 네가 범사에 잘되고 강건하기를 내가 간구하노라"(요삼 2).

그대가 안식의 순간을 누렸던 때를 생각해 보면서 이 장을 마무리하기를 원한다. 단 한 순간도 기억해 낼 수 없다면, 그대가 무너져 내리기 전에 휴식을 거부하는 그대의 자아를 일터에서 벗어나게 하라.

제 8부

촛대들 사이에서

다음으로 우리가 사도 요한과 함께 떠나고자 하는 여행은 아마 그는 전혀 예상할 수 없었던 것일 게다.

그가 자신의 여행 계획에 밧모섬을 그려 넣지 않았던 것은 너무나 분명하다. 나는 그 노인이 에베소에 있는 사랑하는 사람들로부터 떨어져서 마치 범죄자처럼 배에 태워져 에게해에 있는 낯설고 외딴 섬을 향해 가면서 어떤 감정을 느꼈을지 궁금하다. 그는 어떤 일이 자신을 기다리고 있을지 전혀 알지 못했다.

하나님의 방법은 때로 아주 특별하다. 요한의 인생에서 가장 위대한 특권이 정말 암울한 상황 가운데 그를 기다리고 있었다. 정말 예기치 못한 장소에서 어떻게 그리스도께서 느닷없이 자기 자신을 우리에게 드러내시는지 주목해 본 적이 있는가? 요한계시록을 개략적으로 간단히 공부해 봄으로써, 예수님이 우리를 만나 주시지 않을 곳으로 우리를 보내시는 일은 절대 없다는 사실을 다시금 상기하게 될 것이다.

밧모에 유배되어

나 요한은 너희 형제요 예수의 환난과 나라와 참음에 동참하는 자라 하나님의 말씀과 예수를 증언하였음으로 말미암아 밧모라 하는 섬에 있었더니(계 1:9).

우리 연구가 진행된 현 단계에 이르러 나는 침착해지기도 하고 한껏 고무되기도 한다. 우리가 함께 하는 여정에서 앞으로 남아 있는 시간 동안, 우리는 에게해에 있는 밧모라는 섬에 유배된 요한과 함께 할 것이다.

폭이 6마일에 길이가 10마일인 이 섬은 딱히 낙원이랄 수 없는 곳이다. 바위가 많고 불모지였던 이곳은 요한의 시대에 죄인들을 유배시키기에 안성맞춤인 장소로 로마인들의 눈길을 끌었다. 로마 황제 도미티안(A.D. 81-96) 치하에서 기독교는 형사 범죄였고, 사도 요한은 그 가운데서도 아주 흉악한 경우였다.

우리는 요한이 그 섬에 감금된 이유가 무엇인지 자세히 알지 못한다. 우리가 알고 있는 유일한 이유는 요한 자신이 요한계시록 1장 9절에서 설명하고 있는 것뿐이다. 그는 "하나님의 말씀과 예수를 증언하였음으로" 그곳에 있었다. 사랑하는 그대들이여, 우리가 고통을 당해야 한다면 이보다 더 위대한 이유는 생각할 수도 없다.

나는 우레의 아들 요한이 어째서 다른 사도들처럼 로마의 지배하에서 죽임을 당하지 않고 유배를 당했는지 궁금하다. 학자들은 그가 그 나이에도 불구하고 혹독한 대우를 받았으며 그 섬에 있는 광산과 채석장에서 고된 노동을 강요받았다는 데 의견을 같이한다. 하지만 그때까지 그토록 많은 그리스도인들의 생명을 공개적이고 비인간적으로 빼앗았던 로마인들이 왜 그런 귀찮은 일을 했는지 나는 여전히 의아하게 생각한다. 궁극적으로 하나님이 이 땅에서 요한의 일을 아직 끝내지 않으셨던 것이고, 그 누구도 하나님 아버지의 승낙 없이는 그를 죽일 수 없었다. 초대 교회 교부들의 전통적인 가르침이 정확하지 않았나 생각된다. 즉 로마인들은 그를 죽이려고 했지만… 그럴 수 없었다.

수세기에 걸쳐 많은 학자들은 요한이 로마로 여행을 해서 최소한 잠시 머물렀다고 믿었다. 흔히 '라틴 신학의 아버지'라고 불리는 터툴리안은 사도들의 바로 뒤를 잇는 기간에 생존했던 인물이다(A.D. 150-225). 「이단에 대한 처방」(*On Prescription against Heretics*)이라고 불리는 작품에서 터툴리안은 놀라운 주장을 했다.

"사도 요한은 처음에 끓는 기름에 던져졌으나 아무런 해를 입지 않았고, 그 후에 감면을 받아 섬에 유배되었다."[1]

터툴리안이 베드로의 십자가 죽음에 대해 언급했던 바를 초대 교회가 신뢰했다는 점에 의문을 제기하는 학자들은 거의 없다. 과연 그는 주님이 당하셨던 것과 같은 고통을 견뎠다. 그러나 그는 주님과 동일한 방법으로 죽을 가치가 없는 존재라고 생각하여, 초기 전승에 의하면 십자가에 거꾸로 매달아 달라고 요구했다. 바울이 침(세)례 요한처럼 목이 베였다고 하는 전승의 내용에 의문을 제기하는 주석을 지금까지 나는 읽어본 적이 없다. 그러므로 우리는 사도 요한과 관련한 터툴리안의 기사가 단순히 꾸며낸 이야기에 불과한 것인지 아닌지 의심이 된다.

요한이 끓는 기름에 던져졌다고 하는 기사가 믿을 만한 것인지는 확실히 모르지만, 그러한 사건이 가능하냐고 내게 묻는다면 대답은 확실히 '그렇다' 이다. 사도행전 12장에서 하나님은 베드로의 지상 사역을 끝내실 생각이 아니셨고, 그래서 그분은 그를 묶은 사슬을 느슨하게 하시고 그가 감옥 밖으로 곧장 걸어 나가도록 하셨다. 사도 바울이 가까스로 죽음을 모면한 경우는 몇 번이나 되는지 셀 수 없을 정도다. 나는 구약에 등장하는 트리오-사드락, 메삭, 아벳느고가 연기에 그을리지도 않고 불길을 경험하였던 것을 기억한다(단 3장). 사랑하는 그대들이여, 현대 교회가 당신을 냉소적으로 만들지 못하게 하라. 우리의 하나님은 기사를 행하시는 분이다. 그 점을 절대 잊지 마라! 예레미야 32장 17절의 말씀을 그저 유행가 가사처럼 생각지 마라.

"주 여호와여 주께서 큰 능력과 펴신 팔로 천지를 지으셨사오니 주에게는 할 수 없는 일이 없으시니이다."

터툴리안의 기사가 어느 정도 정확한 것이라면 로마인들은 요한의 생명을 빼앗으려고 시도했을 것이고, 그들의 노력이 실패로 돌아가자 그를 밧모섬에 유배시켜 버린 것이다. 그의 잘못은 아마도 명령이 내려졌을 때 죽지 않은 것이었을지도 모른다.

요한이 예루살렘과 유다 외부에 머물렀던 것에 관해 여러 가지 연대기적 순서가 주장되고 있기는 하지만, 나는 다음과 같은 주장에 더 찬성하는 쪽이다. 요한은 처음에 에베소에 살면서 사역했다. 어느 시점에서 그는 로마로 여행을 했고 박해를 받았다. 그 다음에 그는 밧모섬에 유배되었는데 대부분의 학자들은 그가 거기서 18개월 가량 머물렀다고 믿는다. 비록 예전에는 다르게 생각했지만, 나는 이제 요한이 에베소로 돌아와 죽을 때까지 그곳에서 지냈다고 말하는 주석가들과 초기 교사들의 말을 거의 믿고 있다.

지워지지 않는 매직보다는 연필로 쓰여진 마음속 생각과 함께 신비하고 놀라운 요한계시록의 서문을 읽어볼까 한다. 성경의 마지막 책에 대한 우리의 접근은 일차적으로 종말론이나 종말을 알리는 징후에 대한 연구가 아니라 일반적인 연구가 될 것임을 염두에 두라. 우리는 사도 요한에 대한 통찰을 얻기 위해 그리고 그가 가장 우리에게 알리고 싶어했던 사실과 개념들을 발견하기 위해 요한계시록을 탐색할 것이다.

요한계시록은 그것을 읽는 자들과, 듣는 자들과, 그것을 지키는 자들에게 하나님의 축복을 약속하고 있다는 점에서 독특하다(1:3). 요한계시록 1장 1-10절을 읽어보자.

예수 그리스도의 계시라. 이는 하나님이 그에게 주사 반드시 속히 일어날 일들을 그 종들에게 보이시려고 그의 천사를 그 종 요한에게 보내어 알게 하신 것이라. 요한은 하나님의 말씀과 예수 그리스도의 증거 곧 자기의 본 것을 다 증거하였느니라. 이 예언의 말씀을 읽는 자와 듣는 자들과 그 가운데 기록한 것을 지키는 자는 복이 있나니 때가 가까움이라. 요한은 아시아에 있는 일곱 교회에 편지하노니 이제도 계시고 전에도 계셨고 장차 오실 이와 그의 보좌 앞에 있는 일곱 영과 또 충성된 증인으로 죽은 자들 가운데서 먼저 나시고 땅의 임금들의 머리가 되신 예수 그리스도로 말미암아 은혜와 평강이 너희에게 있기를 원하노라. 우리를 사랑하사 그의 피로 우리 죄에서 우리를 해방하시고 그의 아버지 하나님을 위하여 우리를 나라와 제사장으로 삼으신 그에게 영광과 능력이 세세토록 있기를 원하노라 아멘. 볼지어다, 구름을 타고 오시리라 각 사람의 눈이 그를 보겠고 그를 찌른 자들도 볼 것이요. 땅에 있는 모든 족속이 그로 말미암아 애곡하리니 그러하리라. 아멘. 주 하나님이 이르시되 나는 알파와 오메가라. 이제도 있고 전에도 있었고 장차 올 자요 전능한 자라 하시더라. 앞과 붙여서 나 요한은 너희 형제요 예수의 환난과 나라와 참음에 동참하는 자라. 하나님의 말씀과 예수를 증언하였음으로 말미암아 밧모라 하는 섬에 있었더니, 주의 날에 내가 성령에 감동되어 내 뒤에서 나는 나팔 소리 같은 큰 음성을 들으니.

비록 요한계시록에 대한 우리의 접근 방식이 한 절 한 절 주해하는 방식은 아니지만, 우리 연구의 직접적인 결과로 은혜를 기대할 수 있다고 믿는다. 나는 내게 주시는 은혜를 기다릴 것이고 당신은 또한 당신에게 주시는 은혜를 기다리면 좋겠다. 요한계시록에서 가장 심원한 계시는 예수 그리스도 자신을 드러내는 것인데 환상 중에만 아니라 능력으로 드러내시는 것이다.

'베일을 벗는 것'을 뜻하는 계시라는 단어는 헬라어 '아포칼룹시스'(apokalupsis)를 번역한 것이다. 죄수들을 압송하는 배에 던져진 요한은 밧모섬에서 하나님이 어떻게 그에게 베일을 벗으실지 전혀 알지 못했다. 에게해를 가로지르는 긴 항해 동안 요한의 연약하고 연로한 몸이 심하게 요동치는 배를 꽉 붙잡고 있는 모습을 상상해 보라.

아마 요한은 자기와 목적지가 같은 다른 죄수들의 얼굴을 보기 위해 얼굴에 흘러내린 회색 머리칼을 쓸어 올렸을 것이다. 그들이 긴밀한 유대감을 나누었을 것이라고 생각지 마라. 그가 "자녀들아, 서로 사랑하라"고 말했던, 적은 무리의 예배자들 중 누구도 그를 따라오지 못했을 것이다. 유배는 단지 과도한 노동과 집단적인 생활만을 의도하고 행해지는 것이 아니다. 그것은 미칠 것 같은 고립을 목적으로 한다. 사탄이 우리를 강제로 고립시키려 할 때 우리를 상하게 할 수 있는 것처럼 그 전략은 요한을 상하게 할 수도 있었다.

요한은 거의 죽는 것이 더 낫다고 여겼을 것 같다. 그의 오랜 삶은 그에게 좌절감만 안겨 주었을 수도 있다. 어쩔 수 없이 이 세상에 남아 있어야 한다면 사역으로부터 추방되고 사랑하는 사람들로부터 격리되어 지내는 것은 그가 마음속에 그렸던 노년의 생활이 아니었던 게 분명하다. 그에게 부과된 강제 노동을 하면서 들쭉날쭉한 암석 표면에 미끄러지고 얇은 살갗이 종이처럼 찢기지 않았을 것이라고는 생각할 수 없다. 밤이면 아픈 몸을 누일 변변한 잠자리도 없었을 것이다. 나는 또 그가 "드디어! 이제 새 책을 쓸 만한 작은 평화와 안식이 주어졌군!"이라고 생각했을 것 같지도 않다. 그는 그 섬에서 예수님을 만날 것이라고는 기대도 할 수 없었을 것이다. 사랑하는 그대들이여, 예수님을 전혀 기대할 수 없을 때와 장소에서 그분을 가장 잘 발견하게 되는 경우가 있다는 사실을 인정하기 위해 우리는 얼마나 많은 증언을 들어야 하겠는가? 이상하게도, 때로는 우리가 그분을 가장 많이 기대하는 곳에서 그분을 거의 찾을 수 없기도 하다.

요한계시록 1장 7절은 "볼지어다 구름을 타고 오시리라 각 사람의 눈이 그를 보겠고"라고 말한다. 그리스도가 영광스러운 광채 가운데 이 신음하는 땅에 다시 오실 때 모든 눈들이 그분을 볼 것이다. 그때까지 그분은 때로 구름 가운데 나타나신다. 하나님의 영광은 인간의 눈이 감히 볼 수 없을 만큼 찬란해서 때로 그분은 구름으로 자신의 영광을 덮으신다(출 16:10, 24:15-16; 레 16:2; 왕상 8:10; 눅 9:34).

어느 날 구름이 두루마리처럼 말려 올라가고 그리스도께서 우리 앞에 드러나실 것이다. 그 사이에도 그분은 우리에게 많은 것을 알려 주시는데, 구름이 그분의 부재를 나타내는 징표가 아니라는 것을 알면 크게 도움이 된다. 실제로 우리는 구름 가운데서 그분의 임재를 발견하는 경우가 너무나 많다. 「주님은 나의 최고봉」(*My Utmost for His Highest*)의 7월 29일자 내용에서 오스왈드 챔버스는 구름에 대해 비유적으로 이렇게 썼다.

> 성경에서 구름은 항상 하나님과 관련되어 있다. 구름은, 실제로 하나님의 통치를 부인하는 것처럼 보이는 우리 개인 생활 안팎에서 겪게 되는 슬픔, 고통, 혹은 섭리적인 상황들이다. 그러나 하나님의 영은 바로 이 구름들을 통하여 우리에게 믿음으로 걸어가는 방법을 가르치고 계신다. 우리의 인생에 아무런 구름이 없다면 믿음도 없을 것이다.
>
> "구름은 그의 발의 티끌이로다"(나훔 1:3). 구름은 하나님이 거기 계시다는 증거다. … 하나님이 우리 인생에 가져오시는 모든 구름을 통하여, 그분은 우리가 잘못된 것을 배우지 않기

를 원하신다. 구름을 사용하시는 하나님의 목적은 우리의 믿음이 단순해져서 우리가 그분과 어린아이와 같은 관계를 맺게 되는 것이다. 오로지 그분과 우리 영혼이 관계를 맺고 다른 사람들은 그림자에 불과한 존재가 되는… 우리가 가장 암담하고 어두운 인생의 현실에 직면해서도 하나님의 성품에 대한 우리의 관점을 손상시키지 않을 수 있을 때까지, 우리는 아직 그분을 알지 못하는 것이다.[2]

지금 당신의 삶은 어두운 구름에 덮여 있는가? 혹은 그 구름이 어두운 것이 아니라, 단지 현실을 어둡게 해서 현 상황에서 갈팡질팡하게 만드는 것일 수도 있다. 내가 밧모섬에 갔을 때는 구름이 잔뜩 끼어서 그렇지 않았더라면 볼 수 있었을 아름다운 광경을 가리고 있었다. 도미티안이 요한은 그 섬에서 가혹한 시절을 보냈다고 생각했을 때 그런 구름이 덮여 있지 않았나 싶다. 그 늙은 사도는 자신의 상황을 어떻게 '바라보았을까?' 그 섬에서 벗어나는 상상을 하지 않았을까? 아니면 거기 있는 동안 그는 무엇을 보았을까?

요한은 그 사나운 섬에 유배되어 있는 동안 중요한 결정을 내려야 했다. 적어도 하나님과 동행하는 삶을 게을리하거나 저항하지는 않았을까? 어쨌거나 그의 성도들 가운데 그를 보고 있는 사람은 아무도 없었다. 가만히 누워서 죽어버릴 것인가? 단언컨대, 그는 너무나 지쳐 있었다. 아니면 사랑하시는 자 요한은 암석과 폐허 속에서도 그리스도를 더욱더 사랑하고 전심으로 그분을 찾았을 것인가? 해변을 적시는 신선한 아침 바닷물처럼 그의 대답이 밀려온다.

"주의 날에 내가 성령에 감동되어"(1:10).

그리고 알파와 오메가이신 그분이 거기 계셨다. 모든 생명에게 처음이자 마지막이신 말씀, 모든 고난 가운데, 모든 유배지에.

어둠이 그분의 얼굴을 가리운 것 같은 때에, 나는 그분의 변함 없는 은혜를 의지합니다.

무서운 광풍이 휘몰아칠 때에, 나는 그 휘장 안에 닻을 내립니다.

견고한 반석이신 그리스도 위에 섭니다. 다른 모든 기초는 침몰하는 모래일 뿐입니다.

(에드워드 모트, 1834)

37장

에베소 교회에게

그러나 너를 책망할 것이 있나니 너의 처음 사랑을 버렸느니라(계 2:4).

요한은 자기가 쓴 모든 책이나 편지에서 예외 없이 우리가 예수 그리스도 그분을 알아야 한다고 단호히 주장한다. 그 편지는 인사말로 시작해서 그리스도의 장엄한 환상을 이어간다. 다니엘과 에스겔로부터 끌어낸 이미지를 가지고, 요한은 부활하신 주님을 틀림없는 능력이라는 맥락에서 묘사했다.

요한계시록 1장 19절에서 그리스도는 이 책 전체의 기본적인 윤곽을 세 부분으로 나누어 말씀하셨다.

"그러므로 네가 본 것과 지금 있는 일과 장차 될 일을 기록하라."

나는 그리스도의 환상과 1장 12-20절에 기록된 서론이 '네가 본 것'을 구성하는 것이라고 믿는다. 요한계시록 2장과 3장에서 그리스도가 일곱 교회에게 각기 하신 특별한 말씀들은 '지금 있는 일'의 내용이 될 것이다.

요한이 유배되었던 당시 일곱 도시 모두 그리스도를 믿는 성도들이 살면서 그들의 신앙을 실천한 지역이었다. 수년 전 나는 연구를 하면서 지켜야 할 원칙을 경험적으로 배웠다. 그것은 평범한 판단이 상식적인 경우에는 다른 판단을 추구하지 말라는 것이다. 여러 세대에 걸쳐서 다양한 해석자들이 그 교회들을 상징적으로 해석하려는 시도를 했지만, 우리가 확실히 알고 있는 것은 그들이 실제 성도들이었고 실제 교회였다는 사실이다. 요한계시록 2장과 3장에서 성경이 제시하고 있는 순서는 실제 지리적인 배치에 따른 것이다. 일곱 도시 모두 소아시아에 위치해 있었고, 성경에 나오는 순서는 메시지를 전하는 사람이 에베소에서 시작해서 다른 여섯 도시로 여행할 때 선택할 만한 아주 실제적인 경로를 제시해 준다. 요한계시록에서 미래에 대한 예언은 많은 부분 4장 이후에 등장한다. 그러므로 많은 학자들이 그 메시지의 남은 부분을 세 번째 범주, 즉 '장차 될 일'로 분류하였다. 원통해 할 사람들이 많겠지만, 우리는 요한계시록에 등장하는 대부분의 상징들을 독단적으로 해석할 수 없다. 하지만 일곱 별과 일곱 촛대의 비밀은 그리스도가 직접 확인해 주셨다.

"일곱 별은 일곱 교회의 사자요 일곱 촛대는 일곱 교회니라"(계 1:20).

학자들은 일곱 교회의 '천사'에 대한 정확한 해석에서 의견을 달리한다. 어떤 사람들은 그 천사들이 문자 그대로 각 교회에 배정된 천상의 존재라고 믿는다. 하지만 그 단어의 기본적인 의미가 '메시지를 전하는 사람'인 까닭에, 어떤 사람들은 그 메신저가 사람, 아마도 각 교회의 목사나 감독이라고 생각한다. 다행히도 그리스도가 누구를 메신저로 삼으셨건 간에 그 메시지 자체는 동일하다. 우리는 요한계시록에서 일곱 교회에 보낸 메시지에 초점을 맞추어 살펴보는 데 많은 시간을 할애할 예정이다. 하나님이 그 내용을 성경에 포함시키셨다는 사실은 그것이 우리에게 할 말이 있다는 것을 의미한다. 실제로 그리스도 자신이 일곱 교회에 보내는 모든 편지를 마무리하면서 광범위한 초대를 하심으로써 그것이 다른 사람들에게도 관련이 있다는 것을 보여 주셨다.

그리스도의 초대는 우선 요한계시록 2장 7절에 기록되어 있다.

"귀 있는 자는(He who has an ear) 성령이 교회들에게 하시는 말씀을 들을 지어다."

자, 머리 옆을 만져 보라. 한쪽 귀가 느껴지는가? 다른 쪽도 만져 보라. 한쪽 귀만 있으면 된다. 귀를 하나라도 가지고 있는 사람이라면, 예수님은 성령이 교회들에게 하시는 말씀을 당신도 듣기 원하신다. 나도 귀가 있기에 당신과 마찬가지다. 이유는 명백하다. 오늘날 그분의 교회인 우리는 초대 교회들의 성공과 실패, 승리와 패배로부터 배워야 할 것이 많이 있다. 세대는 멀리 지나왔지만 우리의 기본적인 본성과 성경의 진리는 변함없이 일관되게 남아 있다.

실제로 그리스도는 머리 양옆에 적어도 하나의 귀를 가지고 있는 사람들에게 말씀하시는 것 이상의 많은 생각을 마음에 품고 계신다. 젊은 시절, 나는 분명히 두 귀를 가지고 있었지만 하나님의 말씀을 듣는 데 그것을 얼마나 잘 사용했는지는 자신이 없다. 대체로 내 귀는 중요한 머리카락 장신구에 불과했다. 오늘은 머리를 양 쪽 귀 뒤로 넘길까, 아니면 한쪽만 넘길까? 아니면 머리를 두 귀 위로 늘어뜨릴까? 나는 그런 것에 몰두했다. 그러나 일곱 교회에 보내는 메시지는 그보다 조금 더 깊이 있는 사람들을 위한 것이다. 그리스도의 광범위한 초대는 이런 것에 더 가까웠다.

'내가 그들에게 말한 바는 정말로 듣고 반응하기 원하는 사람들에게 많은 것을 이야기해 줄 것이다.'

요한계시록에 기록된 예언 부분은 하나님 나라의 일정표에 따라 하나님이 의지를 발휘하시는 대로 이루어질 것이다. 우리가 그 부분을 철저히 연구하면 미래에 일어날 사건들에 대해 지식과 이해가 증대되겠지만 우리의 일상 생활에서 그것이 개인적으로 적용되는 부분은 그리 크지 않다. 아주 조금 더 도전을 줄 뿐이다. 반면에, 일곱 교회에 주시는 그리스도의 메시지는 우리를 변화시키시기 위해 성령이 사용하실 수 있고, 실제로 오늘날 그리스도의 교회들이 처한 상황에 영향을 미친다. 그러므로 각자 귀를 쫑긋 세우고 들어보자!

첫 번째 메시지는 요한계시록 2장 1-7절에 나온다. 각 교회에 보낸 편지들은 몇 가지 반복되는 요소들을 포함하고 있는데, 나는 처음부터 그것을 확인해 주고 싶다. 각 편지마다 이 부분들이 나오면 그것을 표시해 보라. 교회들에게 주신 그리스도의 메시지에서 공통적인 구성 요소는 이런 것들이다(별표[*]는 일곱 개의 편지 모두에 나온 것이 아닌 요소들을 표시한다)

* **신원 확인** _ 그리스도는 요한계시록 1장 12-18절에 기록된 첫 번째 환상의 몇 가지 요소들을 사용하셔서 구체적인 방식으로 자신이 누구신지를 확인해 주셨다.

* **칭찬** _ 그리스도는 상세한 지식을 바탕으로 칭찬을 하신다. 모든 편지가 칭찬을 포함하고 있지 않지만, 일곱 편지 모두 "내가 너의 …를 알고"라는 구절을 포함하고 있다. 나는 그리스도가 "일곱 금촛대 사이에 다니시는 이"(계 2:1)라고 말하고 있는 성경 말씀을 읽을 때마다 실제로 몸이 벌벌 떨리는 것을 느낀다. 우리는 이미 그 금촛대가 일곱 교회라는 것을 알고 있다. 그 동사의 시제는 계속되는 행위를 의미한다.

1세기의 교회들 사이를 그리스도가 '다니시고' 그들을 상세히 아셨던 것만큼이나, 그분은 오늘날 우리 교회들 사이를 다니신다. 현재 그분의 교회들이 어떤 상황에 있고 어떤 활동을 하며 내부 운영은 어떻게 하고 있는지에 대해 그리스도가 냉정하게 관여치 않으신다고 생각하는 것은 아주 대단히 잘못을 범하는 것이다. 그분은 우리 사이를 다니신다. 어느 세대에서고 그리스도께 있어 교회의 건강보다 더 중요한 문제는 없다. 왜냐하면 교회는 잃어버린 자들에게 다가가서 상처 입은 자들을 돌보시려는 그분의 목적을 이루는 도구이기 때문이다.

* **책망** _ 그리스도는 상세한 지식에 기초해서 책망하신다.

* **권고** _ 그리스도는 일종의 권고를 하신다. 그분은 각 교회에게 특별한 어떤

것을 하라고 지도하신다.

* **격려** _ 그리스도는 고난을 극복하도록 격려하신다.

전혀 뒤집을 수 없는 상황은 없다는 사실을 기뻐하라! 각각의 경우에 교회(개별 성도들로 이루어진)에게 고난을 극복하라고 권하는데, 우리는 또한 시간이 가장 중요한 본질임을 인식해야 한다.

교회들에게 보내는 각각의 편지에서 공통으로 나타나는 요소들을 사용해서 그리스도께서 에베소에 있는 교회에게 말씀하셨던 바를 살펴보자.

신원 확인 _ 에베소에 있는 교회에게 그리스도가 자기 자신에 대해 분명히 밝히신 바를 주목해 보라. "오른 손에 있는 일곱 별을 붙잡고 일곱 금 촛대 사이에 다니시는 이가 이르시되"(계 2:1). 이것은 1장 12절의 말씀과 상응하는 설명이다.

칭찬 _ 에베소 교회에 대한 상세한 지식에 기초해서 그리스도는 2절과 3절에서 그들을 강하게 칭찬하셨다. "내가 네 행위와 수고와 네 인내를 알고 또 악한 자들을 용납지 아니한 것과 자칭 사도라 하되 아닌 자들을 시험하여 그의 거짓된 것을 네가 드러낸 것과 또 네가 참고 내 이름을 위하여 견디고 게으르지 아니한 것을 아노라."

책망 _ "그러나 너를 책망할 것이 있나니 너의 처음 사랑을 버렸느니라"(계 2:4). 과거 사도 요한이 에베소 교회에 깊이 관여했다는 사실을 기억하라. 우리가 그에 대해 알고 있는 바를 생각해 볼 때, 에베소에 있는 사랑하는 자들에 대한 이 특별한 책망을 들었을 때 요한이 속으로 어떻게 반응했을 것 같은가? 그는 그들에게 주 그리스도를 사랑하라고 가르쳤던 목사였다. 그는 자신이 실패했다는 느낌이나 꾸지람을 듣는 기분이 들지 않았을까?

권고 _ 5절에서 그리스도는 "그러므로 어디서 떨어졌는지를 생각하고 회개하여 처음 행위를 가지라. 만일 그리하지 아니하고 회개하지 아니하면 내가 네게 가서 네 촛대를 그 자리에서 옮기리라"고 말씀하셨다. 이 경고를 자세히 살펴보자. 그리스도는 에베소 교회에게 만일 그들이 회개하고 '처음 행위'를 회복하지 않는다면 그들에게 오셔서 그들의 촛대를 옮겨 버리시겠다고 말씀하셨다. 여기서 사용한 용어는 그들이 천국에서의 자리를 잃어버리게 된다는 뜻이 아니다. 우리는 이 땅에서 경건한 영향력을 발휘하는 가슴 설레는 위치를 상실할 때 우리의 촛대를 잃어버린다. 다른 말로 하면 우리는 세상에서 빛을 잃게 된다.

교회는 성도들보다 더 강하지 않다는 것을 명심하라. 교회는 벽돌과 시멘트가 아니다. 그것은 하나님의 사람들이다. 나는 하나님이 분열과 냉소라는 죄악을 지적하셨던 한 교회에 속해 있었다. 회개하고 경건한 영향력의 빛을 잃지 않은 개인들이 있었지만, 전체 교회는 합심하여 회개함으로써 내가 '바닥 보기'라고 부르는 것을 거부했다. 몹시 고통스러운 기간을 지내면서 교회는 지역 사회에서 생명력 있는 영향력을 끼칠 수 있는 위치를 완전히 상실해 버렸다. 교회의 죄는 심각했지만 전혀 소망이 없는 것은 아니었다. 계속 읽어보자.

격려 _ "이기는 그에게는 내가 하나님의 낙원에 있는 생명나무의 과실을 주어 먹게 하리라"(계 2:7). 에베소 교회의 죄도 소망이 없는 것은 아니었다. 우리의 죄도 마찬가지다. 회개하자. 그러면 우리는 이길 수 있다.

에베소 교회에 대한 책망을 잠시 생각해 보지 않을 수 없다. 그 책망이 현대 교회와 커다란 관련성이 있다는 것을 우리가 놓치지 않기 바란다. 우리는 에베소에 있는 교회가 그리스도로부터 엄청나게 귀한 칭찬을 들었지만 웬일인지 무엇보다 가장 중요한 것, 즉 예수 그리스도와의 신성한 로맨스를 버렸다는 사실을 지적하였다. 우리는 요한의 사역에서 그 무엇보다 중요한 우선 순위가 사랑에 있었음을 살펴보았다. 당신과 나는 열심히 일하고, 혹독한 어려움을 견디고, 악한 사람을 용납하지 않으며 거짓 교사를 정확히 분별하면서도 우리의 첫사랑을 버릴 수 있다.

많은 성도들이 예수 그리스도에 대한 사랑이 없다는 것을 죄로 생각하지 않는다는 것은 아이러니이다. 그들은 그것이 단지 무언가 결여된 것에 불과하다고 생각한다. 이러한 오해는 엄청난 대가를 치뤄야 하는 것일 수 있다. 그리스도를 따르는 모든 자들에게 하나님이 가장 중요하게 생각하시는 것이 사랑이라면- 첫째는 하나님을, 둘째는 다른 사람을-그러한 사랑의 부재는 죄다. 나는 이 점을 매우 강조해서 이야기하지만 비난하기 위한 것은 아니다. 그것이 돌이킬 수 없는 상황은 아니라는 점을 기억하라! 내가 이 점을 강조하는 것은 우리가 연애 사업을 성공적으로 하기 위해서 해야만 하는 일들을 할 수 있게 하려는 것이다. 하나님은 "회개하라"고 말씀하신다. 우리가 회개할 때에야 비로소 우리는 사랑의 자원과 그것을 우리 마음에 스며들게 하시는 그분의 수단을 받아들일 수 있게 될 것이다.

회개는 돌아서는 것을 뜻한다. 나는 하나님이, 그리스도와 우리의 신성한 로맨스를 대신하고 있는 것이 무엇이든 그것으로부터 돌아서서 다시금 우리의 생명을 가장 중요한 것에 쏟아 부으라고 그들에게 말씀하셨고, 또 지금 우리에게 말씀하고 계신다고 믿는다. '가장 중요한 것'이 올바로 확립되어 있다면, 다른 모든 가치 있는 것들도 결국 우리 것이 된다는 것을 명심하라. 에베소 교회는 영적인 분주함과 매우 충실한 종교심이 사랑의 법을 대신하도록 하였던 것 같다. 그러나 다른 모든 것이 사랑의 법에 달려 있기 때문에(마 22:40), 시간이 지나면서 에베소에서는 영원한 가치를 가진 모든 것들이 무너져 내렸을지도 모른다. 이 권고는 우리 각자에게 이런 저런 이야기를 하고 있음이 분명하다.

나는 이전에 이 편지를 연구하면서 "너의 처음 사랑을 버렸느니라"는 구절에 사용된 핵심적인 단어의 원래 의미를 간과했다. '버렸다'(forsaken)라는 원래 단어는 신약에서 종종 '용서하다'(forgive)로 번역되는 단어와 동일한 것이라는 사실을 발견하고는 깜짝 놀랐다. '아피에미'(aphiemi)라는 단어는 마태복음 27장 50절에서 예수님의 "영혼이 떠나가시다"(gave up the spirit)라고 했을 때 그리스도의 육신적인 죽음을 묘사하는 구절에 사용된 것이다.[1] 신약성경은 여러 맥락에서 '아피에미'를 사용하는데, 그것은 단순히 포기하거나 어떤 것을 눈감아 주는 것을 의미한다. 그 단어는 마태복음 6장 12절에 기록된 친숙한 말씀에서 두 번 모두 '용서하다'로 번역되었다.

"우리가 우리에게 죄 지은 자를 사하여 준 것같이 우리 죄를 사하여 주옵시고."

나는 그냥 여기 주저앉아서 울고 싶은 심정이다. 우리는 얼마나 많은 경우에 원한과 불평을 버리지 못해서 우리의 첫사랑을—말할 수 없이 영광스러운 우리의 로맨스를—버렸는지 모르겠다. 그리스도는 얼마나 많은 순간 그분이 사랑하는 사람들이 용서하지 않으려는 마음을 꼭 부여잡고 그분과의 친밀함을 포기하는 것을 지켜보셨는가? 나 역시 그 자리에 있었던 사람으로서 대단히 긍휼한 마음을 품고 이 말을 하는 것을 용납해 주기 바란다. 우리는 예수 그리스도와 우리의 비통함을 동시에 모두 붙잡을 수 없다. 하나를 잡기 위해서는 다른 하나를 놓아야 한다.

소중한 그대여, 오늘 속박에 불과한 것을 놓아버려라. 인생은 너무나 짧다. 당신의 삶을 차지하고 있는 용서하지 못하는 마음은 당신이 태어나서(거듭나서) 경험해야 할 바로 그것을 빼앗아 가고 있다. 과감히 놓아버려라! 망각 속으로 떠나보내는 것이 아니라 이 세상을 심판하시는 신실한 주권자의 손에 맡겨버려라. 대신에 예수 그리스도의 목을 잡고 매 순간 당신의 모든 힘을 다해 그분께 매어달려라. 축복과 건강과 혹은 사역을 위해 기도하는 것보다 그분을 사랑하도록 기도하라. 우리의 촛대가 거룩한 사랑의 불꽃으로 빛나지 않는다면 그것은 거짓된 빛에 불과할 것이다. 어쩌면 그 불빛이 휘황찬란할지도 모른다. 하지만 얼마 안 가서 그 전구는 다 닳아버릴 것이다.

38장

서머나 교회에게

…네가 죽도록 충성하라. 그리하면 내가 생명의 관을 네게 주리라
(계 2:10).

다음으로 소아시아에 있는 교회들에게 보내는 일곱 메시지 가운데 두 번째 편지에 초점을 맞추어 보자. 서머나(오늘날의 이즈마르)는 에베소에서 북쪽으로 40마일 정도 떨어진 곳에 있는 아주 아름다운 도시였다. 서머나 사람들은 배움에 있어서 아주 유리한 환경에 처해 있었다. 과학과 의술이 꽃피었고, 그것은 요한이 계시를 받았던 초기 신약 시대 동안 그 도시에 커다란 부를 가져다 주었다. 서머나의 아름다운 정경을 염두에 두고 서머나에 주어진 메시지를 자세히 살펴보자. 몇 가지 다른 부분이 있기는 하지만, 에베소에 보낸 메시지에서 우리가 보았던 것과 공통된 요소들을 보게 될 것이다.

신원 확인 _ 처음이며 마지막이요 죽었다가 살아나신 이가 이르시되(엡 2:8).

칭찬 _ 내가 네 환란과 궁핍을 알거니와 실상은 네가 부요한 자니라. 자칭 유대인이라 하는 자들의 비방도 알거니와 실상은 유대인이 아니요 사탄의 회당이라(엡 2:9).

책망 _ 에베소 교회와 달리 그리스도는 이 교회를 전혀 책망하지 않으신다.

권고 _ 네가 장차 받을 고난을 두려워하지 말라. 볼지어다 마귀가 장차 너희 가운데에서 몇 사람을 옥에 던져 시험을 받게 하리니 너희가 십 일 동안 환난을 받으리라. 네가 죽도록 충성하라. 그리하면 내가 생명의 관을 네게 주리라(엡 2:10).

격려 _ 이기는 자는 둘째 사망의 해를 받지 아니하리라(엡 2:11).

이 메시지의 요소들에 대해 몇 가지 생각해 보도록 하자. 그리스도께서 특별한 내용으로 자신을 밝히신 것과 그 수신인들이 가지고 있었던 어떤 두드러진 특징을 항상 연결시킬 수 있는 것은 아니지만, 아마 어떤 관련이 존재한다고 보는 것이 현명할 것이다. 서머나에 있는 성도들에게 보내는 편지에서 그리스도는 자신을 "처음이요 나중이요"라고 밝히셨다. 내가 연구한 거의 모든 책과 주석들이 1세기 서머나에서 사용된 동전에 새겨진 문구를 언급했다.

'아시아에서 첫째로 아름답고 큰 도시'[1]

그리스도는 거만한 이교도들에게 둘러싸인 겸손한 성도들에게 편지하시면서 본질적으로 이렇게 선언하신 것이었다.

"나는 아시아와 아프리카와 그밖의 모든 곳에서 첫째이다. 사실 그것들은 내가 존재하게 한 것이다. 더 나아가 나는 마지막이기도 하다. 나는 피할 수 없는 존재이고 생명과 죽음을 심판하는 자이며 그런 내가 네게 안부를 전한다."

서머나는 아무런 책망을 듣지 않은 두 교회 가운데 하나이다. 그리스도는 이 촛대 옆을 다니시면서 아무런 잘못을 찾지 못하셨다. 인상적인 것은 그들이 겪은 시험이 쉬웠기 때문에 그것을 통과한 것이 아니었다는 점이다. 반대로 이보다 더 큰 고난을 당한 교회는 없었다. 그리스도는 그들의 고난과 궁핍을 묘사하실 때 굳이 에둘러 말씀하지 않으셨다. 서머나의 그리스도인들은 멸시당하고 끔찍한 학대를 받았는데, 일차적으로는 소아시아에서 서머나보다 더 로마에 충성한 도시가 없었기 때문이었다.

"일찍이 B.C. 195년경, 서머나는 부상하는 로마의 세력을 예견하고 로마의 이교도 예배를 위한 성전을 지었다. B.C. 23년, 서머나는 로마에 충성함으로써 티베리우스 황제를 기리는 성전을 건축할 수 있는 영예를 부여받았다. 그리하여 그 도시는 황제 숭배 예식-광신적인 '종교'-의 중심지가 되었다."[2]

서머나 사람들의 강박적인 충성심은 네로(A.D. 54-68)와 도미티안(A.D. 81-96) 같은 황제들 치하에서 그리스도인들에게 죽음과도 같은 것이었다. 황제가 욕하는 것은 무엇이든 서머나 사람들도 욕하였다. 이 두 황제와 이후의 왕들에게 있어서, 그리스도인들은 혐오 명단의 꼭대기를 차지하는 존재였다.

"내가 네… 궁핍을 아노니."

주변의 부를 고려해 볼 때, 이것은 비단 경제적인 면에서뿐 아니라 그리스도인들이 여러 방식으로 핍박을 받았다는 것을 알려 준다. 괜찮은 직업들은 그들을 거부하는 경우가 많았고 많은 상인들은 그들에게 물건을 주지 않았다. 넘치는 풍요와 부귀를 배경으로 서머나에 있는 그리스도인들은 몸소 가난을 겪어야 했다. 「순교자들의 소리」(Voice of the Martyrs)[3]를 보면, 오늘날 세상의 일부에서 그들의 신앙 때문에 끔찍하게 가난한 삶을 살지 않을 수 없는 그리스도인들에 대한 기사를 읽을 수 있는데, 간담이 서늘해지는 느낌이다. 어느 한 사람도 하나님이 모르시게 굶을 수는 없는 일이다. 어떤 정부나 집단도 궁휼이 없거나 지독한 압제를 저지르면서 계속해서 잘 되는 일은 없다. 하나님은 가난한 사람들을 불쌍히 여기시므로 그들을 소홀히 하거나, 압제하는 도시와 나라들로부터 축복을 거두어 버리신다고 나는 믿는다.

그리스도는, 자칭 유대인이라고 거짓 주장을 하지만 사실은 사탄의 무리였던 사람들의 훼방에 대해 언급하셨다. 이 사실은 서머나에 있는 유대인들이 정부에 대해 그리스도인을 자처했고, 때문에 그들에 대한 박해가 크게 강화되었음을 암시하는 것일 수도 있다.

다른 도를 찾을 뿐만 아니라 적극적으로 그리스도인들에게 가난과 고통을 강요하였던 사람들에 대한 하나님의 조롱을 상상해 보라. 그들은 자신의 이름으로 일컫는 사람들을 확인하시면서 그들의 아름다운 도시에 잘 포장된 도로를 거니시는 이 땅의 임금을 전혀 알지 못했다. 서머나 사람들은 자기들 도시의 아름다움에 대단한 자부심을 가지고 있었다. 나는 바이블 일러스트레이트(Bible Illustrator)에서 다음과 같은 아주 아이러니한 문장을 발견하였다.

"언덕과 바다는 그 도시의 그림 같은 정취를 더하였다. 그 도시는 파고스 언덕 아래에 둥지를 틀고 이상적인 아크로폴리스를 형성했다. 그러나 이 아름다움은 도시 아래쪽의 배수 문제로 손상을 입었고, 결과적으로 항구에 침전물이 쌓여 악취가 진동하게 되었다."[4]

그들은 아시아에서 가장 인상적인 도시를 건설하려고 노력하였지만 악취에 대해서는 아무런 조치도 취할 수 없었다. 무구한 사람들에 대한 그들의 가차없는 박해가 하나님의 혐오감을 자극하지 않았을 것이라고 한 순간도 생각하지 마라. 흥미롭게도 '서머나' 라는 이름은 '몰약' 을 의미한다.[5] 동일한 이름의 고대 추출물은 성경에서 기름을 부어 구별할 때 사용하는 기름이나, 향수, 정결 의식, 시체를 썩지 않게 보관하기 위한 경우에 사용되었다. 몰약은 동방박사들이 예수님께 드렸던 선물 중에 하나였다. 서머나의 부유한 자들, 많이 교육받은 거만한 자들이 하늘로 올려보낸 것은 악취뿐이었다. 그러나 숨겨진 빈민가에서는 엄청 값나가는 향기로운 냄새를 올려보냈다. 하나님께 있어서 고난당하는 성도들의 충성보다 더 값지고 향기로운 향수는 없다.

얼마 전 나는 어떤 목사님과 한 팀이 되어 섬길 기회가 있었는데 그분의 아들은 하나님이 기적적으로 개입하시지 않는 한, 악성 뇌종양으로 곧 죽게 될 형편이었다. 나는 경배와 찬양을 드리는 동안 그분 가까이 서 있었다. 이 훌륭한 아버지는 그의 엄청난 고통을 부인하지 않았다. 그는 부끄러움도 모르고 눈물을 떨구었지만, 그러는 동안 내내 마찬가지로 부끄럼 없이 경배를 올렸다. 그분의 얼굴을 떠올리면 나는 눈물을 참을 수가 없다. 그날 밤 초교파적인 그 기도 모임에 참석했던 우리 대부분은 하나님의 사랑을 느꼈다. 그러나 뭐니뭐니해도 그날 무엇보다 값지고 감미로운 향기는 깊은 슬픔 중에 있었던 하나님의 종이 보좌에 올려 드린 것이었다고 나는 믿는다.

내 친구 목사 같은 사람들이나 서머나의 성도들은 어떻게 해서 그런 끔찍한 고통 가운데서도 신실할 수 있었을까? 이러한 생각을 받아들이는 데 거부감이 있기는 하지만, 베드로전서 1장 7절은 중요한 한 가지 이유를 지적하고 있다.

"너희 믿음의 확실함은 불로 연단하여도 없어질 금보다 더 귀하여 예수 그리스도께서 나타나실 때에 칭찬과 영광과 존귀를 얻게 할 것이니라."

엄청난 고난 가운데서 충성된 사람들은 그 사나운 시련이 그들을 파괴하기보다는 정화하도록 하였다. 만일 우리가 알고 있거나 책에서 읽은 성도들이 당한 것과 같은 고난을 전혀 경험하지 않는다면, 우리는 장차 다가올 시련 앞에서 스스로를 실패자로 기소하게 될 것이다. 우리는 하나님이 우리의 필요에 따라 은혜와 자비를 베푸신다는 것을 기억해야 한다. 아니, 나는 그렇게 마음이 부서지는 상황 속에서도 신실할 수 있는 성품과 강함을 가지지 못했지만, 그러나 내 차례가 온다면 성령은 내가 일찍이 경험하지 못했던 능력과 은혜를 더하여 주실 것이다. 문제는 내가 그것을 받아들이느냐 아니냐이다.

비극적인 것은, 우리가 고통을 당하는 동안 자존심과 분노로 하나님의 은혜를 거부하는 경우가 있다는 것이다. 서머나의 성도들은 그 은혜를 거부하지 않았다. 그들은 그것이 너무나 간절히 필요했기 때문에 공기를 마시듯 은혜를 들이마셨다. 서머나 교회는 이미 많은 고난을 당하였지만 그리스도는 그보다 더한 고통이 올 것이라고 경고하셨다. 그분은 그들이 그것을 미리 알고 있길 원하셨고, 또한 그들이 두려워하기를 원치 않으셨다. 나는 요한계시록의 많은 부분이 같은 목적으로 성도들에게 쓰여졌다고 생각한다.

앞으로 서머나의 향기로운 교회 가운데서 몇 사람이 옥에 갇히고 죽임을 당하는 일이 기다리고 있다. 여기서 그리스도가 '십 일'이라는 기간을 말씀하신 것이 무슨 의미인지 우리는 알지 못한다. 어떤 학자들은 그것이 문자 그대로 십 일을 의미한다고 믿는다. 그것이 10년을 나타내는 것이라고 생각하는 사람들도 있다. 하지만 또 다른 사람들은 그것이 하나님만 아시는 시간 단위를 의미하는 수사적 표현이라고 추측한다. 그 고난의 기간이 얼마이든 간에, 그리스도는 서머나 교회에게 죽기까지 충성하라고 요구하셨다. '죽었다가 살아나신 이'라고 자신을 밝히심으로써 다시 한 번 그들로 하여금 부활의 생명을 전적으로 확신하게 해주었다. 그분은 또한 그들에게 '스테파노스'(stephanos) 혹은 승리의 면류관을 주시겠다고 약속하셨다. 그들은 '둘째 사망'을 당하지 않을 것인데, 그것은 모든 불신자들에 대한 최후의 심판을 의미하는 용어이다.

'하나님 아버지, 당신의 자녀인 저희들의 마음이 새로워져야 할 필요가 얼마나 절실한 것인지요. 인간적인 우리의 사고 방식 속에서 생명을 위협하는 상황을 극복하는 것은 언제나 살아남는 것을 의미합니다.'

우리는 서머나 교회의 감미로운 향기를 마시며 이김이라는 표제 아래 다른 가능성이 있다는 것을 배우게 된다. 때로 예수님은 잘 사는 것이 아니라 잘 죽는 것이 이기는 것이라고 정의하신다. 달리 말하면 믿음과 영적 위엄을 가지고 죽는 것이다. 사랑하는 그대들이여, 우리가 죽음을 맛보지 않고 '공중에서 주를 영접'하게 될 선택받은 세대가 아니라면 죽음은 우리 모두가 맞이하게 될 것이다(살전 4:17). 그리스도가 그분의 편지를 보냈던 서머나 교회의 성도 가운데 이기는 죽음의 예를 심원하고 멋지게 보여 준 사람이 적어도 한 사람 있었다. 그의 이름은 폴리캅이었다. 그는 사도 요한의 지도를 받으며 공부하였고, 요한계시록이 쓰여졌던 시기에 생존했다. 그는 서머나 교회의 감독이 되었는데, 요한이 천국으로 떠난 이후의 세대를 섬겼다. 폭스의 「순교자의 책」(*Book of Martyrs*)은 폴리캅의 시련과 순교에 대해 다음과 같은 기사를 담고 있다.

> 그는 지방 총독 앞에 끌려가 유죄 판결을 받고… 그러자 지방 총독은 그에게 이렇게 말하라고 강요했다. "나는 그리스도를 포기하고 비난할 것을 맹세합니다." 폴리캅은 이렇게 대답했다. "나는 지난 86년 동안 그분을 섬겨왔고, 그분은 내게 잘못한 것이 없습니다. 그런데 어떻게 내가 나를 구원하신 내 임금을 모욕할 수 있겠습니까?" 여느 때처럼 못질을 하지 않고 그저 묶어놓은 말뚝에 달려서, 그는 자신이 전혀 생각을 바꿀 수 없음을 분명히 하였다.[6]

폴리캅을 박해하던 자들은 혹독한 시련을 주어 싸움을 걸었지만 실패하였다. 죽기까지 충성한 그의 신실함은 거룩한 열정의 불꽃을 더욱 강하게 타오르도록 했을 뿐이고, 군중들의 조롱을 넘어 값비싼 몰약의 향기를 하나님의 보좌로 올려드렸다. 그는 이겼다. 아마도 십자가의 처형은 화형대의 불길을 능가하는 고통으로 서서히 죽음을 맞게 하는 유일한 방식일 것이다. 분명 그러한 고통이 있었을 그 동안, 죽음이 생명에게 길을 내어 주고 믿음이 환상을 볼 수 있게 해주었던 때에 폴리캅이 보았던 그 환상을 볼 수 있도록 그를 준비시켜 줄 수 있는 것은 아무것도 없었을 것이다. 그가 예전에 그 사랑하시는 자 요한의 마음속에서 보았던 것은 예수님뿐이었다. 그날에 서머나의 늙은 감독은 그가 사랑하였고 86년을 섬겨왔던 그분을 보았다. 얼굴과 얼굴을 마주하여. 그분의 손에는 승리의 면류관이 들려 있었다.

나는 나중에 천국에 가서 폴리캅을 만나게 되면 꼭 기억해 두었다가 그가 당한 고난이 그럴 만한 가치가 있는 것이었다고 생각하는지 물어볼 생각이다. 나는 이미 그 대답을 알고 있지만, 그래도 그의 표정을 보고 싶다.

버가모 교회에게

이기는 그에게는 내가 감추었던 만나를 주고 또 흰 돌을 줄 터인데 그 돌 위에 새 이름을 기록한 것이 있나니 받는 자밖에는 그 이름을 알 사람이 없느니라(계 2:17).

다음으로 우리는 일곱 교회 가운데 가장 북쪽에 있는 버가모 시로 여행한다. 서머나 위쪽으로 약 65마일쯤 떨어진 곳에 있는 버가모는 1세기가 끝날 때까지 아시아의 행정 중심 도시였고 그 지역의 법적 중심지였다. 마음속에 그려본 서머나의 모습이 아직도 눈에 어른거리지 않는가? 버가모 시의 문을 통해 들어서면서 엄청나게 장엄한 도시의 모습을 상상해 보라. 나는 그 화려한 유적의 그림들을 보고 깜빡 놀랐다. 그 도시는 당당한 경기장과 극장과 정부 시설만을 자랑한 것이 아니었다. 20만 권의 장서를 가진 도서관은 알렉산드리아에 있는 도서관에 이어 두 번째로 큰 것이었다.

그러한 도서관을 지으려는 계획이 있다는 소식이 유포되었을 때, 이집트의 한 파피루스 수입상은 경쟁심으로 너무나 화가 나서 버가모로 가는 선적을 중지시켜 버렸다. 그 때문에 생긴 부족은 양피지의 발달을 촉진시켰고, 양피지는 헬라어로 버가모(Pergamum)에서 나온 '페르헤메네'(pergemene)이다.[1] 우리는 버가모의 건축과 명사들에 대해 알아야 할 것이 더 많이 있지만, 콘크리트를 붓기 위해서 곧장 성경으로 들어가도록 하자.

신원 확인 _ 좌우에 날선 검을 가지신 이가 이르시되(계 2:12).

칭찬 _ 네가 어디에 사는지를 내가 아노니 거기는 사탄의 권좌가 있는 데라. 네가 내 이름을 굳게 잡아서 내 충성된 증인 안디바가 너희 가운데 곧 사탄이 사는 곳에서 죽임을 당할 때에도 나를 믿는 믿음을 저버리지 아니하였도다(계 2:13).

책망 _ 그러나 네게 두어 가지 책망할 것이 있나니 거기 네게 발람의 교훈을 지키는 자들이 있도다. 발람이 발락을 가르쳐 이스라엘 앞에 걸림돌을 놓아 우상의 제물을 먹게 하였고 또 행음하게 하였느니라. 이와 같이 네게도 니골라 당의 교훈을 지키는 자들이 있도다(계 2:14-15).

권고 _ 그러므로 회개하라! 그리하지 아니하면 내가 네게 속히 가서 내 입의 검으로 그들과 싸우리라(계 2:16).

격려 _ 귀 있는 자는 성령이 교회들에게 하시는 말씀을 들을지어다. 이기는 그에게는 내가 감추었던 만나를 주고 또 흰 돌을 줄 터인데 그 돌 위에 새 이름을 기록한 것이 있나니 받는 자밖에는 그 이름을 알 사람이 없느니라(계 2:17).

그리스도는 버가모 교회에게 자신을 좌우에 날선 검을 가진 이라고 밝히셨다. 이 생생한 표현은 성경에서 많은 의미를 가지고 있다. 좌우에 날선 검의 일차적인 목적은 나누는 것이다. 그리스도는 이 촛대에 속한 사람들 '사이를 다니시면서' 그분의 방법에 충성된 사람들과 그렇지 않은 사람들을 발견하셨음이 분명하다. 이와 같이 그리스도는 오늘날 우리의 촛대 사이를 다니시면서 모두 모여서 하나의 교회를 이루는 개인들로 우리를 바라보신다. 어떤 개인의 충성이나 반역은 집합적인 전체 가운데 쓸려 내려가거나 '희석' 되지 않는다. 때로 나는 그랬으면 좋겠다고 간절히 바라지만….

버가모에 있는 어린 교회를 지키기 위해서 우리는 그들이 어떤 종류의 전쟁을 경험했는지 상상할 수 있을 뿐이다. 그리스도는 그 도시를 '사탄의 권좌(throne)가 있는 곳'이라고 말씀하셨다. 사탄은 편재한 것이 아니기 때문에 그리스도의 이 주장은 머리칼을 곤두서게 하는 말씀이다. 우리는 그분이 말씀하시는 정확한 의미를 알 수 없지만, 1세기의 역사적인 증거들을 살펴보면 버가모는 소아시아에서 타의 추종을 불허하는 이교 숭배의 중심지였다. 사탄의 일차적인 목적은 사람들의 영적인 굶주림을 순간적으로 완화시켜 주는 무언가를 제공해 주면서 그들이 계속해서 진리를 볼 수 없도록 하는 것임을 기억하라. 버가모는 기대를 저버리지 않았다. 그리스도는 버가모 교회에 대해 그들이 그분의 이름을 굳게 잡았다고 말씀하셨다. 원 세상에, 그 주민들은 고를 수 있는 이름을 많이 가지고 있었다. 그 성벽 안쪽으로 디오니수스, 아테나, 아스클레피오스, 그리고 데메테르의 신전이 있었고 황제 숭배를 위한 세 개의 성전과 거대한 제우스 제단이 있었다.

비록 이 도시의 철학이 '아무 신이든 골라잡아라'인 것처럼 보이기는 하지만, 버가모에서 두 개의 주된 종교가 다른 것들보다 우세했다. 하나는 디오니수스 숭배로, 그는 위대한 왕들의 신으로 간주되었다(황소를 상징으로 하는). 다른 하나는 아스클레피오스 숭배였는데, 그것은 '치유하는 구원자 신'으로 불렸다(뱀을 상징으로 하는). 두 번째 이름을 들으면 당신도 나처럼 피부가 오싹해지지 않는가? 나는 치유하시는 구원자 하나님을 알고 있고 그것이 뱀이 아니라는 것을 확실히 알고 있다. 하나님은 여러 방법으로 치유하시지만, 그분만이 여호와 라파이시다.

호세아 11장 3절에 있는 하나님의 말씀이 생각난다.

"내가 그들을 고치는 줄을 그들은 알지 못하였도다."

모든 치유는 치유하시는 분을 드러내도록 되어 있다. 그 관계를 막을 수만 있다면 사탄은 무슨 일이든지 할 것이다. 내가 처음으로 암송한 시편은 시편 103편이었다. 나는 지금도 그 시편을 사랑한다. 그것은 우리에게 주님을 찬양하고 그분의 은혜를 잊지 말라고 강조한다. 기회가 주어지면, 사탄은 기꺼이 여러 유익들을 멋진 선물 꾸러미로 만들어 제공해 주면서 가짜 '구원자'를 공급한다. 어떤 세상 종교나 휴머니즘의 꼬리표를 단 것들도 마찬가지로 그런 역할을 할 것이다.

인간은 하나님의 은혜를 구하도록 창조되었기 때문에, 사탄은 그 대안을 제시해 줄 수 있을 때 가장 효과적으로 작용한다. 예를 들면 그는 교활하게도 사람들에게 죄책감을 벗을 수 있는 다른 방법을 제안한다. 한 가지 효과를 발휘하는 방법은 그들로 하여금 자신들은 죄를 짓지 않았다고 확신하게 만드는 것이다. 그는 또한 건강의 문제를 야기할 필요가 있다. 몸을 숭배하는 것은 무엇보다도 열중하게 만드는 일로 아주 효과가 있다. 그는 가짜 '구속'을 제공하는 데 온갖 종류의 수단을 사용한다.

얼마 전 나는, 하나님의 말씀이 갖는 변화시키는 능력에 대해 내 간증을 함께 나누었던 사랑하는 사람으로부터 한 통의 편지를 받았다. 그는 활동적인 불교 신자인데, 자기의 '카르마'를 바꾼 후 인생이 얼마나 좋아졌는지 자신의 간증을 써보냈다. 자기 숭배가 주는 피할 수 없는 환멸감에 내 마음이 무너졌다. 어떤 시점에선가 분명 자기 숭배자는 거울을 보며 이렇게 말하게 된다.

"내가 만일 하나님이나 마찬가지라면, 인생은 정말 역겨운 것이야."

사랑과 긍휼에 있어서는 어떠한가? 어느 한 구석에서 가짜가 제조되거나 팔릴 수 있다. 청소년의 갱신은? 세계 경제에서 가장 인기 있는 돈벌이 가운데 하나, 사람들의 마음을 빼앗는 것은 악마에게 커다란 사업이다.

비록 가짜들에게 둘러싸여 있었지만 그리스도는 버가모에 있는 많은 성도들이 안디바가 죽음을 당할 때조차 진실하였고 믿음을 저버리지 않았다고 칭찬하신다. 몇 가지 자료에 의하면 안디바는 큰 사발같이 생긴 배에서 공개적으로 화형을 당했다고 한다. 다른 사람들은 그에 대해서 믿을 만한 정보가 없다고 주장한다. 아마도 우리가 확실히 알고 있는 것은, 그의 이름이 '모두에 대항하는' 이라는 의미를 담고 있다는 사실뿐이다.[2] 이따금씩 나는 혼자서 여러 나라들을 여행한다. 혼자는 특별히 위험하였는데, 불현듯 그 지역에 사는 친구도 한 명 없이 내가 곤경에 빠지는 경우가 있을 수 있겠다는 생각이 들었다. 모두에 대항하는 하나의 승산이 압도적일 수도 있다.

그런 종류의 승산을 느끼기 위해서 대양을 건너가야 할 필요는 없다. 우리 중에 어떤 사람들은 그저 일터에 가는 것으로 충분하다. 아니면 집으로 가라! 가끔씩 우리가 주어진 환경 속에서 다른 '모든 사람들과 대항하고' 있다는 것을 깨닫게 되는 때에는 우리가 옳은지 아닌지 확인해 달라고 하나님께 간구하는 것이 현명한 일이다. 때로 내가 아주 위험한 입장에 처해 있는 경우에 하나님은 내가 올바른 나무에 붙어 있는 것이 아니라고 확인해 주셨다.

반면, 하나님이 우리의 입장을 인정해 주신다면 우리는 그것을 그분의 영광을 드러낼 수 있는 기회로 받아들이라는 도전을 받는다. 로마서 8장 31절은 우리의 표어가 된다.

"만일 하나님이 우리를 위하시면 누가 우리를 대적하리요."

안디바가 죽던 날, 하나님은 그를 위하셨다. 폴리캅과 마찬가지로 안디바도 모든 사람에게 대항하였고 그가 승리했다. 당신과 나는 요한계시록을 공부하면서 아주 중요한 점을 배우게 될 것이다. 죽음이 항상 패배를 의미하는 것은 아니다.

버가모에 있는 교회의 모든 구성원들이 안디바와 같이 신실한 증인은 아니었다. 그리스도는 발람과 니골라당의 교훈을 붙잡고 있는 불특정한 수의 사람들을 책망하셨다. 그리스도께서 전체 교회에 회개를 명령하셨다면 그 숫자는 아마 상당했을 것이다. 비록 하나님이 불충성한 사람들을 대신하여 충성한 사람들이 회개하는 것을 귀하게 여기시기는 하지만, 그분은 죄 없는 사람들에게 회개를 요구하시지는 않는다. 요한계시록 2장 2절에서 에베소 교회에 대한 하나님의 칭찬을 다시 돌아 보라. 내 생각에는 버가모 교회가 에베소 교회보다 '악한 자들'과 거짓 사도에 대해 더 관용하였던 것이 아닌가 싶다.

우리는 니골라당의 가르침이 무엇이었는지 독단적으로 확실하게 말할 수는 없다. 그러나 그것은 발람의 가르침과 밀접한 관련이 있었다. 발람과 발락에 대한 기사는 민수기 22-24장에서 발견된다. 아주 간단히 말하자면, 모압 왕 발락은 약속의 땅에 정착한 이스라엘 백성들이 심히 두려웠다. 그는 점쟁이 발람을 고용해서 이스라엘을 저주하려 하였는데 발람은 도리어 그들을 축복하였다. 하지만 발람은 어떻게 하면 이스라엘을 패하게 할 수 있는지 그 방법을 발락에게 가르쳐 주었다. 그는 발락에게 모압의 매춘부들을 통해 그들을 유혹해서 우상숭배에 빠지게 하라고 말했다. 내가 이제까지 읽은 모든 자료들에 기초해 보면, 발람의 기본적인 가르침은 이것이다. 그들을 저주할 수 없다면 유혹하라!

그 전체적인 아이디어가 내 피를 끓게 한다. 사탄은 지금 우리 세대에서 발람의 무기를 가지고 전쟁을 수행하고 있다(딤전 4:1). 우리는 어린 양의 피로 덮인, 축복 받은 하나님의 자녀이기에 사탄은 우리를 저주할 수 없다(엡 1:3). 마귀가 우리를 저주할 수 없다면, 그 다음에 그는 어떻게 우리를 패하게 할 수 있는가? 그는 우리를 유혹하려고 시도할 수 있다. 유혹(seduction)은 시험(temptation)과 어떻게 다른가? 모든 유혹은 시험이지만, 모든 시험이 유혹은 아니다. 시험은 대번에 알 수 있는 것들이 많다. 유혹의 목적은 먹이감을 무장 해제시켜서 잡는 것이다. 바로 그런 이유 때문에 사탄의 가장 좋은 심복은 아웃사이더가 아니라 인사이더인 경우가 많다. 버가모 교회의 어떤 사람들은 그들 중에 있는 다른 사람들의 유혹을 받아서 죄에 빠졌다. 유혹한 자들이 진정으로 구원받은 자들인지 아닌지는 명확하지 않다. 어느 쪽이든, 그리스도는 교회가 행동을 취하기를 기대하셨다.

유혹하는 자들이 진정한 신자들이었다면, 그들은 적절하게 그 문제에 직면하고 회개함으로 회복될 필요가 있었다. 어떻게 신자가 사탄이 유혹하는 도구로 사용될 수 있는지 의아해 하는 사람도 있을 것이다. 사랑하는 그대들이여, 유혹을 받은 사람은 사람들을 유혹한다. 마귀의 음모가 드러나고 그 사슬이 끊어지지 않는다면 그것은 영속될 것이다. 사탄이 가장 효과적으로 사용하는 유혹자들이 교회 내부에 있을 수 있다는 것은 의심의 여지가 없다. 우리는 분별력을 키우고, 두려워하거나 의심하는 것이 아닌 방심을 금하고 마음을 지켜야 한다. 단순한 종교심이 아닌 진정한 경건은 유혹에 대한 최선의 방어이다.

버가모 교회에 보내는 그리스도의 편지는 그들에게 심한 충격을 주었을 것이 분명하지만, 결론 부분에 나오는 부드러운 격려의 말씀은 그들의 마음을 지켜 주었다.

그리스도는 이기는 자들에게 두 가지 약속을 하셨다. 감추었던 만나와 흰 돌. 감추었던 만나는 우상에게 드려졌던 음식과 좋은 대조를 이룬다. 예수 그리스도는 유일하신 참 하나님의 제단에 희생 제물로 드려진 생명의 빵이셨다. 이제 그분의 영이 모든 굶주린 자들에게 하늘로부터 만나와 같이 내려온다. 유대 전승에 의하면, 만나 항아리가 담겨진 법궤가 요시아 왕의 명으로 감춰졌으며 메시아가 그 땅을 다스리시는 동안에 다시 한 번 나타날 것이라고 한다.

17절에 나오는 흰 돌이 무엇을 의미하는지 가장 그럴 법한 해석은 주목할 만하다. 고대 법정에서 피고인에게 유죄 판결을 내리는 배심원들은 투표를 할 때 까만 돌이나 자갈을 던졌다. 반대로 유죄 판결을 받은 자에게 사면을 선고하는 배심원들은 흰 돌이나 자갈을 던져서 투표를 했다. 성경은 사실 이 고대의 관습을 기록한 것인데, 우리가 가진 번역본들은 그것을 잘 그려내지 못하고 있다. 바울은 법정에서 자신의 증언을 하는 도중에 그가 그리스도인들에게 반대하여

"저들을 죽일 때에 내가 가편 투표를"(행 26:10)하였다고 말했다. 원래 사용된 단어는 '카테네카 프세폰'(katenegka psephon)이다. 헬라어로 '카테네카'는 '집어넣다 혹은 던지다'라는 뜻이다. 헬라어 '프세폰'은 '자갈 또는 돌'을 뜻하는 말로 사도행전 26장 10절과 요한계시록 2장 17절에서만 사용되고 있다.[3] 바울은 이전에 성도들에게 반대해서 그의 자갈을 던졌었다.

우리가 제대로 보고 있는 것이라면, 그리스도가 사용하신 용어는 버가모에 딱 어울리는 말이었다. 우리가 그 도시에 대해 알게 되었던 첫 번째 사실들을 기억하는가? 그곳은 그 지역의 법률 중심지였다. 온 땅의 심판자께서 우리에게 무죄를 선고하는 흰 돌을 던지셨다-우리가 무죄하기 때문이 아니라 누군가가 이미 우리의 형을 대신 감당하셨기 때문이다. 하나님을 찬양한다. 그러면 그 돌에 새겨진 새 이름은 무엇인가? 그것이 그리스도의 이름일 수도 있지만 아브람이 아브라함, 시몬이 베드로, 사울이 바울이라는 이름을 가진 것처럼, 우리도 각기 이긴 자의 이름을 갖고 있다는 생각을 한다.

이제 버가모를 떠날 시간이다. 솔직히 나는 버가모를 떠나는 것이 기쁘다. 그들의 유명한 도서관 사료들로부터 많은 것을 배우기는 했지만, 그들의 음식 곧 우상의 제물을 좋아하지 않는다. 나는 또한 유혹하는 자에게 질렸다. 하지만 만나와 돌이 있지 않은가? 그것이 이 여행의 소득이다. 두아디라에서 만나자!

40장

두아디라 교회에게

그러나 네게 책망할 일이 있노라. 자칭 선지자라 하는 여자 이세벨을 네가 용납함이니 그가 내 종들을 가르쳐 꾀어 행음하게 하고 우상의 제물을 먹게 하는도다 (계 2:20).

섬 항로를 따라서 버가모에서 동쪽으로 45마일을 여행하면 두아디라가 나온다. 오늘날에는 그곳에서 옛 유적을 거의 발견할 수 없는데, 고대의 역사 위에 현대의 터키 아크히자르 시가 들어서 있기 때문이다. 아마 지금이 더 나은 상태일 것이다. 두아디라는 그리 떳떳하지 못한 과거를 가지고 있다. 우리는 알아야 할 필요가 있는 만큼 알게 될 것이고, 나머지 더 자세한 부분들은 우리가 모르도록 하시는 하나님께 감사하다. 오늘 우리가 이 고대 도시의 문을 통해 들어가면, 서머나와 버가모에서 목격하였던 것과 같은 당당함이나 풍부함을 찾아볼 수 없다. 두아디라는 아름다운 경관이 아닌 교역으로 유명하였다. 우리는 요한계시록 2장 18-29절에서 두아디라 이야기를 읽게 된다. 요점을 정리하면 이렇다.

신원 확인 _ 그 눈이 불꽃 같고 그 발이 빛난 주석과 같은 하나님의 아들이 이르시되(계

2:18).

칭찬 _ 내가 네 사업과 사랑과 믿음과 섬김과 인내를 아노니 네 나중 행위가 처음 것보다 많도다(계 2:19).

책망 _ 그러나 네게 책망할 일이 있노라. 자칭 선지자라 하는 여자 이세벨을 네가 용납함이니 그가 내 종들을 가르쳐 꾀어 행음하게 하고 우상의 제물을 먹게 하는도다(계 2:20).

권고 _ 다만 너희에게 있는 것을 내가 올 때까지 굳게 잡으라(계 2:25).

격려 _ 이기는 자와 끝까지 내 일을 지키는 그에게 만국을 다스리는 권세를 주리니 그가 철장을 가지고 그들을 다스려 질그릇 깨뜨리는 것과 같이 하리라. 나도 내 아버지께 받은 것이 그러하니라 내가 또 그에게 새벽 별을 주리라(계 2:26-28절).

두아디라는 두 가지 정체성에서 그 의미를 발견하였는데, 둘 모두 그리스도가 그분의 편지에서 넌지시 알려 주고 계신다. 그리스 시대에 그 도시는 본래 중요한 군사기지였다. 두아디라는 끊임없이 정복자에게 고통을 당했는데, 그럼에도 계속해서 자신을 강국으로 생각하였다. 두아디라의 군사적인 유산은 로마 통치 하에서도 계속되었지만, 아시아 전체에서 가장 번영한 교역의 중심지 가운데 하나로 발전하였다. 그 도시는 모와 마를 짜는 직조공, 염색업자, 가죽공, 도공, 가죽 무두질하는 자, 빵굽는 자, 노예 상인, 또 청동 세공업자들로 북적였다.

많은 학자들은 두아디라의 주민들이 그들의 금속 세공업에 대단한 자긍심을 가지고 있었기 때문에 그리스도가 자기 자신을 불꽃과 빛나는 주석으로 표현하신 것이라고 믿는다. 두아디라의 이중적 정체성은 로마 정부의 책임 하에 주조된 기념 주화에 보존되어 있다. 그 주화는 "여신 아테나가 함께 하고 있는 가운데 한 금속공이 망치로 두드려 투구를 만들고 있는 모습을 그리고 있으며 여신은 그 투구를 받으려고 서 있다."[1] 금속공은 교역을 상징하고, 투구는 군사 정부를 상징하고, 여신은 여성의 영향력을 상징한다. 이 세 가지 그림을 잊지 마라.

그것은 두아디라의 이야기를 말해 준다.

신약성경은 고대 두아디라 도시를 다른 곳에서 한 번 더 언급하고 있다. 두 번의 언급은 동일한 이야기를 하고 있는 게 아니라 서로 꼭 들어맞는 대비되는 퍼즐로써 우리로 하여금 여성성의 최선의 경우와 최악의 경우에 대해 생각하게 한다. 이 교훈을 다루면서 이 여성 저자는 철저히 여성들을 겨냥하기 위해 자신이 보유하고 있는 권리를 행사할 것이다. 형제들도 관찰하는 것은 환영하지만 여성들이여, 이것은 그들을 위한 것이 아니다. 이것은 전적으로 우리를 위한 교훈이다.

사도행전 16장 13-15절은 루디아라는 여인에 대해 이야기하는데, 그녀는 사업을 하던 여자로 유럽에서 첫 번째로 회심한 사람이었으며 두아디라 출신이었다. 나는 14절 말씀을 좋아한다.

"주께서 그 마음을 열어 바울의 말을 따르게 하신지라."

그러자 그녀의 온 가족이 그리스도를 따르게 되었다.

성경은 두아디라를 두 명의 다른 여자와 관련시켜 이야기한다. 루디아와 이세벨. 어떤 학자들은 이세벨이 거짓된 교리, 일종의 악마적 정신, 혹은 행동 개념을 언급하는 것이라고 해석한다. 다른 사람들은 그녀가 두아디라 교회에서 위력을 행사하여 쑥대밭을 만들어 놓았던 현존했던 여자였다고 믿는다. 나는 강력히 후자 쪽에 동의하는 입장이지만, 또한 우리 중에 누구도 그런 여자가 되기를 원치 않는 전형을 보여 준다고 확신한다.

"그러나 네게 책망할 일이 있노라. 자칭 선지자라 하는 여자 이세벨을 네가 용납함이니 그가 내 종들을 가르쳐 꾀어 행음하게 하고 우상의 제물을 먹게 하는도다. 또 내가 그에게 회개할 기회를 주었으되 자기의 음행을 회개하고자 아니하는도다"(계 2:20-21).

이세벨이 그 여자의 실제 이름이었을 수도 있지만, 그보다는 그리스도가 두아디라의 그 여자와 아합 왕의 뻔뻔스럽기 이를 데 없었던 아내를 나란히 비교하고 있다고 보는 것이 훨씬 더 그럴듯하다. '오리지널' 이세벨에 대한 기사는 열왕기상 16장부터 열왕기상 21장 사이에서 이것저것 발견할 수 있다. 그녀는 시돈 출신이었는데, 그곳은 두아디라와 마찬가지로 상업 도시였고 우상숭배와 음탕함으로 유명한 곳이었다. 그녀는 이스라엘의 왕 아합과 결혼하였고 이스르엘로 이사하였다. 그 도시는 홀로 참되신 하나님을 섬겼으나 그녀는 그곳을 바알 숭배의 중심지로 변화시키기로 결심하였다. 우상을 숭배하던 사악한 왕비는 곧 배후의 실력자가 되었다. 그녀의 바램에 충실하게 아합은 바알을 위한 신전을 건립하였고 수백 명의 이교도 선지자들을 후원하였다.[2] 그녀는 여호와의 선지자들이 그녀를 반대하자 그들을 대량 학살해 버렸다. 그녀를 피해 도망친 여호와의 선지자들은 동굴 속에 숨었다. 엘리야는 그녀에게 몸의 가시 같은 존재였다. 그는 하나님이 하늘에서 불을 보내셨을 때 이세벨의 선지자들을 패배시킨 상상을 초월하는 하나님의 기사를 일으킨 사람이었다. 그러나 이세벨은 권력과 위협의 수단을 휘둘렀고, 그녀가 엘리야를 위협했을 때 엘리야는 생명을 구하기 위해 도망쳐서 한동안 깊은 우울증에 빠졌다.

아합이 전쟁에서 죽은 후 이세벨은 그녀의 아들 아하시야와 요람을 통하여 다음 십 년 동안 그녀의 통제력을 계속 유지하였다. 그들이 처참하게 죽은 다음 종들은 엘리야가 예언한 그대로 이세벨을 창 밖으로 던져 버렸다. 그녀의 몸은 말에 짓밟히고 개의 먹이가 되었다(왕하 9:33-35). 실로 섬뜩한 죽음이었다. 하지만 만일 우리가 그녀의 실제 이야기를 영화로 만들어서 보았다면 아마도 그녀가 죽은 순간 관중들은 환호하며 갈채를 보냈을 것이다.

앞으로 빠르게 돌려서 신약성경으로 가면, 그녀의 선배와 같은 이름을 가진 한 여자가 등장한다. 고대 두아디라 시는 여자들과 권력의 이야기를 들려준다. 우리가 듣고 싶어하는 이야기는 아니지만 들어야만 하는 이야기이다. 남성 중심적인 문화에 둘러싸인 두아디라는 이제는 진부해진 20세기적 용어를 사용하면

'해방된' 곳이었다. 여자들은 대단한 성공을 거둘 수 있었고 그것은 감탄할 만큼 훌륭한 것이었다-그리고 지금도 그렇다-그러나 그것에 오명을 부여할 요소가 남아 있다. 그 고대 도시의 직물은 거의 국방색으로 짜여진 것이었기에, 그러니까 그 도시는 군사적 조직을 가진 곳이었기에, 더 큰 지휘봉을 가질수록 더 좋은 것이었다. 권력이 전부였다. 우리는 그리스도가 이기는 자들에게 주신 약속의 말씀에서 그들의 권력 문제에 관해 말씀하신 것을 들을 수 있다.

"이기는 자와 끝까지 내 일을 지키는 그에게 만국을 다스리는 권세를 주리니"(계 2:26).

로마의 지배 하에서, 두아디라 상업의 발달은 성공한 상인들에게 군사적 권세를 옮겨 놓았다. 내가 조사한 거의 모든 주석들이 폭력배들처럼 그 도시를 관리하였던 강력한 무역 조합에 대해 언급하였다. 클럽이나 조합 중에 어떤 것은 '언더그라운드'이지만, 그저 사회적인 것만이 아니라 대단히 정치적이기도 했다. 그들은 온갖 종류의 우상숭배 행위를 통하여 그들 구성원의 입지를 공고히 하였던 까닭에 기묘하게도 '종교적'이었다. 회원 자격에는 많은 압력이 존재하였고, 그것을 거부하면 자동적으로 적이라는 꼬리표를 달게 되었다.

교역 클럽이나 조합들 사이의 네트워킹은 그물망과도 같았다. 그들이 제공하는 것을 거절하는 것은 현명하지 못한 일이었다. 비윤리적인 거래와 관습이 보편화되어 있었을 뿐 아니라 성적 부도덕이 만연해 있었다. 게다가 혼외의 성적 행위들은 해방에 대한 그들의 개념과 얽혀 있었다. 물론 성적 부도덕함보다 더 속박을 야기하는 것도 없지만, 그러나 사탄은 거짓말쟁이가 아닌가?

요한계시록 2장에 보면 이세벨은 두아디라에서 아주 유력한 여인이었다. 비밀 조합에서 승진하기 위해 몰두하는 것과 마찬가지로, 그녀는 자신이 교회에 침투해 들어갈 수 있는 모든 일을 했다. 루디아 역시 두아디라에서 유력한 여인이었다. 그들 두 사람은 권위를 지혜롭게 사용하는 것과 오용하는 것에 관한 교훈을 제공해 준다. 이세벨의 성품을 간략히 살펴보고 루디아를 초청하여 그녀와 대응하는 인물이 드러내는 음흉한 어두움에 뚜렷이 대조되는 등불을 들고 있게 하자.

당신과 나는 여자가 대단히 성공을 거둘 수 있고 권세 있는 여러 자리를 차지할 수도 있는 문화에 살고 있다. 많은 여자들이 강력한 은사를 가지고 있고 다양한 전문 분야에서 정상에 오르고 있다. 그것은 멋진 일이다—그들이 그 지위를 어떻게 사용해야 하는지 아는 한. 그러나 우리 여성들이 진정한 해방을 주시는 그리스도의 권위에 적극적으로 복종하지 않는다면 우리는 위협적인 존재가 될 수 있다. 하나님이 우리에게 직업적으로 은사를 주셨다면 우리는 루디아와 같이 될 수 있다. 이세벨의 성격을 묘사하는 다음 구절들은 우리 안에 살아 있는 이세벨의 성품을 명백히 드러내 보게 하는 데 도움이 될 것이다.

1. 이세벨은 하나님이 그녀에게 맡기시지 않은 권력의 자리에 앉았다.

"자칭 선지자라 하는 여자 이세벨을 네가 용납함이니"(20절).

그녀의 잘못이 오직 남자에게만 허락된 역할을 주제넘게 사칭한 것이었다는 결론을 내리기에 앞서, 우선 아래의 성경 구절들에서 여자와 예언의 은사와의 관련성을 살펴보자.

- 또 아셀 지파 바누엘의 딸 안나라 하는 선지자가 있어 나이가 매우 많았더라. 그가 결혼한 후 일곱 해 동안 남편과 함께 살다가 과부가 되고 팔십사 세가 되었더라. 이 사람이 성전을 떠나지 아니하고 주야로 금식하며 기도함으로 섬기더니"(눅 2:36-37).
- 하나님이 말씀하시기를 말세에 내가 내 영을 모든 육체에 부어 주리니 너희의 자녀들은 예언할 것이요 너희의 젊은이들은 환상을 보고 너희의 늙은이들은 꿈을 꾸리라. 그때에 내가 내 영을 내 남종과 여종들에게 부어 주리니 그들이 예언할 것이요(행 2:17-18).
- …일곱 집사 중 하나인 전도자 빌립의 집에 들어가서 머무르니라. 그에게 딸 넷이 있으니

처녀로 예언하는 자라(행 21:8-9).

　신약성경은 하나님이 주신 예언의 은사, 혹은 '미리 말하는 것' 으로 일반화시킬 수 있는 어떤 능력을 여자가 가질 수 있다는 가능성을 부인할 수 없을 만큼 분명하게 기록하고 있다. 그러나 이세벨은 그러한 하나님의 은사를 가진 것이 아니었다. 그녀는 부름을 받지 않았다. 그녀는 군림하고 있었다. 그녀는 지혜로운 권세를 행사한 것이 아니었다. 그녀는 뻐기며 압제했다. 누구든-여자이든 남자이든-그 둘을 혼동해서는 안 된다.

　분명 하나님은 여자들을 리더십의 위치로 부르신다. 하지만 고린도전서 11장 5절의 정신에 따라 우리는 더 높은 권위로 우리의 머리를 덮어야만 한다고 나는 생각한다. 나는 이것이 너무나 중요한 문제라고 느끼고 있다. 그 유명한 성경적 책임을 우리 집안과 교회의 남자들이 모두 감당함으로써 여자인 우리는 보호를 받을 수 있는 멋진 우산을 쓰고 있는 것이다. 하나님이 어떤 여자를 리더십 역할을 맡도록 부르신다면, 하나님이 진정으로 기름 부으신 가운데 그 우산 아래에서만 그녀가 안전하게 활동할 수 있다고 나는 진심으로 믿고 있다.

　내 지난날 부족한 자격을 생각해 볼 때 나를 리더십의 영역에 임명하신 하나님의 주권을 결코 이해할 수 없다. 나는 그분이 지금 이 시기에 나에게 하라고 하신 일이 무엇인지 알고 있으며, 만일 어떤 사람이 이에 찬성하지 않는다고 해서 내가 그만둬 버린다면 그것은 하나님께 직접적으로 불순종하는 것이 될 것이다. 하지만 리더십의 영역에서 나 자신을 발견할 때 엄습해 오는 두려움은 설명할 수 없을 지경이다. 하나님과 친숙한 관계를 가지고 있는 사람이 어떻게 권세 있는 위치에서 오만하고 두려움이 없을 수 있는지 나는 이해할 수가 없다.

　야고보서 3장 1절은 "내 형제들아, 너희는 선생된 우리가 더 큰 심판을 받을 줄 알고 선생이 많이 되지 말라"고 경고한다. 더 엄격한 심판을 간구할 사람이 어디 있겠는가?

이세벨이 그 사실을 알고 있었는지 아닌지 모르지만 어쨌거나 그녀는 바로 그것을 구하고 있었다. 이세벨이 가장 잘못한 일은 그녀의 죄가 아니라 회개하려 하지 않았다는 것임을 놓치지 마라! 루디아는 성공한 여성으로서 이세벨과 완전한 대조를 이룬다. 그녀는 하나님을 경배하는 사람이었다—자기 자신이나 지위가 아니라. 그녀는 자신의 위치로 바울을 누르려 하지 않고 바울의 메시지에 마음을 열었다. 성경의 어조를 보면 그녀는 직업적으로나 영적으로나 섬기는 리더였다.

자, 이제 또 다른 차이점을 살펴보자.

2. 이세벨은 여성으로서 영향력을 발휘할 수 있는 은사를 오용하였다.

"그가 내 종들을 가르쳐 꾀어"(20절).

나는 여자들은 하나님이 주신 독특한 영향력의 은사를 가지고 있다고 확신한다. 내가 결혼한 사람은 아주 강한 남자다. 의심할 바 없이 그는 우리 가족 중에서 가장 강한 남자다. 그러나 내가 여성의 기지를 올바르게(혹은 그릇되게) 사용한다면, 그를 설득해서 무엇이든 하게 만들 수 있다는 사실이 나는 두렵다. 나는 그가 나를 사랑하고 나를 기쁘게 하고 싶어하기 때문에 매우 조심해야만 한다. 어떤 면에서는 내가 그의 약점인 것이다.

내가 무슨 말을 하는지 알겠는가? 성경에는 여성의 영향력이 갖는 위력을 입증하는 기사들이 많이 있다. 하와와 사라는 성경이 보여 주는 어두운 그림자를 대표하는 사람들이지만 감사하게도 우리는 부정적이기보다는 좀더 긍정적인 여성의 예를 찾아볼 수 있다. 루디아는 분명 그런 사람 중 하나이다. 그녀는 자신의 온 가족이 그리스도를 따르도록 영향을 미쳤다.

이제 두아디라 출신 두 여인 사이의 또 다른 차이점을 살펴보자.

3. 이세벨은 그녀의 성(性)을 잘못 사용했다(21절).

자매들이여, 나는 우리 문화가 성을 다른 어떤 것보다 더욱 강력하게 사용하도록 가르치고 있다고 생각한다. 여성이 자신의 성을 교묘하게 속이는 데 사용하는 유일한 방법은 어떤 사람을 유혹해서 간음하게 하는 것이라고 생각하지 마라. 우리는 완벽히 잘 차려입고, 백주 대낮에 공공연히 우리의 성을 오용할 수도 있다.

분명 지금 이 순간 그리스도 안에 있는 어떤 자매는 우리가 다루는 이 천박한 주제 때문에 혐오감을 느끼고 있을 것이다. 진실로 그녀는 자신의 성을 유혹하거나 다른 사람을 교묘히 조작하는 데 사용하는 것은 꿈도 꾸지 않을 것이다. 그러나 바로 이 여인이 자신의 결혼 생활에서 그것을 강력한 무기로 사용할 수도 있다.

성은 하나님이 선물로 주신 것이다. 그것은 도구가 아니다. 우리가 결혼했다는 사실은 우리가 원하는 것을 얻기 위해 우리의 성을 잘못 사용하는 일이 없다는 의미가 아니다. 일상적으로 배우자를 거부하는 것이 하나의 예이다. 최근에 우리 첫째 아이와 나는 아주 허물 없는 이야기를 나누었다. 나는 그녀가 인생의 현실을 모를 만큼 세상 물정을 모르고 있다고 생각한 것은 아니었지만, 그녀가 경건한 결혼 생활의 침실 에티켓과 성을 무기로 오용하는 것에 대해 알고 있는지 확인하고 싶었다. 우리는 둘 다 약간 껄끄러움을 느꼈지만 서로를 더 깊이 사랑했고, 이야기를 나누면서 정말 심하게 웃었다. 아마도 당신의 어머니는 당신과 다른 종류의 이야기를 나누었을 것이다. 아니면 전혀 이야기를 하지 않았을지도 모른다. 나는 아직도 우리 어머니가 나와 더불어 '그 이야기'를 해주기를 기다리고 있다. 사랑하는 자매들이여, 나는 당신의 어머니가 아니지만 당신의 친구가 되는 영예를 누리고 있다. 하나님은 우리에게 모든 은사와 기여할 수 있는 부분과 영향력을 주셔서 온전한 여성이 되도록 창조하셨다. 그러므로 우리, 제대로 여자가 되자.

제 9 부

왕의 눈으로 본 견해

내 삶에서 내가 가장 갈망하는 것은, 그리스도의 임재를 느끼는 것 다음으로 그분의 음성을 듣는 것이다.

계속 숨을 쉬고 싶은 것보다 더 간절히 그분이 말씀하시는 것을 듣고 싶다. 그분이 바라시는 깊이에 빠지게 하기 위해서 매우 심한 충격을 주는 것일 때조차도 그리스도의 말씀은 내게 생명이다. 일곱 교회에게 보내신 그리스도의 메시지를 계속 연구해 가면서 그들이 받은 칭찬만큼이나 책망으로부터도 많은 것을 배우게 된다. 그리스도는 이 절망적인 세상의 어두움 가운데서 그분의 교회가 불타는 횃불이 되도록 하셨다. 그분이 우리의 연약함을 드러내시는 이유는 언제나 그분이 우리 안에 두신 빛을 드러나게 하시려는 것이다.

일곱 교회 순례를 모두 마무리하고 나면, 우리는 천국의 보좌를 지상에서 어렴풋이나마 감지할 수 있게 될 것이고, 그러면 어린 양이 인으로 봉한 그 두루마리를 펼쳐 보이시기에 족한 상태가 될 것이다. 요한계시록의 광산에서 감추어진 보화를 캐낼 수 있도록 하나님께 도우심을 구하자.

사데 교회에게

너는 일깨워 그 남은 바 죽게 된 것을 굳건하게 하라
내 하나님 앞에 네 행위의 온전한 것을 찾지 못하였노니(계 3:2).

등뒤로 두아디라의 바람을 맞으며, 이제 우리의 눈을 남동쪽으로 약 30마일쯤 떨어진 고대 도시 사데로 돌려보자. 우리가 함께 여행을 하는 중에 그리스도가 그분의 이름으로 모인 모든 사람들에게 얼마나 세심한 관심을 기울이시는지 보고 당신도 나처럼 정신이 번쩍 들지 않는지 모르겠다. 그분의 교회를 이루고 있는 사람들인 우리는 마을 퍼레이드에서 현수막을 들고 가는 사람들처럼 우리가 사는 도시에 그리스도의 명성을 전한다. 우리가 들고 있는 현수막은 그분에 대해 무어라고 말하는가? 그리스도는 그분의 교회가 불완전한 인간들로 구성되어 있음을 아시기에 완전한 교회를 찾지 않으신다. 그분은 예배를 통해 그들의 가치를 올바르게 평가하고, 진리를 가르치고, 사랑하며 살아감으로써 하나님께 영광을 돌리고 그리스도를 높이는 교회를 찾으신다.

당신 교회도 그렇겠지만 내가 출석하는 교회 역시 아무 흠이 없는 교회는 아니다. 교회의 핵심 인물들이 떠남으로써 야기되었던 어려운 시기를 보내고, 나는 교회가 이상하게도 더 순전한 아름다움을 드러내는 것을 지켜보았다. 그것은 절망으로부터 나온 아름다움이었다. 다섯 명의 사역자를 잃고, 더 이상 우리 교회의 명성을 주도할 만한 이름을 가진 사람이 없었다. 날들이 흘러 달이 가고, 달이 흘러 몇 년이 지났지만 대체할 만한 사람이 나타나지 않았다. 우리는 한 사람의 이름에 기대지 않는 교회로써 우리가 어떠한 존재인지 정체를 파악해야 했다. 나는 우리가 그것을 파악했다고 믿는다. 우리 교회는 많은 일들을 감당하고 있지만 그 어떤 것도 선교보다 중요하지는 않다. 우리가 걸어놓은 현수막의 다른 부분에 조금 덜 멋스러운 그림이 아무렇게나 그려져 있는 게 아닐지 두려운 마음이 들기도 하지만 나는 우리 교회의 현수막에 이렇게 쓰여 있을 것이라고 생각한다.

"너의 믿음을 가지고 큰 거리와 민족들에게 나아가라."

당신의 교회에 대해 비판적으로 생각하라고 권고하는 것은 아니다. 하지만 모든 구성원들은 자기 교회가 들고 있는 현수막이 그리스도를 어떻게 전하고 있는지 세심히 평가해 보아야 한다. 당신이 예배드리는 교회가 그리스도를 드러내는 현수막을 걸어놓고 있다면, 그것은 긍정적인 내용을 전달하고 있는가? 그와 같은 생각을 하면서 사데 교회를 방문해 보자. 우리가 살펴볼 본문은 요한계시록 3장 1-6절이다.

신원 확인 _ 하나님의 일곱 영과 일곱 별을 가지신 이가 이르시되(1절).

칭찬 _ 그리스도는 이 교회를 전혀 칭찬하지 않으셨다.

책망 _ 그리스도는 이 교회를 심각하게 책망하신다. "내가 네 행위를 아노니 네가 살았다 하는 이름은 가졌으나 죽은 자로다"(1절).

권고 _ 너는 일깨워 그 남은 바 죽게 된 것을 굳건하게 하라. 내 하나님 앞에 네 행위의 온전한 것을 찾지 못하였노니, 그러므로 네가 어떻게 받았으며 어떻게 들었는지 생각하고 지키어 회개하라. 만일 일깨지 아니하면 내가 도둑같이 이르리니 어느 때에 네게 이를는지 네가 알지 못하리라(2-3절).

격려 _ 그러나 사데에 그 옷을 더럽히지 아니한 자 몇 명이 네게 있어 흰옷을 입고 나와 함께 다니리니 그들은 합당한 자인 연고라. 이기는 자는 이와 같이 흰옷을 입을 것이요 내가 그 이름을 생명책에서 결코 지우지 아니하고 그 이름을 내 아버지 앞과 그의 천사들 앞에서 시인하리라(4-5절).

소아시아에 있는 일곱 교회와 오늘날 우리가 살고 있는 도시에 있는 칠백 개가 넘는 교회들을 함께 연구해 본다면 우리는 곧 불안한 사실을 발견하게 될 것이다. 어느 특정한 도시의 특징과 도덕적인 태도는 그곳에 있는 교회에 스며들게 된다. 그 교회가 그것을 극복하기 위해 신중하게 노력하고 있지 않다면 말이다. 예를 들어, 상류 사회 분위기를 가진 부유한 지역에 있는 교회들은 그와 동일한 태도를 드러내지 않도록 잘못된 우월감을 극복해야 할 것이다. 왜냐하면 교회를 구성하고 있는 사람들도 그 사회의 산물이기 때문이다. 마찬가지로 어떤 종류의 편견이 깊이 뿌리박은 도시에 있는 교회들은 의도적으로 편견을 깨는 모험을 감행하지 않는다면, 그 도시가 표방하는 것과 동일한 현수막을 걸어놓게 될 것이다. 교회가 그 주변 사회와 다른 신선한 모습을 보여 줄 수 있으려면 신중하게 그 마음을 새롭게 하는 수밖에 없다.

사데 교회를 둘러싼 도시가 그 교회를 거의 죽게 했다고 말하는 것은 아주 정확한 표현이 될 것이다. 그리스도는 이 고대 교회에 대해 호의적인 말씀을 거의 하지 않으셨다. 사실, 나는 어떤 신자 그룹에 대해 이 세 마디보다 더 심각한 고발은 생각하기도 어렵다.

"너는 죽었다"(계 3:1).

사데는, 중심에서 약 7마일 떨어진 곳에 '천 개의 언덕 묘지'라고 불려지던 대규모 공동묘지로 제일 유명한 도시였다는 것을 알면 당신도 나처럼 흥미를 느낄 것이다. 죽음에 사로잡힌 도시, 사데는 멀리서 보면 무덤의 봉분들로 이루어진 윤곽을 드러냈다. 묘지로 유명한 도시를 상상할 수 있는가?

수년 동안 그리스도의 삶을 연구하면서 내가 알게 된 한 가지는 그분이 언어의 달인이시라는 것이다. 성경에서 그분이 구사하시는 언어 유희는 아주 넋을 빼놓을 정도인데, 그것은 일곱 교회에 보낸 그분의 편지에 집약적으로 드러난다. 사데 교회는 그리스도가 죽은 거나 마찬가지인 자신들의 상태를 보시고, 명성이 자자했던 그들의 공동묘지와 관련해서 말씀하신 그 절묘한 비유를 결코 그냥 지나칠 수 없었을 것이다. 그분은 또 "네가 살았다 하는 이름은 가졌으나"(계 3:1)라고 말씀하셨다. NIV는 '명성'이라는 단어를 사용하지만 KJV과 NASB는 '이름'이라는 단어를 사용하는데, 둘 다 헬라어 '오노마'(onoma)를 잘 표현해 주는 말이다. 한 주석가는 그리스도가 당시 사데의 감독이었던 사람의 이름과 관련해서 언어 유희를 하신 것이 아닌가 하는 의견을 내놓았다. 그의 이름 조시무스 또는 조티쿠스는 헬라어 '조'(zoe)와 관련이 있는데, 그것은 '생명'을 의미한다. 그리스도가 그 감독의 이름이 갖는 아이러니를 암시하신 것이든 아니든, 그분은 사데 교회의 죽음과도 같은 상태에 몹시 화가 나셨다.

천군 천사들에게 가장 당황스러운 미스터리 가운데 하나는 죽은 교회일 거라는 생각이 든다. 눈에 보이지 않지만 공중에 가득한 구원하는 영들은 예수 그리스도의 후광을 입은 교회들을 관찰하면서 그분의 이름을 지닌 것이 어떻게 죽어 있을 수 있는지 의아하게 생각할 것이 틀림없다. 그 무엇보다 그리스도는 생명이시다!

생명 없는 교회처럼 그리스도의 목적을 흐려놓는 것은 없다고 나는 확신한다. 우리 모두 아멘을 외치기에 앞서 생명 없는 교회는 생명 없는 그리스도인들로 이루어져 있다는 것을 명심하자. 감사하게도 그리스도는 여전히 죽은 자들을 일으키시지만, 그러나 그분은 깨어나라고, 지체하지 말고 반응하라고 심각하게 경고하신다. 경기 시즌이 끝나기도 전에 근육이 약해지도록 내버려둔 운동 선수처럼 교회는 영적인 재활이 필요하다—아직 조금 남아 있는 힘을 강하게 하는 것부터 시작해서.

사데 교회에 그런 죽음과도 같은 상태를 가져온 것은 무엇이었는가? 이 고대 도시의 역사를 보면 세 가지 요인들이 침투해 왔던 것으로 보인다.

1. 사데 사람들은 삶보다도 죽음에 고착되어 있었다.

묘지의 봉분들은 우상이 되었고 죽음에 대한 생각이 생명에 대한 생각을 능가했다. 앞선 연구에서 나는 내 친구의 무덤을 방문하는 것에 대해 언급했는데, 그 사실에 놀란 어떤 그리스도인 자매가 편지를 보내왔다. 그녀가 무정한 사람은 아니었다. 그녀는 단지 천국을 그토록 강하게 믿는 사람이 무덤을 방문하는 것을 통해 아무 의미 없는 유해를 소중하게 여길 수도 있다는 점에 놀랐던 것이다. 나는 비록 그녀의 철학에 동의하지는 않았지만, 만일 내가 내 믿는 친구의 삶보다 그녀의 죽음에 더 초점을 맞춘다면, 그 자매는 제대로 지적한 것일 게다.

어떤 사람은 "생명보다 죽음에 더 고착되는 이유가 무엇이지요?"라고 물을지도 모르겠다. 우리는 생명보다 죽음에 초점을 맞추었던 사데인들처럼 무덤을 우상화해서는 안 된다. 경배의 가장 단순한 본질은 주의를 기울이는 것이다. 우리가 생명보다 죽음에 더 초점을 맞추게 되는 한 가지 방식은 죽음에 대해 생명을 억압할 정도로 두려움을 갖는 것이다. 나는 죽음을 너무나 두려워한 나머지 살아갈 수 없을 지경에 이른 사람들을 알고 있다. 그들은 사데인들처럼—그들이 그것을 인식하고 있든 아니든—무덤을 경배하고 있다고 말할 수 있을 것이다. 죽음에 대한 만성적인 두려움은 신자의 온전한 생명과 사역을 저해할 수 있다.

내 사랑하는 할머니는 늘 죽음에 질려 계셨다. 일찍이 세 아이와 남편을 잃은 까닭에 당연히 그럴 만도 하셨을 것이다. 할머니로부터 지대한 영향을 받으신 내 어머니도 죽음에 대해 상당한 두려움을 가지고 계셨다. 나는 두 분의 삶에 그러한 두려움이 미치는 역기능들을 목격하였고, 나 자신은 그러한 선례를 따르지 않겠노라고 결심하였다. 나는 내 주변 환경의 분위기가 내 신앙 체계 속으로 스며들지 않도록 하기 위해 아주 세심한 주의를 기울여 왔다.

2. 사데 사람들은 그들이 과거에 성취해 놓은 것에 의지했다.

주석가 윌리엄 람세이(William M. Ramsay)는 "당시 아시아에 있던 어떤 도시도 사데만큼 극명하게 과거의 영화와 현재의 쇠망 사이에 우울한 대조를 보여주는 곳은 없다"[1]고 썼다. 사데는 마치 호화로웠던 전과 달리 지금은 넝마가 되어버린 옷을 입고 살면서도 아직도 사람들이 자신을 30년 전의 모습으로 보고 있다고 생각하면서 마을을 헤매고 다니는 그리스 비극의 여주인공과 같았다. 본질적으로 그리스도는 자기를 속이고 있는 이 여인에게 거울을 들려 주시기 위해서 사데 교회에게 편지하셨다—때때로 그분이 내게 거울을 보게 하시는 것처럼. 하지만 그리스도는 그 사람을 파멸시키기 위해 거울을 주시는 것이 아니라 깨어나라고 주시는 것이다.

작년에 나는 내 출신 대학에서 열리는 조금 특별한 동창 모임에 초대를 받았다. 나는 친구들과 옛 정을 새롭게 하면서 아주 즐거운 시간을 보냈다. 그런데 한편으로 나는 '시간 왜곡'(시간의 변칙적인 흐름이나 정지)을 겪고 있는 사람들을 보면서 얼떨떨하기도 했다. 어떤 사람들은 25년 전에도 별 효과를 발휘하지 못했던 그 번드르르한 스타일을 똑같이 고수하며 과거에 붙잡혀 있었다. 몇 가닥 남지 않은 머리카락을 예전과 똑같은 방식으로 빗은 사람도 있었다. 70년대가 그렇게 멋진 헤어스타일의 시대는 아니었는데 말이다. 사데는 시간에 왜곡되었다. 사데인들은 과거의 명성에 의지해서 살았고 그 결과는 비극적이었다.

불행히도 그 울타리 안에 있던 교회는 그 선례를 따라갔다.

나는 사데인들이나 옛 대학 동창들이 겪고 있는 시간 왜곡과는 의연한 대조를 보여 주는 많은 사람들을 알고 있다. 그들은 과거에 빛나는 업적을 이루었던 사람들이지만, 누군가 그 사실을 말해 주지 않는다면 당신은 그것을 모른 채 지나칠 것이다. 그들은 현재의 모습으로 살아가는 데 너무나 바쁘다. 내 멘토인 말지 컬드웰도 그 중 하나이다. 그녀는 자신이 50대에 얻은 명예에 의지해서 살아가기에는 80대인 지금도 너무 바쁘고 영향력 있는 삶을 살아가고 있다. 그녀로 인해 하나님을 찬양하지 않을 수 없다! 그녀를 보면 나는 바울의 인생 철학을 떠올린다.

"나는 아직 내가 잡은 줄로 여기지 아니하고 오직 한 일 즉 뒤에 있는 것은 잊어버리고 앞에 있는 것을 잡으려고 푯대를 향하여 그리스도 예수 안에서 하나님이 위에서 부르신 부름의 상을 위하여 달려가노라"(빌 3:13-14).

3. 사데 사람들은 거절당하는 것을 치명적인 타격으로 해석했던 것 같다.

사데는 아르테미스의 미완성 신전이 있는 곳이었다. 그 도시는 A.D. 26년에 시저에게 신전을 지어 바칠 권한을 상실했고 대신에 그것을 서머나가 이어받았다. 나는 사데 교회가 이방 관습과 신전을 경멸하면서도 교회 사람들은 주변의 낙심한 분위기를 그대로 따라가지 않았나 추측한다. 어쨌든 그들 역시 복음이 그들에게 도달하기 전까지는-아마도 사도 바울의 설교를 통해서였을 가능성이 높다-이교도들이었던 것이다. 더 나아가 사데인들은 자기들이 새로운 신전을 짓도록 로마의 허락을 얻었을 때 자신들에게 새로운 생기와 활력이 필요하다는 사실을 알고 있었을 것이다. 라이벌인 도시에게 그 권한을 빼앗기고 거절당했을 때, 그들은 사람들이 거절당한 후 일반적으로 보이는 자세를 취하지 않았을까 싶다. 예를 들면 '우리가 왜 애를 써야 하지?', '더 이상 무슨 상관이야?' 라고 말이다. 다르게 반응할 만한 충분한 이유가 없다면, 거절은 다른 어떤 것보다 빨리 사람들의 용기를 꺾어 놓는다.

혹시 당신이나 당신이 사랑하는 사람 가운데 거절을 치명적인 타격으로 해석하는 이는 없는가? 우리 모두는 너무 쉽게 자기 자신을 거절당해 마땅한 무가치한 존재로 여기는 성향에 빠져들 수 있다.

아마 다음 주석은 요한이 환상 중에 보았던 죽음과도 같은 사데의 상태를 가장 잘 요약해 주는 것일 듯하다.

"사데는 평온한 도시였다. 전쟁을 통해서 얻어진 평온이 아니라 꿈이 죽고 정신이 잠들어 버린 사람들의 평온이었다. 회피와 무기력의 평온이었다."

나는 이 말이 한 고대 도시의 쇠락을 정확하게 말해 주고 있어서가 아니라, 그것이 바로 오늘날 우리에게 하는 말이어서 머리를 한 방 얻어맞은 기분이다. 우리 삶에 일어나는 어떤 일들이 우리가 항해하는 데 필요한 바람길을 막아버리는가? 우리로 하여금 팔을 떨어뜨리고 상대방으로부터 스스로를 방어하기를 포기하게 만드는 것은 무엇인가? 하던 일을 중단하고 미완성인 채로 내버려두게 하는 것, 우리를 점점 더 무기력하게 하는 것, 어떤 일에 직면하기보다는 회피하게 만드는 것은 무엇인가? 그리스도가 우리에게 생명을 주셨는데, 거절을 통해서 우리를 무감각하게 만들 권리를 가진 자가 도대체 누구인가?

사데 교회에게 그리스도 자신을 밝히신 내용은 그들의 재기에 필요한 열쇠이기도 하다. 그리스도는 '일곱 영'을 가지신, 혹은 일곱 겹의 완벽한 성령을 가지신 분이다. 오순절 때처럼 하나님이 그분의 풍성한 성령을 부어 주실 때에 생명이 교회로 스며들게 된다. 성령이 넘쳐나는 교회는 한 가지 방법, 즉 성령이 넘치는 사람들을 통해 세워진다.

빌라델비아 교회에게

볼지어다 내가 네 앞에 열린 문을 두었으되 능히 닫을 사람이 없으리라
내가 네 행위를 아노니 네가 작은 능력을 가지고서도 내 말을 지키며
내 이름을 배반치 아니하였도다(계 3:8).

내 영혼의 일지는 우리가 버가모와 두아디라와 사데를 여행하며 어렵게 얻은 교훈들로 넘쳐나고 있다. 잠시 휴식이 필요할 것 같다. 아마도 다음 목적지가 우리가 바라는 잠깐의 휴식을 제공해 주리라 생각한다. 앞서 방문한 도시들보다 이동 시간도 더 짧다. 우리는 아름다운 고원 도시 빌라델비아에 도착하기 위해 사데에서 남동쪽으로 약 28마일 정도만 여행하면 된다. 그 도시가 위험한 화산 지역에 건설되었다는 사실을 언급해야만 할 것 같다. 화산 분출만 없다면 우리의 방문은 기운을 새롭게 해줄 것이다.

현대의 알라세히르(Alasehir)가 그 꼭대기에 자리를 잡고 있기 때문에 오늘날에는 그 유적이 거의 남아있지 않다. 흥미롭게도 가장 유명한 유적은 요한에게 바쳐진 고대 교회의 잔해이다.[1] 유적이 말해 주지 못하는 것을 하나님의 말씀이 이야기해 줄 수 있다. 우리는 요한계시록 3장 7-13절에서 빌라델비아에 대한 메시지를 발견한다. 그것은 우리가 앞서 보아온 패턴을 따르고 있다.

신원 확인 _ 거룩하고 진실하사 다윗의 열쇠를 가지신 이 곧 열면 닫을 사람이 없고 닫으면 열 사람이 없는 그가 이르시되(7절).

칭찬 _ 볼지어다. 내가 네 앞에 열린 문을 두었으되 능히 닫을 사람이 없으리라. 내가 네 행위를 아노니 네가 작은 능력을 가지고서도 내 말을 지키며 내 이름을 배반치 아니하였도다(8절).

책망 _ 그리스도는 이 충성된 교회에게 아무런 책망도 하지 않으셨다.

권고 _ 보라. 사탄의 회 곧 자칭 유대인이라 하나 그렇지 아니하고 거짓말하는 자들 중에서 몇을 네게 주어 그들로 와서 네 발 앞에 절하게 하고 내가 너를 사랑하는 줄을 알게 하리라. 네가 나의 인내의 말씀을 지켰은즉 내가 또한 너를 지켜 시험의 때를 면하게 하리니 이는 장차 온 세상에 임하여 땅에 거하는 자들을 시험할 때라(9-10절).

격려 _ 내가 속히 오리니 네가 가진 것을 굳게 잡아 아무도 네 면류관을 빼앗지 못하게 하라. 이기는 자는 내 하나님 성전에 기둥이 되게 하리니 그가 결코 다시 나가지 아니하리라. 내가 하나님의 이름과 하나님의 성 곧 하늘에서 내 하나님께로부터 내려오는 새 예루살렘의 이름과 나의 새 이름을 그이 위에 기록하리라(11-12절).

페르가메니아 왕 아타루스 2세(B.C. 159-138)가 빌라델비아를 건설했다. 그 도시는 그의 별명인 '빌라델푸스'를 따라 이름지어졌는데, 그것은 형제에 대한 그의 사랑을 기리는 '형제를 사랑하는 자'라는 의미이다. 나는 그 도시의 이름이 여러 차례 바뀐 것을 보고 깜짝 놀랐다. 언젠가는 네오카사리아(뉴 케사르)라고 이름 붙여졌고, 또 다른 때에는 프라비아라고 불려졌다. 나중에는 그 도시에 황제 숭배가 확립되었던 까닭에 네오코로스 혹은 '신전 감독자'라는 명칭을 얻었다. 5세기에는 리틀 아테네가 그 별명이 되었다. 예수님은 12절에서 새로운 이름을 주시겠다고 약속하시는데 아마도 계속해서 변하는 그 도시의 정체성을 염두에 두셨을 것이다.

빌리델비아 교회가 직면한 어려움은 정체성이 계속해서 변하는 도시에서 살아가는 것만이 아니었다. 그리스도는 "내가 …아노니 네가 작은 능력을 가지고도"(계 3:8)라고 말씀하셨다. 학자들은 그 말씀이 영적인 능력을 의미하는 것이 아니라는 데 거의 만장일치로 의견을 같이 한다. 그렇지 않았더라면 그리스도는 그 말씀을 칭찬의 맥락에 두지 않으셨을 것이다. 그리스도는 절대 영적 연약함을 칭찬하지 않으신다. 그러나 그분은 연약함을 우리의 상상을 뛰어넘는 하나님의 능력을 발견할 수 있는 기회로 여기신다(고후 12:9-10).

성경 주석가들은 빌라델비아 교회의 '작은' 능력에 대한 그리스도의 말씀이 그들의 작은 규모와 가시적인 영향력이 적었음을 의미하는 것이라고 생각한다. 별 영향력 없는 하층 계급이 빌라델비아 교회를 구성하고 있었지만 그들은 인내심을 가지고 견뎠다(10절). 숫자 지향적인 우리 문화에서 우리가 스스로를 무능하다고 생각할 때면 자신을 과대 평가하는 것은 거의 불가능한 일이다. 차라리 공공연한 반대는 무익하거나 무능력하다는 생각보다는 견디기 쉬울 수 있다.

우리가 그리스도의 이름으로 행하는 노력이 헛된 것이라 확신하도록 대적은 그가 할 수 있는 모든 일을 하려 들 것이다. 우리 스스로가 무용지물에 무가치한 존재라는 느낌보다 더 파괴적인 것은 아무것도 없다. 악마가 그러한 생각을 야기하고 영속시키기 위해 모든 수단을 강구하는 이유가 바로 그것이다. 사랑하는 그대들이여, 우리 각 사람은 중요한 존재이며 모두가 하나님이 주신 필요를 가지고 있다.

그 필요를 가지고 있는 것 때문에 당신이 자기 중심적이고 자만심이 강한 사람이 되는 것은 아니다. 도리어 당신은 인간적이 된다. 우리가 그 필요를 처리하는 방식은 지극히 헛되고 자기 중심적이 될 수 있지만, 그러나 그 필요 자체는 신성한 것이다. 향기 나는 꽃들은 계속해서 꽃을 피우기 위해 그 향기를 맡아줄 누군가를 필요로 하지 않는다. 사자는 의미를 찾기 위해 먹이감을 죽이는 것이 아니다. 그저 배가 고팠을 뿐이다. 사람만이 의미 있는 존재가 되기를 갈구한다.

하나님은 우리를 창조하신 직후에, 그리고 우리가 죄에 빠지기 훨씬 전에 그 필요를 인정하셨다.

성경이 보여 주는 다음의 예에서 하나님은 인간에게 어떤 목적을 부여하셨는지 살펴 보라.

- 그분은 생육하고 땅에 충만하고 그것을 다스리라는 과제를 주셨다(창 1:28).
- 그분은 아담에게 동산을 돌볼 책임을 주셨다(창 2:15).
- 그분은 아담에게 동물들의 이름을 지어 주라고 위임하셨다(창 2:19).

하나님은 들판의 야수들이 자연적으로 인간에게 굴종하도록 창조하실 수 있었다. 그러나 그분은 우리 인간에게 그것을 다스리고 정복하라고 말씀하심으로써 의미 있는 존재가 되려는 우리의 천부적인 필요를 인정하셨다. 더 나아가 하나님은 에덴 동산을 스스로 유지되는 곳으로 만드실 수 있었다. 그러나 그분은 아담에게 거기서 일하고 그것을 돌보라고 명령하셨다. 하나님은 창조하실 때부터 동물들에게 이름을 주실 수 있었지만, 그러나 그분은 동물들에게 이름을 부여하는 일이 가져다 주는 도전과 만족감을 아담이 유용하게 사용할 수 있다는 것을 알고 계셨다. 이와 동일하게, 하와도 의미를 부여해 주는 하나의 목적을 부여받았다. 아담을 적절하게 도울 수 있는 자는 다른 누구도 아닌 하와였다.

의미를 추구하는 필요가 신성한 이유는 무엇인가? 하나님은 우리가 목적이 있는 삶을 추구하도록 지으셨고, 그분의 인도하심을 따르는 우리는 궁극적으로 그분 안에서만 그것을 발견할 수 있다. 당신은 의미 있는 존재가 되고자 하는 자신의 필요를 인식하고 있는가?

하나님 아버지는 우리 각 사람의 삶이 많은 열매를 맺기를 원하신다. 하나님이 당신에게 맡기신 사역에 있어서 당신이 번영하기를 간절히 원하신다. 그리고 빌라델비아 교회는 그 과정에서 몇 가지 지침을 제공해 준다고 생각한다.

첫째, 무엇이 중요한지를 판단하시는 분은 그리스도 한 분이시다. 빌라델비아에 살던 작고 대수롭지 않게 보이는 성도들의 무리는 그들이 수고하여 맺은 열매를 보지 못했을지도 모른다. 그러나 그리스도는 그들에게 꾸짖을 것이 없다고 하셨다. 그분이 그들을 칭찬하시면서 사용하신 핵심적인 단어는 그들이 어떻게 견디었는지를 묘사해 준다. 그것은 인내이다. 우리는 추수 때가 오기 전에 포기해 버리고 싶은 유혹을 받을 때가 너무 많다.

전도서 3장 1절은 "범사에 기한이 있고 천하 만사가 다 때가 있나니"라고 말한다. 창세기 8장 22절에서 하나님은 "땅이 있을 동안에는 심음과 거둠과 추위와 더위와 여름과 겨울과 낮과 밤이 쉬지 아니하리라"고 약속하셨다. 비록 이보다 예측하기가 훨씬 더 어렵기는 하지만 우리는 영적으로도 계절을 경험한다. 빌라델비아 교회는 그들이 기대했던 것보다 훨씬 더 오랫동안 풍성한 추수를 하지 못한 채 파종기만을 경험했을 것이다. 그러나 그들은 인내로 계속 견뎠다.

누가복음 8장 11절에 나오는 씨뿌리는 자의 비유에 따르면, 씨는 하나님의 말씀이다. 그들의 능력이 적다는 것을 인정하신 후에 그리스도는 그들이 하나님의 말씀을 지켰고 그분의 이름을 부인하지 않았다는 것으로 빌라델비아 교회를 칭찬하셨다(계 3:8). 적의에 찬 다수의 무리에 대항해서 그들은 그리스도의 이름을 부끄러워하지 않고 그분의 말씀을 지킴으로써 충성되게 씨를 뿌렸다. 비록 추수의 때가 지독히도 멀리 있었지만 그들은 포기하지 않았다. 기억하라! 땅 주인은 추수를 그 열매의 양만으로 판단하지 않는다. 병든 열매는 그에게는 손실일 뿐이다. 그는 질을 따진다.

당신은 어떤 사역의 기회에 많은 노력을 쏟아 붓고도 돌아오는 것이 너무나 적어서 좌절감을 느껴본 적이 있는가? 하나님은 긴 파종기를 허락하실 뿐만 아니라 때로는 그들에게 최종적인 수확의 품질을 향상시키라고 명령하신다. 이따금 그분은 우리가 더 큰 것을 맡을 수 있을지 알아보시기 위해 더 적은 것에 충성하는지 적극적으로 시험하시기도 한다. 나는 이 말을 하기가 좀 주저되는데, 왜냐하면 '큰' 것 자체가 목적은 아니기 때문이다. 그리스도가 드러나는 것이 목적이다. 하지만 하나님이 그분의 아들을 드러내시기 위해 선택하신 한 가지 방법이 규모가 큰 사역이라면, 하나님이 일시적으로 그분의 은혜를 맡기신 자들은(벧전 4:10) 분명 그 일을 하는 도중에 보잘것없고 좌절감을 느끼게 하는 '기회들'을 무수히 만나게 될 것이다. 뒤돌아보면 대부분의 사람들은 이제 그것이 혹독한 시험이었음을 깨닫는다.

나는 내가 온 마음을 쏟아서 준비한 몇 번의 제자훈련 과정에 단 두세 사람만이 참석했던 때를 기억한다. 나는 하나님이 이렇게 물으신다는 느낌이 들었다. '이제 어떻게 할래? 수업을 취소할까? 아니면 그들에게 네가 스물다섯 명에게 줄 수 있는 바로 그것을 주고 학기를 끝마칠래?

나는 그것이 소중한 기회였을 뿐 아니라 시험이었다는 것을 확신한다. 또한 내가 어버이날 일일 교사로서 섬기고 주일학교 4살 반을 가르쳤을 때도 하나님은 그 작은 기회를 소중하게 여기는지 아닌지 보시려고 나를 시험하셨다고 믿는다. 그 두 가지 모두 어린 생명들이 영원에 대해 주의를 기울이도록 하는 심원한 기회를 확장시켜 주었다. 그러나 어떤 이들은 그것을 하찮게 여길 만큼 어리석을 수도 있다.

다행히도 우리는 하나님의 시험을 통과하기 위해서 천재여야 하거나 특별한 은사를 가지고 있어야 할 필요가 없다. 그랬더라면 나는 분명히 그 시험을 통과하지 못했을 것이다. 하나님은 그분이 우리에게 부여하신 의무가 무엇이든 일차적으로 그것을 충실하게 수행할 것을 기대하신다. 그분은 또한 우리가 결과 지향적인 섬김으로 우리의 자아를 살찌우지 않게 하심으로써 우리의 마음을 지켜 주신다.

결과보다는 충성을 우선하는 것을 배우고 나서야 비로소 우리는 다음 진리를 배울 준비가 된다. 그리스도는 문을 여시는 분이다. 요한계시록 3장 8절은 그리스도가 열고 닫으시는 문에 대해 아주 중요한 어떤 것을 이야기해 준다. 그분이 여시는 것을 누구도 닫을 수 없다.

사역에 있어서 그렇게도 많은 좌절을 겪게 되는 한 가지 이유는 우리가 스스로 자신의 문을 열려고 하는-물론 예수님의 이름으로-것이다. 우리가 생각하기에 사역을 위해 열려야만 한다고 믿는 문을 두드리느라 어떤 경우에는 주먹에 피가 맺히기도 한다. 우리의 피와 땀과 눈물이 별다른 결실을 맺지 못할 때 많은 경우 우리는 하나님께 몹시 화가 나는데, 나는 그럴 때 하나님이 그분의 보좌에 앉으셔서 이렇게 말씀하시는 상상을 한다.

"저 오른쪽에 있는 문이라고 내가 말했지? 만일 그 문이었다면 내가 너를 위해 열어 주지 않았겠니?"

나는 종종 베드로가 도망칠 수 있도록 그의 감옥 문이 저절로 열린 것은 하나님이 그것을 지명하셨기 때문이라는 생각을 한다(행 12). 나는 하나님이 눈에 보이지 않는 리모콘을 손에 드시고 지상에 있는 모든 기회의 문을 조절하시는 모습을 그려본다.

예외가 없는 것은 아니지만 경험적으로 보아 나는 보통 어떤 문을 열기 위해서 세게 쳐야만 하는 경우라면 아마도 그것은 맞는 문이 아닐 것이라는 결론을 내린다. 하나님이 그 문을 닫으셨다면, 그것을 열 생각은 꿈도 꾸지 마라! 결과적으로 진정한 추수를 하기 위해서는 성령이 그 길을 예비하시고 우리보다 앞서 그 문을 지나가셔야 한다는 것을 기억하라. 그것이 문이 열리는 방법이다! 그렇지 않다면 그것은 잘못된 문이거나 잘못된 때이다. 하나님이 리모콘으로 조정해서 열어 놓으신 문을 바라보라. 그리고 그것이 열릴 때까지 인내를 가지고 충성하라.

빌라델비아 교회가 끈기 있게 견뎠기 때문에 그리스도는 그들 앞에 누구도 닫을 수 없는 열린 문을 두셨다. 많은 학자들은 그 열린 문이 더 동쪽으로 가서 선교를 하기 위해 아시아의 반대편을 향해 나아가는 것이었다고 믿는다. 그러므로 어떤 주석가들은 빌라델비아 교회를 '선교 교회'라고 부른다. 성경은 종종 선교의 기회를 설명하는 데 '열린 문'이라는 용어를 사용한다. 바울은 고린도전서 16장 9절에서 하나님이 그에게 '광대하고 유효한 문'을 여셨다고 썼다.

사랑하는 이여, 우리 각 사람은 선교에 부르심을 받는다. 우리가 그리스도의 말씀을 '지키고' 그분의 이름을 부끄러워하지 않을 때, 그분은 그분의 때에 우리를 위해 기회의 문을 열어 주실 것이다. 신실하게 씨를 뿌린다면 언젠가 추수의 날이 올 것이다. 어떤 선교사들은 이 세상 들판에서 결코 그들의 수확을 보지 못했지만, 그러나 전체 광경을 바라보는 데 천국보다 더 좋은 자리가 어디 있겠는가?

나는 당신이 빌라델비아의 면류관에서 두 가지 보석을 더 볼 수 있기를 바란다. 그리스도가 그들에게 하신 약속을 다시 상기해 보라. 그분은 성도들을 박해했던 사람들에 대해서 이렇게 말씀하셨다.

"그들로 와서 네 발 앞에 절하게 하고 내가 너를 사랑하는 줄을 알게 하리라"(9절).

사탄이 우리에게 거는 가장 비열한 책략 가운데 하나는 우리로 하여금 하나님이 우리를 사랑하시지 않으며 우리는 부질없이 이 모든 에너지를 쏟고 이 모든 믿음을 발휘하고 있는 것이라고 믿게 하는 것이다. 당신이 지금까지 해온 모든 일들을 보라. 사탄은 아랑곳도 하지 않는다. 사탄은 빌라델비아에 있는 유대인들을 그 작은 교회를 혼란케 하기 위해 사용하였다. 그는 우리를 혼란스럽게 하기 위해 수많은 꼭두각시들을 사용한다. 그리스도는 빌라델비아 교회에게 그들을 조롱하던 바로 그 사람들이 언젠가 그리스도가 그들을 얼마나 사랑하시는지 알게 될 것이라고 약속하셨다.

사랑하는 그대들이여, 당신과 나는 앙심으로 인한 동기를 갖게 되는 것이 아니다. 동시에 예수님은 그분이 당신을 얼마나 사랑하시는지 모든 사람이 알게 될 것이라는 사실을 당신이 알기를 원하신다. 당신이 그분의 이름을 부끄러워하지 않는다면 그분이 당신을 부끄러워하지 않으실 것은 너무나 분명하다.

마지막으로 그리스도는 이기는 자들을 하나님 성전의 기둥이 되게 하시겠다고 약속하셨다. 이 말은 빌라델비아 사람들에게 얼마나 의미심장한 것이었는지 모른다. 그 도시는 끊임없이 지진의 위협을 받았다. 그 위협은 특히 A.D. 17년 대단한 참화를 가져왔던 지진 이후에 더욱 생생하게 느껴졌다. 몇십 년 후 어떤 역사가들은 그 교회가 미진으로 인해서 그들의 작은 성전을 이미 몇 차례나 재건축하였다고 말한다. 모든 것이 무너져내린 한 도시의 폐허에서 많은 경우 유일하게 서 있는 것은 그 기둥들이다.

히브리서 12장 26-27절은 하나님이 하늘과 땅을 진동하실 것이고 오직 진동하지 않는 것만이 남게 될 것이라고 말한다.

"그러므로 우리가 흔들리지 않는 나라를 받았은즉 은혜를 받자. 이로 말미암아 경건함과 두려움으로 하나님을 기쁘시게 섬길지니 우리 하나님은 소멸하는 불이심이니라"(히 12:28-29).

이기는 자들에게 주시는 그리스도의 약속은 그들이 온 세상에 임하게 될 심판의 때를 겪지 않을 것이며, 또 절대 흔들 수 없는 나라에서 기둥같이 서게 될 것이라는 것이다. 왜냐하면 일반적인 여론과는 반대로 그들은 중요한 존재였으며 그것을 믿기로 선택하였기 때문이다. 그러므로 사랑하는 이여, 당신도 그렇게 하라. 누구도 당신이 다르게 믿게 해서 당신의 면류관을 빼앗지 못하게 하라.

라오디게아 교회에게

네가 말하기를 "나는 부자라. 부요하여 부족한 것이 없다" 하나 네 곤고한 것과 가련한 것과 가난한 것과 눈 먼 것과 벌거벗은 것을 알지 못하는도다(계 3:17).

이제 딱 한 번의 여행이 남아 있다. 일곱 교회를 순회하는 우리의 여행에서 마지막 정거장은 라오디게아이다. 우리는 빌라델비아에서 남동쪽으로 45마일, 우리가 처음으로 들렀던 에베소에서 동쪽으로 100마일 떨어진 곳에서 그 도시를 발견하게 된다. 그 문을 들어서면, 우리는 실제로 완전히 한 바퀴를 돌게 되는 것이다. 그건 그렇고 빌라델비아를 떠나기 전에 수통에 물을 채우는 것이 좋을 것이다. 나는 라오디게아의 물이 마실 만하지 않다는 이야기를 들었다. 우리는 요한계시록 3장 14-22절에서 만나게 될 것이다.

라오디게아인들에게 보내는 그리스도의 메시지를 들어보자.

신원 확인 _ 아멘이시요 충성되고 참된 증인이시요 하나님의 창조의 근본이신 이가 이르시되(14절).

칭찬 _ 그리스도는 이 교회에게 아무런 칭찬의 말씀도 하지 않으셨다.

책망 _ 내게 네 행위를 아노니 네가 차지도 아니하고 뜨겁지도 아니하도다. 네가 차든지 뜨겁든지 하기를 원하노라. 네가 이같이 미지근하여 뜨겁지도 아니하고 차지도 아니하니 내 입에서 너를 토하여 버리리라. 네가 말하기를 나는 부자라. 부요하여 부족한 것이 없다 하나 네 곤고한 것과 가련한 것과 가난한 것과 눈 먼 것과 벌거벗은 것을 알지 못하는도다(15-17절).

권고 _ 내가 너를 권하노니 내게서 불로 연단한 금을 사서 부요하게 하고 흰옷을 사서 입어 벌거벗은 수치를 보이지 않게 하고 안약을 사서 눈에 발라 보게 하라. 무릇 내가 사랑하는 자를 책망하여 징계하노니 그러므로 네가 열심을 내라. 회개하라(18-19절).

격려 _ 볼지어다 내가 문 밖에 서서 두드리노니 누구든지 내 음성을 듣고 문을 열면 내가 그에게로 들어가 그와 더불어 먹고 그는 나와 더불어 먹으리라. 이기는 그에게는 내가 내 보좌에 함께 앉게 하여 주기를 내가 이기고 아버지 보좌에 함께 앉은 것과 같이 하리라(20-21절).

성경의 이 부분에서는 언어 유희와 그 함축하는 바가 너무나 많다. 그래서 나는 지금 무엇을 가르치고 무엇을 그냥 지나쳐야 할지 선택할 수 있게 도와달라고 하나님께 열심히 간구하고 있다. 내 심정 같아서는 그 도시 전체를 발굴하고 싶다. 요컨대 당신은 라오디게아를 어떻게 설명할 것인가? 많은 수식어를 적용할 수 있겠지만 다음 세 가지를 생각해 보기로 하자.

1. 라오디게아 교회는 냉담했다. 냉담하게 책망하신 그리스도를 비난할 수 있는 사람은 아무도 없을 것이다.

이 강렬한 선언에 집중해 보자. "네가 차지도 아니하고 뜨겁지도 아니하도다. 네가 차든지 뜨겁든지 하기를 원하노라." 나는 실제로 그리스도가 라오디게아인들이 영적으로 차든지 덥든지 하기를 원하셨다는 해석에 반대하는 학자들의 의견에 동의한다. 비록 우리 시대에는 그러한 수사적 표현이 일반적이기는 하지만, 어떤 사람의 믿음이 '뜨겁다' 거나 '차갑다' 고 말하는 것은 그들의 일상적인 언어가 아니었다. 더 나아가, 나는 그리스도-누구도 멸망하기를 결코 원치 않으시는 분이신-가 그분을 향해 미지근한 사람보다는 차라리 차가운 사람이 낫다고 하시지는 않을 거라는 결론을 내리는 게 안전하다고 본다. 그리스도의 말씀은 "제발 부탁하는데 여기에 쓸모가 있든지 아니면 저기에 쓸모가 있든지 하라"는 의미였다고 생각한다. 그리스도의 책망과 권고가 갖는 분명한 의미를 살펴보면서 우리는 이 독특한 도시에 대해 많은 것을 배우게 될 것이다.

골로새서 4장에서 바울은 라오디게아인들에 대한 에바브라의 사역을 이야기한다. 에바브라는 아마도 골로새에서 온 순회 설교자였을 것이다. 그는 자신의 시간을 자기 고향에 있는 교회와 라오디게아 교회와 히에라볼리에 있는 교회에 배분하였다. 라오디게아는 다른 두 도시 사이에 위치해 있었는데, 히에라볼리에서 남동쪽으로 7마일, 골로새에서 북쪽으로 10마일 약간 못되는 지점에 놓여 있었다. 히에라볼리는 치료 효과가 있는 온천으로 유명했고 골로새는 거품이 이는 차가운 물로 유명했다. 그러나 라오디게아의 유적을 살펴보면 다른 곳에서부터 그곳으로 물을 끌어들이는 6마일 길이의 정교한 수로가 드러난다.

1961~1963년에 프랑스 고고학자 팀은 그 도시의 거의 정중앙에 위치한 '님페움'(nymphaeum)이라 불리는 구조물을 발굴했다. 그 정방형의 물웅덩이에는 두 면에 돌기둥이 있고 또 두 개의 반원형 분수대가 붙어 있었다.[1] 화려한 분수가 그 도시 광장의 중앙을 장식하는 아름다운 조형물로 서 있는 셈이었다. 라오디게아의 특징은 그 쓸모 없음에 비해서 너무나 아름다웠다는 것이다. 짐작하겠지만 수마일 밖에서 파이프를 통해 도시로 끌어 들여온 물은 차지도 뜨겁지도 않았다.

그 매력적인 분수대 아래서 마른 목을 축이기 위해 손으로 물을 떠 마시고는 이내 역해서 뱉어버리는 모습을 쉽게 상상할 수 있을 것이다. 어디서 많이 들어

본 말인가? 뜨거운 물은 치료 효과가 있고, 기분을 상쾌하게 하는 데는 차가운 물만한 것이 없지만 미지근한 물은 어디에 쓰는가? 헬라어로 '왝!' 이라는 단어가 뭔지 모르겠다.

라오디게아 교회에 대한 그리스도의 강한 절망감은 그 교회를 어떤 용도로 쓸 것인가 하는 것이었다. 나는 정말 일 중심의 믿음을 권하고 싶지 않지만, 그러나 우리는 믿음 중심의 일을 하도록 부르심을 받았다. 그리스도는 우리를 유용하게 쓰고자 하신다. 교회들은 지역 사회에서 생육이 가능하고 활동적인 세력이 되어야 한다.

앞장에서 우리는 중요한 존재가 되고자 하는 우리의 타고난 필요를 채우기 위해서는 우리의 은사를 유용하게 사용해서 기여할 수 있는 방법이 무엇인지 알아내야 한다고 이야기했다. 누구든 쓸모 있는 존재가 될 수 있다. 라오디게아 교회에 대한 그리스도의 권고를 흉내내서 말하자면, 누구든 목마른 사람에게 한 잔의 차가운 물이 되고 아픈 사람에게 한 잔의 뜨거운 차가 될 수 있다. 그대로 상 위에 올릴 수 있는 냉동 조리식품은 어떤가? 아니면 폭신한 파운드 케이크는? 때로는 내 생활에 이 두 가지보다 더 소용에 닿는 것이 없을 때가 있다. 그리스도는 그분의 신부에게 간곡히 권고하신다. "내 세상에 유익한 존재가 되어라!" 어떤 경우에는 치료에 도움이 되고, 또 어떤 때에는 기운을 회복하는 데 도움이 되는 존재. 우리 각 사람은 뜨겁기도 하고 차갑기도 할 수 있다.

2. 라오디게아 교회는 독립적이었다.

우리 모두가 의미 있는 존재가 되어야 할 필요가 있다면, 도대체 라오디게아 교회는 어떠했는가? 유익한 존재가 되어야 하는 그들의 필요는 어떤 지경에 있었는가? 라오디게아인들은 오늘날 우리 문화에서 많은 사람들이 하는 것과 같이 행동하였다. 그들은 중요한 존재가 되어야 하는 필요를 그들의 소유물로 채우고 재물을 가지고 자신이 얼마나 유용한 존재인지를 판단했다. 그때나 지금이나 부는 가치를 정하는 기준일 수 없다. 하지만 라오디게아를 납득시키기 위해 애쓰지 마라. 그리스도가 요한에게 그분의 편지를 쓰게 하셨을 당시 라오디게아는 소아시아에서 재정적으로 가장 탁월한 능력을 보인 놀라운 번영의 중심지였다. 그 도시는 스스로 부자이고 아무 부족한 것이 없다고 말했다(계 3:17).

그리스도의 편지가 라오디게아 시에 보낸 것이 아니라 라오디게아 교회에 보낸 것이었다는 점을 기억하라. 설교자가 예배를 드리는 동안 그 순서를 슬쩍 살펴본 후에 이렇게 말하는 모습을 상상해볼 수 있다. "헌금 시간은 뺍시다. 하여간 우리는 부자고, 아무 부족한 것이 없지 않소!" 우리 교회에서 그랬다가는 충격을 받아 쓰러질지도 모른다. 우리가 필요한 것보다 더 많은 돈을 가졌던 적이 있었는지 생각 나지 않는다. 만일 남는 돈을 쓸 곳이 생각나지 않는다면, 저 바깥에 한도 없는 필요가 있다는 사실을 놓치고 있는 것은 아닌지 두렵다.

나는 라오디게아 교회의 그 뻔뻔함과 방종을 설명하는 데 도움이 될 만한 흥미 있는 정보를 발견하였다. A.D. 26년에 그 도시는 황제 티베리우스를 위한 신전을 건립하기 위해 로마 원로원에 허가를 요청했다. 하지만 자원이 부족하다는 이유로 거절당했다. 그 후 몇십 년 동안 그들의 부는 엄청나게 증대되었고, A.D. 60년 경 지진의 참화가 있은 후에도 그들은 네로로부터 아무런 지원을 받지 않았다. 그들은 스스로 다시 재기할 수 있을 만큼 충분한 자원을 가지고 있었다(그들이 얼마나 독립적이었을지 알 수 있지 않은가). 간단히 말해서 그들은 로마를 향해, 고맙지만 자기들은 '아무 부족한 것이 없다'고 확실히 이야기했다.

1세기에 라오디게아가 가졌던 부의 대부분은 우수하고 살찐 양들을 길러내기에 충분한 풀밭을 제공해 주었던 비옥한 강 유역 덕분이었다. 라오디게아는 촘촘하게 짜여진 검은 모직 섬유를 전문적으로 생산해서 상당히 비싼 값에 팔았다. 하지만 그들의 부요함 이면에는 악취를 풍기는 농장 동물들이 있었다.

오래 전에 키이스의 사랑하는 여동생 하나가 느닷없이 우월감을 표출하자 그가 그럴듯한 지적을 했던 것을 떠올리게 되는데 그때마다 나는 빙긋이 미소짓게 된다. 그는 나를 쳐다보며 이렇게 말했다. "우리 가족의 '부'가 다른 사람들의 화장실에서 만들어진 것이라는 사실을 그 아이에게 말해 줄 좋은 기회가 아닐까 몰라?"(그의 아버지는 수도관 배관 회사를 가지고 계셨다) 키이스와 나는 이따금씩 아주 즐거운 마음으로 우리 딸들에게 바로 그 동일한 직업이 그들을 먹고 살게 해주고 있다는 점을 상기시켜 준다.

돈, 라오디게아인들은 그것을 가지고 있었다. 그들은 마음껏 사치를 누렸지만, 그들이 세상에 대해 어떤 책임이 있다는 생각은 하지 않았다. 그들은 그리스도가 그들의 촛대 사이를 다니고 계신다는 것은 전혀 알지 못했다.

시편 62편 10절 후반부는 라오디게아인들과 우리에게 주시는 적절한 말씀이다. "재물이 늘어도 거기에 마음을 두지 말지어다." 내가 살고 있는 도시는 미국에서 가장 큰 재계 왕국 가운데 하나가 붕괴한 것으로 유명하게 되었는데, 그건 전혀 예상치 못했던 일이었다. 우리는 수십억 달러가 단 몇백 달러처럼 순식간에 사라질 수 있다는 냉정한 교훈을 배웠다. 부가 얼마나 크던 간에 그것에 마음을 두는 것은 안전하지 않다.

마태복음 13장 22절에서 그리스도는 라오디게아에서 쉽게 찾아볼 수 있는 부와 관련된 또 다른 문제를 제기하셨다. 그리스도는 말씀을 받았으나 '세상의 염려와 재리의 유혹에 말씀이 막혀 결실하지 못하는' 사람에 대해 말씀하셨다.

사랑하는 그대들이여, 부 자체는 문제가 아니다. 우리는 한없이 부하신 하나님을 섬기고 있고 그분은 자신이 적당하다고 여기시는 방법대로 세상의 부를 나누어 주신다. 문제 많은 이 세상은 분명 지혜로운 사람들이 가진 자원을 필요로 하고 있다.

문제는 부의 속임수이다. 내게는 부에 속지 않은 두 명의 소중한 친구가 있다. 솔직히 말해서 나는 누군가 말해 주기 전까지 그들이 부유하다는 것을 몰랐다. 나는 수십 년 동안 그들과 같은 교회에서 섬겨왔는데, 그들보다 더 후하고 그들보다 더 뽐내지 않는 사람들을 만나본 적이 없을 정도다. 그들은 도시 빈민 지역과 해외 선교에 지속적으로 참여하고 있다.

나는 그들이 자기 자산에 대해서 청지기의 자세를 견지하고 있을 뿐이라고 확신한다. 그들의 위치에 있는 다른 사람들이 문을 걸어 잠그고 마치 세상의 많은 사람들이 굶어 죽어가고 있지 않은 양 행동하는 반면에, 그들은 그 한복판에 자신들을 내던졌다. 라오디게아 교회는 내 친구처럼 사용될 수도 있었다. 하지만 이 부유한 교회는 누가복음 12장 48절에 나오는 원칙을 이해하지 못했다.

"많이 맡은 자에게는 많이 달라 할 것이니라."

3. 마지막 요점은 이것이다: 라오디게아 교회는 자기를 기만하였다.

그들은 자신들의 부를 너무나 가치 있게 여긴 나머지 자신들이 완전히 독립적이라고 생각했다. "우리는 아무것도 부족한 것이 없다." 아주 멋진 말이다. 그러나 사랑하는 그대들이여, 나는 우리 가운데 누구든 오랫동안 '아무 부족한 것이 없이' 지낼 수 있다고 자신할 수 없다. 분명 우리가 필요로 하는 것의 종류나 강도는 때에 따라 다르지만, 나는 하나님이 우리로 하여금 계속되는 넉넉함을 통해 독립적인 정신을 키우는 위험을 감당하도록 하신다고 생각하지 않는다. 물론 나는 그렇게 해 본 적이 없어서 실제로 그것이 어떤 것인지는 잘 모른다.

점점 나이가 들어가고 인생과 사역의 현실에 눈을 떠가면서, 내가 필요한 것의 목록이 내가 원하는 것의 목록보다 점점 더 많아져 간다. 예를 들면, 나는 예수 그리스도와 날마다 활발하고 활기 넘치는 관계를 가질 필요가 있다. 그렇지 않으면 나는 침몰한다. 나는 남편의 축복의 말이 필요하다. 나는 동료들이 필요하다. 내 교회의 가족들이 필요하다. 내가 신뢰할 수 있는 친구들이 필요하다.

이것들은 지금 당장 나에게 절실히 필요한 몇 가지를 말한 것일 뿐이다.

우리가 쉽게 둘러대는(그러한 방식으로 살아가는 것을 통해서) 한 가지 이유는, 우리가 쓸 것도 부족하다는 것이다. 우리가 기여하는 부분과 필요로 하는 부분을 조사해 보는 것은 자기 자신을 기만하지 않는 데 도움이 된다. 유감스럽게도 라오디게아인들 역시 부족한 것이 있었다. 다만 그들은 그것을 깨닫지 못하였다.

그리스도는 라오디게아 사람들의 기만에 대해 놀라운 반응을 보이셨다. "네가 말하기를 나는 부자라 …하나 네 곤고한 것과 가련한 것과 가난한 것과 눈 먼 것과 벌거벗은 것을 알지 못하는도다"(계 3:17). 내가 가장 무서워하는 일 가운데 하나는, 그리스도는 내가 가난하다는 것을 아시는데 나는 부유하다고 생각하고 그분이 나를 평가하시는 것보다 내가 내 자신을 더 높게 평가하는 것이다. 그리스도가 서머나에게 하신 말씀은 라오디게아에게 하신 말씀과 얼마나 뚜렷이 대조되는지 주목해 보라.

"내가 네 환난과 궁핍을 알거니와 실상은 네가 부요한 자니라"(계 2:9).

그리스도가 라오디게아인들에 대한 치료책을 가지고 계시다는 사실이 얼마나 감사한가! 그들은 스스로를 기만하는 냉담함을 지녔다는 것 때문에 버림받은 자로 여겨지지는 않았다. 그리스도는 라오디게아인들에게 세 가지 처방을 내리셨다. 첫 번째 처방은 불로 연단한 금이었다. 베드로는 그리스도가 무슨 말씀을 하고 계시는지 한 가지 뚜렷한 견해를 제공해 준다. 베드로는 "너희 믿음의 확실함은 불로 연단하여도 없어질 금보다 더 귀하다"(벧전 1:6-7)고 썼다.

라오디게아에 대한 그리스도의 두 번째 처방은 흰옷을 사서 입는 것이었다. 라오디게아를 유명하게 만든 검은 모직 옷감은 그 지역에서 대단한 유행을 했다. 그분은 그들의 유행을 청결함으로 바꾸라고 말씀하셨다.

예수님의 마지막 처방은 그들의 눈에 넣을 안약이었다. 라오디게아인들은 무엇이든 자랑할 만했다고 말한 것을 기억하는가? 그 도시는 상업의 중심지이고 재정적으로 중요한 곳이었을 뿐 아니라, 또한 유명한 병원이 있는 곳이기도 했다. 일찍이 상인이었던 그들은 눈의 건강을 위한 안약을 만드는 데 사용되었던 프리지아 파우더로 더 유명했다. 그러나 그러면서도 그들은 박쥐처럼 눈이 멀고 거지처럼 가난하였다. 나 역시 그러했다.

내가 하나님에 관해 알고 있는 한 가지는, 그분이 모든 면에서 신실하신 분이라는 점이다. 그분은 신실하게 용서하시고 구속하시며 축복하시고 공급하신다. 그분은 또한 그분의 자녀들이 죄로부터 돌아서려고 하지 않을 때 신실하게 벌을 주신다. 라오디게아인들은 처방을 가지고 있었지만, 그리스도는 아무런 결과도 얻지 못한 채 그것을 조제하기 위해 그들을 오랫동안 기다리게 하실 생각이 없으셨다.

우리가 지금까지 일곱 교회를 여행하면서 배운 것들이 내 머리를 맴돌고 있다. 어떤 진리가 당신에게 가장 뚜렷하게 다가왔는지 들을 수 있으면 좋겠다. 내 경우에는 어떠했는지 말하는 것으로 마무리를 지으려 한다. 그리스도는 세상에서 그분의 교회에 모든 것을 투자하셨다. 그분은 기꺼이 교회를 채우시고 자유케 하시고 정결케 하시고 또 회복시키신다. 그러나 그분은 결코 그분의 교회에서 눈을 떼지 않으실 것이다. 그것은 생명에 관한 문제다. 교회가 중요하다. 신부들이여, 자신을 준비시켜라.

44장

보좌가 있는 방

그들이 밤낮 쉬지 않고 이르기를
거룩하다 거룩하다 거룩하다 주 하나님 곧 전능하신 이여
전에도 계셨고 이제도 계시고 장차 오실 자라(계 4:8).

다음으로 우리는 요한계시록 4장에서 요한에게 주어진 환상을 통하여 하나님의 보좌 앞으로 나아간다. 우리가 기도와 하나님과의 연합을 통해서 은혜의 보좌로 나아갈 때에(히 4:16), 우리가 어떤 분에게로 나아가고 있는지를 조금이라도 이해한다면 우리의 삶은 극적으로 변화할 것이다. 나는 우리가 훨씬 더 자주 고개를 떨구고 훨씬 더 확신에 차서 실제적으로 기도할 것이라고 확신한다.

하나님의 보좌가 있는 방에 대해 요한계시록이 묘사하고 있는 바를 읽기에 앞서, 요한은 익숙한 것을 통해서 전혀 낯선 것을 이야기했다는 점을 염두에 두어야 한다. 아마존의 가장 원시적인 지역을 벗어나 본 적이 없는 인디언 한 사람을 인도하여 최고의 기술을 자랑하는 'NASA'를 구경시켜 준다고 상상해 보라. 그가 자기 부족에게로 돌아갔을 때, 제트엔진이나 로켓를 어떻게 설명하겠는가? 아마 그는 새를 이용해서 설명하기 시작할 것이며, 거기서부터 그들의 상상력을 확대시켜 나가려고 할 것이다. 마찬가지로 요한계시록 전체에 걸쳐서 요한은 우리의 이해력을 넘어서는 이미지를 표현하기 위해 이미 잘 알려진 개념을 사용하였다.

요한에게 주는 그리스도의 계시는 4장에 들어서면서 급격히 달라진다. 2장과 3장에서는 이 땅의 것에 초점을 맞추었던 성령의 빛이 종교적인 색채를 띠면서 소아시아의 일곱 교회가 가진 장점과 단점을 밝혀 주었다. 요한계시록 4장에서는 그리스도가 성령을 통해 요한을 하늘로 인도하여 신적인 것을 보여 주시면서 모든 계시의 원천을 비추는 것으로 다시 돌아간다.

> 이 일 후에 내가 보니 하늘에 열린 문이 있는데 내가 들은 바 처음에 내게 말하던 나팔소리 같은 그 음성이 이르되 '이리로 올라 오라 이 후에 마땅히 일어날 일들을 내가 네게 보이리라' 하시더라. 내가 곧 성령에 감동하였더니 보라 하늘에 보좌를 베풀었고 그 보좌 위에 앉으신 이가 있는데 앉으신 이의 모양이 벽옥과 홍보석 같고 또 무지개가 있어 보좌에 둘렸는데 그 모양이 녹보석 같더라(계 4:1-3).

하늘은 온갖 움직임으로 소용돌이 치고 있었지만 모든 관심은 보좌에 앉으신 이에게 집중되어 있었다. 하나님은 자세한 설명을 생략하심으로 위엄에 찬 자신의 초월성을 보호하고 있었다. 요한은 보좌에 앉으신 분의 영광을 빛나는 보석과 같다고 묘사할 뿐이다.

요한의 시대에 벽옥이라고 알려졌던 것은 우리 시대에 다이아몬드와 같은 것이었다. 아마도 요한은 다이아몬드와 같은 물체의 프리즘으로부터 멋지게 반사되어 나오는 빛과 같은 것을 본 것이 아닌가 생각된다. 홍옥은 보좌에 유일하게 다가갈 수 있는 것을 상징하는-그리스도의 흘리신 피-붉은 빛의 석영과 같은 것이다. 무지개처럼 둘려 있는 녹보석은 그리스도의 생명을 받은 자들과 맺은 하나님의 영원한 언약을 상징하는 것으로 보인다. 우리 눈에서 인간성의 비늘이 벗겨져 하늘을 볼 수 있게 된다면, 우리는 예전에 한 번도 본 적이 없는 색깔들을 보게 될 것이다. 아마 그것은 수정 바다처럼 투명할 것이다.

"보좌 앞에 수정과 같은 유리 바다가 있고"(6절) 수정과 같은 바다로 인해 얼마나 하나님을 찬양할 수 있겠는가! 미가는 이러한 광경을 볼 때 떠오를 수 있는 바로 그러한 질문을 던진다.

> 주와 같은 신이 어디 있으리이까 주께서는 죄악과 그 기업에 남은 자의 허물을 사유하시며 인애를 기뻐하시므로 진노를 오래 품지 아니하시나이다 다시 우리를 불쌍히 여기셔서 우리의 죄악을 발로 밟으시고 우리의 모든 죄를 깊은 바다에 던지시리이다(미 7:18-19).

하나님의 보좌는 우리가 상상할 수 있는 그 어떤 것보다 뛰어난 것이다. 그러나 히브리서 4장 14-16절은 우리에게 있는 대제사장이신 예수님으로 인해 우리가 담대하게 그 앞으로 나아갈 수 있다고 말한다. 하나님은 우리가 '긍휼하심을 받고 때를 따라 돕는 은혜를 얻기'(16절)를 원하신다.

요한일서 1장 8절은 죄 없는 자는 아무도 없다고 말한다. 그러나 그리스도가 우리의 속죄를 위한 희생제물이 되셨기 때문에 우리는 죄를 고백하면서 하나님께 나아가기를 두려워할 필요가 없다. 보좌가 있는 방의 이미지에서 나는 하나님이 그러한 고백들을 그분의 전능하신 손으로 잡아서 바다에 던져버리는 것을 상상해본다. 아마 그의 보좌 바로 앞에 있는 바다일 것이다. 얼마나 많은 고백이 드려질지라도 이 바다를 가득 채울 수는 없을 것이다. 오히려 하나님이 그것들을 바다로 던지실 때, 나는 우리의 죄가 즉시 존재도 없이 사라지면서 수정같이 맑은 물 속으로 깊이 삼켜지는 즐거운 상상을 해본다.

당신은 심해의 어부인가? 죄책감, 정죄, 불신앙으로 인해서 당신은 옛 죄를 다시 끄집어 올려 그것 때문에 괴로워하고 싶은 생각이 들지는 않는가? 사탄은 계속 우리의 낚시 가이드가 되겠다고 자원해서, 우리가 하나님의 용서를 의심하게 만드는 손쉬운 미끼를 제공한다.

나도 지금까지 살면서 심해 낚시를 했던 적이 있었다. 그것은 정말 엄청난 시간과 정력의 낭비였다. 합당한 바다에서 낚시를 한다면 우리의 낚시줄에는 아무 것도 걸리지 않을 것이다. 줄 끝에 무언가 걸렸다고 생각하고 쳐다보면 헛된 상상에 지나지 않는다는 것을 발견하게 된다. 낡은 신발짝 하나도 건지지 못할 것이다. 그건 그냥 원수에게나 하나 던져 주도록 하자.

성경은 하나님의 보좌에 관한 여러 가지 환상을 일관되게 아름다운 모습으로 그리고 있다. 하나는 이사야 6장 1-5절에 나오며, 다른 것은 에스겔 1장 22-28장에 나온다. 언제나 보좌에 누군가가 앉아 있는 것으로 그려지고 있다는 장점은 얼마나 위안이 되는가! 그분에게는 휴가가 없다. 그분의 주권은 절대로 침해되지 않는다. 그분은 끊임 없이 찬양을 받으신다. 하나님의 거룩함이나 완전한 '타자성'에 대한 삼중 환호성은 보좌가 있는 방에 대한 환상에서만 의미 있게 나타난다.

출애굽기 26장 33절은 구약의 성막 안에서 성소와 지성소를 구분하고 있다. 성소는 제사장들이 매일 주님 앞에서 섬기던 곳이다. 그 안에는 진설병과 촛대와 향단이 놓여 있었다. 휘장 뒤에는 지성소가 있었는데 그곳은 대제사장이 일 년에 단 한 번만 두려움과 떨림으로 들어가는 곳이었다. 하나님의 임재가 지성소의 속죄소 위에 있는 그룹들 사이에 거하였다.

'지성소'라는 용어의 원래 단어는 강조를 위해 '거룩하다'는 단어를 반복하는 것이다. '성소'의 원래 단어는 '거룩한 것'(the Holy)으로 번역될 수 있으며, 지성소는 '거룩하고 거룩한 것'(the Holy Holy)으로 번역될 수 있다.

성경은 어떤 것들을 '거룩한'(holy) 것으로 특징 짓고, 어떤 것들은 '거룩하고 거룩한'(holy holy) 것으로 규정하며, 또 다른 것들은 '거룩하고 거룩하고 거룩한'(holy holy holy) 것으로 묘사한다. 다음의 설명이 설득력이 있는 것인지 모르겠다.

하나님의 백성이 하나님 앞에서 섬기고 수종드는 곳은 성경에서 한 번 '거룩한' 곳으로 불린다. 다른 말로 하면, 우리는 성도로서 하나님을 섬기기 위해 거룩하게 구별되었다. 그러나 이보다 더 거룩한 상호작용이 존재한다. 하나님이 이 땅에서 경외와 진정한 예배를 통해 자기 백성을 만나시기로 승낙하신 곳은 두 번 거룩한 곳으로 규정된다. 진정한 예배는 우리가 이 땅에서 가질 수 있는 가장 거룩한 경험이다. 그러나 그때가 되어 우리가 이 땅을 떠나 하나님 앞에 나아가 그분의 영광스러운 하늘 처소에 서게 되면, 우리는 세 번 거룩한 곳 앞에 서게 될 것이다. 우리는 천사들(seraphim)과 함께 "거룩하다 거룩하다 거룩하다 주 하나님 곧 전능하신 이여"라고 외치게 될 것이다. 스랍(seraph)이라는 단어는 '태우다'라는 뜻이다. 분명히 우리가 하나님의 진정한 임재 앞에 더 가까이 나아가게 되면, 우리는 더욱 열정으로 타오르게 될 것이다.

아마 나처럼 당신도 성삼위일체 하나님의 각기 구별되는 모습이나 나뉘지는 않지만 대비되는 모습을 찾아보려고 할지도 모른다. 이사야, 에스겔, 그리고 요한계시록에 기록된 세 가지 계시에 나타난 보좌에서 삼위일체의 어떤 부분이 묘사되고 있는지 살펴보도록 하자.

성부 하나님이 그 보좌를 차지하고 있다고 생각되거나, 아니면 어떤 구별도 찾지 못하겠다고 생각되면 요한계시록 5장 6절을 읽어 보라.

> 내가 또 보니 보좌와 네 생물과 장로들 사이에 한 어린 양이 섰는데 일찍이 죽임을 당한 것 같더라 그에게 일곱 뿔과 일곱 눈이 있으니 이 눈들은 온 땅에 보내심을 받은 하나님의 일곱 영이더라(계 5:6).

그리스도가 의자 앞에 서 계신다고 우리가 생각하도록 하는 것이 계시자의 의도였다고 생각하지 않는다. 우리는 보좌를 익숙하게 보아온 가구 같은 것으로 생각한다. 비록 하나님은 실제로 권위의 보좌에 앉아 계실 것이 거의 확실하지만, '보좌' 라는 단어는 모든 권위를 행사하는 중심적인 위치를 망라하는 것이다. 나는 에스겔의 환상에서 보좌의 형상이 '사람의 모양' 과 같다고 묘사한 것과 요한복음 12장 41절에서 이사야가 환상을 보았을 때(사 6장) 예수님의 영광을 보았다고 말하는 것에 흥미를 느낀다.

대부분의 신학자들은 보통 삼위일체에서 사람과 같은 모습은 그리스도를 나타내는 것이라고 생각한다. 다니엘 7장과 요한계시록 5장을 비교해 보면, 아버지와 아들이 함께 보좌가 있는 방에 거하신다. 이것은 구약에서는 성부 하나님이 그리스도를 드러내기를 가장 원하시며, 신약에서는 그리스도가 성부 하나님을 드러내기를 가장 원하신다는 것을 보여주는 것이 아닐까? 나는 그것이 상당히 가능성이 있으며 서로가 상대방을 드러내고 있다고 보여진다.

다시 요한계시록 4장으로 돌아가 보자. 사랑하는 그대들이여, 요한의 계시에서 고정점은 우주 전체에서 변하지 않는 동일한 지점이다. 모든 존재의 중심은 보좌에 앉으신 하나님이다. 요한은 우리 모두가 경험해 볼 수 있기를 비밀스럽게 원하는 일, 머리칼이 쭈뼛하게 서고 관점을 변화시키는 어떤 일을 경험해 볼 기회를 얻었다. 요한계시록 4장과 그 이후 잠시 동안, 그는 하늘의 관점에서 삶을 보게 되었다. 그의 묘사에서 그는 엄청나게 심오한 사실을 암암리에 드러내었다.

'존재하는 다른 모든 것은 하나님의 보좌와의 관계에서만 가장 정확하게 설명된다.'

우리의 근시안적인 비전에 대해 논의하기 전에(벧후 1:9), 하나님은 자신의 놀라운 창조물을 바라보고 계시며 우리를 너무나 사랑하신다는 사실을 결코 잊지 마라. 하나님이 우리를 자신의 뜻대로 창조하셨다고 분명히 말하고 있는 요한계시록 4장 11절을 자세히 살펴보자.

> 우리 주 하나님이여 영광과 존귀와 권능을 받으시는 것이 합당하오니 주께서 만물을 지으신지라 만물이 주의 뜻대로 있었고 또 지으심을 받았나이다 하더라.

하나님의 '세레마'(thelema, '뜻')는 기쁨의 표현이거나 성향 또는 기쁨을 즐거워하고 창조하는 소망이나 바람이다.[1] 다른 말로 하면, 그분은 자신에게 기쁨이 되기 때문에 우리를 창조하신 것이다. 우리의 태도나 행동이 항상 하나님을 기쁘시게 하는 것은 아니지만 우리를 창조하고, 사랑하고, 구속하는 것은 그분에게 엄청난 기쁨을 주는 일이다.

인간의 많은 문제는 만족할 줄 모르는 우리의 선천적인 자기 중심성에서부터 생겨난다. 우리는 종종 자신을 우주의 중심으로 여기며 다른 모든 것들을 하나님이 아니라 우리 자신과의 관계로 설명하려고 한다. 인간의 정신은 들어오는 모든 정보를 자신의 자아와 관련지어서 처리한다. 예를 들어 뉴스에서 경제 침체를 예보하면 보통 사람들은 자동적으로 그것이 자신에게 의미하는 바가 무엇인지 생각하게 된다.

자연스런 반응이기는 하지만 지속될 경우 이런 식의 자기 몰입은 비참한 결과를 낳는다. 여러 가지 점에서 우리의 자기 중심주의는 전능함에 대한 비밀스런 욕구이다. 우리는 스스로 신이 되어 모든 권력을 갖고 싶어한다.

우리의 첫 번째 반응은 우리에게 하나님처럼 되기를 원하는 욕구가 있다는 점을 부인하려는 것일지도 모르지만, 그러나 우리는 얼마나 자주 우리 가운데 있는 대부분의 문제들을 해결하기 위해 직접적인 책임을 맡으려고 하는가? 우리는 얼마나 자주 우리가 아는 사람들을 변화시키려고 시도하고, 사람을 조종하는 마약으로 우리의 통제 중독증세를 만족시키려고 하는가? 간단히 말해서 우리는 하나님 역할을 하려고 한다. 솔직히 말해서 그것은 진을 빼는 일이다.

하나님은 주무시지도 않고 졸지도 않으신다는 것은 정말 놀라운 일이다(시 121:3). 구속받은 우리는 또한 고린도전서 2장 16절에서 말하고 있는 '그리스도의 마음'도 받았다. 우리가 말씀으로 인생을 창조하신 분의 우월한 관점으로 인생을 보는 법을 배우면 배울수록 인생은 더 정확한 판단과 관점을 가지게 될 것이다.

당신이 가장 어렵게 여기는 문제들을 생각해 보라. 그것들을 마음에 그려보라. 그리고 그 문제들 앞에 '보좌 앞에서'라는 낙인을 찍어 보라.

기도하는 마음은 그러한 도전들을 이 땅의 불안과 불확실성으로부터 하나님의 보좌로 옮겨 놓을 것이다. 오직 그렇게 할 때에야 그것들을 신뢰할 수 있는 정확성과 한없는 소망을 가지고 볼 수 있게 될 것이다. 눈을 감은 채로 쉬지 않고 "거룩하다 거룩하다 거룩하다"라고 외치는 영광스러운 스랍들의 모습을 그려 보라. 보좌로부터 나오는 번개를 상상해 보고 우레와 천둥소리를 들어 보라. 하나님의 존귀함에 압도되어 면류관을 보좌 앞에 던지고 있는 장로들의 모습을 그려 보라.

개인적인 확신을 가지고 당신에게 다음의 질문을 던진다. 당신은 복되고 유일한 통치자이시며, 왕의 왕이요 주의 주이시며, 홀로 영존하시고 다가갈 수 없는 빛에 거하시는 하나님이 우리의 삶과 문제들을 다루실 수 있다고 생각하는가? 사랑하는 그대들이여, 믿음의 선한 싸움을 싸우라! 은혜의 보좌 앞에 담대하게 나아가라. 우리의 하나님은 크신 분이시다.

어린 양

합당한 자가 보이지 아니하기로 내가 크게 울었더니…
내가 또 보니… 어린 양이 서 있는데…(계 5:4, 6).

요한과 함께 울고 싶은 심정이다. 우리는 아직 수업을 시작하지도 않은 것이다. 나는 우리가 진정한 랍오니의 발 밑에 앉아 그분이 엠마오로 가던 두 제자에게 하셨던 것처럼 자신의 말씀을 설명하는 것을 듣는 날이 오기를 얼마나 열망하는지….

"이에 모세와 모든 선지자의 글로 시작하여 모든 성경에 쓴 바 자기에 관한 것을 자세히 설명하시니라"(눅 24:27).

나는 울지 않을 수 없다. 우리가 성경을 완벽하게 이해할 수 있고, 거대하고 빛나는 다이아몬드처럼 이 말씀을 붙들 수만 있다면…. 옛 언약의 프리즘에 의해 비쳐지는 다양한 빛 속에서만 우리는 새 언약을 보기 위해 다이아몬드를 기울여 볼 수 있다. 성경은 하나님의 걸작품이다. 경이로운 신비와 놀라운 일관성을 점진적으로 밝혀주는 것이다. 강당에서 좋은 자리를 차지하라. 우리의 연구는 성경의 가장 심오하고 일관성 있는 개념이 완전하게 드러나는 강단 앞으로 우리를 인도할 것이다.

"내가 보매 보좌에 앉으신 이의 오른손에 두루마리가 있으니 안팎으로 썼고 일곱 인으로 봉하였더라"(계 5:1).

우리는 이 두루마리가 어떤 것인지 잘 모른다. 한 가지 가능성은 이것이 에스겔의 환상에 나온 것과 유사하다는 것이다(겔 2:9-10). 그 속에는 비탄과 저주의 말이 담겨 있었다. 분명히 앞으로 나올 부분은 저주를 선포하며, 그것이 요한계시록 5장 1절의 두루마리를 의미할 가능성은 충분하다. 그러나 그리스도가 의기양양하게 두루마리의 인봉을 떼실 때 찬양이 터져 나오는 것을 보면, 그 두루마리가 오직 저주와 비탄과만 관련될 수 있는 것인지 의문을 품게 된다. 인봉 그 자체는 진노를 포함하는 것이지만, 그 안에 담겨진 말씀은 영광스러운 것이라고 나는 생각한다.

성경 해석자들은 또 다른 가능성을 제시한다. 즉, 이 두루마리는 이 땅에 있는 모든 것들의 완성과 하늘에 있는 모든 것으로의 변화와 관련된 하나님의 뜻 혹은 언약을 의미한다는 것이다. 고대 로마에서는 유언이나 언약을 여섯 개의 인장으로 봉인하였다. 이것과 약간 다른 모습인 이 장면은 로마의 상속법과 비교된다. 어떤 학자들은 이 두루마리가 이 땅에 대한 권리 증서라고 생각한다.

궁금하기는 하지만 나는 이 두루마리의 정확한 정체를 몰라도 편안한데, 그것이 무엇이든지 간에 그리스도의 손에 들려져 있기 때문이다. 이제 2절과 3절에 집중해 보자. 이 사건은 아주 짧은 순간에 일어난 일이 아니다.

또 보매 힘 있는 천사가 큰 음성으로 외치기를 누가 두루마리를 펴며 그 인을 떼기에 합당하냐 하니 하늘 위에나 땅 위에나 땅 아래에 능히 그 두루마리를 펴거나 보거나 할 자가 없더라(계 5:2-3).

'외치기를'에 해당되는 헬라어 동사의 시제는 힘 있는 천사가 합당한 자를 찾으려고 이리 저리로 살펴보면서 이 질문을 여러 번 반복했다는 것을 암시한다. 아무 대답도 없는 침묵은 듣는 자들의 근심을 고조시켰다.

요한은 "이 두루마리를 펴거나 보거나 하기에 합당한 자가 보이지 않기로 내가 크게 울었더니"(계 5:4)라고 기록하고 있다. 그의 반응은 이 두루마리의 중요성을 분명하게 보여 준다. 지금쯤 당신은 머리 속에 요한의 모습을 그릴 수 있을 것이고, 마음속에 그에 대한 애정이 생겨났을 것이다. 성령의 능력과 임재가 우리의 느낌을 무디게 만들지는 않는다는 점을 기억하라. 성령은 생명을 가져온다. 요한의 감각들 하나하나가 모두 빨라진 것이 분명하다. 보좌의 모습을 본 그의 반응은 형용할 수 없는 경외감이었을 것이다. 그가 천사의 외침을 들었을 때 슬픔의 파도가 경외하는 마음에 충돌을 일으켰다. '울었다'에 해당되는 단어는 비통의 감정을 동반하는 것을 의미한다.

앞장에서 우리는 요한과 함께 하나님의 보좌에 대한 환상을 목격하면서 그 자리에 꼼짝 못한 채 서 있었다. 5장으로 넘어오면서 무언가 극적인 일이 일어난 것이다. 갑자기 요한은 계시를 보지 않는다. 그가 그 장면의 한 부분이 되었다. 앞에서 그는 장로들이 면류관을 보좌 앞에 던지는 것을 구경하고 있었는데, 이제 그가 울고 있을 때 한 명의 장로가 그에게 다가온다.

> 장로 중에 하나가 내게 말하되, "울지 말라 유대 지파의 사자 다윗의 뿌리가 이겼으니 그 두루마리와 그 일곱 인을 떼시리라" 하더라.
> 내가 또 보니 보좌와 네 생물과 장로들 사이에 어린 양이 섰는데 일찍 죽임을 당한 것 같더라. 그에게 일곱 뿔과 일곱 눈이 있으니 이 눈들은 온 땅에 보내심을 받은 하나님의 일곱 영이더라(계 5:5-6).

요한은 그 장로가 설명하였던 대로 사자 한 마리를 보게 되리라고 기대했을 것이다. 그러나 대신에 그는 '일찍 죽임을 당한 것 같은 어린 양'을 보았다. 유다 지파의 사자는 그 두루마리에 기록되어 있었을 계획에 따라 가능한 유일한 방법으로 승리를 거두었다. 죽임을 당한 어린 양으로서. 간단하게 말하면, 그 사자는 죽임을 당한 어린 양이 됨으로써 승리한 것이다.

요한계시록 4장은 하나님의 창조를 찬양하는 장로들의 찬송으로 마무리된다. 5장에서는 그 찬송이 어린 양에게 돌려지고 있고 '새 노래'로 불려지고 있다(9-10절). 어째서 이 찬양이 새 노래인가? 그 이유는 4장에 묘사되고 있는 것과 같은 찬양은 영원토록 불려지고 있었지만, '새로운'이라는 단어는 시간과 관계된 단어이기 때문이 아닐까? '오래된'(old)과 '새로운'(new)과 같은 단어는 오직 창조된 시간 내에서 피조물들에게만 의미를 갖는 것이다. 그 단어들은 하늘에 있는 것과는 아무런 상관이 없다.

분명히 이 땅에서 시간에 제약을 받으면서 '새 노래'를 부르는 자들과 관련하여 무언가 영광스러운 일이 일어난 것이다. 어떤 일이 일어났는지 그 노래가 말해 주고 있다.

두루마리를 가지시고 그 인봉을 떼기에 합당하시도다 일찍 죽임을 당하사 각 족속과 방언과 백성과 나라 가운데에서 사람들을 피로 사서 하나님께 드리시고 그들로 우리 하나님 앞에서 나라와 제사장들을 삼으셨으니 그들이 땅에서 왕노릇 하리로다 하더라(계 5:9-10).

사랑하는 그대들이여, 이 새 노래는 이 땅에 관련된 무엇인가와 관계가 있을 뿐 아니라 그것은 이 땅의 불변하는 유일한 소망을 선포한다. 죽임을 당한 어린 양!

성경 전체를 통해서 하나님께 주어진 명칭들은 그것들이 등장하는 구절들이 들어있는 정확한 맥락 가운데서 영감을 받은 것들이었다. 궁극적으로 인류와 이 땅과 관련된 모든 것들의 종말을 예언하는 계시에서 요한이 스물여덟 번이나 그리스도를 '어린 양'으로 언급하고 있는 것은 결코 우연이 아니다. 요한계시록에서 그리스도에 관한 주된 이미지는 의심할 바 없이 어린 양으로서의 예수다. 이 칭호는 거룩한 문서의 대단원에서 불꽃놀이처럼 반복해서 터져 나온다. 그럴만한 충분한 이유가 있다. 하나님의 말씀에 나오는 그 어떤 개념도 이것보다 더 일관된 것은 없다.

요한계시록 13장 8절은 예수님을 '창세 이후로 죽임을 당한 어린 양'이라고 장엄하게 부르고 있다. 우리가 알듯이 인간의 타락은 하나님을 놀라게 하지 않았다. "빛이 있으라" 하고 말씀하시기 전에 하나님은 기본적으로 "계획이 있으라. 창세로부터 죽임을 당한 어린 양"이라고 말씀하셨다.

창세기 1장 24-25절은 동물의 창조에 대해 언급하고 있다. 수많은 동물들 가운데 하나님은 어린 양을 창조하셨다. 나는 가끔 혹시 하나님은 감상적인 분이 아닐까 하고 생각하게 된다. 그것은 성경 전체에서 나타나며, 감상적인 사람들인 우리가 그분의 형상으로 창조된 것을 볼 때 그렇다. 나는 하나님이 어린 양을 아무 생각 없이 창조하셨다고 생각하지 않는다. 그분은 이 작고 연약한 동물에게 부여되는 심오한 의미를 알고 계셨다. 아담은 동물들이 창조되기 전까지는 아직 창조되지 않았다. 하나님은 자신의 최고 걸작품으로 여겨지는 것을 최후의 순간까지 남겨두셨다. 나는 어린 양이 사람보다 먼저 창조되었다는 사실이 아주 타당하다고 생각한다. 구약의 전 세대에 걸쳐, 사람에게는 엄청난 수의 어린 양이 필요했기 때문이다.

죄로 인해 아담과 하와가 낙원에서 쫓겨난 후 "여호와 하나님이 아담과 그의 아내를 위하여 가죽옷을 지어 입히셨다"(창 3:21). 이것이 희생 죽음에 대한 첫 번째 언급이다. 하나님이 그들에게 가죽옷을 입히신 것을 보면, 우리는 그들에게 가죽을 제공하기 위해 동물이 희생되었다는 것을 알 수 있다. 그 동물이 어린 양인지 아닌지는 확실히 모르겠지만 다른 것일 가능성은 별로 없어 보인다.

창세기 4장 4절은 첫 번째 희생 제사를 기록하고 있다.

"아벨은 자기도 양의 첫 새끼와 그 기름으로 드렸더니."

가인은 땅의 소산으로 제사를 드렸으나 여호와는 아벨의 제사만 기쁘게 받으셨다. 인간이 낙원 밖에서 살게 되면서부터 성경에 희생 제사가 나타나게 되는 것은 결코 우연이 아니다. 하나님은 아벨을 편애하신 것이 아니다. 그분은 아벨의 제물을 편애하신 것이다. 별도의 언급이 없으면, 성경에서 가축은 거의 언제나 양을 의미한다. 구약에서부터 신약에 이르기까지 하나님은 상징적으로 어린 양의 피로 덮여진 자들을 호의적으로 보신다. 7절은 가인이 옳은 일이 무엇인지 알았으며, 희생 제물을 가져올 기회가 동일하게 있었다는 점을 암시한다. 성경에 나오는 모든 반역의 기본 주장은 어린 양의 피를 거부하는 것이다.

창세기 22장은 아브라함이 하나님께 대한 순종으로 자신의 아들 이삭을 기꺼이 희생 제물로 드리는 내용을 담고 있다. 성경에서 '어린 양'이라는 단어가 가장 먼저 나오는 곳이 창 22장이라는 것은 결코 우연이 아니다. '희생'과 '경배'라는 단어가 같은 장에서 나오고, '사랑'이라는 단어가 두 번째로 나오는 것은 아주 적절한 일이다.

아브라함이 하나님께 제물로 드리기 위해 자신의 아들을 죽이기 바로 직전 하나님의 천사가 나타났다. 하나님은 아들을 대신해서 수풀에 걸려 있었던 숫양을 제공하셨다. 나는 '숫양'을 뜻하는 단어인 '아일'(ayil)의 정의를 읽으면서 전율을 느꼈다. 그 의미는 '일반적으로 더 공격적이고 다른 양떼를 보호하는 숫양'이다. 우리의 어린 양이신 예수님은 정말로 양떼를 적극적으로 보호하는 분이시다−자신의 피를 흘리면서까지. 갈라디아서는 이 드라마를 아브라함에게 먼저 선포된 복음이라고 부른다(갈 3:8; 롬 9:7).

그 숫양은 뿔이 수풀에 걸려 있었기 때문에 아브라함이 사용할 수 있었다. 뿔은 구약 전반에 걸쳐서 매우 의미 있는 것으로 나타나며, 제단 구석에 설치되어 어린 양을 단단히 묶을 수 있는 역할을 한다. 요한계시록 5장 6절은 어린 양이 "일곱 뿔과 일곱 눈이 있으니 이 눈들은 온 땅에 보내심을 받은 하나님의 일곱 영이더라"고 말하고 있다.

우리는 그리스도가 괴물처럼 이상하게 보인다고 해도 두려워할 필요가 없다. 요한의 언어는 상징적인 것이다. 다니엘과 요한계시록의 예언에서 뿔은 권세와 능력을 상징한다. 이 땅을 구속하는 어린 양의 능력과 권세는 그가 기꺼이 죽임을 맞이하려는 데서부터 나온다.

우리는 구약에서 출애굽기 12장에 기록된 것보다 희생 어린 양의 피를 더 완벽하게 보여주는 그림을 찾아볼 수 없다. 애굽에 내린 마지막 재앙은 초태생의 죽음이라는 형태로 찾아왔다. 이스라엘의 모든 가족들은 문설주에 발린 유월절 어린 양의 피로 인해 보호를 받았다.

낙원 밖에서 직접적으로 펼쳐지는 대리적 구속의 개념은 이삭이 모리아 산에서 했던 설교처럼 울려 퍼지며, 노예 이스라엘의 문설주로부터 줄줄 흘러내리며, 구약 시대 전반에 걸쳐서 지속적으로 나타나고 있다. 수세기 동안 성막과 성전의 제단에서 셀 수 없이 많은 동물들이 희생되었다. 솔로몬의 성전 봉헌식에서는 너무나 많은 희생 제사가 드려졌기 때문에 그 수를 셀 수조차 없었다.

이스라엘 편에서 하나님이 베푸신 기이한 역사는 놀라울 지경이다. 그들이 하나님을 따르는 한, 하나님은 그들을 위해 싸우셨다. 그러나 그들은 반복해서 우상 숭배에 빠져들었다. 선지자들을 보내어 경고의 메시지를 보낸 다음 구약성경은 갑자기 멈춰 선다. 그러나 약속은 이미 주어졌다.

"보라 여호와의 크고 두려운 날이 이르기 전에 내가 선지자 엘리야를 너희에게 보내리니"(말 4:5).

다른 많은 예언에서와 마찬가지로 하나님은 상징적으로 말씀하셨다. 마태복음 11장 12-14절에 의하면, 침(세)례 요한이 이 예언을 성취하였다. 침(세)례 요한이 예수님을 보았을 때 했던 첫 번째 말을 주목하라.

"보라 세상 죄를 지고 가는 하나님의 어린 양이로다"(요 1:29).

누가복음 22장은 그리스도가 제자들과 함께 잡수신 마지막 만찬을 기록하고 있다. 유대인의 하루는 해가 질 때부터 시작되어 그 다음 날까지 이어지기 때문에 그리스도는 제자들과 함께 마지막 식사를 하셨던 바로 '그날'에 십자가에 달리신 것이다. 누가복음 22장 14절에 따르면, 그날이 바로 예수님의 때가 이른 날이었다.

우리가 단지 희미한 모습만 본 것뿐이라는 사실을 깨닫는가? 그러나 그것은 일관되게 나타나는 것이다. 어린 양, 그 어린 양, 그 어린 양! 그러므로 모든 것을 성취하고, 숫양의 뿔로부터 터져 나오는 승리의 함성처럼 이 칭호를 외치는 성경 요한계시록, 그 양모섬유를 우리가 놓치는 일은 없을 것이다. 한 번도 아니다. 두 번도 아니다. 스물여덟 번이다. 세상의 구원을 위해 세상의 시초부터 죽임을 당한 어린 양….

사람은 자기가 원하는 대로 자기의 거만한 주먹을 흔들어 댈 수는 있지만, 결코 하나님을 흔들 수는 없을 것이다. 계획은 확고하다. 다른 계획은 없다. 모든 것이 하나님이 계획하시는 대로 되어 간다. 우리는 주변을 둘러보고 이 타락하고 잃어버린 세상의 비참한 땅 위로 머리를 쑥 내민다. 그러는 동안 하나님은 보좌에 앉으셔서 이렇게 말씀하신다.

'인간이 존재하는 한, 나에게는 어린 양이 있다.'

"내가 또 보고 들으매 보좌와 생물들과 장로들을 둘러 선 많은 천사의 음성이 있으니 그 수가 만만이요 천천이라. 큰 음성으로 이르되 죽임을 당하신 어린 양은 능력과 부와 지혜와 힘과 존귀와 영광과 찬송을 받으시기에 합당하도다(계 5:11-12).

제 10 부

축복 기도

이제 우리는 마지막 부분에 이르렀다.

너무 빨리 긴장을 풀지는 마라. 여행의 마지막 부분에서도 아직 볼 만한 것들이 수없이 우리를 기다리고 있다. 어떤 것들은 우리를 흥분시킬 것이다. 우리를 놀라게 하는 것들도 있을 것이다. 그 모든 것들은 우리를 변화시키고 우리의 미래를 준비시켜 주는 것이다. 성경의 어떤 책도 요한계시록만큼 우리가 예수 그리스도에게 속해 있다는 것을 더 감사히 여기게 해주는 것은 없다.

"그리스도 예수 안에 있는 자에게는 결코 정죄함이 없다"(롬 8:1)는 사실을 결코 놓치지 마라. 지금까지 우리는 수많은 잃어버린 사람들을 보면서 걸어왔지만, 우리의 미래는 말 그대로 완전히 다를 것이다. 하나님이 우리에게 불신자들을 위해 기도하고자 하는 열망과 두려움이 아니라 믿음을 더욱 열심히 나누고자 하는 열망을 배가시켜 주시길 소망한다. 그 과정에서 우리는 '전에도 계셨고 이제도 계시고 장차 오실 전능하신' 분의 지혜와 영원한 계획을 신뢰할 수 있다.

다른 누구도 부를 수 없는 노래

그들이 보좌 앞과 네 생물과 장로들 앞에서 새 노래를 부르니 땅에서 속량함을 받은 십사만 사천밖에는 능히 이 노래를 배울 자가 없더라(계 14:3).

요점만 다루고 넘어가기가 거의 불가능한 아주 흥미 있는 부분에 이르렀다. 몇 장만 더 가면 우리는 서로 끌어안고 작별 인사를 나누게 될 것이다. 당신은 완벽한 여행 동반자였으며, 나는 당신과 함께 이 마지막 여행을 할 수 있는 특권을 누린 것에 감사드린다. 이제 요한계시록 14장을 집중적으로 생각해 볼 것이다.

당신은 이 장의 분위기로부터 이 책의 파동이 점차 고조되고 있다는 것을 알 수 있을 것이다. 주의 깊게 들어보면, 심판의 분위기로 가득 찬 공기를 가르는 낫의 쇳소리를 들을 수 있다. 오래 전부터 예언된 주의 날, 그분이 모든 계산을 청산하시는 날이 점점 가까이 다가오고 있다. 그날에 대해 조금만 생각해 봐도 두려움과 기대가 섞인 감정이 한꺼번에 밀려온다. 나는 그분의 나라가 도래하기를 열망하지만, 그러나 심판이 이르기 전에 모든 사람들이 그리스도를 고백하기를 간절히 원한다. 우리의 다음 장은 힘든 것이 될 것인데, 하나님의 진노를 다루게 될 것이기 때문이다. 이 성경은 우리가 그 교훈을 받을 준비가 되도록 서론을 제공해 주며, 우리의 신실하신 하나님의 완전한 계획과 공급을 상기시켜 준다.

어린 양과 함께 한 십사만 사천 명의 승리자의 환상이 요한계시록 13장에 묘사된 두 짐승에 관한 무서운 예언에 뒤이어 나오는 것은 다분히 의도적이다. 어둠의 왕국에 관한 성경 연구에서 내가 배운 첫 번째 원리는 사탄은 하나님이 하시는 어떤 일에 대해서도 모조품을 만들려고 한다는 것이다. 우리는 이 점에 대해 놀라서는 안 된다.

나는 이사야의 표현이 사탄, 곧 '하늘에서 떨어진'(14:12) 계명성에게만 적용되는 것이라고 확신한다. 이사야 14장 14절에서 사탄은 자신의 불경한 목표를 선언한다.

"가장 높은 구름에 올라가 지극히 높은 이와 같아지리라."

요한계시록 13장 전체를 통해서 어둠의 왕국은 왜곡되고 악한 의도를 가지고 하나님의 사역을 모방하려고 한다.

세상을 향한 하나님의 계획 속에서 왜 이러한 악이 횡행하도록 허용되고 있는지 우리가 이해하기는 어렵다. 그러나 요한계시록은 빛과 어둠 둘 다를 이 땅에 가져오는 미래의 사건을 기록하고 있다는 점을 이해하도록 하자. 그러나 하나님의 빛이 사탄의 깊은 어두움보다 비교할 수 없을 정도로 밝다는 사실을 결코 잊지 마라.

하나님과 사탄은 서로 대립하기는 하지만 결코 동등한 세력이 아니다. 하나님은 사탄이 존재하도록 허용하시며, 궁극적으로 이 땅을 향한 하나님 나라 사역에서 어떤 중요한 요소를 만족시키는 방식으로만 활동하도록 허용하신다. 사탄이 피할 수 없는 최후를 맞기 전에, 하나님은 그가 오래된 가면을 벗고 어느 정도 자신을 드러내도록 허락하실 것이다. 요한계시록은 예수 그리스도가 궁극적으로 베일을 벗으시는 것에 초점을 맞추고 있지만, 성경의 축복은 만물들이-선한 것이든 악한 것이든, 순수한 것이든 오염된 것이든, 하늘이든 지옥이든-드러나게 될 것임을 적절하게 암시하고 있다.

요한계시록 13장에 기록된 상상할 수도 없는 대학살 이후에 하나님은 생존을 위한 표를 받은 남은 자와 많은 물소리, 뇌성, 그리고 거문고 소리의 환상으로 그 사랑하시는 제자의 목마른 영혼을 새롭게 하셨다. 요한계시록 14장 1-5절의 감동을 느껴보고, 앞장의 비통함에 뒤이어 나오는 치유의 강장제를 마셔 보라.

또 내가 보니 어린 양이 시온산에 섰고 그와 함께 십사만 사천이 서 있는데 그 이마에 어린 양의 이름과 그 아버지의 이름을 쓴 것이 있더라. 내가 하늘에서 나는 소리를 들으니 많은 물소리와도 같고 큰 우렛소리와도 같은데 내가 들은 소리는 거문고 타는 자들이 그 거문고 타는 것 같더라. 그들이 보좌 앞과 네 생물과 장로들 앞에서 새 노래를 부르니 땅에서 속량함을 얻은 십사만 사천밖에는 능히 이 노래를 배울 자가 없더라. 이 사람들은 여자와 더불어 더럽히지 아니하고 순결한 자라 어린 양이 어디로 인도하든지 따라가는 자며 사람 가운데에서 속량함을 받아 처음 익은 열매로 하나님과 어린 양에게 속한 자들이니 그 입에 거짓말이 없고 흠이 없는 자들이더라.

이 사람들이 요한계시록 7장 1-8절에 나오는 144,000명과 동일한 사람들인가 하는 점에 대해서는 학자들마다 의견이 다르다. 나는 3절과 4절에 의하면 그들이 동일한 사람들이라고 생각한다. 7장에서 언급된 144,000명은 살아 계신 하나님의 봉인으로 인치심을 받았다. 요한계시록 14장의 144,000명은 낙인을 받았다. 어린 양의 이름과 그 아버지의 이름으로, 그들의 이마에…. 이 이름이 육신의 눈에 보이는 것이라고 쉽게 추정해 버릴 수는 없을 것 같다. 요한은 지금 자연계를 훨씬 넘어서는 환상을 보고 있다는 점을 기억하라. 요한이 본 것은 하늘의 천군과 지옥의 악마들이 볼 수 있는 낙인이 찍힌 144,000명이라고 생각한다. 이 점을 강조하는 이유가 무엇인가? 왜냐하면, 나는 우리가 이 144,000명과 유사한 점을 가지고 있다고 믿기 때문이다. '낙인을 받은' 사람은 그들만이 아니다. 에베소서 1장 13절은 이렇게 말한다.

"그 안에서 너희도 진리의 말씀 곧 너희의 구원의 복음을 듣고 그 안에서 또한 믿어 약속의 성령으로 인치심을 받았으니."

하나님의 말씀 안에 있는 개념은 구약에서부터 신약까지 아주 일관성이 있다. 성막 시대 제사장 제도 하에서, 하나님은 제사장이 이마에 띠를 두르도록 출애굽기 28장 36-38절에 지시하셨다. 그 띠에는 '여호와께 성결' (36절)이라고 새겨진 패가 붙어 있었다.

'이마'에 붙은 명패의 유사성에 주목해 보라. 베드로전서 2장 9절에 의하면, 우리는 왕 같은 제사장이다. 에베소서 1장 13절은 우리가 인치심을 받았다고 말한다. 우리가 신약의 제사장이고 인치심을 받았다면, 그것은 우리 이마에 있는 것이 아니겠는가? 우리는 다만 상상만 할 수 있을 뿐이다. 한 가지는 분명하다고 생각한다. 우리는 인치심을 받았으며, 초자연계에서 보면 이러한 인치심이 분명히 보여질 것이라는 점이다.

사랑하는 그대들이여, 당신은 자신이 구원을 받았는지 여부가 의심스러워 고민을 할런지도 모르지만 내가 믿기에는 보이지 않는 세계의 천사나 악마들 가운데 그 점에 대해 조금이라도 의심하는 자는 하나도 없을 것이다. 구원받은 우리는 우리 아버지의 낙인을 받았다. 디모데후서 2장 19절에서도 그것을 말하고 있다.

"그러나 하나님의 견고한 터는 섰으니 인침이 있어 일렀으되 주께서 자기 백성을 아신다."

144,000명이 문자적인 숫자인지 아니면 상징적인 수인지, 또한 이 환상에 등장하는 시온산이 이 땅에 있는 것인지 아니면 하늘에 있는 것인지에 대해 학

자들의 견해가 나누어진다. 두 번째 문제에 관해서는, 성경은 분명히 두 가지 모두를 가리키고 있다. 이 장을 공부하는 누구라도 범할 수 있는 잘못은 이것이 상징이라고 주장하다가 그 노래를 놓쳐버리는 것이다.

3절을 다시 한 번 보라. 땅에서 구속함을 얻은 십사만 사천 명밖에는 능히 배울 수 없는 노래, 요한이 그 노래를 들었다는 사실을 놓치지 않길 바란다. 그러나 그는 그 노래를 배울 수 없었다. 그것은 '새 노래'였다는 점에 주목하라.

나는 노래를 잘 부르지는 못하지만, 하나님을 찬양하는 노래를 부르는 것은 정말 좋아한다. 우리 교회에는 멋진 찬양팀이 있다. 나는 매주 새 노래를 배우은 것을 즐긴다. 그러나 우리가 부르는 대부분의 노래가 내게 익숙하지 않은 곡이라는 사실 때문에 때로는 약간 짜증이 나기도 한다. 그러나 지금 내가 좋아하는 모든 노래가 처음에는 전혀 몰랐던 노래였다는 것을 생각하면, 나는 종종 내가 얼마나 어리석은 사람인가 생각하곤 한다.

내가 가장 좋아하는 노래들은 경험과 사랑의 필터를 통과하여 하나님께 반복해서 찬양을 드리면서 '나의 것'이 된 것들이다. 이러한 취향은 자기 중심적이고 자기 몰입적인 것이지만, 나에게 있어 찬양과 경배는 매우 개인적인 것이다. 사실 내 발이 이 땅에 붙어 있는 한, 하늘에 계신 하나님께 목소리를 높여 찬양드리는 것보다 내가 하나님을 더 친밀하게 만나는 순간은 없을 것이다. 찬양에 몰입할 때, 나는 오직 하나님과만 둘이서 성전에 있는 것이다.

광야를 지나는 시기에 새로운 소망이 솟아오르면, 나는 그 어느 때보다 새 노래를 부르고 싶은 마음이 일어난다. '주께 외치라'는 노래는 영원토록 나에게 특별한 것이 될 텐데, 왜냐하면 내가 깊은 고통 중에 있을 때 이 노래를 처음으로 들었기 때문이다. 그 노랫말은 내가 살아남을 것이고 나아가 다시 한 번 번성할 것이라는 하나님이 주신 소망으로 내 영혼에 다가왔다. 이 노래를 사용해서 요한계시록 14장 3절을 예시적으로 설명해 보려 한다. 처음에 나는 이 '새 노래'를 '들었고' 그 후에 이 노래를 '배웠다.' 이 노래를 '배우려는' 동기는 힘겨웠지만 하나님과 함께 하였던 이상할 정도로 아름다운 시절에 그 노래 소리를 통하여 나의 경험에 다가왔다.

요한은 '새 노래'를 '들었다.' 그러나 땅에서 구속함을 얻은 십사만 사천 명 밖에는 '능히 이 노래를 배울 자가' 없었다. 요한계시록 14장 3절에 나오는 새 노래와 관련해서 '새로운'이라는 헬라어 단어는 숫자가 아니라 질적인 측면에서 새로운 것을 의미한다. 다른 말로 하면 그 노래는 CCM에서 새로 출시된 노래와 같은 것을 의미하는 게 아니다. 144,000명의 노래는 전에 불렸던 그 어떤 것과도 질적으로 완전히 다르기 때문에 새로운 것이었다. 달리 말하자면 이 노래는 다른 어떤 노래가 주었던 의미와도 완전히 다른 의미를 준 것이다. 다른 누구도 이 노래를 배울 수 없었던 이유는 무엇인가? 왜냐하면 그 누구도 그 노래를 알지 못했기 때문이다. 그들의 독특한 경험을 통하여 하나님은 오직 그들만이 배울 수 있는 노래를 주신 것이다.

시편 40편은 하나님이 다윗을 기가 막힐 웅덩이에서 건지셨을 때 그에게 새 노래를 주셨다고 말하고 있다. 기꺼이 그렇게 하고자 하는 사람이라면, 고통 중에 얻는 승리를 통하여 우리 영혼에서 솟아 나오는 새 노래를 하나님으로부터 받을 수 있다고 말하고 싶다. 음악 악보의 형태는 아닐지라도 마음에 새겨진 신선한 진리의 형태로. 이것은 믿음을 지키고 어려운 역경 가운데 하나님의 구원을 기다리는 사람들에게 언젠가 주어지는 귀중한 선물이다. 다른 사람들도 이 노래를 '들을 수는' 있겠지만 경험적으로 '배울 수는' 없을 것이다.

이러한 개념은 때때로 나에게는 생명인 동시에 거의 죽음과도 같은 것이다. 나는 까불거리며 뛰노는 고래처럼 시련과 고통의 깊은 바다로부터 마침내 솟구쳐 오르는 새 노래를 선물로 받기를 좋아한다. 동시에 나는 사람들에게 하나님을 사랑하고 신뢰하며 그의 아들을 만나는 것이 인생 최대의 모험이라는 사실을 말로 설명할 수 없다는 것 때문에 표현할 수 없을 만큼 속이 상하기도 한다. 나는 그리스도의 몸에 속한 모든 지체들이 예수님을 열정적으로 사랑하고 나로 하여금 그분 안에서 감격의 눈물을 흘리게 만드는 놀랍도록 풍성한 삶을 살기를 간절히 바란다. 나는 실제로 사역을 하면서 이러 저리 뛰어다니며 이렇게 강조해서 말한다.

"그분이 나에게 이렇게 하실 수 있다면 어느 누구에게도 이렇게 하실 수 있다!"

예수님이 그들의 개인적인 삶, 상처, 상실, 그리고 실패를 직접 구속하시도록 할 때까지 그들은 노래를 듣기는 해도 배울 수는 없다. 마음의 노래는 개인적인 믿음의 경험을 통해서만 배울 수 있는 것이다. 그러나 일단 우리가 그 노래를 배우게 되면 누구도 그것을 빼앗아갈 수 없다.

거의 소망이 없는 상황에서 하나님이 새 노래나 새 소망을 주셨던 때에 관한 간증을 가지고 있는가? 그것에 대해 하나님께 감사드리는 것을 잊지 마라.

47장

하나님의 진노

또 하늘에 크고 이상한 다른 이적을 보매 일곱 천사가 일곱 재앙을 가졌으니 곧 마지막 재앙이라 하나님의 진노가 이것으로 마치리로다(계 15:1).

앞장에서 얻은 교훈을 통해 우리가 다음에 초점을 맞출 것에 대해 어느 정도 준비되어 있기를 바란다. 유감스럽게도 우리는 요한이 우리에게 가장 알려 주고 싶어하는 하나님의 진노에 관한 주제를 피하고서는 진지한 연구자가 될 수 없다. 만일 요한계시록이 영화였다면 나는 앞으로 나올 영상을 보고는 팝콘을 다시 채워오겠다고 밖으로 나가 버릴 것이다. 그러나 요한계시록은 영화가 아니다. 그것은 논픽션이다.

더러운 인간의 입에서 나올 수 있는 가장 진실한 말은 이것이 아닐까 싶다.

"하나님은 신실하시다."

정말로 그렇다. 우리를 당황하게 만드는 것은 그분이 언제나 신실하시다는 것이다. 다른 말로 하면, 하나님은 우리가 좋아하든 그렇지 않든 그분이 하시겠다고 단언하셨던 일을 하신다. 내 안에 있는 이상주의자는 하나님의 진노가 존재하지도 않았고 결코 발현되지도 않기를 바라고 있다.

축복 기도 | 419

그러나 내 안에 있는 현실주의자는,

- 아이들에 대한 말로 형언할 수 없는 잔인함과 학대의 소식을 읽는다.
- 하나님의 이름으로 행한다고 주장하는 자들에 의해 저질러진 전쟁 범죄와 유혈의 십자군으로 황폐하게 된 인간의 역사를 회고한다.
- 다양한 형태의 미디어를 통해서 하나님의 이름이 공개적으로 무시당하고, 모욕당하고, 조롱당하는 것을 듣는다.
- 자신이 신이라고 주장하는 거만한 자들의 소리를 듣는다.
- 증오, 무지, 편견에 의해 배태된 폭력을 본다.
- 이 땅의 주관자들이 보이지는 않지만 현존하는 바벨탑에 벽돌을 쌓고 있는 것을 방관한다.

나는 내 주위를 돌아보고 연신 두려움에 떨면서 질문한다.

"하나님을 두려워함이 어디 있는가?"

그리고 나서 머리를 흔들면서 하나님이 자신의 분노를 억제하기 위해 얼마나 엄청난 능력을 사용해야 하실지 궁금해 한다.

이 세상까지 보아야 할 필요도 없다. 때로는 내 인생에서 나 자신의 거울이나 내 교회 너머까지도 보지 못하지만, 그러고도 나는 예레미야애가 3장 22절을 떠올리게 된다.

"여호와의 인자와 긍휼이 무궁하시므로 우리가 진멸되지 아니함이니이다."

나는 셀 수 없을 만큼 자주 그분께 이렇게 말씀드린다.

"주여, 주님은 왜 이 땅을 파괴하지 않으시며 이 사악한 세상뿐 아니라 주님의 백성까지도 삼켜버리시지 않는 이유를 도저히 이해할 수 없습니다."

물론 나는 그분이 자신의 독생자를 아끼지 않으시고 주셨기에 믿는 자들을 아끼신다는 것을 안다(롬 8:32).

왜 하나님은 점점 더 자신을 모욕하는 세상을 계속 참아 보시는가? 그는 왜 기다리시는가? 이러한 질문에 대한 가장 간결한 대답은 베드로후서 3장 9절에 나타난다.

"주의 약속은 어떤 이의 더디다고 생각하는 것같이 더딘 것이 아니라. 오직 주께서는 너희를 대하여 오래 참으사 아무도 멸망하지 아니하고 다 회개하기에 이르기를 원하시느니라."

어떤 점에서는 하나님의 진노가 사람이 시작한 것을 간단하게 끝내버릴 것이다. 나는 인류가 성경에서 예언된 전쟁과 충돌을 통해 자신과 이 지구를 거의 파괴해버리는 일을 능숙하게 해낼 것이라고 확신한다. 하나님의 말씀은 새 하늘과 새 땅을 약속하셨지만 현재의 것이 파괴되기 전까지는 아니다. 마태복음 24장은 사악함이 더해질 것이며, 파괴의 능력이 커질 것이며, 해산의 고통이 잦아질 것임을 예언하고 있다. 이 세대의 끝이 이르면, 하나님은 허용된 모든 진노가 이 땅에 전부 쏟아지도록 하실 것이다. 인간의 진노(이를 결코 과소평가하지 마라), 사탄의 사악한 진노, 그리고 하나님의 거룩한 진노. 이 시기의 대환란은 틀림없이 다른 어떤 것과도 비교할 수 없을 것이다.

요한계시록에 기록된 진노는 다소 신비한 순서로 전개된다. 인, 나팔, 그리고 대접이다. 인이 나팔을 불러오고 나팔은 대접을 예고한다. 다음 성경 구절에서 그 설명을 읽어볼 수 있다.

인 : 요한계시록 6장, 8:1-5절
나팔 : 요한계시록 8:6-13:9절
대접 : 요한계시록 16장

마음이 동요한다는 말은 약하게 표현한 것이다. 일차적으로 나의 두려움은 믿기를 거부하는 자들을 향한 것이다. 데살로니가전서 1장 10절에서 바울은 예수님을 '장래 노하심에서 우리를 건지시는' 분이라고 부른다.

나는 지금 성도들이 끔찍한 시기를 지나지 않을 것이라고 말하는 게 아니다. 성경은 우리도 그럴 것이라고 분명하게 말하고 있고(딤후 3:1), 많은 그리스도인들이 이미 그것을 겪고 있다. 내가 말하는 요점은, 요한계시록에 묘사되고 있는 하나님의 진노는 구속받은 자들을 향한 것이 아니라는 점이다. 그들은 그것으로부터 구원을 받거나 아니면 그것을 통과하게 될 것이다. 나는 역사상 최대의 전도 폭발이 이 마지막 기간 동안 일어날 것이라고 믿는다. 다가오는 하나님의 진노를 예방할 수 있는 것은 그분의 아들을 구세주로 고백하고 죄를 회개하는 것이다. 진실된 마음으로 영접하고 회개하며 그분께 나아오는 자는 누구도 거절당하지 않을 것이다. 너무 늦게까지 머뭇거리지 않는다면 말이다. 이 마지막 문장은 정말로 쓰고 싶지 않은 말이다.

하나님은 마지막 때에 수많은 방법으로 그분의 성령, 기적, 자비를 쏟아 부으시면서 자신을 계시하실 것이다. 그러나 그 자비는 필요에 따라 다르게 나타날 것이다. 다른 말로 하면, 어떤 사람들은 부드러운 자비에 반응할 것이다. 다른 사람들은 하나님이 가혹한 자비를 보여주실 때까지 반응하지 않을 것이다. 또 다른 사람들은 전혀 반응을 보이지 않을 것이다. 하나님은 사람들을 구원하기 원하시며 멸망시키기를 원치 않으신다는 점을 결코 잊지 마라. 마지막 날에는 하늘이 수많은 징조를 보일 것이며 복음 전도자가 너무나 강력하게 복음을 선포할 것이기 때문에, 사람들이 하나님을 거부하기 위해서는 열심히 노력을 해야 할 것이라고 확신한다. 그러나 슬프게도 많은 사람들이 그렇게 할 것이다.

사도 바울은 이렇게 경고한다.

"다만 네 고집과 회개하지 아니한 마음을 따라 진노의 날 곧 하나님의 의로우신 심판이 나타나는 그날에 임할 진노를 네게 쌓는도다"(롬 2:5).

사람들은 하나님이 자기를 사랑하지 않으셨거나 필요한 것을 주시지 않았기 때문에 거부하지는 않을 것이다. 사랑하는 그대들이여, 내 마음의 말을 들어 보라. 하나님의 진노는 그분의 성품이나 인격과 분리될 수 없다. 달리 말하면, 하나님이 진노를 쏟아 부으신다 하더라도 그분 본연의 모습보다 못한 모습이 되실 수는 없다. 하나님은 거룩하시다. 그분은 선하시다. 그분은 사랑이시다. 하나님은 의로우시며 항상 옳다. 심판자가 심판하실 것이지만 우리와는 달리 그분의 심판은 언제나 진리에 기초한 것이다(롬 2:2).

우리의 하나님은 또한 측량할 수 없는 연민과 용서와 자비의 하나님이시다. 멀리 갈 것도 없이 이 키보드 위에 올려져 있는 손을 보기만 해도 증거를 얻을 수 있다. 그분이 나를 얼마나 용서하셨는가! 다른 사람들이 나를 죽도록 내버려 두고 마땅히 당할 것을 받는다고 말할 때, 그분은 내가 스스로 입은 추한 상처를 치료해 주시고 수렁에서 나를 건져 주셨다.

하나님의 마음은 비열하거나 부정하지 않다. 그분은 거룩하시다. 사랑하는 그대들이여, 거룩한 하나님이 이 세상을 심판하실 것이다. 주님의 날이 올 것이며 그분이 하나님이심을 누구도 의심하지 않게 될 것이다. 그분은 조롱을 당하지 않을 것이다. 만약 다르게 행하신다면 그분은 자신의 성품과는 다른 존재가 될 것이다.

인, 나팔, 그리고 대접들 사이에, 그리고 그것들과 함께 엮어서 하나님은 그분의 심판과 더불어 다른 메시지들을 주신다. 나는 요한계시록 15장에 나오는 내용을 좋아한다. 요한은 불이 섞인 유리 바다와 같은 것을 보았다. 승리한 성도들이 거문고를 들고 바닷가에 서 있다.

"(그들이) 하나님의 종 모세의 노래, 어린 양의 노래를 불러 이르되…"(3절).

나는 모세의 노래와 어린 양의 노래에 대한 언급을 좋아한다. 당신도 알다시피 하나님은 극심한 혼돈과 파멸의 시절로부터 완벽한 질서와 완성을 가져오실 것이다. 종말의 때는 이 땅의 연기 나는 무덤에서부터 피어나는 하나님의 멋진 계획으로 절정을 이루게 될 것이다. 뒤에서 보면 이 부활한 생명은 옛 언약처럼 보인다. 앞에서 보면 새 언약처럼 보인다. 그러나 결국 이 두 가지는 언제나 의도했던 모습대로, 즉 완벽한 하나로 보여질 것이다. 완벽한 하나의 생명, 곧 그리스도의 생명으로. 모든 것이 정확하게 들어맞을 것이다.

주 하나님 곧 전능하신 이시여 하시는 일이 크고 놀라우시도다 만국의 왕이시여 주의 길이 의롭고 참되시도다 주여 누가 주의 이름을 두려워하지 아니하며 영화롭게 하지 아니하오리이까 오직 주만 거룩하시니이다 주의 의로우신 일이 나타났으매 만국이 와서 주께 경배하리이다(계 15:3-4).

혼인 잔치

우리가 즐거워하고 크게 기뻐하여 그에게 영광을 돌리세
어린 양의 혼인 기약이 이르렀고 그 아내가 자신을 준비하였으므로(계 19:7).

우리는 갈릴리 해변에서부터 이스라엘 전체에 걸쳐서 사도 요한의 발자취를 추적해 왔다. 대제사장의 뜰이나 십자가 근처에서처럼 때로는 사도들의 발자취 가운데 우리가 발견한 것은 요한의 발자취뿐이기도 했다. 우리는 그를 따라 밧모섬과 에베소에도 갔다. 그러나 언젠가는 그를 따라 본향에도 가게 될 것이다. 나는 우리가 함께 한 여행을 좋아한다. 하지만 아직 끝은 아니다. 언젠가는 우리가 다시 함께 길을 떠나서 모든 성도들의 길이 결국 천국으로 이어지게 되는 날을 만나게 될 것이다. 놀랍고 영광스러운 날에 우리 모두의 발자국이 어린 양의 혼인 잔치를 축하하는 연회장에 닿게 되는 것을 보게 될 것이다. 그날이 오기를 기대하자.

여성 성경공부에 참여하는 것의 매력은, 때때로 우리가 성경의 어떤 부분을 여성의 관점에서 볼 수 있는 기회를 얻게 된다는 점이다. 사실을 말하자면, 이번 교훈은 여성적인 요소가 강한 것이다. 혹시 이 글을 읽는 남자가 있다면 인내심을 가지고 따라오라고 권하고 싶다.

오늘 우리의 상상력을 동원해서 요한계시록 19장 7-9절을 읽어보자. 아니, 4절부터 읽도록 하자.

또 이십사 장로와 네 생물이 엎드려 보좌에 앉으신 하나님께 경배하여 이르되 "아멘 할렐루야" 하니 보좌에서 음성이 나서 이르시되
"하나님의 종들 곧 그를 경외하는 너희들아 작은 자나 큰 자나 다 우리 하나님께 찬송하라"
또 내가 들으니 허다한 무리의 음성과도 같고 많은 물소리와도 같고 큰 우렛소리와도 같은 소리로 이르되 "할렐루야! 주 우리 하나님 곧 전능하신 이가 통치하시도다. 우리가 즐거워하고 크게 기뻐하며 그에게 영광을 돌리세 어린 양의 혼인 기약이 이르렀고 그 아내가(잠시 멈춰서 '그 아내'라는 말을 음미하라) 자신을 준비하였으므로 그에게 빛나고 깨끗한 세마포를 입도록 허락하셨으니 이 세마포 옷은 성도들의 옳은 행실이로다" 하더라.
천사가 내게 말하기를, "기록하라 어린 양의 혼인잔치에 청함을 입은 자들이 복이 있도다" 하고 또 내게 말하되 "이것은 하나님의 참되신 말씀이라" 하기로 내가 그 발 앞에 엎드려 경배하려 하니 그가 나에게 말하기를 "나는 너와 및 예수의 증언을 받은 네 형제들과 같이 된 종이니 삼가 그리하지 말고 오직 하나님께 경배하라 예수의 증언은 예언의 영이라" 하더라(계 19:4-10).

신데렐라여, 여기 당신의 멋진 왕자가 있도다.

"또 내가 하늘이 열린 것을 보니 보라 백마와 그것을 탄 자가 있으니 그 이름은 충신과 진실이라. 그가 공의로 심판하며 싸우더라. 그 눈은 불꽃 같고 그 머리에 많은 면류관이 있고 또 이름 쓴 것 하나가 있으니 자기밖에 아는 자가 없고"(계 19:11-12).

사람이 알지 못하도록 유보된 이름이 있다. 결코 더럽혀지지 않을 이름. 오늘 나와 함께 축하하자. 이 이름은 인간의 입술에 한번도 담겨진 적이 없다. 오직 그분만이 아시는 이름이다.

"또 그가 피 뿌린 옷을 입었는데 그 이름은 하나님의 말씀이라 칭하더라. 하늘에 있는 군대들이 희고 깨끗한 세마포 옷을 입고 백마를 타고 그를 따르더라"(13-14절).

여기서 희고 깨끗한 세마포를 입은 사람은 누구인가? 바로 신부다.

"그의 입에서 예리한 검이 나오니 그것으로 만국을 치겠고 친히 저희를 철장으로 다스리며 또 친히 하나님 곧 전능하신 이의 맹렬한 진노의 포도주 틀을 밟겠고 그 옷과 그 다리에 이름을 쓴 것이 있으니 만왕의 왕이요 만주의 주라 하였더라"(15-16절).

어린 양의 혼인잔치 날이 이르렀다. 우리는 이 혼인잔치가 어떤 모습일지 잘 모른다. 우리가 아무리 상상 속에서 생각해 봐도 실제 모습과는 거리가 있을 것이다. 그러나 성경에서 볼 수 있는 여러 모습들에 근거해서 그려볼 때 그 잔치가 매우 재미있을 것 같지 않은가? 우리가 그날을 기대하면서 준비할 수 있다면, 신부가 자신을 단장하면서 준비하는 것이 되지 않겠는가?

바로 그런 일이 지금 우리집에서 일어나고 있다. 당신이 이 책을 읽을 때쯤, 내 딸 아만다는 신부가 되어 있을 것이다. 우리는 지금 한창 이런저런 계획을 세우고 있다. 그런 계획과 수고를 가치 있는 일로 만들어 주는 것은 앞으로 일어날 일에 대한 기대감을 높이는 것뿐이다. 우리가 성대한 잔치를 벌일 것이라는 기대감이 있기 때문에 세세한 일들에 신경을 쓰는 수고를 감당할 수 있는 것이다. 이것이 이 땅에서의 결혼 예식을 준비하는 모어 가족에게 해당되는 이야기라면, 앞으로 우리가 그리스도와 가질 결혼 예식에 있어서는 얼마나 더 맞는 말일지 상상해 보라. 우리의 결혼식이 어떤 모습이 될지 힌트를 얻기 위해 나는 이 구절들과 또 다른 몇 개의 다른 성경 구절들을 살펴보고 싶다.

결혼식을 알리는 초청이 매우 중요한 말로 시작된다는 것에 주목하라. 비록 모든 나라, 모든 부족, 모든 족속들이 이 영광스러운 결혼식에 참여하게 될 것이지만, 이 의미심장한 초청을 들어보면 하나님은 이 결혼식을 확실한 유대식으로 치르게 하실 권리를 보유하고 계신다는 점을 알 수 있다. 예배에 초청하는 외침은 '할렐루야' 다. 이것은 아주 유대적인 단어다.

이러한 작은 암시에 근거해서 내 생각을 전개하고자 한다. 내 생각이 반드시 옳다고는 확신할 수 없다. 그러나 우리 앞에 펼쳐지는 것은-어쨌든 우리는 유대인 신랑을 맞이하게 될 것이다-성대한 유대식 결혼식일 거라는 생각이 든다. 나는 유대식 결혼식에 참석해 본 적이 있다. 우리는 휴스턴에 살면서 정통 유대교에 속한 사람들과 친구가 되는 멋진 축복을 누리고 있다. 내가 이것에 대해 입만 다물고 있다면 그들은 나를 계속 초청할 것이다. 우리는 유월절 식사도 여러 번 함께 하였고 결혼식에도 함께 갈 수 있었다.

나는 온갖 종류의 결혼식에 참석해 보았다. 그러나 유대식 결혼식에 비견될 만한 것은 없다고 말할 수 있다. 그것은 내가 원하던 바로 그것이었다. 나는 이번 공부를 위해서 고대 히브리 결혼식에 대해 많은 조사를 하였다. 수세기 동안 전해 내려오는 유대인의 관습에 기초해서 우리의 결혼식 모습이 어떠할 것인지 몇 가지 생각해 보려고 한다. **그 중 첫 번째로, 우리는 그 결혼식이 유대식이 될 것임을 이미 암시하였다.**

2. 고대 히브리 전통에서는 실제적인 결혼식 준비는 신랑과 신랑 아버지의 책임이었다. 심지어는 신부도 자기가 입을 드레스를 신랑으로부터 받는다는 사실이 나는 참 좋다. "빛나고 깨끗한 세마포를 입도록 허락하셨으니"(8절).

우리가 베일을 사고 나서 22살 된 우리 딸이 웨딩 드레스를 입어 보았는데,

내 생애에서 그보다 더 감동적인 때는 없었다. 그 아이에게 베일을 씌웠을 때, 이 엄마는 살아오면서 이보다 더 매혹적인 딸의 모습을 본 적이 없었다. 그러한 때를 생각하면서 나는 그리스도의 신부가 세마포를 입은 모습을 상상해 본다.

아버지가 결혼식을 준비한다는 사실을 지지해 주는 많은 성경 구절 중에서 특히 한 구절을 보여 주고 싶다. 사사기 14장 10-11절은 이렇게 말한다.

"삼손의 아버지가 여자에게로 내려가매."

이 여자는 삼손이 결혼하고 싶어하는 사람이었다.

"삼손이 거기서 잔치를 베풀었으니 청년들은 이렇게 행하는 풍속이 있음이더라. 무리가 삼손을 보고 삼십 명을 데려와서 친구를 삼아 그와 함께 하게 한지라."

이것은 우리에게 놀라운 소식이다. 요한복음 14장의 한 구절이 마음에 떠오른다.

"내가 너희를 위하여 거처를 예비하러 가노니, 가서 너희를 위하여 거처를 예비하면 내가 다시 와서 너희를 내게로 영접하여 나 있는 곳에 너희도 있게 하리라"(2-3절).

이것을 풀어서 쓴다면 예수님은 이렇게 말씀하고 계신다고 생각한다.

"내가 예비하려는 곳이 다 준비되면 내가 다시 돌아와서 너를 데려가리라."

우리는 한때 목수였던 분을 신랑으로 맞이하는 놀라운 행운을 누리게 된다. 그분은 집을 잘 지으실 것이다.

예수님은 그분의 아버지 집에서 우리를 위해 처소를 예비하고 계신다. 그것이 다 준비되면 그분은 우리를 위해 다시 오실 것이다. 모든 준비가 끝났다. 우리는 한 가지만 준비하면 된다. 다음에 볼 것이 바로 그것이다.

3. 신부의 주된 책임은 자신을 준비시키는 것이다. 이 점을 설명하기 전에 나의 유대인 가이드인 애리가 나에게 했던 말을 해주고 싶다.

"베스, 물론 당신은 서약서를 꺼내야지요. 우리는 결혼을 하기 위해 서약서에 사인을 해야 하는 이 세상에서 몇 안 되는 사람들이랍니다. 그것을 '케투바'(ketubbah)라고 부르지요."

그가 한 말은 나를 사로잡았다. 아내는 전혀 사인을 할 필요가 없다. 그것은 순전히 남편이 할 일이고 신랑이 해야 하는 일이다.

다른 누가 더 사인해야 할지 생각해 보라. 두 명의 증인이 신랑과 함께 사인한다. 그들은 스스로 구속되는 것이다. 그는 이렇게 말했다.

"그것은 단순히 증인으로 그 자리에 서 있는 것 이상의 일이에요. 증인들은 어떤 면에서 결혼식에 대해 책임을 지게 되는 것이에요."

내 유대인 친구가 두 명의 증인에 대해 말했을 때, 나는 삼위일체를 생각하게 되었다.

애리는 "그 다음에 랍비도 사인을 하게 되지요"라고 말했다. 물론 예수님이 랍비이시다. 따라서 그분은 우리를 위해 이미 작성해 놓은 그 구속력 있는 서약을 하시는 분이다. 예식 중간에 신랑은 이 여자에게 헌신할 것과 그녀가 자신에게 얼마나 거룩한 자인가 하는 것을 모든 사람들이 들을 수 있도록 큰 소리로 외쳐야 한다고 애리는 설명해 주었다. 신부는 혼인 예식에서 중요한 자리를 차지하고 있지만 그 예식을 준비하면서 한 가지 염두에 두어야 할 것이 있다. 그녀는 신랑을 위해 자신을 준비해야 한다.

나는 시편 45편 10절을 떠올리지 않을 수 없다.

"딸이여 듣고 보고 귀를 기울일지어다. 네 백성과 아버지의 집을 잊어버릴지어다. 그리하면 왕이 네 아름다움을 사모하실지라. 그는 네 주인이시니 너는 그를 경배할지어다"

사랑하는 그대들이여, 당신에게 이 말을 해주고 싶다.

"왕이 너를 사모하실지라."

우리가 그리스도 안에서 성장하게 되면, 우리가 그분을 위해 자신을 준비하는 자로 그분께 더욱 더 아름다운 신부가 될 것이다. 그것뿐만 아니라 하나님의 말씀은 에베소서 5장에서 그분이 우리를 티나 주름잡힌 것 없이 드러나게 하실 것이라고 말씀하신다. 신부는 자신을 준비한다.

신부가 준비하는 것 중에서 가장 우선적인 것은 바로 이것이다. 그녀는 자신을 순결하게 준비한다. 우리가 순결함에 있어서 성장하고 있다는 것은 매우 중요하다. 우리는 이 결혼식을 위해 준비하고 있는 것이다. 이것은 나에게나 별로 안 좋은 배경과 전력을 가진 모든 사람들에게 굉장한 희소식이라고 말하고 싶다. 우리는 신랑에게 순결한 처녀로 드려진다는 것을 아는가?(고후 11:2)

「빼앗길 수 없는 자유」에서 했던 이야기를 또 말해야 할 것 같다. 결혼 20주년을 준비하면서 나는 남편에게 무엇을 주어야 할지 도무지 생각나지 않았다. 그는 매우 감성적인 사람이다. 감성적인 사람은 여유가 된다면 이미 자기가 원하는 것을 소유하고 있을 것이기 때문에, 그런 사람에게는 감동을 줄 수 있는 무언가를 주어야 한다. 그래서 나는 이렇게 기도했다.

"하나님, 남편에게 무엇을 주어야 할지 가르쳐 주세요. 정말로 멋진 아이디어가 필요합니다."

나는 정말로 진지하게 기도하고 또 기도했다.

하나님은 내 마음에 무슨 생각을 주시기 시작했다. 그분은 우리의 결혼 생활 초기와 결혼식 날의 고통을 떠올리게 하셨다. 그날은 내게 극도로 힘겨운 날이었다. 이것을 어떻게 설명해야 할지 잘 모르겠다. 아주 여러 해가 지날 때까지 나는 그것을 이해하지 못했다. 나는 결혼식 날에 너무나 부끄럽다는 느낌을 가졌다. 그날은 나 자신이 아름답다고 느껴야 하는 날이었는데 나는 아름답다는 느낌이 들지 않았다.

나는 거짓말을 하고 싶지 않았기 때문에 하얀 드레스가 아닌 색깔이 있는 드레스를 입는 것에 대해 스스로 확신하는 데 정말 많은 어려움을 겪었다. 이렇게 말하면 내가 무슨 말을 하고 있는지 알고 이미 깊은 연민을 느끼는 사람들이 있을 것이다. 그것은 끔찍한 느낌이었다. 나는 그날 그 어떤 것도 아름답게 여겨지지 않았다.

내가 어린 소녀였을 때, 결혼을 하게 되면 결혼식 사진을 크게 찍어서 타오르는 벽난로 위에 걸어 놓는 상상을 했었다. 그 당시 우리집에서 벽난로와 가장 유사한 것은 욕실에 있는 히터였다. 사진사를 쓸 만한 돈도 없었다. 나는 최소한의 경비만 지출했다. 드레스 살 돈도 없어서 그냥 빌려 입었다. 상상할 수 있겠지만, 그날은 머리 속에 그리던 그런 날이 아니었다.

그래서 결혼 20주년에 대해서 생각할 때, 주님은 그 기억을 조금씩 떠올리게 하셨다. 그분은 내 마음에 이렇게 말씀하셨다.

"베스, 너도 기억하고 있듯이 너는 그 사진을 찍지 못했지."

"무슨 사진이요?"

"결혼식 사진말이야."

"글쎄요, 이제는 좀 늦은 것 같은데요."

"누가 그래?"

주님은 지금이 적절한 때라는 생각을 주셨다. 그분은 이렇게 말씀하셨다.

"사랑하는 베스야, 우리는 정말로 많은 일을 해왔지. 그리고 내가 너를 회복시켰단다. 이제 네가 하얀 웨딩드레스를 입고 남편을 위해 결혼식 사진을 찍을 때란다."

나는 휴스턴에 살고 있는 아주 경건한 여성이자 메이크업 아티스트인 친구에게 전화를 걸었다. 나는 그녀가 발작을 일으키는 줄 알았다. 그녀는 전화에 대고 비명을 지르면서 껑충껑충 뛰었다.

"샤논, 이거 아무에게도 말하면 안돼. 누구한테도 말하지 마. 이건 우리만의 비밀이야."

그녀가 말했다.

"내가 전부 다 준비할게. 너는 그냥 오기만 하면 돼. 내가 전부 다 준비해 놓을게."

그녀는 정말로 그렇게 했다. 그날 무슨 일이 있었는지 아는가? 그녀는 나를 방에 가둬놓고 절대로 거울을 보지 못하게 했다. 그녀는 내 머리부터 발끝까지 반짝반짝 빛나는 하얀 드레스를 입혀 주었다. 아주 멋지고 잘 맞는 옷이었다. 화장도, 머리 손질도 해주었다. 베일도 씌워 주었다. 그리고 나서 그녀는 나를 밖으로 데리고 나와 거울 앞에 세웠다. 나는 거의 기절할 뻔했다.

나 자신도 나를 알아보지 못할 지경이었다. 사진사는 아주 마음이 여린 사람이어서 그랬는지 자꾸만 눈물을 글썽거렸다. 그는 이렇게 말했다.

"솔직히 말씀드릴게요. 저는 이렇게 나이 많은 신부의 사진을 찍어본 적이 없습니다. 아니, 그러니까 그게 아니고 제가 말하고자 하는 건요. 이렇게 오랫동안 결혼 생활을 해온 사람이라는 뜻이에요."

이 여자는 20년 동안 결혼 생활을 해 온 마흔한 살의 신부였기 때문이다.

나는 그 사진을 금박을 두른 가장 멋진 '20×24' 사이즈 액자에 넣었다. 그 모습이 상상이 되는가? 나는 내 딸들을 위해서도 그 사진으로 액자를 만들었다. 그리고 나서 그 사진이 내게 무엇을 의미하는지 설명하는 편지를 그 세 사람에게 똑같이 썼다.

20주년 결혼 기념일 저녁에 나는 딸들도 함께 참석하게 하였고, 그 자리에서 남편 키이스에게 그 사진을 주었고 딸들에게도 주었다. 그들 모두가 동시에 자신에게 주어진 편지를 읽었다. 내 남편은 키가 크고 아주 잘 생긴 사람인데, 편지를 읽고 울기 시작했다. 그는 사진을 들고 일어나더니 온 집안을 돌아다니면서 그 사진을 걸 장소를 찾기 시작했다.

그는 한 장소에 멈췄다가 아니라는 듯이 머리를 흔들고, 또 다른 장소 앞으로 갔다가 다시 머리를 흔들었다. 마침내 그는 한쪽 벽으로 다가갔다. 딸들과 나는 "어어" 하는 신음소리를 내면서 숨을 죽였다. 왜냐하면 우리는 그가 무엇을 바라보고 있는지 알고 있었기 때문이다. 그는 사진을 내려놓았다. 그는 용기를 내기 위해 숨을 깊게 들이마신 다음, 그가 소중하게 여기는 사슴 박제를 벽에서 떼어냈다.

내가 다시 숨을 몰아쉬는 순간, 그의 뺨에는 눈물이 흘러내리고 있었다. 나는 '그가 사슴 때문에 우는구나'라고 생각했다. 그는 사진을 바로 그 자리에 걸었는데, 그것은 오늘까지도 그 자리에 걸려 있다. 그는 뒤로 물러서서 이렇게 말했다.

"이것이 내 인생의 트로피야."

그것은 회복된 신부였다. 그리고 그것은 우리 모든 사람들 하나하나가 완전히 회복되고 온전하게 준비된 모습이다. 하나님을 믿을 것인가, 말 것인가? 나는 그분을 믿기로 선택했는데, 그렇지 않았다면 자기 파멸에 빠져버렸을 것이기 때문이다.

유대인 신부가 자신을 순결하게 준비하는 것에는 깨끗한 물로 목욕하고 향기 나는 기름으로 바르는 것도 포함된다. 애리는 이것을 '미크베'(mikveh), 즉 예식 목욕이라고 부른다고 말해 주었다. 그 의미를 이해해 보려고 애쓰고 있었는데 그가 덧붙여서 설명해 주었다.

"베스, 사실 그것은 그냥 깨끗한 물이 아니에요. 그것은 생수예요."

또한 나는 신부가 결혼식에 착용할 장신구를 선택한다는 것도 알게 되었다. 그것은 예식 준비에서 아주 중요한 부분이었다. Dictionary of Biblical Imagery는 이렇게 적고 있다.

"신부의 장신구는 자신이 신랑을 위해 준비됐다는 것을 상징한다. 이 장신구는 신랑과 그의 가족이 제공하는 경우가 많았다."[1]

우리가 이것을 단순히 관습에서부터 따와서 말하는 게 아니라는 것을 확인하기 위해 성경 구절들을 찾아보기를 바란다. 유대인들의 고대 관습은 성경에서부터 나온 것이다. 예레미야 2장 32절은 이렇게 말한다.

"처녀가 어찌 그 패물을 잊겠느냐 신부가 어찌 그의 예복을 잊겠느냐."

당신이 확인할 수 있듯이 이 구절은 신부가 결혼식 의복의 한 부분으로써 최고의 장신구를 착용한다는 점을 말해 주고 있다.

우리의 특별한 새 언약을 성취하는 데 있어서 이 장신구가 의미하는 바가 무엇인지 설명하고자 한다. 사도 바울은 그리스도의 심판석에 대해서 기록했다. 당신과 나는 심판을 받을 때 어떠한 정죄도 받지 않을 것이다. 우리는 요한계시록에 묘사된 크고 하얀 보좌에 서지 않을 것이다. 성도들은 그리스도의 심판석에 서게 될 것인데, 거기서 우리는 상을 받거나 상을 잃게 되겠지만 정죄는 없을 것이다. 누구도 당신의 최악의 순간들을 비디오로 보여 주지 않을 것이다. 그런 일은 일어나지 않을 것이다.

나는 당신이 고린도전서 3장 12-15절에서 어떤 진리를 들을 수 있기를 바란다.

"만일 누구든지 금이나 은이나 보석이나 나무나 풀이나 짚으로 이 터-예수 그리스도의 터를 말하는 것이다-위에 세우면 각 사람의 공적이 나타날 터인데 그날이 공적을 밝히리니 이는 불로 나타내고 그 불이 각 사람의 공적이 어떠한 것을 시험할 것임이라. 만일 누구든지 그 위에 세운 공적이 그대로 있으면 상을 받고 누구든지 그 공적이 불타면 해를 받으리니 그러나 자신은 구원을 받되 불 가운데서 받은 것 같으리라."

다른 말로 하면 우리는 그리스도의 심판석에 서게 될 것이다. 우리가 일생 동안 예수 그리스도의 터 위에 세운 모든 것들은-순수한 동기, 자기 자신이 아니라 하나님께 영광을 돌리고자 하는 동기에서부터 한 것들-금, 은, 보석과 같은 것이 될 것이다. 우리가 한 그 나머지 모든 일들-그리스도의 터 위에 세우지 않고 우리가 쏟아 부은 모든 노력과 모든 정력-은 나무나 풀이나 짚처럼 타버릴 것이다.

그러므로 이 불의 심판 뒤에 오는 심판은 우리를 태우는 것이 아니라 어떤 공적이 심판의 테스트를 견딜 것인지를 결정하는 것이 될 것이다. 무엇이 남을 것인가? 금이나 은이나 보석, 우리의 결혼식에서 우리가 착용할 것이 바로 이 보석들이라고 믿는다.

지금까지 우리는 유대식 결혼식의 다양한 준비 과정에 대해서 살펴보았다. 이제 우리는 예식 그 자체로 관심을 돌리려고 한다. '후파'(huppah)라고 부르는 결혼식 차양 아래서 열리는 결혼식에서 전통적으로 유대인 신부는 신랑 주위를 도는데, 이것은 어떤 전통주의자들에 의하면 예레미야 31장 22절에서부터 시작되었다고 한다.

"여자가 남자를 둘러싸리라."

내가 애리에게 이것에 대해 질문했을 때 그는 "그 점을 별로 좋아하지 않을 텐데요"라고 말했다.

나는 "글쎄, 한 번 설명해 보세요"하고 대답했다.

그는 이렇게 설명했다.

"이것에 대해서는 서로 다른 견해가 있지만 남성 우월주의자들의 견해에 따르면 앞으로 그녀가 신랑을 섬기게 될 것이기 때문에 신랑 주위를 돈다는 거예요."

"다른 말로 하면 그녀가 그보다 훨씬 더 잘할 것이라는 말이네요."

그는 미소를 지으면서, "나는 그렇게 말하지 않았는데 당신이 그 말을 하는군요."

그러나 나는, "그런데 애리, 그건 나에게 별 문제가 아니에요"하고 말했다. 왜냐하면 요한계시록 7장은 우리가 밤낮으로 그분의 보좌 앞에서 섬길 것이라고 말하고 있기 때문이다. 우리는 그리스도를 섬김으로 존귀함을 얻게 된다. 그분은 우리에게 기쁨을 주시고 성령에 의해 힘을 공급받는다. 그것은 내게 멋진 일이다.

결혼식에서 일곱 가지 축복이 선포된다. 당신은 그것에 대해 약간 익숙할지도 모른다. 애리에게 배운 바에 의하면 이 일곱 가지 축복은 결혼식 귀빈이 선포한다. 대개 랍비가 시작한다. 그러고 나서 장인, 삼촌, 큰 형님이 선포하기도 한다. 누가 하든 일곱 가지 축복이 선포되는 것이다. 일곱 번째 축복은 언제나 예루살렘에 대한 축복이다. 나는 이것이 아주 흥미로웠다. 그것은 언제나 예루살렘에 관한 것이다. 그 축복은 이런 식으로 선포된다.

"주님이시여, 예루살렘의 건축자요 언젠가 성전을 다시 건축하실 당신을 찬미하나이다."

그 후에 그들이 무슨 일을 할 것이라고 생각하는가? 어떤 행동이 가장 적합한 것이라고 여겨지는가? 그들은 잔을 깨뜨린다. 애리는 이렇게 말했다.

"잔을 깨뜨리는 게 성대한 예식의 시작을 알리는 것이라고 생각하는 사람들이 있지만, 그것은 사실이 아니에요. 잔을 깨뜨리는 것은 성대한 잔치의 한복판에서 우리가 반드시 기억해야 할 것이 있다는 것을 멀쩡한 정신으로 생각하게 하려는 것이지요."

그가 한 말을 정확하게 인용하면 이렇다.

"우리의 기쁨이 완전하지 않다는 것을."

나는 "좋아요, 애리. 우리 기쁨을 완전하지 않게 만드는 것은 무엇이죠?"라고 질문했다(그리스도가 "내 기쁨을 충만케 하라"고 말씀하셨던 모든 경우들을 기억하는가?).

"애리, 우리 기쁨이 완전하고 충만해지지 못하게 하는 것은 무엇이죠?"

그가 대답했다.

"두 가지죠. 첫 번째는 우리가 사랑하는 사람들 중에 이미 죽었기 때문에 예식에 참석하지 못하는 사람들이 있다는 것이고, 두 번째는 지금은 예루살렘에 성전이 없다는 것이지요."

신약의 성도인 우리에게 있어서 이 두 가지는 이미 충족되었다. 우리가 사랑하는 자들에 관해서는, 그리스도 안에서 죽은 자들은 어린 양의 혼인잔치에 참석할 것이다.

성전과 관련해서는 요한계시록 21장 1-3절을 읽게 된다.

"또 내가 새 하늘과 새 땅을 보니 처음 하늘과 처음 땅이 없어졌고 바다도 다시 있지 않더라. 또 내가 보매 거룩한 성 새 예루살렘이 하나님께로부터 하늘에서 내려오니 그 준비한 것이 신부가 남편을 위하여 단장한 것 같더라. 내가 들으니 보좌에서 큰 음성이 나서 이르되 보라 하나님의 장막이 사람들과 함께 있으매 하나님이 그들과 함께 계시리니…."

같은 장의 22-23절은 이렇게 말하고 있다.

"성 안에서 내가 성전을 보지 못하였으니 이는 주 하나님 곧 전능하신 이와 및 어린 양이 그 성전이심이라. 그 성은 해나 달의 비췸이 쓸데없으니 이는 하나님의 영광이 비취고 어린 양이 그 등불이 되심이라."

굉장하지 않은가? 우리의 기쁨이 완전해진다는 것을 이해하겠는가? 우리가 사랑하는 사람들이 거기 있을 것이며 하나님과 그리스도가 성전이 되신다.

이러한 기쁨이 유대식 결혼식에 나타나 있다. 비록 준비 과정에서 깊은 회개와 개인적인 정화를 하겠지만, 결혼식이 열리는 날에는 마음에 엄청난 기쁨이 넘치게 된다. 실제로 어떤 슬픈 모습도 보여서는 안 된다. 혹시 누구라도 슬픔 중에 있다면 그는 결혼식에 참석할 수 없을 것이다.

요한계시록 19장 7절은 이렇게 말한다.

"우리가 즐거워하고 크게 기뻐하며 그에게 영광을 돌리세 어린 양의 혼인 기약이 이르렀고 그의 아내가 자신을 준비하였으니."

438 | 예수님이 사랑하시는 제자

우리가 즐거워하자! '즐거워하는 것'은 당신이 생각하는 그 모습 그대로를 의미한다. 그러나 '기뻐하는 것'은 한 단계 더 나아가는 것이다. 이것은 헬라어로 '아갈리아오'(agalliao)인데 그 의미는 '크게 기뻐하다'는 뜻이다. 그것은 넘치는 기쁨을 뜻한다. 종종 기뻐 뛰는 것을 의미하기도 한다. 뛰고 환호하고 춤을 추면서 자신의 기쁨을 표현하는 엄청난 기쁨을 의미한다.

흥분되고 무아지경의 기쁨과 즐거움. 이것이 결혼식의 모습이 될 것이다. 우리는 뛰고 환호하고 춤추며 넘치는 기쁨을 말하고 있다.

나는 또한 당신이 나와 함께 높이 올려진 의자들을 그려보기를 원한다. 그것이 바로 유대식 결혼식에서 보는 모습이기 때문이다. 주님은 두 구절을 생각나게 하셨다. 먼저 에베소서 1장 20절이다. 하나님은 그리스도를 "죽은 자들 가운데서 다시 살리시고 '하늘에서 자기의 오른편에 앉히사'—이것이 우리의 핵심 단어다—모든 통치와 능력과 주권과 이 세상뿐 아니라 오는 세상에 일컫는 모든 이름 위에 뛰어나게 하시고."

에베소서 2장 6절에서는 어떻게 말하고 있는지 아는가?

"또 함께 일으키사 그리스도 예수 안에서 함께 하늘에 앉히시니."

당신에게 말하고 싶은 것은, 이것이 두 개의 의자를 의미하는 게 아니라면 그 외에 무엇을 말하는 것인지 나는 모르겠다는 것이다.

우리는 성경에서 여러 결혼식의 모습을 보게 되지만 특별히 이사야 62장 5절을 보았으면 좋겠다.

"마치 청년이 처녀와 결혼함같이 네 아들들이 너를 취하겠고 신랑이 신부를 기뻐함같이 네 하나님이 너를 기뻐하시리라."

당신의 하나님이 당신을 기뻐하시고 당신의 왕이 당신의 아름다움에 도취될 것이라는 사실을 이해하는가? 이사야는 그 모습을 이렇게 묘사하고 있다.

만군의 여호와께서 이 산에서 만민을 위하여 기름진 것과 오래 저장하였던 포도주로 연회를 베푸시리니 곧 골수가 가득한 기름진 것과 오래 저장하였던 맑은 포도주로 하실 것이며 또 이 산에서 모든 민족의 얼굴을 가린 가리개와 열방 위에 덮인 덮개를 제하시며 사망을 영원히 멸하실 것이라.

주 여호와께서 모든 얼굴에서 눈물을 씻기시며 자기 백성의 수치를 온 천하에서 제하시리라. 여호와께서 이같이 말씀하셨느니라.

그날에 말하기를 "이는 우리의 하나님이시라. 우리가 그를 기다렸으니(신뢰하였으니) 그가 우리를 구원하시리로다. 이는 여호와시라 우리가 그를 기다렸으니(신뢰하였으니) 우리는 그의 구원을 기뻐하며 즐거워하리라"(사 25:6-9).

이 구절이 무엇을 말하는지 알겠는가? 이 땅에서 우리의 삶이 힘들고 어렵다고 할지라도 결국 중요한 것은 우리가 그분을 신뢰하는 것이라는 사실을 깨닫는가? 그분의 얼굴을 직접 뵙게 될 때에 우리는 이렇게 말할 수 있을 것이다.

"이분은 나의 하나님이십니다. 내가 그를 신뢰하였습니다."

당신이 생각하는 데 도움을 주기 위해서 또 다른 창조적인 글로 이 장을 마무리하려 한다. 내가 2년 전 처음으로 이것을 썼을 때 나는 요한계시록 19장에서 말하는 결혼식 잔치가 예수님의 재림 전에 벌어질 것이라고 이해했다. 그러나 그 구절을 다시 잘 살펴본 지금에 와서 나는 그 점에 대해 확신하지 못하게 되었다. 결혼식 잔치가 재림 후에 있을 수도 있을 것 같다. 확실히는 모르겠지만 나는 이것을 내가 처음에 이해했던 대로 썼다. 그러나 어쨌든 이것은 꾸며낸 이야기이다. 상상력을 최대한 활용해서 이 장면을 그려볼 때 당신에게 축복이 되기를 바란다.

하늘이나 땅 어디에서도 역사상 이와 같은 축제는 없었다. 인간의 눈으로 결코 보지 못했던 상상할 수도 없는 형형색색의 꽃들이 테이블들을 뒤덮고 있었다. 향기로운 음식 냄새가 연회장에 가득하였다. 갓 구어 낸 하늘의 빵, 꿀을 담은 접시들, 기름진 버터, 하늘의 메뉴에만 있는 독특한 과일과 채소들, 과실주로 가득 채운 은과 금으로 된 잔, 신랑은 사랑하는 열두 제자와 함께 다락방에 모인 이후로 잔을 들지 않았다. 그 운명적인 밤에 그분의 테이블 주위에 모였던 열한 명의 제자들은 몇 세기가 안 되어 수만 수십만으로 변하였다.

침(세)례 요한이 신랑의 친구로서 일어나 축배를 들었다.

"세상 죄를 담당한 어린 양을 위하여, 그리고 그의 아름다운 처녀 신부를 위하여!"

모여 있던 사람들이 잔을 들고 마시면서 응답하였다.

"할렐루야, 우리 주가 다스리시리!"

웃음소리와 기쁨의 교제가 연회장을 가득 채웠고 새로운 성도들이 옛 성도들과 함께 축제를 즐겼다. 늘 그러했듯 떼어서 말할 수 없는 베드로와 요한이 스펄전, 토저, 그리고 챔버스와 함께 즐거워하였다. 아주 오래된 옛날 이야기를 하면서 디모데가 테이블에 앉은 사람들을 사로잡을 때에 바울은 느긋하게 앉아서 아버지와 같은 미소를 지었다. 코리도 거기 있었다. 곁에 있었던 사람은 그녀가 갇혔던 수용소에서 구세주를 만난 사람들이었다. 이제 그들은 구원의 의복을 입고 마음껏 먹고 있었다. 에이미 카마이클이 빵을 떼어 테이블에 있는 사람들에게 나누어 줄 때에 아름다운 갈색 인도인들이 그것을 받으려고 손을 내밀었다. 나뭇가지에 올라앉아 생명의 한 부분만을 보았던 삭개오는 7대양을 여행하였던 그래함에게 끊임없이 질문을 하고 있었다.

악기들이 영광스러운 팡파레로 모든 시대의 노래들을 연주하였다. 많은 사람들이 탬버린을 들고 춤을 추었다. 7부 화음의 노래가 울려 퍼졌다. 신랑은 테이블의 가장 상석에 앉아 있었고 신부는 그 모습에 넋이 빠져 있었다. 신랑은 모든 사람과 대화하고 어루만지면서 자신의 깊은 관심을 표현하였다. 사람들이 열정적으로 말하는 이야기에 귀를 기울이고 있다가 아버지의 눈이 그분을 바라보고 있다는 강한 느낌이 들자 이러한 집중이 깨어졌다. 그분은 자신의 관심이 바뀌었다는 것을 설명하려는 듯 증언하고 있는 사람의 손을 가볍게 움켜쥐었다. 그리고 나서 그분은 아버지의 보좌 쪽으로 얼굴을 돌렸다. 어떤 말도 필요 없었다. 그분은 아버지가 무슨 말씀을 하시려는지 알았다. 신랑은 고개를 끄덕이고 자신의 신부를 바라보았다.

그분의 의자가 연회장을 미끄러지듯 움직이는 소리가 하늘의 모든 소리를 잠잠케 하였다. 천사들이 멈춰 섰다. 손님들도 몸을 움츠렸다. 신부의 눈이 점점 커졌다. 신랑 외에는 누구도 움직이지 않았다. 그분이 일어섰다. 황홀경에서 갑자기 깨어난 것처럼 천사의 무리가 시야에서 사라졌다가 곧 바로 셀 수 없는 면류관을 들고 다시 나타났다. 누구도 움직이지 않았지만 모든 이들이 볼 수 있었다. 왕의 자취는 연회장의 어느 곳에서도 볼 수 있었다. 그러나 천사의 무리가 마지막 면류관을 그분의 머리에 씌우고 난 후 성도들이 숨을 죽이고 있는 동안 그들은 뒤로 물러섰다. 면류관은 많았지만 그것들이 그분의 머리에 하나의 띠 모양을 이루고 있었다. 모든 권세가 보좌에 앉으신 어린 양에게 속한 것이다.

멀리서 작은 소리가 들리기 시작했다. 처음에는 잘 식별이 안 됐지만 마침내 박자를 맞춘 말발굽 소리가 분명히 들릴 수 있는 데까지 가까워졌다. 서 있는 것은 신랑뿐이었지만 모든 성도들은 앉아서 몸을 곧추세우고 그 광경을 보려고 하였다. 가브리엘이 신랑의 탈 것으로 창조된 가장 멋진 짐승을 이끌고 나타났다. 털은 진주빛 나는 하얀색이었다. 갈기는 금빛 가닥이었다. 눈은 포도주 색과 같았다. 근육이 털 속에서 물결치듯 움직이면서 완벽한 상태를 드러내었다. 신랑은 만족한다는 듯이 그것을 바라본 후에 손으로 그의 강한 목을 가볍게 두드리면서 친근감 있는 미소를 지어 보였다. 두 천사가 금과 빛나는 보석으로 장식된 나무 상자를 가져왔다. 그들이 뚜껑을 들어올릴 때 성도들은 강렬한 빛으로 인해 눈을 가렸다. 그들이 상자 안에서 붉은색 예복을 꺼내 신랑의 어깨 위에 걸치자 눈부신 빛이 가려졌다. 금술이 그분의 목에 둘러졌고 스랍들이 그분 뒤에 열을 지어 늘어섰다. 붉은 자주색으로 한 줄의 문장이 새겨져 있었다.

"왕의 왕이요 주의 주."

그분의 발이 등자에 올려지고 충성되고 진실한 자가 자신의 말에 올라타셨다. 그 짐승은 경배하는 듯 머리를 숙인 후 표현할 수 없는 사명감을 띈 표정으로 다시 머리를 들어올렸다. 신랑이 부드럽게 오른쪽으로 힘을 주자 그 짐승은 모범적인 순종의 모습으로 방향을 틀었다. 아무도 움직이지 않았다. 아무도 말하지 않았다. 아무도 백마 위에 타고 계신 분에게서 눈을 떼지 못하였다. 그들은 다시 자신의 자세로 돌아가 서서 기다리고 있었다.

갑자기 엄청난 우레와 같은 소리가 터져 나왔다. 발 밑에서 땅이 요란한 소리를 내면서 흔들리기 시작했다. 모든 성도들이 천 개의 팀파니가 치는 듯한 소리를 심장으로 느낄 수 있었다. 연회장의 벽이 엄청난 소리와 함께 열리면서 모든 사람들의 시선이 신랑에게서 그쪽으로 향하였다. 날개 달리고 날 준비를 마친, 셀 수 없을 정도로 많은 말들이 그들을 둘러싸고 있었다. 네 마리의 짐승들-사자의 얼굴을 한 짐승, 황소의 얼굴을 한 짐승, 사람의 얼굴을 한 짐승, 비상하는 독수리의 얼굴을 한 짐승-이 성도들의 머리 위로 날아가면서 송가를 불렀다,

"모두 일어나라!"

하얀 예복을 입은 모든 성도들이 의자에서 일어나 각자의 말에 올라탔다. 신랑이 모든 성도들의 주의를 더욱 집중시켰다. 그분의 등은 여전히 돌려져 있었다. 그분의 말은 준비되어 있었다. 갑자기 땅에서부터 수증기가 올라와서 충성되고 진실한 자의 말을 뒤덮었다. 수증기가 그분의 허벅지까지 올라오면서 안개가 말 탄 자를 조금씩 감싸는 구름이 되었다. 광휘가 그분을 사로잡았고 그분은 태양처럼 빛나게 되었다. 그분의 영광은 정말로 광대했으며 구름이 그분의 어깨

까지 올라와 머리를 덮었고 성도들의 눈에서 보이지 않게 되었다.

익숙했던 천상의 모습이 갑자기 변화되어 하늘이 그분의 발 밑에 나타났다. 마치 두꺼운 껍질을 천천히 벗기는 것처럼 귀를 먹먹하게 하는 큰 소리가 하늘 중간에서 터져 나왔다. 그들 발 밑에 있는 하늘이 두루마리처럼 감기며 하늘의 거주자들이 지구의 분위기에서 잠시 움직이지 않고 멈추었다. 지구는 그들의 운명이었다. 신랑은 그들의 신호였다. 그분을 둘러싸고 있었던 구름 기둥이 그들의 길을 인도할 것이다. 그 구름이 빠르게 지구로 내려갔다. 그분의 뒤를 따르던 말들이 완벽하게 박자를 맞추고 있었다. 그들이 최종적으로 지구에 가까이 다가 감에 따라 지구는 점점 커져 보였고, 점차 대양과 나라들을 식별할 수 있게 되었다. 예루살렘이 위로 올라와 자리잡을 때까지 지구는 계속 돌았다. 말 탄 자가 동쪽으로 착륙하도록 하기 위해서 구름 기둥이 오른쪽 방향으로 크게 원을 그리면서 돌았다.

태양이 밤을 헤집고 들어와 시온성에 떠오르면서 그 땅의 모든 거민들을 깨웠다. 그들의 창문으로 쏟아져 들어오는 광선은 평상시의 아침과 같은 것이 아니었다. 그것을 본 모든 사람들은 초자연적인 것의 임재가 임박했다는 것을 느낄 수 있었다. 예루살렘의 사악한 거주자들, 하나님의 백성을 강제로 집에서 쫓아낸 자들은 집에서 나와 거리를 가득 채울 때에 자신의 눈을 가렸다. 이스라엘 백성이 모두 다 일어났고, 지구상의 어떤 것보다 놀라운 것을 보기 위해 모든 골짜기들마다 위를 쳐다보는 사람들로 가득 차 있었다. 바짝 여읜 사람들이 모든 동굴과 틈새로부터 한 명씩 한 명씩 나오기 시작했다—짐승의 표를 받지 않았던 사람들이었다. 오랫동안 어둠 속에서 숨어 있다가 나온 까닭에 그들의 눈은 이렇게 갑작스럽고 강한 빛에 적응하려 애쓰고 있었다. 모든 눈이 시온성 동쪽으로 움직여 가고 있는 놀라운 구름 기둥을 쳐다보고 있었다. 구름이 공중에 멈춰 섰다.

갑자기 하나님의 베일이 조금씩 위로 걷어 올려지기 시작하면서 먼저 거대한 백마의 발굽을 드러낸 후에 말 탄 자의 발을 드러냈다. 그들은 등자에서 불타는 청동처럼 보였다. 그분의 붉은색 예복이 조금씩 드러나면서 하늘을 뒤덮을 것 같았다. 그분의 이름이 모든 이름들 위에 높이 올려졌다. 구름이 그분의 어깨 위로 올라갔으며 하나님의 지식이 예수 그리스도의 얼굴에 드러났다. 그분의 눈은 모든 심장을 불처럼 태웠다. 짐승의 표를 받은 사람들은 살기 위해서 하나님의 백성을 밀치면서 동굴 속으로 들어가 숨었다. 하나님의 언약 백성과 그들을 도우려고 왔던 사람들은 영광스러운 광경에 도취되어 빛에 머물러 있었다. 통곡 소리가 공기를 가득 메웠다. 백마를 타고 있던 자가 말에서 내려 올리브 산에 발을 내디뎠다. 그러자 땅이 설명할 수 없는 힘으로 흔들렸고 숨어 있던 자들이 모두 드러나게 되었다.

한 어린아이의 커다란 갈색 눈이 그 광경을 놓치지 않고 지켜보고 있었다. 익숙하지 않은 미소를 지을 때 나타나는 그의 하얀 이가 얼굴을 덮고 있는 더러운 때와 대조적이었다. 그는 손을 뻗어 얼굴을 가리고 있었던 어머니의 뼈만 남은 손을 부드럽게 잡아 내렸다. 오직 하나의 장면만이 회복시킬 수 있었던 순결함으로 그가 말했다.

"엄마, 이제 울지 마세요. 저 분이 우리의 하나님이 확실해요. 우리는 그분을 신뢰했고 그분은 우리를 구원하셨어요."

그때 주 예수님이 급히 서둘러 오셨다.

마귀의 운명

또 그들을 미혹하는 마귀가 불과 유황 못에 던져지니 거기는 그 짐승과 거짓 선지자도 있어 세세토록 밤낮 괴로움을 받으리라(계 20:10).

'강렬하다'(intense)는 말보다 종말의 특징을 나타내기에 더 적절한 단어도 없을 것이다. 앞서 언급했듯이 왕의 왕과 영원한 정세를 환호하는 어린 양의 뿔 나팔 소리가 점점 더 커져 가는 것처럼 모든 것들-선한 것과 악한 것 모두-이 강렬해질 것이다. 우리는 "그의 뜻의 결정대로 일하시는 이의 계획을 따라"(엡 1:11) 하나님이 모든 일을 행하실 방식을 이해할 수는 없다. 그러나 우리는 잘못을 행하실 수 없는 가장 지혜로우신 최고의 하나님을 신뢰할 수 있다. 현재 나의 개인 기록 카드에 적혀 있는 성구들 중 하나는 다니엘 4장 37절이다. 나는 이 구절을 내 삶에 적용하면서 소리 내어 읽을 때 느부갓네살이라는 이름 대신에 내 이름을 집어넣는다. 당신도 한 번 당신의 이름을 집어넣어 읽어 보라.

그러므로 지금 나 느부갓네살은 하늘의 왕을 창송하며 칭송하며 경배하노니, 그의 일이 다 진실하고 그의 행하심이 의로우시므로 교만하게 행하는 자를 그가 능히 낮추심이라(단 4:37).

나는 우리가 이 장에서 다루게 될 관련 성구들을 네 부분으로 나누어 살펴보려고 한다.

1부 : 요한계시록 19장 11-21절은 군대의 수장인 그리스도가 짐승과 그를 따르는 자들과 전쟁을 벌이러 나가시는 놀라운 광경을 묘사하고 있다. 그 결과는 '하나님의 큰 잔치'(17절)가 된다. 나는 당신이 상상할 수도 없을 만큼 어린 양의 혼인 잔치를 기대하고 있지만, 정말 당신은 이 큰 잔치와 아무 상관이 없기를 바랄 것이다. 그리스도는 적군을 살육하고, 하나님의 천사들이 공중의 모든 새들을 잔치에 초청한다. 공중의 새들이 이 잔치의 손님이 되고 그리스도를 거부한 모든 사람들이 그 음식이 된다.

이성을 가진 사람들이라면 모두가 놀랄 일이지만, 수많은 사람들이 짐승과 함께 모여 여전히 말 탄 자와 그분의 군대에 대항해 전쟁을 벌일 것이다. 하나님이 행하시는 미증유의 기사와 이적과 자비하심이 나타난 후에도 많은 자들이 회개하기를 거부할 것이다. 그들은 불꽃 같은 하나님의 아들에 대항하여 적이 되는 담대함을 발휘할 것이다. 왜 그럴까? 사람들이 하나님의 자비하심의 놀라운 증거 앞에서도 그분을 거부하는 가장 두드러진 한 가지 이유는 권위에 굴복하기를 거부하는 것이다.

요한계시록 7장 9절과 같은 영광스러운 성경 구절에 근거해서 나는 종말에 수많은 사람들이 그리스도에게로 돌아와서 구원을 받을 것이라고 믿는다. 요한계시록 19장과 20장은 많은 사람들이 진리로 돌아서기를 오만하게 거부하면서 멸망하게 될 것이라고 말해 주고 있다. 나는 '땅의 임금들'에 대한 언급에 초점을 맞추지 않을 수 없다. 경배하기를 거부하는 어떤 자들은 이 땅의 유명한 실력자들이라고 성경은 말하고 있다. 권력을 향한 그들의 욕망이 말 그대로 그들의 죽음이 될 것이다. 얼마나 어리석은 일인가! 의로운 하나님께 경배하기를 거부한 결과로 그들은 대신 지옥의 군왕에게 경배하게 될 것이다.

사탄의 계략은 에덴 동산에 그가 처음 나타났을 때만큼이나 오래된 것이다. 그는 인간들에게 그들이 스스로 우두머리가 되고 신이 될 수 있다고 설득하려 한다. 그것은 속임수이다. 우리는 예배하고 굽혀 경배하도록 창조되었다(아마 하나님이 우리의 다리에 무릎이 있게 만드신 이유가 바로 그것일 것이다). 우리는 더 위대한 통치자 밑에서 섬기도록 만들어졌다. 인간은 절대적인 권위를 가지고 있지 않다. 우리가 아무리 우리의 목적을 거부한다고 해도 우리는 스스로 자신의 우두머리가 될 수 없다. 그렇다. 하나님은 인간 정부를 세우시고 사람들을 높은 지위에 두셨다. 그러나 언제나 그분의 신적 권위 아래 두신 것이다. 느부갓네살은 다니엘 4장 37절에서 이 생명의 원칙을 우리에게 가르쳤다. 그는, 이 땅의 왕국을 자신의 공로로 돌리는 자들은 막대한 대가를 지불하게 된다는 것을 힘들게 배웠다.

요한계시록 19장 15, 21절은 그리스도가 자신의 대적을 격파하시는 방법에 대해서 아주 분명하게 묘사하고 있다. 그분은 자신의 입에서 나오는 검으로 하실 것이다. 나는 검은 그리스도의 말씀을 상징한다고 믿는데, 그 이유는 그분 자신의 입에서 나오는 말씀으로 대적들을 치실 것이기 때문이다. 그분의 입은 우주를 존재하게 하고 지구를 궤도에 올려놓게 한 말씀을 내셨던 바로 그 입이다. 나와는 달리 그리스도는 말씀하시거나 그분의 대적을 치기 위해서 손을 사용할 필요가 없다. 그분이 말씀하시면, 그분의 뜻이 성취된다.

하나님이 계시를 받은 자 요한에게 요한계시록 19장 13절에 언급된 그리스도의 재림 칭호를 선포할 수 있는 특권을 주신 것은 아주 적절한 것이다.

"또 그가 피 뿌린 옷을 입었는데 그 이름은 하나님의 말씀이라 칭하더라."

영감을 받은 어떤 저자도 로고스에 관한 계시를 받지 못했다. 우리 가운데 거하시기 위해서 육체가 되신 것과 동일한 그 말씀이 대적을 발 밑에 굴복시키면서 승리의 외침과 함께 다시 오실 것이다. 모든 무릎이 이런 저런 방식으로 굽혀

지게 될 것이다.

본문의 두 번째 부분을 보도록 하자.

2부 : 요한계시록 20장 1-6절에서 요한은 천사들이 두 가지를 가지고 하늘에서부터 내려오는 것을 보았다. 천사는 무저갱의 열쇠와 큰 쇠사슬을 손에 들고 있었다. "용을 잡으니 곧 옛 뱀이요 마귀요 사탄이라 잡아서 천 년 동안 결박하여"(2절).

사탄의 미래를 예언하는 구절에서 '큰 쇠사슬'과 '놓임을 받는 것'을 동시에 언급하고 있는 것은 상당한 아이러니이다. 성경은 사탄이 천 년 동안 결박되었다가 그 후에 불과 유황 못에 던져지게 된다고 말한다(계 20:10). 이 기간에 대해서는 학자들의 견해가 나뉘어진다. 나는 그리스도가 실제로 지구상에서 천 년 동안 다스린다고 생각하는 것에 전혀 문제를 느끼지 못한다. 동시에, 주께는 천 년이 하루 같다고 말하고 있는 베드로후서 3장 8절도 인식하고 있다. 이 구절은 우리가 천 년에 대해서 독단적인 태도를 취하지 않게 조심시켜 준다.

요한계시록 20장 2절에서 한 가지 사실은 부인할 수 없다고 생각한다. 기간이 얼마나 될지는 몰라도 사탄은 결국 매이게 된다는 것이다. 나는 그 도구가 큰 쇠사슬이라는 사실이 너무나 기쁘다. 얼마나 적절한가! 어떤 사람들은 왜 하나님이 그를 즉시 불못에 던져 넣지 않고 잠시 동안 결박하는지 의아해하기도 한다. 사랑하는 그대들이여, 내가 아는 한 종말의 때는 사탄이 쇠사슬에 결박되기에 가장 적절한 때일 것이다. "오, 대주재시여, 우리의 속박을 갚아주실 때까지 얼마나 더 기다리시렵니까?" 하고 외치고 있는 모든 사람들을 위해서 나는 그가 쇠사슬의 느낌이 어떤지 빨리 알게 되기를 바란다. 사실 나는, 그 '큰 쇠사슬'이 우리 발목에서 떨어져 나간 모든 쇠사슬들로 만들어지기를 기대한다.

나는 사탄이 도구로 사용하여 우리 가운데 많은 사람들을 속여온 것과 동일한 무력감을 그가 직접 경험하게 되길 원한다. 자유하게 된 다른 사람들을 지켜보면서 말이다. 우리를 자유케 하는 진리를 주신 하나님을 찬양하라! 사탄은 계속해서 나를 결박하며 나의 삶, 나의 가족, 나의 간증, 나의 사역을 파괴하려고 모든 노력을 다했지만 하나님의 편 팔의 능력으로 그를 패배시켰다. 미래는 사탄이 패배할 뿐만 아니라 우리를 향한 그의 사악함이 되갚아질 것임을 보여 주고 있다. 당신도 그렇게 느끼는지 궁금하다.

아주 강한 쇠사슬이 사탄이 우리에게 행한 악행을 충분하게 갚아줄 것이다. 사탄이 쇠사슬에 매여 있을 동안 세상은 어떤 모습이 될 것인가? 종말에 관한 내 개인적인 연구에 기초해 볼 때 사탄이 무저갱에 갇혀 있는 기간 이 땅에 건설될 하나님의 나라가 평화, 의, 안전으로 특징지어지는 하나님의 나라와 일치할 것이라고 생각한다. 그러나 하나님의 말씀을 신실하게 연구하는 많은 사람들이 이 구절을 다양한 방식으로 이해한다는 점을 염두에 두라. 우리가 서로 다른 견해를 가지고 있는 것과는 상관없이 하나님은 자신의 뜻을 자신의 방식으로 성취하실 것이다. 모든 일이 성취되었을 때, 우리는 경이로움으로 입을 벌린 채 서 있게 될 것이다.

요한계시록 20장 3절은 극단적인 아이러니를 보여 준다. 결박된 기간이 지난 후 사탄은 하나님에 의해서 '잠깐' 놓이게 될 것이다. 이것을 보면 하나님은 누구라도 자유케 하실 수 있다는 것을 말해주는 좋은 예라고 우스갯소리로 말해도 될 것 같다. 물론 이 '자유'는 죄나 반역으로부터의 자유가 아니라 다시 한번 하나님을 대항하여 반역을 일으키는 자유를 의미한다. 다음 구절은 그 후에 일어날 일을 설명한다.

3부 : 요한계시록 20장 7-10절은 사탄이 하나님과 전쟁을 벌이기 위해서 다시 군대를 모을 것이라고 말한다. 사탄과 그의 군대가 '성도들의 진과 사랑하시는 성'을 포위할 것이다. 그러나 하늘에서 불이 내려와 저희를 소멸할 것이다(9절). 혹시 사탄이 쇠사슬에 묶여서 무저갱에 있는 동안 교훈을 배우지는 않을지 염려할 필요는 없다. 그는 악의 화신이다. 그는 놓임을 받는 즉시 자신의 옛 술

책으로 돌아갈 것이며 더욱 강렬한 분노로 힘을 얻게 될 것이다.

요한복음 8장 44절은 사탄에 대해서 성경의 가장 간결한 설명을 제공하고 있다. 예수님은 그가 "처음부터 살인한 자요 진리가 그 속에 없으므로 진리에 서지 못하고 거짓을 말할 때마다 제 것으로 말하나니 이는 그가 거짓말쟁이요 거짓의 아비가 되었음이니라"고 말씀하셨다.

사탄이 놓임을 받아 다시 한 번 대중 앞에 섰을 때, 그는 자신이 본래 사용하는 언어를 말하게 될 것이다. 그의 언어적 속임수는 대단해서 단단히 무장하지 않으면 아무리 똑똑한 사람도 현혹될 수 있고, 그를 이용해 다른 사람들에게 거짓을 말하게 할 수도 있다. 이 점을 분명히 이해해야 한다. 속은 사람은 다른 사람도 속인다. 당신이 깊이 속았거나 속이는 사람을 상대해 본 경험이 있다면, 유일한 방책은 기도뿐이라는 것을 알 것이다. 이성적으로 말하는 것은 소용이 없다. 오직 하나님 자신의 경이로운 능력만이 속임수의 사슬을 끊을 수 있다.

종말이 이르면, 사탄은 자신에게 남은 것이 우리를 향한 마지막 공격뿐이라는 것을 알게 된다. 당신은 성경을 통해 사탄이 자기가 할 수 있는 최선의 공격을 하게 될 것임을 짐작할 것이다. 마지막 반란에서 수많은 사람들이 하나님의 거룩한 아들에 대항하여 서기로 선택할 것이다. 염려되는 것은, 이때쯤에는 그리스도가 완전히 드러나게 될 것이라는 점이다. 사람들로 하여금 자신의 창조주 하나님보다 사탄이 더 많은 것을 줄 것이라고 믿게 하기 위해서 사탄이 어떤 현혹 전술을 사용할지 우리는 그저 상상할 수 있을 뿐이다. 나는 그들이 하나님의 존전에서 누리는 영원한 거룩함보다는 자기 자신의 욕망과 탐욕을 선택하면서 유혹에 넘어갈 것이라고 생각한다. 그들도 진리를 알 것이지만 결국 거짓을 선택할 것이다. 그들은 자기 자신을 선택하고 있다고 생각하겠지만 실제로는 사탄을 선택하게 될 것이다.

현대인이 가지고 있는 자만하고 조잡한 철학과는 달리 지옥은 하나의 성대한 파티와 같은 곳이 아니다. 지옥은 영원히 고통에 매이는 것이다. 나는 그것을 생각하기조차 끔찍하며, 아무도 그곳에 가지 않기를 원한다. 이제 마지막 부분을 살펴보도록 하자.

4부 : 요한계시록 20장 11-15절은 '크고 흰 보좌'에 대해서 말한다. 내가 이해한 성경과 최후의 심판에 근거해 볼 때, 오직 잃어버린 자들만 크고 흰 보좌 앞에 서게 될 것이다. 이 심판의 자리는 고린도전서 3장 10-15절과 고린도후서 5장 1-10절에서 묘사되고 있는 것과는 다른 것이다. 그리스도를 아는 사람들은 그리스도의 심판석 앞에 서게 될 것인데, 그리스도를 사랑과 순종으로 섬긴 자들은 거기서 상을 받게 될 것이다. 구원받은 자를 위한 심판석은 정죄의 장소가 될 수 없다(롬 8:1).

우리가 살펴보고 있는 이 요한계시록의 구절은 그와는 아주 다른 광경을 묘사하고 있다. 보다시피 크고 흰 보좌는 오직 정죄만 하는 자리로 보인다. 하나님을 거부한 모든 자들은 이 무서운 날에 그분 앞에 서게 될 것이다. 땅과 하늘이 그분의 놀라운 임재 앞에서 도망하려 하겠지만, 하나님을 거부한 자들은 도망갈 곳이 없게 될 것이다.

요한계시록 20장 13절은 크고 흰 보좌 앞에 선 각 사람들이 어떻게 심판 받게 되는지 설명하고 있다.

"각 사람이 자기의 행위대로 심판을 받고."

우리가 받는 심판과 유사한 점이 한 가지 있다. 어린 양의 피로 구원받은 자들의 행위대로 상이 주어질 것이다. 마찬가지로 자신들을 위한 예수님의 사역을 거부한 자들의 행위대로 형벌이 주어질 것이다.

나는 요한계시록 20장 13절이 각 사람이 행한 악의 정도에 따라 형벌의 수위가 달라진다는 것을 암시한다고 확신한다. 달리 생각할 이유가 무엇이겠는가? 하나님은 공정한 분이 아니신가? 그분은 모든 책임 있는 남자와 여자의 마음과 행위들을 살펴보지 않으시는가? 불못은 그곳에 빠진 모든 자들이 고통하는 장소가 될 것이지만, 나는 각 사람의 행위에 따라 형벌이 달라질 것이라고 성경이 분명하게 가르치고 있다고 믿는다. 의로운 재판장은 모든 생각을 아시며 우리 마음의 모든 동기를 정당하게 분별하신다. 로마서 2장 2절에서 볼 수 있듯이 그분의 심판은 진리에 근거한 것이다.

하나님은 한 사람으로 그분의 놀라운 인간 창조를 시작하셨다. 현재 이 지구상에는 60억의 사람들로 가득 차 있지만, 하나님은 한 번에 한 사람씩 각 존재에 생명을 불어넣으신다. 우리는 하나님을 위해 창조되었고 그분을 찾도록 만들어졌다. 그분은 자신의 존재를 계속적으로 증거하게 하려는 목적을 가지고 우주와 질서를 창조하셨다. 하늘은 끊임없이 그분의 영광을 선포하며, 진실로 그분을 찾는 모든 사람들은 그분을 만나게 될 것이다.

하늘에 있을 사람이 단 한 사람만 빠지더라도 하나님은 다 아신다. 하나님은 어느 누구도 그냥 지나치지 않으신다. 한 사람이라도 이름 없는 영혼의 바다에 실수로 쓸어 버려지지 않을 것이다. 하나님은 조심성 없는 분이 아니시다. 그분은 자신을 알기를 거절한 모든 영혼들을 정확하게 아신다. 그분은 교제를 위해 우리를 창조하셨기 때문에 하나님의 심판은 냉정하고 무감각한 분리로 집행된다고 볼 수 없다. 하나님이 세상을 이처럼 사랑하셨기 때문에 잃어버린 자들을 찾고 구원하시기 위해 자신의 아들을 보내셨다. 누구도 그분의 눈에서 숨을 수는 없으나, 이해가 안 되는 일이지만 많은 자들이 '찾아지기를' 거부할 것이다.

에스겔 33장 11절의 열정적인 간청은 그날이 더 가까울수록 소리를 높이고 있다.

"주 여호와의 말씀이니라 나의 삶을 두고 맹세하노니 나는 악인이 죽는 것을 기뻐하지 아니하고 악인이 그의 길에서 돌이켜 떠나 사는 것을 기뻐하노라. 이스라엘 족속아 돌이키고 돌이키라. 너희 악한 길에서 떠나라. 어찌 죽고자 하느냐 하셨다 하라."

새 예루살렘

또 내가 보매 거룩한 성 새 예루살렘이 하나님께로부터 하늘에서 내려오니
그 준비한 것이 신부가 남편을 위하여 단장한 것 같더라(계 21:2).

요한계시록을 개략적으로 살펴보면서 우리는 요한이 본 것에 우리의 초점을 맞추어왔다. 이번 장에서 살펴볼 부분에서는 이러한 광경을 보도록 선택된 자에 대해서 다시 살펴보려고 한다. 나는 이 연구를 하면서 요한을 점점 더 사랑하게 되었다. 나는 그리스도가 요한에게 자신을 따르라고 부르셨을 때 그가 십대 청소년에 지나지 않았을 것을 생각하는 게 무척 즐겁다. 다른 제자들이 그를 괴롭히거나 놀려먹지는 않았을까? 이들은 서로간에 깊은 관계를 형성하였다. 그들은 함께 일하였고, 함께 여행하였고, 함께 먹었으며 함께 별빛 아래서 잠을 자기도 했다. 그들은 놀라운 일들과 끔찍한 일들을 함께 겪었다. 그들은 함께 슬퍼하기도 했고 소망을 갖기도 했다. 이 사람들이 나누었던 것과 같은 관계를 자랑할 수 있는 사람들이 우리 가운데 많이 있을지 모르겠다.

세월이 흘러 이 작은 무리의 제자들은 정원사의 손에서 뿌려진 씨앗처럼 흩어졌다. 그분의 주권적인 손가락이 어떤 씨는 고향에서 멀지 않은 땅에 뿌렸고,

다른 씨앗은 그분의 손목이 움직이는 것에 따라 바다로 날아갔다. 요한도 그 중 한 사람이었다. 밧모섬에서의 유배는 반갑지 않은 여러 기회들을 불러왔지만, 고독한 섬은 회상이라는 달콤하면서도 씁쓸한 선물을 가져다 주었을 것이다. 바닷물에 반사된 태양처럼 요한은 자신을 바다 위에 솟아오른 바위섬까지 이끌어 온 신적 운명의 모든 굴곡들을 회상하였을 것이다.

그때 그의 뒤에서 트럼펫 소리처럼 큰소리가 들려왔다.

"네가 보는 것을 두루마리에 기록하라."

그래서 그는 묘사가 불가능한 실체의 심오함만을 나타내 주는 인간의 언어로 기록하였다. 요한이 기록한 것을 보는 그 사람이 되었다고 상상해 보라. 당신은 요한이 사탄을 '보았다'는 것을 인식하고 있는가? 우리처럼 요한도 수천 가지 방법으로 사탄의 행동을 보았지만, 그는 사탄의 거룩하지 않은 본질이 드러나는 것을 본 적은 없었다. 요한계시록 20장의 비전에서 요한은 사탄이 결박되고, 풀려나고, 멸망당하는 것을 보았다. 요한이 밧모섬에서 살아 나왔을 것이라는 사실을 기억하라. 초대 교회 교부들의 기록에 의하면, 요한은 유배에서 풀려난 후에 에베소로 돌아왔다고 한다.

요한이 얼마나 오랫동안 살았는지 모르지만 사탄을 본 것이 그 이후로 그의 생각과 가르침에 어떤 영향을 주었을지 상상해 보라. 또한 크고 흰 보좌에서 잃어버린 자들이 받는 최후의 심판을 본 요한을 상상해 보라. 그가 본 것과 그것으로부터 형성된 그의 인격과 정서적 기질을 분리하지 마라. 이 제자의 여린 마음에 대해 생각해 보라. 요한은 신약의 그 어떤 저자들보다 하나님의 사랑과 서로에 대한 사랑에 대해서 더 많은 것을 말하였다. 아마 사람들이 하나님의 사랑을 거부해서 멸망당하는 것을 요한보다 더 보기 원치 않았던 사람은 없을 것이다. 그의 바로 눈앞에서 바다, 죽음, 지옥이 불신자들을 쏟아내고, 그들은 자신의 행위로 심판을 받았다. 죽음과 지옥이 불못에 던져진 후에 불신자들도 동일한 곳에 던져졌다. 요한은 이것을 보았다. 그러한 광경은 그 이후 그의 사역에 영향을 미쳤을 것이 틀림없다.

이제 요한계시록 21장 1절의 첫 번째 단어를 보자. '또'(then, '그 뒤에'–공동번역). 오, 사랑하는 그대들이여, 나는 이 '또'로 인해 얼마나 하나님께 감사한지 모른다. 당신의 삶이 지금은 몹시 고통스러울지도 모른다. 당신이 겪는 시련이 견딜 수 없을 정도로 클지 모른다. 당신의 능력이 약화되었거나 건강이 상했을지도 모른다. 지금의 상태가 정말 힘들다고 할지라도 사랑하는 그대들이여, 하나님은 당신 신앙의 시간표에 '또'를 가지고 계신다. 모든 신자들에게는 온갖 꿈들이 성취되는 새로운 장이 열린다. 당신이 어떤 일을 당하고 있다 할지라도 그것은 이야기의 끝이 아니다.

나는 요한계시록 21장에 있는 소망과 그 앞장에 나오는 참혹한 모습을 계속 비교해보면서 그 장 전체를 읽어보라고 권하고 싶다. 신약성경의 어떤 두 장도 잃어버린 자와 구원받은 자의 영원한 운명을 이렇게 심오하게 나란히 비교하고 있는 곳은 없다.

나는 요한계시록 21장에서 사도 요한에게 가장 의미가 깊었던 요소를 살펴보고자 한다. 요한계시록 21장 1절에 의하면, 새 하늘과 새 땅의 첫 번째 분명한 차이는 바다가 없다는 것이다. 맑은 날 밧모섬의 끝자락에서 보면 에베소에서 몇 마일밖에 떨어져 있지 않은 해안이 보인다. 요한이 자신이 섬겼던 사람들을 얼마나 간절히 보고 싶어했을지, 그들이 첫사랑으로 돌아가기를 얼마나 깊은 눈물로 간청했을지 생각해 보라. 그들 사이에 놓인 바다가 요한에게 무엇을 의미하는 것이었을지….

하나님의 가족 안에서 형제와 자매들을 갈라놓는 바다가 더 이상 없게 되기를 간절히 바란다. 나는 수단, 이란, 그리고 전 세계에 있는 나의 신실한 형제와 자매들을 알기를 원한다.

나의 사랑하는 동역자인 사브리나는 내가 산을 좋아하는 것처럼 바다를 좋아한다. 그녀는 바다가 없는 천국을 상상조차 못할 것이다. 우리는 새 땅에는 적어도 두 종류의 물이 있을 것이라고 알고 있는데, 이는 요한계시록이 강과 수정바다를 기록하고 있기 때문이다. 성경의 마지막 책에 나오는 수많은 용어들이 상징적인 것이라는 점을 기억하라. 나는 "바다도 다시 있지 않더라"고 하는 요한계시록 21장 1절의 언급이 어떤 것도 우리를 분리할 수 없다는 뜻이라고 믿는다. 그리스도가 아버지께 간구했던 것처럼 우리는 하나가 될 것이다. 우리는 이곳에서 바다가 형성해 놓은 장벽과 같은 것이 없는, 진정으로 아름다운 바다를 갖게 될 것이다.

새 하늘과 새 땅이 바다에 의해 분리되지 않을 것이라고 말한 후에 요한은 새 예루살렘을 묘사한다. 그의 말을 묵상해 보라.

"내가 거룩한 성을 보니."

나는 우리와 같은 대부분의 이방인들은 수많은 유대인들이 오랜 세월 동안 자신의 고국에 대해 느끼고 있었던 친밀감을 이해할 수 없을 것이라고 생각한다. 성지를 밟아 보지 못했던 자들까지도 마치 길을 잃은 아이가 엄마를 찾는 것처럼 그곳을 동경한다.

몇 주 전 나는 이러한 독특한 유대감을 나의 유대인 친구이자 성지 가이드인 애리에게서 보았다. 그와 그의 가족은 현재 텔아비브의 주민이지만, 그의 마음은 결코 예루살렘을 떠나지 않는다. 예루살렘 안과 그 주변에서 터져 나오는 혼란은 단순히 그를 염려하게 하거나 화를 내게 하는 것이 아니다. 그것은 그에게 고통을 가져다 준다. 나는 계속되는 성지의 위기에 대해서 그가 어떻게 느끼는지 물어보았다. 그의 얼굴에 나타난 고통을 보면서, 나는 그렇게 분명히 밀착된 관계에 대해 물어본 것을 후회했다. 나는 스스로 아주 애국적인 사람이라고 생각했지만, 그가 자신의 조국에 대해 갖고 있는 애착과 같은 것은 없다고 인정해야 했다.

예루살렘을 자신들 앞에 두려는 마음 깊이 뿌리 박힌 헌신이 모든 정통 유대식 결혼식에서 재언급된다고 애리가 말해 주었던 것을 기억하는가? 기쁨 가운데서도 그들은 언제나 예루살렘과 성전의 비극적인 상실을 '기억'한다.

애리와 모든 세대의 유대인들이 거룩한 성에 대한 표현할 수 없는 애착과 성전에 관한 슬픔의 정서를 경험하고 있다면, 요한의 애정이 어느 정도의 강도였을지 한 번 상상해 보라. 그는 솔로몬 시대 이후로 예루살렘의 영광이 절정에 달했던 시기에 갈릴리 호수가에서 자라났다. 헤롯의 성전은 요한의 시대에 가장 위대한 경이 중 하나였다. 어떤 유대인도 경탄하지 않고 그 영광을 볼 수 없었다. 심지어 울기까지 하였다.

요한은 거룩한 성의 모든 벽과 문을 알고 있었다. 그는 구세주와 함께 그 도시의 이곳 저곳을 걸어다녔다. 그는 올리브 산에서 예수님 곁에 앉아서 예루살렘의 아름다운 모습을 내려다보았다. 또한 요한은 주후 70년에 그 성이 완전히 파괴되는 것을 목격하였던 세대에 속한다. 예루살렘이 무너질 때쯤에는 요한이 이미 에베소에 정착해 있었겠지만, 그 소식은 빠르게 퍼져나갔고 가는 곳마다 통곡 소리가 커져갔다. 그 도시와 함께 죽지 못했다는 설명할 수 없는 죄책감과 디아스포라의 슬픔이 섞여서 향수병으로 사무치는 그들의 영혼을 뒤흔들었을 것이다.

그 후에 요한이 "보매 거룩한 성 새 예루살렘이 하나님께로부터 하늘에서 내려오니 그 준비한 것이 신부가 남편을 위하여 단장한 것 같더라"(계 21:2).

그의 마음이 말할 수 없는 기쁨으로 얼마나 뛰었겠는가! 정말로 그랬을 것이다. 비교할 수 없는 영광된 모습으로 회복되었을 뿐만 아니라 새롭게 재창조된 것이다.

"하나님께서 그들의 눈에서 모든 눈물을 씻어 주실 것임이라"(계 7:17).

그 모습을 보고 요한은 눈물을 흘리지 않았을까 싶다.

어떤 사람들은 새 하늘과 새 땅에서는 우리가 울 수도 없을 것이라고 말한다. 그러나 하나님이 모든 눈물을 제거하신 이후에도 적어도 마지막 기쁨의 눈물을 흘릴 것이 확실하다. 나의 그리스도와 나의 하나님, 그리고 그분의 하늘 왕국을 마른 눈으로 볼 수 있을 것이라고는 상상이 되지 않는다. 그러나 우리의 마지막 눈물은 더 이상 슬픔에 쌓여 흘리는 것이 아닐 것이다. 왜냐하면 "다시는 사망이 없고 애통하는 것이나 곡하는 것이나 아픈 것이 다시 있지 아니하리니 처음 것들이 다 지나갔음이러라"(계 21:4).

'처음 것들'(old order of things)이라는 말을 묵상해 보라. 하나님과의 친밀한 교제를 상실한 것과 한 아들이 다른 아들을 죽임으로 인한 고통으로 아담과 하와가 비탄에 빠졌던 이래로, 그 '처음 것들'은 이 땅의 특징이 되었다. 기존 세계 질서의 특징은 말 그대로 고통인 것이다. 우리 중 누구도 그것을 피할 수 없다. 우리는 그러한 감각을 마비시킬 수는 있지만, 그것이 없이는 옛 질서를 온전히 경험할 수도 없고 새로운 질서를 경축할 수도 없을 것이다.

새로운 질서는 모든 것을 완성하고 영원한 축복을 위해서 하늘과 땅을 준비한다.

"보라 하나님의 장막이 사람들과 함께 있으매"(3절).

에덴에서 쫓겨난 슬픔은 사람들과 함께 거하시는 하나님의 억누를 수 없는 기쁨에 의해서만 삼켜질 것이다. 요한이 새 예루살렘에서 성전, 해, 또는 달을 보지 못했다는 사실에 주목하라. 이러한 것들은 새로운 거룩한 성에는 없을 것인데, "이는 주 하나님 곧 전능하신 이와 및 어린 양이 그 성전이심이라. 그 성은 해나 달의 비췸이 쓸데없으니 이는 하나님의 영광이 비취고 어린 양이 그 등불이 되심이라"(계 21:22-23).

아마 당신은 '땅의 왕들'에 대한 언급을 보았을 것이다(24절). 이 왕들은 충신과 진실로 불리는 말 탄 자를 대항해서 일어난 요한계시록 19장 19절의 왕들과 완전히 대립되는 자들이다. 나는 새 거룩한 성으로 자기 영광을 가지고 올 '땅의 왕들'은 요한계시록 20장 4절에 묘사된 구원받은 사람들이나 그들과 유사한 자들이라고 생각한다.

"또 내가 보좌들을 보니 거기 앉은 자들이 있어 심판하는 권세를 받았더라. 또 내가 보니 예수의 증언함과 하나님의 말씀 때문에 목 베임을 당한 자들의 영혼들과 또 짐승과 그의 우상에게 경배하지 아니하고 그들의 이마와 손에 그의 표를 받지도 아니한 자들이 살아서 그리스도와 더불어 천 년 동안 왕노릇하니."

하나님이 새 하늘과 새 땅을 창조하실 때, 왕국에서 그분과 함께 다스릴 자들이-그분의 권위와 동등한 것이 아니라 그 아래서 다스리는-새 거룩한 성으로 '자기 영광'을 가지고 올 자들 가운데 속해 있을 가능성이 있다고 생각한다. 또한 나는 종말의 때 이전에 많은 나라의 왕들이 예수 그리스도를 하나님의 아들로 고백하고 경배하면서 무릎을 꿇을 것이라고 생각한다. 진실로 "사람들이 만국의 영광과 존귀를 가지고 그리로 들어오겠고"(계 21:26). 우리의 미래는 학자, 시인, 영화 제작자들의 글과 상상을 뛰어넘는 것이다. 하나님이 새로운 시작을 선언하시고 그분이 상상하기에 가장 이상적인 모습으로 하늘과 땅을 창조하실 때, 우리는 하나님의 영광의 은혜를 입게 될 것이다.

이 장을 마무리하면서 요한에게 매우 깊은 영향을 주었을 것이 분명한 새 예루살렘의 구체적인 모습을 마지막으로 한 번 더 살펴보도록 하자.

"그 성의 성곽에는 열두 기초석이 있고 그 위에는 어린 양의 십이 사도의 열두 이름이 있더라"(계 21:14).

사랑하는 그대들이여, 요한이 그 이름들 가운데 자신의 이름을 보았다는 것을 아는가? 그가 이 땅에 아직 남아 있었던 기간 동안 이 장면을 기억 속에서 되살릴 때마다 어떤 생각이 들었을지 상상이 가는가? 나는 예수님의 제자들이 어떤 모습일지는 잘 모르지만, 그들이 스스로 초인이라거나 부르심에 합당한 자라고 느꼈을 것이라고는 생각되지 않는다. 심지어 나는 이 열두 제자들이 자신들이 하는 일이 세계를 변화시키는 영향력을 행사할 것이라는 점을 이해하기나 했을지 확신이 들지 않는다. 나는 그들이 이렇게 생각하는 모습을 상상할 수 없다.

"이 순간에 내가 하는 일이 역사에 남게 되어 영원한 영광의 책에 기록될 것이다."

그들은 당신과 내가 우리 자신을 생각하는 것처럼 자기 자신에 대해 생각했을 것이다. 또한 나는 그들이 그리스도의 복음을 가지고 세상에 나아가야 하지만 대부분의 경우 오직 소수의 사람들만 회심하는 것을 보게 될 것이라는 예상을 하며 끔찍하게 두려워했을 것이라고 생각한다.

시간이 흐른 후 요한이 기억 속에서 그 벽과 그 기초를 다시 응시할 때 하나님이 그들을 존중하셨다는 생각에 그가 압도되었을 것이라고 생각되지 않는가? 그리스도가 사용하시기 위해 택하신 인간 대리자들의 면면을 생각해 볼 때 하나님의 계획이 효과가 있었다는 사실에 요한이 놀라워했다고 생각하지 않는가?

나는 매일 사역을 하면서 낮은 자존감의 문제에 직면하게 된다. 나는 내가 과업을 수행할 수 있다는 느낌이 전혀 들지 않는다. 전혀 똑똑하지도 않다. 전혀 강하지도 않다. 충분히 기도하지도 않았다. 충분히 준비하지도 못했다. 당신도 비슷한 느낌을 가지고 있는가? 그렇다면 이 진리가 당신을 씻길 때에 나와 동일한 감동의 홍수를 느낄 수 있을 것이다. 하나님은 우리를 사랑하신다. 하나님은 자신의 사랑을 받아들이는 사람들을 위해 놀라운 장소를 예비하신다. 하나님은 모든 것을 마비시켜버리는 자신의 불안전에 대한 안타까운 절규에도 불구하고 하나님의 부르심을 믿기로 선택한 사람들을 귀하게 존중해 주신다. 우리의 이름이 새 예루살렘의 기초석에 새겨지지는 않을 것이지만 그것들은 하나님의 손바닥에 새겨져 있다.

51 장

그의 얼굴을 보오니

그의 얼굴을 볼 터이요 그의 이름도 그들의 이마에 있으리라(계 22:4).

내 눈을 믿을 수가 없다. 이 여정이 이렇게 빨리 지나가 버리다니. 언제나 마지막 장은 쓰기가 가장 힘든데, 그 이유는 내가 작별 인사를 싫어하기 때문이다. 몇 년 전 아주 힘든 상태에 빠져있을 때, 나는 하나님이 내 생각을 변화시키기 전까지는 내가 결코 자유로울 수 없다는 것을 알았다. 그리고 하나님께 나의 상상력을 완전히 불태워 달라고 간청했다. 그 기도에 대한 응답으로 하나님은 영적 실체를 물질적인 실체처럼 생생하게 그릴 수 있는 상상력을 주셨다. 당신과 내가 이 책에서 했던 여행은 우리가 직접 얼굴을 마주하고 경험한 것처럼 내게 아주 실제적인 것이다.

비록 당신의 얼굴을 보지는 못했지만 나는 당신을 수백 번이나 '그려보았고' 그리스도의 몸 안에서 당신의 자리를 생각하며, 당신과 동행하는 것을 매우 좋아하게 되었다. 우리는 나란히 함께 걸었다. 나는 다른 사람들이 따르는 그런 사람이 되고 싶지 않다. 나의 깊은 소망은 당신 곁에서 함께 여행하면서 하나님의 말씀을 함께 열고 그 진리에 대해 대화를 나누는 것이다.

이 마지막 장을 쓰기가 어려운 또 다른 이유는, 우리가 헤어지기 전에 하고 싶은 말이 너무나 많기 때문이다. 나는 아만다를 대학에 두고 처음으로 떠나올 때 이와 동일한 느낌을 가졌다. 우리 눈에 눈물이 흐르는 가운데 나는 이렇게 말했다.

"얘야, 하고 싶은 말이 정말 많단다. 그러나 지금은 마음이 너무 눌러서 도저히 말을 못하겠구나."

나는 그 아이의 대답을 결코 잊지 못할 것이다.

"엄마, 어제 전부 말했잖아요. …그저께도…"

우리는 함께 웃었다. 할 말이 많다는 것이 바로 이런 것이다.

정말로 중요한 순간이 다가온 지금 나는 모든 좋은 말들을 이미 앞에서 다 써 버렸다. 당신은 내게서 너무나 많은 말을 들어왔다. 내 성경공부 모임에 참석했던 어떤 여자로부터 받은 편지를 떠올리면 웃음이 난다. 그녀는 나의 방법을 이렇게 묘사했다.

"말은 많은데 말해진 것은 적다."

나는 머리를 젖히고 웃었고 마음으로 '아멘!'을 덧붙였다. 나는 너무 말이 많다. 너무 길게 말한다. 너무 깊이 들어가려 한다. 나는 비평가들에게 어리석게 보일 정도로 열정적이다. 나는 능력도 부족하고 자질도 모자란다. 그러나 한 가지 자신 있게 말할 수 있는 것이 있다. 나는 사랑한다. 그것은 진짜다. 또한 나는 당신을 사랑한다.

우리가 작별 인사를 하기 전에 잠시 앉아서 함께 성경을 펴 보자. 우리가 읽을 부분에 강이 나온다. 강가에 가서 바위에 앉아 샌들을 벗고 발을 담그면 어떨까? 성경을 가지고 있다면 하나님의 말씀 전체 중에서 가장 마지막 장인 요한계시록 22장을 읽어 보라.

새 하늘과 새 땅에 관한 몇 가지 추가적인 사항들에 주목해 보라.

생명수의 강이 보좌로부터 흘러나온다.
생명 나무가 열두 가지 실과를 맺고 달마다 그 실과를 맺는다.
그 나무 잎사귀들은 만국을 소성하기 위한 것이다.
다시는 저주가 없다.
어린 양이 빛이기 때문에 더 이상 밤이 없다.
어린 양이 그 성에 임재해 있다.

요한계시록의 끝 부분에서 요한은 두 번이나 이러한 영광스러운 환상을 보고 압도되어 천사의 발 앞에 엎드려졌다(계 19:10; 22:9). 두 번 모두 요한은 즉각 꾸지람을 들었고 천사는 '함께 된 종'에 지나지 않는다는 점을 다시 상기하게 되었다. 놀랍지 않은가? 하나님을 섬기는 사람들은 영광 중에 온 천사들과 나란히 사역하는 것이다. 그들은 우리와 함께 종된 자들이다. 다음에 당신이 혼자 섬기고 있다고 느껴질 때 이것을 기억하라.

나는 요한이 때에 맞지 않게 무릎을 꿇었던 사건으로부터 또 다른 적용을 끄집어내고 싶다. 요한은 환상이 힘겹거나 바라보기 두려운 것이었을 때 천사의 발 앞에 엎드리는 실수를 한 게 아니다. 그는 좋은 소식에 엎드러진 것이다. 하나님은 지난 몇 년 동안 우리의 성경공부에서 놀라운 일을 행하셨다. 여러 교단과 그리스도의 몸에 속한 다양한 부분으로부터 점점 더 많은 사람들이 참여하게 되었다. 이것보다 더 흥분되는 일은 없었는데, 나는 초교파적이고 싶은 마음이 강하기 때문이다. 이와 동시에 한 가지 경고의 말을 하고 싶다. 사탄의 주된 목적은 우리를 꾀어 하나님 이외의 다른 것이나 다른 사람에게 경배하게 하는 것이다. 나는 그리스도인들이 자신이 듣고 싶은 말을 해주는 대변인들에게 무릎을 꿇고 경배하고 싶은 유혹에 가장 잘 빠진다고 생각한다. 천사의 말을 빌린다면, '그리하지 말라!' 오직 하나님께만 경배하라. 잠시 요한계시록 22장 2절을 살펴보도록 하자. 당신은 이 하늘의 현실을 시편 1편 1-3절에 나오는 이 땅에서의 비유와 비교할 수 있을 것이다.

이 땅에 머무는 동안 우리는 때마다 과실을 맺어서 다른 사람들이 '여호와의 선하심을 맛보아 알게' 해주는 생명나무와 같은 자가 되어야 한다(시 34:8). 많은 열매를 맺기 위해서 우리는 강가에 머물러 있어야 한다. 아마 그 안에 있어야 할지도 모른다.

에스겔은 에스겔서 47장 1-12절에서 이와 유사한 환상을 말하고 있다. 에스겔의 환상에서 강은 예루살렘 성전에서부터 흘러나온다. 이 두 가지 환상 모두에서 강은 하나님의 능력과 기름 부으심이 쏟아지는 것을 상징하는 것처럼 보인다. 그분은 놀라운 사랑으로 우리를 돌보실 뿐만 아니라 우리에게 필요한 것을 완벽하게 채워 주신다.

나는 우리가 하나님과의 동행함에 있어 진전이 있고, 합리화의 안전띠를 풀고, 우리 자신을 그분의 위대한 모험에 던져 넣기를 위해 기도한다. 당신은 그리스도의 능력과 사역의 강에 얼마나 깊이 자신을 던졌는가? 우리가 이 여정을 처음 시작했을 때 당신이 어디쯤 있었는지 되돌아 보라. 사랑하는 그대들이여, 나는 당신이 허리 깊이까지도 들어가지 않았거나 헤엄치고 있지 않다면 그것으로 인해 너무 낙심하지 말기를 바란다. 나는 단지 우리가 처음 시작했을 때보다 그리스도 안에 더 깊이 빠져들었는지 묻고 있을 뿐이다. 우리는 앞으로 나아가고 있는가? 이것이 우리 모두에게 가장 중요한 질문이다. 우리는 어떨 때에는 헤엄치다가 그 다음에는 다시 강가로 기어 돌아오거나 심지어는 사막으로 가기도 한다. 우리가 그리스도를 얼굴로 대면하기 전까지는 우리의 일관성 부족, 의지의 박약, 연약함이 완전히 치유되지는 않을 것이다.

얼굴과 얼굴로 대면하는 것. 나는 우리가 함께 있을 마지막 순간에 초점을 맞추고 생각해 볼 수 있는 것으로 이것보다 더 적합한 것을 찾을 수 없을 것 같다. 성경의 마지막 장에서 가장 아름다운 구절을 놓치지 않기를 바란다.

"그의 얼굴을 볼 터이요"(계 22:4).

우리 중 많은 사람들에게 있어서 천국은 그리스도의 얼굴을 직접 보는 것으로 충분할 것이다. 그 외의 모든 것은 강둑에 넘쳐흐르는 강이다.

그때까지 우리 구속받은 자들은 육체의 감옥에 갇힌 영적인 사람들과 같다. 우리의 시야는 죽을 수밖에 없는 사람의 상상력이라는 쇠창살로 가려져 있다. 우리는 하나님의 임재를 체험했지만 그분의 얼굴을 보지 못한 모세와 다를 바가 없다. 그에게, 그리고 잠시 동안 죽음에 의해 갇힌 모든 자들에게 하나님은 이렇게 말씀하신다.

"네가 내 얼굴을 보지 못하리니 나를 보고 살 자가 없음이니라"(출 33:20).

결국 그리스도 안에서 살아 있는 우리는 그분의 얼굴을 보고 살게 될 것이다. 그 후로 영원토록 행복하게. 나는 그때를 기다릴 수가 없다—그러나 지금 이 순간 나는 그분의 얼굴을 볼 다른 사람들에 대한 생각에 사로잡히게 된다. 이 책을 가지고 함께 공부하면서 점점 사랑하고 감사하게 되었던 사람들. 몇몇 초대 교회 교부들은 사도 요한이 밧모섬에서의 유배 기간이 끝난 후에 다시 에베소 땅에 정착했다고 언급한다. 그를 태운 배가 소아시아의 해안에 다시 돌아왔을 때 그의 마음에 무슨 생각이 들었을지 궁금하다. 나는 이 지역을 배로 여행한 적이 있었는데 아름답기는 했지만 짧은 여행은 아니었다. 듬성듬성 난 그의 회색 머리카락이 얼굴에 날릴 때에, 그는 여러 종류의 감정을 경험하였을 것이다. 우리는 이제 그에 대해서 많은 것을 알게 되었다. 그가 에베소로 돌아오면서 어떤 것들을 생각하고 느꼈을 것이라고 생각되는가?

요한은 아주 오래도록 살았다. 우리는 그가 유배 이후에 얼마나 오랫동안 살았는지 잘 모른다. 그러나 초기의 역사가들은 그 영혼의 생동력이 몸의 힘보다 더 컸다고 지적한다. 그의 열정적인 마음은 오랫동안 사랑했던 구세주를 위해 계속해서 역동적으로 뛰었다. 요한은 하나님이 그를 통해서 쏟아 부으시는 말씀을 개인적으로 받았다. 그 말씀들은 단지 인간의 펜으로 종이에 쓴 것과 같지 않다. 요한의 내적 존재 전체는 '레마'(rhema) 잉크로 물들어 지울 수 없게 되었다. 이제 마무리하면서, 이 땅에서 예수님과 함께 있었던 마지막 밤에 그의 마음에 분명히 새겨졌을 것 같은 말씀을 읽어 보라.

내 계명은 곧 내가 너희를 사랑한 것같이 너희도 서로 사랑하라 하는 이것이니라. 사람이 친구를 위하여 자기 목숨을 버리면 이보다 더 큰 사랑이 없나니, 너희가 나의 명하는 대로 행하면 곧 나의 친구라. 이제부터는 너희를 종이라 하지 아니하리니 종은 주인이 하는 것을 알지 못함이라 너희를 친구라 하였노니 내가 내 아버지께 들은 것을 다 너희에게 알게 하였음이니라. 너희가 나를 택한 것이 아니요 내가 너희를 택하여 세웠나니 이는 너희로 가서 과실을 맺게 하고 또 너희 과실이 항상 있게 하여 내 이름으로 아버지께 무엇을 구하든지 다 받게 하려 함이니라. 내가 이것을 너희에게 명함은 너희로 서로 사랑하게 하려 함이라 (요 15:12-17).

요한은 요한복음 15장 12-17절의 핵심대로 살았다. 그는 엘리사가 엘리야의 겉옷을 취한 것처럼 그리스도의 대의를 취하여 자기 것으로 삼으면서 그리스도의 진정한 '친구'로 삶을 마쳤다. 초대 교부들은 세월이 흘러 요한이 걸을 수 없을 정도로 쇠약해진 이후에 젊은 신자들이 이 사랑스런 제자를 의자에 앉혀서 예배를 위해 모인 사람들 사이로 데리고 다녔다고 기록하고 있다. 그의 마지막 설교는 짧고 감미로운 것이었다.

"나의 어린 자녀들이여, 서로 사랑하라!"

그는 자신의 삶을 사랑에 쏟아 부었다. 그리스도의 사랑에. 그가 생애 마지막에 초점을 맞추었던 것은 이 여행에서 가장 중요하게 배운 두 가지 개념을 다루고 있다.

1) 그리스도는 그분의 사랑하는 제자들이 사랑을 위해 야망을 버리도록 요청하고 있다. 요한은 예루살렘 교회의 '기둥' 같은 위치에서 비교적 무명의 자리로 옮겼다. 알려지지 않은 곳에서 우리의 삶을 헌신하는 것이 언제나 있어 왔던 곳에서 메마른 뼈가 되는 것보다 낫다.
2) 자신이 사랑받는다는 것을 확신하는 제자들만이 자신을 넘어 사랑할 수가 있다. 넘치는 하나님의 사랑을 적극적으로 받는 것이 상처받은 영혼에 하나님의 사랑을 전해 주는 유일한 수단이다. 우리는 자기가 가지고 있지 않은 것을 줄 수 없다.

우리의 아바는 그분의 성도들의 실제적인 죽음에 대해 거의 아무것도 말하지 않기로 하신 것 같다. 시편 116편 15절에 의하면, 우리는 그들의 죽음이 그분에게 소중한 것임을 알게 된다. 사실, 자세한 내막을 생략하는 것은 그들이 그분께 너무나 귀하기 때문인 것은 아닌가 추측하게 된다. 친밀함. 그리고 우리가 상관할 바도 아니기에. 그러나 늙은 우레의 아들의 목소리가 점점 약해지다가 결국 침묵 속으로 사라질 때 구세주가 그 곁에 계시지 않았다고는 잠시라도 생각하지 마라. 무엇보다 요한은 성육신하신 말씀이 침묵 속으로 사라질 때 그 곁에서 있었던 몇 안 되는 사람들 중에 있었다.

요한의 죽음은 인간 역사의 가장 중요한 시대가 마무리되는 종막을 알리는 것이었다. 그는 자신의 펜으로 다음과 같은 선언을 할 수 있었던 홀로 살아남은 제자였다.

"태초부터 있는 생명의 말씀에 관하여는 우리가 들은 바요 눈으로 본 바요 주목하고 우리 손으로 만진 바라"(요일 1:1). '우리' 가 '나' 로 바뀌었고, 곧 '나'

가 '그들'로 바뀌었다.

요한이 마지막 숨을 내쉬기 전 그의 연약한 몸이 몇 시간, 혹은 몇 날이고 점점 쇠잔해 가는 증상을 보이고 있었을 것이다. 사랑하는 사람들이 그 곁에 모였다면, 그들은 우리 대부분이 했을 법한 일을 했을 것이다. 그들은 요한을 최대한 편안하게 해주려고 노력하였다. 그들은 그의 폐가 숨을 몰아 쉬려고 할 때 그를 돕기 위해 머리 밑에 베개를 부드럽게 밀어 넣었을 것이다. 그것은 내 어머니의 연약한 몸이 더 이상 영혼을 담고 있을 힘이 없어질 때 우리가 했던 일이다.

그러나 나는 요한이 베개가 필요했는지 확신하지 못하겠다. 나는 죽음을 맞은 그의 모습을 살아있을 때와 비슷한 모습으로 그려본다. 내가 생각하기에 그 사랑하시는 제자의 모습을 가장 잘 묘사한 것은 요한복음 13장 23절에 기록된 것이다. 수십 년 전에 어떤 테이블에서 일어났던 사건. Amplified Bible은 이것을 가장 잘 번역하고 있다. "예수가 사랑했던 [그가 아끼고 기뻐했던] 그의 제자 중 하나가 예수의 가슴에 기대었다"(요 13:23). 그렇다, 나는 요한이 자기가 살았던 모습 그대로 죽었을 것이라고 생각하고 싶다. 기대어 누워. 보이지는 않으나 그 자리에 임재하신 구세주의 가슴에 기대어, 지친 머리는 그분의 부드러운 팔에 안겨서.

성령과 신부가 말한다.

"어서 오라!"

그리고 멀리서 부드러운 천둥소리가 들려온다.

Chapter 2

1. R. Alan Culpepper, John, son of Zebedee(Minneapolis: First Fortress Press, 2000), 7.
2. Ibid., 9.

Chapter 3

1. Ronald F. Yonungblood and F. F. Bruce, eds. Nelson's New Illustrated Bible Dictionary(Nashville: Thomas Nelson, 1999), 473.
2. Ibid., 182.
3. Culpepper, John, 11.
4. James Strong, New Strong's Exhaustive Concordance(Nashville: Thomas Nelson, 1995), #1689, 30.

Chapter 5

1. Matthew Henry, Matthew to John: Matthew Henry's Commentary on the Whole Bible, vol. 5(Grand Rapids: Fleming H. Revell Company, 1985), 456.

Chapter 6

1. Frederick William Danker, ed., Greek-English Lexicon of the New Testament, 3d. ed.(Chicago: The University of Chicago Press, 2000), 391.

2. Frank Gaebelein and J. D. Douglas, The Expositor's Bible Commentary, vol. 8(Grand Rapids: Zondervan Publishing, 1984), 629.

Chapter 8
1. A. W. Tozer, The Pursuit of God(Camp Hill, Penn.: Christian Publications, 1993), 64.

Chapter 10
1. Ronald F. Youngblood and F. F. Bruce, eds., Nelson's New Illustrated Bible Dictionary(Nashville: Thomas Nelson, 1999), 473.

Chapter 14
1. Frank Gaebelein and J. D. Douglas, The Expositor's Bible Commentary, (Grand Rapids: Zondervan Publishing, 1984), 260.

Chapter 15
1. Spiros Zodhiates, "Lexical Aids to the Old Testament," #344 in Spiros Zodhiates, Warren Baker, and David Kemp, Hebrew-Greek Key Study Bible(Chattanooga, Tenn.: AMG Publishers, 1996), 1503.

Chapter 16
1. James Stalker, The Two St. Johns of the New Testament(New York: American Tract Society, 1895), 148.

Chapter 18
1. R. D. H. Lenski, Commentary on the New Testament(Columbus, Ohio: Wartburg Press, 1942), 89.

Chapter 19
1. R. Alan Culpepper, "John and Ephesus," Biblical Illustrator, Fall 1977, 3.
2. Stalker, Two St. Johns, 156.
3. Ibid., 157-58.

Chapter 20
1. Lynn M. Poland, "The New Criticism, Neoorthodoxy, and the New Testament," quoted in Culpepper, John, 139.
2. Lawrence O. Richards, ed., The Revell Bible Dictionary(Grand Rapids: Fleming H. Revell, 1990), 775.

Chapter 21
1. Spiros Zodhiates, The Complete Word Study Dictionary: New Testament(Chattanooga, Tenn.: AMG Publisher, 1994), #5485, 1469.
2. Augustine, Confessions, trans. R. S. Pine-Coffin(New York: Penguin Books, 1961).
3. Jonathan Edwards "The End for Which God Created the World," The Works of Jonathan Edwards(New York: Yale University Press), 495.
4. C. S. Lewis, The Weight of His Glory and Other Addresses(Grand Rapids: Eerdmans, 1965).
5. John Piper, The Dangerous Duty of Delight(Sisters, Ore.: Multnomah Publishers, 2001), 21.
6. Spiros Zodhiates, The Complete Word Study Dictionary; New Testament(Chattanooga, Tenn.: AMG Publishers, 1994), #4053, 1151.

Chapter 22
1. Eusebius, quoted in Andreas J. Kostenberger, Encountering John(Grand Rapids: Baker Books, 1999), 35.
2. Augustine, quoted in Kostenberger, Encountering John, 19.
3. Kostenberger, Encountering John, 56.

Chapter 24
1. Spiros Zodhiates, The Complete Word Study Dictionary; New Testament(Chattanooga, Tenn.: AMG Publishers, 1994), #2889, 880.
2. The Worldbook Encyclopedia 2001, vol. 8(Chicago: World Book Inc., 2001), 8-8a.

Chapter 28
1. Spiros Zodhiates, The Complete Word Study Dictionary; New

Testament(Chattanooga, Tenn.: AMG Publishers, 1994), #1718, 578.
2. R. D. H. Lenski, Commentary on the New Testament(Columbus, Ohio: Wartburg Press, 1942), 1008.

Chapter 29
1. Carloyn Curtis James, When Life and Beliefs Collide(Grand Rapids: Mich.: Zondervan, 2001), 18.

Chapter 31
1. Spiros Zodhiates, "Lexical Aids to the Old Testament," #344 in Spiros Zodhiates, Warren Baker, and David Kemp, Hebrew-Greek Key Study Bible, 1437.
2. Spiros Zodhiates, The Complete Word Study Dictionary; New Testament(Chattanooga, Tenn.: AMG Publishers, 1994), #3674, 1046.
3. Ibid., #3670, 1045.

Chapter 32
1. Spiros Zodhiates, The Complete Word Study Dictionary; New Testament(Chattanooga, Tenn.: AMG Publishers, 1994), #4217, 1204.

Chapter 33
1. "John, A Last Word on Love" Biblical Illustrator, Summer 1976, 26.
2. Culpepper, John, 142-43.

Chapter 36
1. Tertullian, On Prescription Against Heretics, as quoted in Culpepper, John, 140.
2. Oswald Chambers, My Utmost for His Highest(New York: Dodd Mead & Company, 1963), 211.

Chapter 37
1. Spiros Zodhiates, "Lexical Aids to the Old Testament," #344 in Spiros Zodhiates, Warren Baker, and David Kemp, Hebrew-Greek Key Study Bible, 1596.

Chapter 38

1. Timothy Trammell, "Smyrna," Biblical Illustrator, Spring 1992, 3.
2. Ronald F. Youngblood and F. F. Bruce, eds., Nelson's New Illustrated Bible Dictionary(Nashville: Thomas Nelson, 1999), 1187.
3. W. Grinton Berry, ed., Foxe's Book of Martyrs(Grand Rapids: Baker Book House, 1992), 21-24.
4. E. Glen Hinson, "Smyrna," Biblical Illustrator, Winter 1980, 72, 86.
5. Youngblood and Bruce, Nelson's New Illustrated Bible Dictionary, 1187.
6. Taken from Foxe's Book of Martyrs by John Foxe, chapter 2, www.biblenet.net/library/foxesMartyrs.

Chapter 39

1. Frank Gaebelein and J. D. Douglas, Expositor's Bible Commentary(Grand Rapids: Zondervan Publishing, 1984), 440.
2. Ibid.
3. A. T. Robertson, Word Pictures in the New Testament, vol. 5(Nashville: Broadman Press, 1960), 307.

Chapter 40

1. Larry E. McKinney, "Thyatira," Biblical Illustrator, Spring 1992, 70, 107.
2. Ronald F. Youngblood and F. F. Bruce, eds., Nelson's New Illustrated Bible Dictionary(Nashville: Thomas Nelson, 1999), 679.

Chapter 41

1. William M Ramsay, The letters to the Seven Churches of Asia(London: Hodder & Stoughton, 1904), 375, quoted in Frank Gaebelein and J. D. Douglas Expositor's Bible Commentary, 447.
2. William Barclay, Letters to the Seven Churches(New York: Abingdon, 1957), quoted in Expositor's Commentary, 71.

Chapter 42

1. Joseph Green, "The Seven Churches of Revelation," Biblical Illustrator, Spring 1980, 49.

Chapter 43

1. Henry L. Peterson, "The Church at Laodicea," Biblical Illustrator, Spring 1982, 74-75.

Chapter 44

1. Spiros Zodhiates, "Lexical Aids to the Old Testament," #344 in Spiros Zodhiates, Warren Baker, and David Kemp, Hebrew-Greek Key Study Bible, 1631.

Chapter 48

1. Leland Ryken, James C. Wilhoit, and Tremper Longman III., eds., Dictionary of Biblical Imagery(Downers Grove, Ill.: InterVarsity Press, 1998), 938.